Portugal e a China
Uma relação com futuro

Portugal e a China
Uma relação com futuro

Luís Monteiro

2012 - Reimpressão

PORTUGAL E A CHINA
UMA RELAÇÃO COM FUTURO
AUTOR
Luís Monteiro
EDITOR
EDIÇÕES ALMEDINA, S.A.
Rua Fernandes Tomás nºs 76, 78, 80
3000-167 Coimbra
Tel.: 239 851 904 • Fax: 239 851 901
www.almedina.net • editora@almedina.net
DESIGN DE CAPA
FBA.
PRÉ-IMPRESSÃO, IMPRESSÃO E ACABAMENTO
G.C. – GRÁFICA DE COIMBRA, LDA.
Palheira Assafarge, 3001-453 Coimbra
producao@graficadecoimbra.pt
Fevereiro, 2012
DEPÓSITO LEGAL
337348/11

Apesar do cuidado e rigor colocados na elaboração da presente obra, devem os diplomas legais dela constantes ser sempre objecto de confirmação com as publicações oficiais.
Toda a reprodução desta obra, por fotocópia ou outro qualquer processo, sem prévia autorização escrita do Editor, é ilícita e passível de procedimento judicial contra o infractor.

 GRUPOALMEDINA

BIBLIOTECA NACIONAL DE PORTUGAL – CATALOGAÇÃO NA PUBLICAÇÃO
MONTEIRO, Luís
Portugal e a China : uma relação com futuro
ISBN 978-972-40-4673-0
CDU   338
       339
       94

ÍNDICE

PREFÁCIO	7
APRESENTAÇÃO	9
AGRADECIMENTOS	11
PALAVRAS CHINESAS	13
GLOSSÁRIO	15

CAPÍTULO 1 – ENQUADRAMENTO GERAL	19
CAPÍTULO 2 – HISTÓRIA DA CHINA	33
2.1. As Dinastias Imperiais	33
2.2. A República	69
CAPÍTULO 3 – A CHINA ACTUAL	83
3.1. Introdução	83
3.2. Comparação com 8 Países	101
CAPÍTULO 4 – O FUTURO DA CHINA	131
4.1. Introdução	131
4.2. Ameaças ao Crescimento	148
4.3. Considerações Finais	170
CAPÍTULO 5 – OS NOVOS DESAFIOS AO MUNDO	181
5.1. Comércio Internacional	181
5.2. Investimento Internacional	201
5.3. Questões Estratégicas	209
CAPÍTULO 6 – OPORTUNIDADES DE NEGÓCIO	215
6.1. Introdução	215

PORTUGAL E A CHINA – UMA RELAÇAO COM FUTURO

6.2. O Potencial do Mercado Chinês   220
   6.2.1. Características Gerais   220
   6.2.2. Oportunidades para as Empresas Portuguesas   234
   6.2.3. Pormenorização de Alguns Sectores   252

6.3. Como Investir e Fazer Negócios na China   264
   6.3.1. Aspectos Gerais   264
   6.3.2. Macau   273
   6.3.3. Hong-Kong   276
   6.3.4. China Continental   278
   6.3.5. Procedimentos Administrativos   280

6.4. O Potencial do Mercado Português   282
   6.4.1. Algumas Considerações   282
   6.4.2. Oportunidades para as Empresas Chinesas   284

6.5. O Triângulo Portugal/África/China   291
   6.5.1. Aspectos Gerais   291
   6.5.2. Oportunidades de Negócio no Triângulo   304

CAPÍTULO 7 – CONCLUSÕES   315

BIBLIOGRAFIA   323

PREFÁCIO

O facto de a Academia das Ciências de Lisboa ter atribuído o Prémio Jorge Álvares ao presente trabalho de Luís Monteiro, prémio este instituído pela benemerência da Fundação Jorge Álvares, já testemunha o interesse e o mérito do livro *Portugal e a China – Uma Relação com Futuro*.

Mas ao interesse soma-se a oportunidade, numa data em que a desordem global em que nos encontramos, com consequências financeiras e económicas que atingem todos os países e centros de poder, fere severamente a condição e o estatuto de Portugal, que tem de procurar janelas de liberdade, incluindo a China, para onde possa expandir as novas capacidades estratégicas que terá de criar, para reconstruir um futuro digno para as novas gerações.

Entre os problemas que preenchem as complexas interrogações de uma tal urgente e inadiável indagação, está a compreensão da nova balança plural de poderes mundiais em desenvolvimento, que inclui, para todos os observadores, a China do século XXI.

Até não há muito tempo, as atenções mundiais mais dirigidas à evolução deste enorme país foram despertadas pelas perspectivas políticas do seu regime, nestas avultando as questões dos direitos humanos e, pelo que a estes toca, a trágica repressão dos jovens estudantes em 4 de Junho de 1989, na praça de Tian An Men em Pequim.

Entretanto, as críticas, sobretudo ocidentais, foram ganhando em delicadeza à medida que o poder deste país crescia de evidência. Na origem da mudança de perspectiva da China em relação ao Mundo, e do Mundo em relação à China, talvez se deva colocar em primeiro plano o pragmatismo de Deng Xiaoping, o criador dos conceitos de socialismo de mercado, de um país e dois regimes, e da abertura ao mesmo tempo simbólica e material que enunciou na primeira viagem ao sul do país em 1992.

O facto de, após o fim do unilateralismo da administração republicana nos EUA, o novo presidente Obama ter aparentemente compreendido a necessidade da "reabilitação do realismo", seguindo talvez Robert Kaplan (*The Revenge of Geography, Foreign Policy*, 2009), pesou na difícil revisão em curso da política americana, a qual implica dar um lugar à China, neste caso também exigido pela situação da dívida soberana dos EUA.

Já o facto de o presidente do Banco Central da China, Zhou Xianchuan, ter advogado nas vésperas da reunião do G-20 em 2008, a criação de uma "divisa mundial" específica, despertou suficientemente a inquietação americana, que logo proclamou que "o dólar se manteria longamente a divisa de referência mundial", mas que não deixou de multiplicar os sinais de ter voltado a considerar que o seu oceano histórico é o Pacífico, algo sublinhado pelo ritmo das visitas de Estado do presidente americano.

Sinais de outra espécie, como a brilhante organização dos Jogos Olímpicos em 2008 e a importância emergente no G-20, demonstram o poder crescente da China, cuja economia mantem o dinamismo, fazendo com que o comprometimento político da sua imagem perca referência negativa progressivamente, e seja já considerada um dos grandes líderes emergentes deste século.

Pelo que toca às relações com Portugal e não obstante a campanha dos *Tratados Desiguais*, que mobilizou nacionalistas e maoístas contra os ocidentais, elas beneficiaram sempre, mesmo após incidentes como o da Revolução Cultural, de uma espécie de diferenciação, que teve manifesta expressão no processo de transição de Macau para a plena soberania chinesa. A dignidade foi inteiramente respeitada, os acordos celebrados são hoje regras em vigor efectivo.

Acontecendo ainda que, depois de 2005, o governo de Pequim delegou as relações com os países de língua oficial portuguesa no governo de Macau, para aproveitar a herança deixada por Portugal nesses Estados que formaram a CPLP. As reuniões já efectuadas em Macau confirmam a decisão política e tudo indica que a China, que hoje interessa a todos os aspectos do globalismo, é de facto uma janela de liberdade para o empreendedorismo português.

Daqui o interesse crescente de estudos como o que agora é publicado, contribuição valiosa do autor para os interesses portugueses, numa data em que a crise enfrentada dificilmente encontra precedentes históricos.

ADRIANO MOREIRA
Presidente da Academia das Ciências de Lisboa

APRESENTAÇÃO

O Mundo está a viver uma "Revolução Industrial Asiática", em que tudo indica que serão agora algumas regiões da Ásia que se irão desenvolver mais rapidamente, em especial a China, a qual poderá passar a ser a 1ª superpotência dentro de algumas décadas. Este livro procura assim analisar a economia deste país, numa perspectiva de médio-longo prazo, e ao mesmo tempo apresentar várias oportunidades para Portugal.

As relações entre os dois países têm sido analisadas de um ponto de vista histórico e político, por autores como Amaro (1998) e Ramos (2007). A história não é só uma curiosidade do passado, pois ajuda-nos a perceber o presente e a prever o futuro. Hoje muitos criticam a relação entre a China e o Tibete, entre eles os ingleses. No entanto, em 1904, a Inglaterra invadiu o Tibete a partir da Índia, provocou bastantes mortes e avultados estragos, só recuando após o pagamento de um resgate por parte das autoridades chinesas. Na verdade, o Tibete e a China têm tido uma interacção variada ao longo dos séculos, com alianças, guerras e invasões recíprocas. Foi como reino independente, por exemplo, que em 1624, missionários jesuítas portugueses aí chegaram vindos da missão de Agra.

Estas relações têm também sido avaliadas sobre uma perspectiva económica, geralmente sobre um ângulo macro e actual. Estudos mais recentes como Amaral (2007), sobre os principais sectores de interesse para investidores nacionais, têm ajudado a aprofundar o tema. Trabalhos de campo têm sido conduzidos por Ilhéu (2006), para estudar as companhias portuguesas a exportar ou investir na China, e por Trindade (2006) e Bongardt (2006), para estudar a comunidade chinesa em Portugal. Trigo (2006) apresentou várias recomendações para uma empresa portuguesa poder negociar neste país asiático. Por sua vez, o triângulo Portugal/África/China tem sido sobretudo discutido em alguns artigos da comunicação social, mas é ainda um tema controverso.

Devido à dimensão e complexidade da China, será sempre necessário ter uma visão integrada de todos estes ângulos ao longo do tempo. Caso contrário, arriscamo-nos a não conseguir estabelecer sólidas relações económicas e políticas. Como tal, o livro começa por apresentar a história deste país, numa perspectiva sobretudo económica e salientando as relações com Portugal. Várias surpresas vêm ao de cima, muitas delas fundamentais para explicar e perspectivar todo o seu desempenho. Para isso, foi também essencial formar uma teia contínua de factos dispersos relativos a outros povos.

De seguida é feita uma análise macroeconómica da China actual. Um estudo estatístico comparativo foi assim elaborado com seis países do grupo dos G7 (EUA, Japão, Alemanha, Reino Unido, França e Itália), com a Índia e com Portugal, envolvendo mais de 120 parâmetros económicos. Utilizaram-se dados do Instituto Nacional de Estatística da China (NBSC), Eurostat, OCDE, Banco Mundial, FMI, ONU, OMC e outras fontes. Na verdade, tal como uma imagem, vale mais uma boa estatística do que mil palavras.

Considerações sobre o futuro desempenho económico e estratégico são a seguir desenvolvidas, com base em literatura especializada, em palestras, na comunicação social e nos contactos com diversos empresários e entidades, nacionais e chinesas. Na sequência, são expostos vários desafios para o Mundo, especialmente os resultantes da posição da China no comércio internacional e nos fluxos de investimento mundiais.

Numerosas indicações para o investimento e o comércio com a China são posteriormente apresentadas, baseadas em informação oficial e na experiência de vários investidores. São também analisadas as perspectivas para o investimento das empresas chinesas em Portugal e para parcerias de entrada no mercado europeu. Por último, o triângulo Portugal/África/China é igualmente discutido.

Para a elaboração desta obra foi fundamental a realização pelo autor, de um curso de macroeconomia chinesa na Universidade de Pequim, organizado em parceria com a London School of Economics e leccionado pelo Prof. Justin Lin, um dos principais conselheiros do governo chinês e actual vice-presidente do Banco Mundial. A visita de várias cidades e instituições na China foi também essencial, assim como várias conferências e contactos na AICEP, AIP, Câmara de Comércio e Indústria Luso-Chinesa, Associação de Comerciantes e Industriais Luso-Chinesa, Casa de Macau e Associação Comercial de Lisboa.

AGRADECIMENTOS

À Fundação Jorge Álvares, o reconhecimento do autor, pelo seu estímulo ao estudo das relações entre Portugal e a China.

Ao Prof. Daniel Traça, um especial agradecimento pelas suas brilhantes aulas de macroeconomia e de política industrial, que despertaram no autor o interesse pela China. Também os Profs. Justin Lin e Qiu Zequi da Universidade de Pequim, e o Prof. Sikander Khan da Universidade de Fundan em Xangai, cumpre mencionar pelos seus importantes ensinamentos sobre a China e a Ásia.

Uma palavra de apreço ao Eng. Serra Nazaré da CIMPOR, ao Dr. António Pinheiro da Sociedade das Águas de Monchique, ao Dr. Lynce Faria da Administração do Porto de Sines, e ao Sr. Liang Zhan da Associação de Comerciantes e Industriais Luso-Chinesa, por todas as suas recomendações.

Este estudo beneficiou igualmente das conferências da Prof.ª Virgínia Trigo do ISCTE e da Prof.ª Dora Martins do ISCSP, e da experiência da Dr.ª Maria Espada do Instituto Camões em Pequim, da Dr.ª Alexandra Paulino da AICEP em Pequim, do Dr. Pedro Severo do Ministério dos Negócios Estrangeiros e do Dr. Mário Santos da Casa de Macau.

Aos colegas Lee Vivienne, Xu Liang e Li Leon, o agradecimento pelas suas análises da sociedade chinesa.

PALAVRAS CHINESAS
(após a romanização pinyin)

Angela	–	Angola
Baxi	–	Brasil
chanpin	–	produto
chuanzhen	–	fax
Deguo	–	Alemanha
dianhua	–	telefone
Faguo	–	França
gonggong shiye	–	serviços públicos
gongsi	–	companhia
gongye	–	indústria
guanxi	–	conhecimentos pessoais para mover influências
jingji	–	economia
lian	–	reputação moral (primeira componente do "valor da face")
Lianhe Wangguo	–	Reino Unido
mianzi	–	reputação profissional (segunda componente do "valor da face")
Meiguo	–	América
Meilijian Hezhongguo	–	Estados Unidos
nongye	–	agricultura
ouyuan	–	euro
Ouzhou Lianmeng	–	União Europeia
Ouzhou	–	Europa
Putaoya	–	Portugal
putaoyayu	–	língua portuguesa
putaojiu	–	vinho
putonghua	–	mandarim (língua principal na China, correspondente ao vulgar "chinês")

quian	–	dinheiro
shangye	–	negócio
shengchan	–	produção
siying gongye	–	indústria privada
Xibanya	–	Espanha
lirun	–	lucro
hulianwang	–	internet
dianzi youjian	–	e-mail
Zhonghua	–	China (significa "Estado do Meio", expressão criada na dinastia Zhou 500 a.C., quando os chineses se consideravam o centro do Mundo)

Embora as palavras chinesas possam ser romanizadas como acima, a pronúncia de cada sílaba é muito difícil, pois o mandarim possui quatro tons (Trigo, 2006). De acordo com cada tom, a palavra pronunciada pode ter significados completamente distintos. Por outro lado, as palavras são obtidas juntando caracteres que poderão não ter qualquer relação (ex: "*dong*" significa "este", "*xi*" significa "oeste", "*dong-xi*" significa "coisa"). Além disso, por razões históricas e atendendo aos dialectos locais, poderão existir vários nomes para uma mesma localidade.

GLOSSÁRIO

ASEAN – *Association of Southeast Asian Nations* (Indonésia, Brunei, Cambodja, Laos, Malásia, Birmânia, Filipinas, Singapura, Tailândia e Vietname)

BIS – *Bank for International Settlements* (instituição que realiza as compensações financeiras entre os vários bancos centrais de 57 países)

BOOT – *"Build, Operate, Own and Transfer"* (modalidade de contratação para a construção de infra-estruturas)

BOT – *"Build, Operate and Transfer"* (modalidade de contratação mais simples para a construção de infra-estruturas)

bpd – barril por dia (unidade de medida para consumo ou produção de petróleo)

BRIC – Grupo de 4 países emergentes: Brasil, Rússia, Índia e China

CIS – *Commonwealth of Independent States* (comunidade económica de algumas antigas repúblicas soviéticas: Rússia, Arménia, Azerbeijão, Bielorrússia, Cazaquistão, Quirguistão, Moldávia, Tajiquistão, Ucrânia, Uzbequistão, Geórgia e Turquemenistão)

CJV – *Cooperative Joint-Venture* (parceria entre uma empresa estrangeira e uma empresa chinesa por um dado período, com uma relação entre ambos negociável em todos os aspectos, nomeadamente na divisão de lucros ou no tipo de activos contribuídos)

CNY – *Chinese yuan* (unidade da moeda oficial chinesa, a qual é denominada renmimbi. Na prática 1 yuan = 1 renmimbi. Em 2005, 1 US$ = 7.8 CNY e 1 € = 10.4 CNY. Em 2011, 1 € = 10 CNY)

CPLP – Comunidade dos Países de Língua Portuguesa

DAE – *Dynamic Asian Economies* (grupo de 6 economias asiáticas com elevado crescimento: Hong Kong, Malásia, Singapura, Coreia do Sul, Formosa e Tailândia)

EJV – *Equity Joint-Venture* (parceria entre uma empresa estrangeira e uma empresa chinesa por um dado período, com uma parcela do investimento por acções, função do montante total do investimento)

FIE – *Foreign-Invested Enterprise* (empresa com capital estrangeiro na China)

FMI – Fundo Monetário Internacional

G8 – Grupo de 8 países (EUA, Canadá, Alemanha, Reino Unido, França, Itália, Japão e Rússia)

IBSA – Grupo de 3 países emergentes (Índia, Brasil e África do Sul)

IDE – Investimento Directo Estrangeiro (envolve a aquisição de uma quota mínima de 10% a 25% do capital social de uma empresa)

I&D – Investigação e Desenvolvimento

JV – *Joint-Venture* (parceria entre empresas por um dado período)

MNC – *Multinacional Company* (empresa multinacional)

MOFCOM – Ministério do Comércio da China

NBSC – *National Bureau of Statistics of China* (Instituto Nacional de Estatística da China)

OCDE – Organização para a Cooperação e Desenvolvimento Económico

Offshoring – Deslocalização de empresas industriais e de serviços, de países desenvolvidos para países em desenvolvimento, de forma a diminuir drasticamente os seus custos

Outsoucing – Subcontratação de actividades industriais ou de serviços

OMC – Organização Mundial do Comércio

ONG – Organização Não-Governamental

OPV – Oferta Pública de Venda (operação de venda de acções de uma empresa ao público em bolsa)

PALOP – Países Africanos de Língua Oficial Portuguesa

PCC – Partido Comunista Chinês

PER – *Price Earnings Ratio* (relação entre o valor em bolsa de uma empresa e os seus resultados, que depende do seu sector de actividade entre muitos outros factores)

PIB – Produto Interno Bruto (riqueza produzida anualmente por um país)

PME – Pequenas e Médias Empresas (no caso de Portugal, possuem menos de 250 trabalhadores e um volume de negócios inferior a 50 milhões de euros)

PPC – Paridade de Poder de Compra (equivalência entre os poderes aquisitivos de um dado conjunto de bens, em diversos países)

PTF – Produtividade Total dos Factores (relação entre o valor dos bens e serviços produzidos e o valor dos recursos utilizados, depende de: tecnologia, investigação, eficiência na produção e na gestão global, e eficiência da administração pública)

RMB – *Renminbi* (moeda oficial chinesa cuja unidade é o yuan, na prática 1 renmimbi = 1 yuan. Em 2005, 1 US$ = 7.8 RMB e 1 € = 10.4 RMB. Em 2011, 1 € = 10 RMB)

SEZ – *Special Economic Zone* (zona económica especial na China, para investimento estrangeiro)

SOE – *State-Owned Enterprise* (empresa pública na China)

TEU – *Twenty-foot Equivalent Unit* (unidade de medida para a capacidade de carga dos contentores)

TI – Tecnologias de Informação

TIC – Tecnologias de Informação e Comunicação

UE – União Europeia

UE-10 – Grupo de 10 países que entraram para a União Europeia em 2004 (República Checa, Polónia, Hungria, Eslováquia, Letónia, Lituânia, Estónia, Eslovénia, Malta e Chipre), constituíndo a UE-25

UE-15 – Grupo de 15 países que constituíam a União Europeia até 2004 (Reino Unido, Alemanha, França, Itália, Espanha, Holanda, Luxemburgo, Bélgica, Grécia, Irlanda, Portugal, Dinamarca, Suíça, Finlândia e Áustria)

UE-27 – Grupo de 27 países que formam actualmente a União Europeia, após a entrada da Roménia e da Bulgária em 2007

WFOE – *Wholly-Foreign-Owned Enterprise* (empresa totalmente detida por estrangeiros na China)

Capítulo 1
Enquadramento Geral

Mudanças drásticas estão a ocorrer em todo o Mundo pela crescente influência da China, sobretudo após a sua entrada para a Organização Mundial do Comércio (OMC) em 2001 e o fim do período de transição em 2005. Na verdade, depois da queda da União Soviética em 1991, o Mundo assistiu a várias mudanças de menor dimensão, como a entrada dos Países de Leste para a União Europeia ou a ascensão dos 4 Pequenos Dragões (Coreia do Sul, Taiwan, Hong-Kong e Singapura). Agora, trata-se de um desafio completamente fora de escala colocado por um só país, apenas possível pelo tamanho e homogeneidade da sua população, 1300 milhões de habitantes, em que 95% são da etnia Han.

Em paralelo, este país tem a ambição de recuperar o estatuto de primeira superpotência que reclama ter tido ao longo de 4000 anos, até à Revolução Industrial, altura em que foi ultrapassado pelo Ocidente. Com efeito, durante a visita do autor à China em 2005, foi claramente enunciado por vários especialistas chineses, alguns deles consultores do governo chinês, que o objectivo principal era o de atingir o produto interno bruto (PIB) dos EUA nos próximos 30 anos. Tal significaria uma "Revolução Industrial Asiática".

Poderosos argumentos estão a surgir diariamente. A *CNSA-China National Space Administration*, instituição equivalente à *NASA*, está já a operar a partir de 4 bases, tendo começado por utilizar tecnologia soviética nos anos 70. Desde então, lançou 75 satélites com foguetões próprios, em que 30 foram a cargo de países estrangeiros. Iniciou também o programa espacial "Shenzhou", a decorrer a partir da base de Jiuquan no deserto de Gobi, situada a cerca de 1600 km de Pequim, pelo qual lançou vôos tripulados no espaço em 2003 e 2005. Em paralelo, principiou o programa de lançamento da primeira plataforma geoestacionária chinesa "Change I", a partir da base de Xichang em 2007. No ano seguinte, o primeiro astronauta chinês caminhou já no espaço a partir de um vôo orbital. Está também previsto o lançamento de uma missão à Lua em 2024, assim como o envio de missões não tripuladas a Marte entre 2024 e 2033 (CASTC, 2011).

Encontra-se a ser modernizado, em estaleiros chineses, um porta-aviões adquirido à Ucrânia ainda com propulsão convencional e admite-se que possam ser lançados mais porta-aviões de fabrico próprio, eventualmente já com propulsão nuclear. Por sua vez, a empresa chinesa *Comac* está a desenvolver um avião comercial a jacto de 90 lugares, o ARJ21, que irá ser lançado no final de 2012. Embora ainda possua motores americanos e vários componentes ocidentais, está previsto o lançamento de uma versão com 150-190 lugares em 2016.

Uma rede ferroviária de alta velocidade de 25 000 km, a maior do mundo, será terminada até 2020, em que metade da extensão terá comboios circulando a velocidades iguais ou superiores a 300 km/h, com um investimento de 200 000 milhões €. Alguns comboios serão ocidentais, mas outros já serão construídos em parceria no país. Também uma rede de auto-estradas de 85 000 km está a ser construída, a um ritmo de 8000 km por ano (CM, 2008).

A segunda ponte com maior vão[1] no mundo, 1650 m, teve projecto chinês, assim como as restantes cinco pontes chinesas com vãos principais superiores a 1000 m. Em termos de extensão total, as três pontes mais extensas no mundo pertencem à linha ferroviária de alta velocidade Pequim-Xangai, com 165 km, 114 km e 79 km, embora tenham apenas vãos de 80 m; por comparação, a ponte Vasco da Gama tem 17 km, com um vão principal de 420 m. Com uma construção tão grande de infra-estruturas, não é pois de admirar que a China já produza metade do

---

[1] A maior dificuldade técnica de uma ponte resulta da dimensão do seu vão principal, isto é, da maior distância entre pilares. A ponte suspensa sobre o rio Tejo tem um vão principal de 1013 m e foi construída nos anos 60, sob projecto americano.

cimento em todo o mundo, 13 vezes a produção americana, e ao mesmo tempo produza 6 vezes mais aço que os EUA (IER, 2010).

Um jipe muito semelhante ao BMW X5 denominado CEO foi já apresentado no Salão Automóvel de Frankfurt, produzido pela *Shuanghuan Automobile*, e embora não tenha obtido licença de importação para o mercado alemão, está a ser exportado para países emergentes. Outra empresa automóvel, a *Great Wall Motor*, fabrica actualmente perto de 500 000 viaturas por ano, sendo cerca de 50 000 viaturas para exportação. Ainda não conseguiu entrar nos mercados desenvolvidos, mas exporta para 60 países e está a construir uma fábrica na Bulgária com um parceiro local, capaz de produzir 50 000 viaturas por ano.

Além disso, as companhias chinesas já assumiram que querem liderar a indústria automóvel mundial da nova geração, baseada em veículos eléctricos. Basta ver que existem 15 fabricantes de automóveis nacionais neste momento, para além das parcerias com empresas automóveis estrangeiras. Mesmo um grupo mais pequeno que fabrica componentes automóveis, o grupo *Wanxiang*, que também opera em diversos sectores como o imobiliário e a agricultura, com 40 000 empregados e vendas de 8 000 milhões de euros (cinco vezes as vendas da *Autoeuropa*), prevê vender 100 000 automóveis e autocarros eléctricos em 2015. Curiosamente, tem também actividades de aquacultura com criação de enguias e cobras, espécies altamente apreciadas no sul da China.

A maior empresa chinesa é do sector dos petróleos, a *PetroChina*, que rivaliza com a americana *Exxon* pelo título de maior valor mundial em bolsa (tabela 1.1), tendo atingido uma capitalização de 250 000 milhões € em 2010. A nível de globalização, só em 2009, investiu 5 000 milhões € em aquisições de refinarias e reservas petrolíferas na Austrália, Singapura, Canadá e Ásia Central (Bloomberg, 2011). Tem também previsto investir 40 000 milhões € nos próximos 10 anos. Nesse sentido, comprou recentemente uma posição de 51% na empresa britânica *Ineos* por 700 milhões €, relativa a duas refinarias de petróleo. Uma está situada na Escócia, recebe o petróleo directamente do Mar do Norte e abastece o norte do país e o norte da Irlanda. A outra está situada no porto de Marselha em França, abastecendo via um oleoduto o sul do país, a Suíça e o sul da Alemanha. Para a realização do negócio, teve o apoio do banco suíço *UBS*.

A *PetroChina* aproveitou deste modo a recessão britânica e está já em negociações com a *Shell*, para a compra de mais refinarias europeias. Outras empresas, como a *China Mobile* de telecomunicações e o *Industrial and Commercial Bank of China*, estão entre os 10 maiores grupos do mundo em capitalização bolsista. Também a *Air China* é agora a maior transportadora aérea do mundo em termos de valor em bolsa (Bloomberg, 2011).

Empresa (CB)	País	Sector	Empresa (VN)	País	Sector
1. Petrochina	China	Petróleos	1. Wal-Mart	EUA	Distribuição
2. Exxon Mobil	EUA	Petróleos	2. Royal Dutch Shell	Holanda/ Reino Unido	Petróleos
3. Microsoft	EUA	Informática	3. Exxon Mobil	EUA	Petróleos
4. Industrial and Commercial Bank	China	Banca	4. BP	Reino Unido	Petróleos
5. Apple	EUA	Computadores	5. Toyota Motor	Japão	Automóveis
6. BHP Biliton	Austrália/ Reino Unido	Minas	6. Japan Post Holdings	Japão	Correios/Bancos /Seguros
7. Wal-Mart	EUA	Distribuição	7. Sinopec	China	Petróleos
8. Berkshire Hathway	EUA	Investimento	8. State Grid	China	Energia
9. General Electric	EUA	Indústria	9. AXA	França	Seguros
10. China Mobile	China	Telecomunic.	10.China National Petroleum	China	Petróleos

Tabela 1.1. – Maiores Empresas do Mundo por Capitalização Bolsista (CB) e por Volume de Negócios (VN) em 2009 (FT, 2010)

A nível de volume de negócios, em 2009, a empresa de refinação de petróleo *Sinopec* estava em 7º lugar no mundo e a produtora de electricidade *State Grid* em 8º lugar. Por sua vez, a *China Railway Group* é a maior empresa de construção da Ásia. A *China Mobile*, a maior operadora de telemóveis do mundo com 450 milhões de utilizadores, tem aumentado este número em 5 milhões por mês apenas no mercado doméstico, e espera atingir os 800 milhões de utilizadores (Bloomberg, 2011).

Estes números são extraordinários, mesmo sendo a Vodafone a maior empresa operadora de telemóveis por receitas, com 260 milhões de utilizadores. Daí existirem actualmente 46 empresas chinesas nas 500 Maiores do Mundo, 30 com sede em Pequim, mais 11 do que em Nova Iorque (tabela 1.2). Mesmo assim, os Estados Unidos ainda possuem 139 empresas neste grupo, seguidos pelo Japão com 71.

País	Número das 500 Maiores Empresas Mundiais		Cidade	Número das 500 Maiores Empresas Mundiais
1. EUA	139		1. Tóquio	49
2. Japão	71		2. Pequim	30
3. China	46		3. Paris	25
4. França	39		4. Nova Iorque	19
5. Alemanha	37		5. Londres	18
6. Reino Unido	29		6. Seul	9
7. Suíça	15		7. Osaka	8
8. Holanda	13		8. Toronto	7

Tabela 1.2. – Posição Mundial face às 500 Maiores Empresas em 2009 (Fortune, 2010)

A China tem estado a ultrapassar rapidamente todos os países ocidentais na produção de energia eólica, crescendo a instalação de novas turbinas a uma taxa anual de 100%. É já o maior mercado eólico do mundo, tendo instalado uma potência de 13 000 MW[2] só em 2009, um terço do total mundial, em que metade do número de turbinas foi produzida por firmas chinesas (GWEC, 2010).

Um dos países ultrapassados foi a Espanha, um dos líderes mundiais até à pouco tempo, que demorou duas décadas a chegar a uma potência total de 19 000 MW (tabela 1.3). Estima-se que o potencial eólico chinês seja de 700 000 MW, apenas considerando a instalação de turbinas em terra. Daí a China ter atingido os 42 000 MW em 2010, versus os 82 000 MW em toda a União Europeia, prevendo atingir os 150 000 MW em 2020, versus os 210 000 MW na UE.

O maior fabricante mundial de painéis fotovoltaicos é já a *Suntech*, uma firma chinesa com tecnologia própria e 12 000 trabalhadores, que ainda recentemente ganhou o prémio de eficiência máxima na produção de electricidade por esta via. Tem quatro fábricas na China, uma fábrica no Japão e vai abrir uma outra nos EUA, estando cotada na bolsa de Nova Iorque.

---

[2] MW = Megawatt, potência eléctrica de 1 000 000 Watts. Uma habitação média com fogão e esquentador a gás, necessita de uma potência de 6500 Watts, pelo que 1 MW corresponde a 150 habitações.

	Potência (MW)	Potência (% Mundial)
1. EUA	35 159	22.3%
2. Alemanha	25 777	16.3%
3. China	25 104	15.9%
4. Espanha	19 149	12.1%
5. Índia	10 926	6.9%
6. Itália	4 850	3.1%
7. França	4 492	2.8%
8. Reino Unido	4 051	2.6%
9. Portugal	3 533	2.2%
10.Dinamarca	3 465	2.2%
Resto do Mundo	21 391	13.5%
TOTAL	157 899	100%

Tabela 1.3. – Os 10 Países com mais Energia Eólica em 2009 (GWEC, 2010)

Também a nível da indústria náutica de lazer, o país está já a participar na série de regatas *America´s Cup*, que representa o expoente máximo desta indústria a nível mundial. A 32ª edição decorreu em Valência em 2007, com uma equipa franco-chinesa e o veleiro *"Longtze"* (filho do dragão), construído em 2005 e financiado pelo Clube Náutico de Qingdao. Esta cidade possui um dos maiores portos de águas profundas do mundo, com uma movimentação anual superior a dez vezes o porto de Sines, em volume de carga. Curiosamente, um dos patrocinadores era a empresa espanhola de porcelana *Lladró*, uma empresa em parte idêntica à *Vista Alegre*, o que mostra bem o forte marketing espanhol.

As reservas financeiras da China são agora as maiores do mundo, tendo ultrapassado as do Japão, ao totalizarem 2 200 000 milhões € em 2011, sendo cerca de 20 vezes as reservas americanas e 13 vezes o PIB de Portugal (IMF, 2011a). Perto de 850 000 milhões € estão aplicados em dívida pública americana, o que representa já 8% do valor total desta; 250 000 milhões € estão aplicados em obrigações americanas e 50 000 milhões € em acções americanas; os restantes 1 050 000 milhões € estão aplicados em divisas, ouro e títulos de outros países (BEA, 2011; USDT, 2011). Curiosamente, o valor investido em acções dos EUA é pequeno quando comparado com o valor investido pelos investidores ingleses, 325 000 milhões €, mas já em dívida pública americana a China ocupa o 1º lugar, à frente do Japão que tem 600 000 milhões € aplicados neste activo.

ENQUADRAMENTO GERAL

Uma parte destas reservas está a ser gerida pela *China Investment Corporation*, que pertence ao Estado chinês e que gere neste momento activos financeiros no valor de 240 000 milhões €, cerca de 140% do PIB de Portugal. A sua estratégia principal é a de comprar uma quota de 5 a 10% nas 50 Maiores Empresas do Mundo. Como tal, tem aproveitado a crise financeira dos EUA e da Europa para realizar diversas aquisições. Em 2008, por exemplo, comprou 10% do banco americano *Morgan Stanley* por 4 000 milhões €.

Estima-se que existam cerca de 1 300 000 milionários chineses com um património superior a 700 000 €, comparado com 5 220 000 nos EUA e 1 530 000 no Japão. Para um património superior a 70 milhões €, existirão 616 multimilionários chineses, comparado com 2692 nos EUA, 839 na Alemanha, 826 na Arábia Saudita e 738 no Reino Unido (BCG, 2011). A nível dos produtos de luxo, a China poderá vir a absorver 20% do mercado mundial em 2015, num valor de 20 000 milhões € anuais (McKinsey, 2011). Actualmente, o país é já o maior produtor mundial de ouro ao ter ultrapassado a África do Sul, e simultaneamente o maior comprador ao ter ultrapassado a Índia.

Uma mudança significativa está também a ocorrer em África e na América Latina, dado que pela primeira vez na sua história, estas áreas estão a ser disputadas entre os EUA, a Europa e a Ásia. Na verdade, até aos anos 80, os EUA eram o principal parceiro comercial da América Latina, enquanto a Europa era o principal parceiro de África. Nos anos 90, a Europa investiu fortemente na América Latina, ao passo que os EUA interessaram-se também por África. Após a entrada no novo milénio, a China tem estado a entrar fortemente nestes 2 continentes, quer no comércio e construção, quer no investimento. A *Petrochina*, por exemplo, só em Angola irá investir 2 000 milhões €.

A capital da China, Pequim (Beijing), está já a preparar-se para tomar um dia o lugar de Nova Iorque, para ser a "Capital do Mundo", como foi no tempo da dinastia Ming no século XV. Nessa altura, a cidade tinha sido desenvolvida de acordo com um plano moderno, com um palácio imperial ainda hoje considerado um dos maiores do mundo, e o país era de longe a primeira superpotência. Admite-se mesmo que, entre 1405 e 1431, o almirante chinês Zheng He tenha feito sete expedições até ao Médio Oriente e à costa leste de África, ao comando de uma frota de cerca de 100 navios e 10 000 marinheiros. O navio almirante teria

9 mastros[3] e um comprimento de 90 m, o equivalente ao relvado de um campo de futebol ou cerca de quatro vezes uma nau pequena (fig. 1.1). Daí os chineses não falarem na "Ascensão da China" mas sim no "Renascimento da China", razão pela qual, aquando dos Jogos Olímpicos de Pequim em 2008, procuraram mostrar ao mundo toda a sua pujança e o seu passado brilhante.

Nenhum outro país dos BRIC[4] possui tamanho potencial. Com efeito, o Brasil embora tenha recursos naturais superiores, tem apenas 190 milhões de habitantes. O mesmo se aplica à Rússia com 150 milhões de habitantes, ainda que tenha um nível tecnológico superior e seja o maior país do mundo. Finalmente a Índia, está muito dividida em etnias e longe de uma ambição comum, com muito menos recursos naturais, mesmo tendo 1100 milhões de habitantes.

Por seu lado, na Europa, verifica-se um declínio sem solução, ainda para mais com a actual crise financeira. Só os EUA e o Japão estão a conseguir manter o seu avanço tecnológico, muito embora as suas economias não estejam bem. Além disso, o Japão não tem recursos naturais e só tem 130 milhões de habitantes, e os EUA embora tenham enormes recursos, têm 300 milhões de habitantes. Entretanto, a China está a mover-se velozmente e já conseguiu atingir algumas das tecnologias ocidentais, o que irá mudar o actual equilíbrio estratégico do mundo.

Todavia, a China e a Índia estão ainda muito longe do Ocidente em termos da riqueza anual produzida por habitante (PIB per capita), mesmo considerando os valores em paridade de poder de compra, que no caso dos países em desenvolvimento eleva os respectivos valores nominais (tabela 1.4 e fig. 1.2). Em 2009, ainda existiam 150 milhões de chineses a viver com menos de 1€ por dia. Assim, quando imaginamos estes dois países a ultrapassarem os EUA em termos do PIB total, os seus valores per capita não deixarão de ser muito inferiores, uma vez que estes países dispõem de muito menos recursos por habitante.

Contudo, o Japão conseguiu tornar-se a 2ª economia do mundo até há pouco tempo, mesmo tendo poucos recursos, apenas com base no esforço e no tamanho da sua população. Em valor nominal, o seu PIB per

---

[3] É polémica a geometria deste navio, pois não existe documentação técnica da época. Além disso, o modelo que hoje se imagina seria mais adequado para navegação costeira, pela geometria achatada da proa e pela largura excessiva a meia-nau.

[4] BRIC = Brasil, Rússia, Índia e China

ENQUADRAMENTO GERAL

Figura 1.1. – Comparação entre o navio almirante de Zheng He e uma nau pequena (China Org, 2011)

capita é aproximadamente de 96% da média da UE-15 e 90% do valor americano. Numa época do conhecimento em que os recursos humanos são o factor económico mais importante, a China com 1300 milhões de habitantes (dez vezes a população japonesa), será certamente um desafio para o resto do mundo.

A globalização é hoje uma realidade e a não ser que se voltem a condicionar os mercados, "só haverá dois tipos de gestores no futuro, os que pensam globalmente e os que estão desempregados" (Peter Drucker). Tal adaptado para os países significa que Portugal, apesar de ser um pequeno país focado em mercados mais próximos, não poderá menosprezar a China. Outros países pequenos como a Suécia ou a Noruega, ou até a Hungria, têm já uma boa presença neste país.

Na verdade, a presença da Suécia começou nos anos 60, quando era uma forte oponente dos EUA e ajudava os movimentos de guerrilha vietnamitas, o que quase levou ao corte de relações diplomáticas com Washington. Na altura, estabeleceu fortes ligações políticas com Pequim e já nos anos 80, com uma maior abertura do mercado, entraram as empresas suecas, que têm agora um avanço de 20 a 30 anos sobre muitas empresas ocidentais. Desde então, muitos estudantes asiáticos foram incentivados a estudar em universidades suecas. Só para ter uma ideia, mais de 1000 destes estudantes realizaram mestrados em economia e gestão de empresas na Universidade de Estocolmo.

PORTUGAL E A CHINA – UMA RELAÇÃO COM FUTURO

	1820	1870	1913	1918	1929	1932	1939	1945	1973	1992	2006	2009
Reino Unido	143,0	166,6	149,2	191,4	141,2	143,4	144,7	205,7	105,9	98,8	107,1	101,8
Holanda	127,1	134,8	117,1	117,5	145,9	140,2	128,1	78,3	112,7	106,1	116,8	119,1
França	99,2	94,9	102,4	84,0	120,8	110,3	110,7	75,0	114,3	112,8	96,9	97,3
Alemanha	90,6	93,9	108,2	104,6	103,9	93,6	124,9	64,6	105,7	105,8	103,4	105,5
Itália	88,9	74,9	74,4	118,9	79,3	82,1	81,3	56,0	91,9	101,9	92,8	94,5
Espanha	86,6	70,3	66,9	71,7	70,3	71,3	41,4	61,3	77,2	78,5	93,1	93,6
Portugal	63,9	55,4	40,2	40,3	41,3	45,8	40,4	52,6	66,8	68,8	68,0	67,2
UE-15	100,0	100,0	100,0	100,0	100,0	100,0	100,0	100,0	100,0	100,0	100,0	100,0
EUA	104,8	125,5	157,4	198,4	177,0	133,0	151,6	341,3	146,7	135,4	140,8	132,7
Argentina	65,1	67,0	112,6	113,9	112,0	98,1	95,8	127,0	70,3	47,1	42,8*	42,4
Japão	57,3	37,8	39,6	58,5	52,0	54,6	65,1	39,2	97,3	122,0	100,4	90,3
Brasil	52,6	36,4	24,1	28,3	29,2	28,4	29,2	40,5	34,3	30,2	28,5*	31,0
Singapura	50,1	34,8	37,9	-	-	-	-	-	52,8	97,6	96,6*	-
China	48,9	27,1	16,4	19,3	14,4	16,2	12,7	14,6	7,4	13,2	20,2*	23,5
Coreia do Sul	48,9	35,8	24,3	38,1	26,0	28,3	30,0	18,0	25,1	61,6	72,6*	74,7
Índia	43,4	27,2	20,0	24,5	18,7	19,7	15,6	18,1	7,5	8,4	12,4*	14,8

* valores de 2005

Tabela 1.4. – PIB per capita em PPC[5], em percentagem da média da UE-15
[Mateus (2006), Maddison (2006a), Eurostat (2011), IMF (2011b)]

Muitas empresas portuguesas ainda não consideraram o mercado chinês por várias razões, tais como a distância, a diferença de culturas e a falta de dimensão, mas também por falta de informação, como tal "Portugal foi o primeiro país a chegar à China no passado, agora arrisca-se a ser o último". Veja-se o caso de Macau, após a transferência de soberania tem tido crescimentos anuais superiores a 20%, tendo atingido 27 milhões de turistas em 2007. Mesmo que uma grande parte seja população chinesa continental, que se desloca apenas para o jogo com estadias curtas, a mesma acaba por deixar verbas significativas.

---

[5] Produto Interno Bruto por habitante, apresentado em termos da paridade de poder de compra (PPC), isto é, após um ajustamento do seu valor nominal, para permitir a equivalência entre os poderes aquisitivos de um dado cabaz de bens nos vários países. Tomou-se como referência a Europa dos Quinze (UE-15), constituída pelos 15 países antes do alargamento aos 12 países da Europa de Leste.

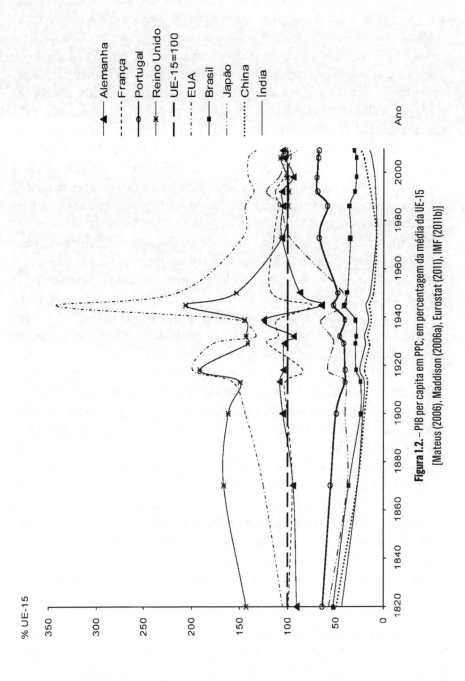

Figura 1.2. – PIB per capita em PPC, em percentagem da média da UE-15
[Mateus (2006), Maddison (2006a), Eurostat (2011), IMF (2011b)]

Além disso, muitas empresas portuguesas não se estão a preparar para os tremendos desafios que este país representa, muito superiores aos de outros países emergentes, e que englobam: a concorrência pelas matérias-primas e consequente aumento do seu preço, a perda de clientes estrangeiros tradicionais, a invasão do mercado nacional com produtos de qualidade crescente a baixo preço ou a eventual necessidade de deslocalizar fábricas. Aliás, a China é já curiosamente o 8º produtor mundial de vinho, apenas consumido internamente dada a sua baixa qualidade, enquanto Portugal caiu para o 11º lugar. Por outro lado, outros produtos surpreendentes como o azeite ou a cortiça estão já a ser produzidos, e embora os sobreiros chineses autóctones tenham uma cortiça de baixa espessura e má qualidade, estão a ser plantados sobreiros mediterrânicos.

Portugal também não se tem esforçado o suficiente para captar os investimentos chineses no estrangeiro, os quais começam a ter uma grande dimensão e poderão ser uma excelente oportunidade. O país precisa de alavancar a sua influência histórica em Macau, que praticamente desapareceu, usando a sua pequena mas ainda existente influência em África. É o chamado triângulo "Portugal-África-China", um conceito curiosamente criado pelos chineses, que esteve na base do *Fórum para a Cooperação Económica e Comercial entre a China e os Países de Língua Portuguesa*, estabelecido em Macau, em 2003. Esta instituição foi visitada pelo autor em 2005, tendo sido referido que se Lisboa não mostrasse entusiasmo pela ideia, então Pequim avançaria sozinho para estes mercados, o que veio a verificar-se.

Para se compreender melhor a China de hoje e as suas acções num futuro próximo, devemos olhar cuidadosamente para o seu passado de superpotência. Os chineses dizem com orgulho que foram muito mais avançados do que o Ocidente até à Revolução Industrial, o que só em parte é verdade como será a seguir analisado. A partir daí, as relações com o Ocidente começaram a deteriorar-se, dando lugar a várias guerras e desconfianças ainda não superadas. O que fez então a China no passado, quando era uma superpotência e quais as razões pelas quais deixou de o ser?

Como foi possível os portugueses terem conseguido o domínio do Oceano Índico durante o séc. XVI? Tendo o império chinês tido gigantescas frotas navais até ao séc. XV, com maiores navios, maiores tripulações e até eventualmente melhores instrumentos náuticos e cartas de navegação? Como conseguiram outros europeus dominar o Mar da China a partir de meados do séc. XIX?

Porque razão a economia chinesa parou no tempo, nos 2 últimos séculos, e só começou a recuperar desde há 30 anos? Será que este crescimento acelerado irá continuar, perante as várias nuvens no horizonte? Quanto tempo ainda irá demorar para atingir os Estados Unidos?

Será possível continuar e ultrapassar bastante os americanos? Até lá, serão inevitáveis novas guerras com as potências vizinhas e com o Ocidente? Ainda para mais atendendo a um relacionamento muito complicado no passado, que deixou várias sequelas?

Qual o presente nível de trocas comerciais entre Portugal e a China? Quais poderão ser as oportunidades para Portugal? Será possível uma relação tripartida Portugal/África/China?

Nos próximos capítulos, ir-se-á procurar responder a questões como estas, ou dar pistas para possíveis respostas.

Capítulo 2
História da China

2.1. As Dinastias Imperiais

A China é uma das mais antigas civilizações, datando de há cerca de 4000 anos, com o nascimento da **dinastia Xia** (2070-1600 a.C.) no vale do rio Huang He, o "Rio Amarelo" (fig. 2.1). Esta dinastia durou perto de 500 anos, mas não passava ainda de um poder local, utilizando já alguns caracteres primitivos em inscrições. O seu desenvolvimento teve por base uma importante agricultura baseada em cereais de sequeiro como o trigo. Curiosamente, já eram produzidas bebidas fermentadas a partir dos excessos de produção de uva e de milho painço. As civilizações do Egeu floresciam no Mediterrâneo, assim como as civilizações do vale do rio Indo, estando o Egipto e a Mesopotâmia há muito estabelecidos.

A **dinastia Shang** (1600-1050 a.C.) tomou de seguida o poder, tendo sido desenvolvida uma linguagem escrita baseada em cerca de 3000 caracteres, que representavam ideias ou objectos e não sons. A importância de tal facto pode ser constatada ainda hoje, já que nos séculos subsequentes, os diversos povos e etnias que invadiram a China e aí reinaram, partilharam esta mesma escrita, a qual ajudou a manter a coesão chinesa. Daí derivou para a Coreia e para o Japão. Pelo contrário, as civilizações indo-europeias desenvolveram escritas baseadas em sons, o que originou vários alfabetos com 30 a 40 letras e fonemas.

Os artefactos de bronze tiveram um grande crescimento, tendo sido usada uma técnica de fundição com moldes de barro, diferente da técnica do martelo e da bigorna de outras civilizações (Haw, 2008). Foram inventados os primeiros arados de estrutura de madeira e dente de bronze, assim como os primeiros carrinhos de mão. Ao mesmo tempo, o reino estendeu-se para sul, para os vales do rio Yangtzé, o que permitiu a produção agrícola de arroz. Aliás, seriam as elevadas produções deste cereal, bianuais nas zonas mais meridionais, que permitiriam ao longo dos séculos sustentar um elevado crescimento da população, muito superior ao de zonas como a Europa. Neste continente, cereais como o trigo, a aveia ou o centeio, atingiam produções de apenas metade da quantidade por colheita face ao arroz na China, só podendo ter colheitas anuais dado o clima.

Os famosos filósofos Confúcio e Laozi, fundadores do Confucionismo e do Taoísmo, respectivamente, surgiram por volta de 500 a.C. durante a **dinastia Zhou** (1066-221 a.C.), sendo contemporâneos dos filósofos gregos e de Buda na Índia. Foi então que surgiu o termo "*Zhonghua*" para o nome da China, o qual significa "Estado do Meio", dado os chineses considerarem o seu país "o centro do Mundo". As moedas de bronze principiaram a sua utilização para pagamentos e acumulação de riqueza, e surgiram artefactos em ferro. Várias obras hidráulicas começaram também a ser realizadas, assim como vários troços da Grande Muralha. A soja começou a ser cultivada em rotação com outros cereais, o que permitia aumentar a fertilidade dos solos e a produção agrícola total. Entretanto, os impérios Grego, Persa e Mauria na Índia, atingiam o seu apogeu, apresentando igualmente grandes avanços a todos os níveis. Por sua vez, os Olmecas no México tinham similarmente um nível de desenvolvimento elevado, usando, por exemplo, um sistema numérico de base vigesimal.

Após várias guerras e divisões internas, o primeiro império chinês é fundado pela subsequente **dinastia Qin** (221-206 a.C.), com um território de cerca de metade do Império Romano. Verificar-se-iam grandes desenvolvimentos em termos de invenções e uma significativa expansão territorial, pois os recursos e os exércitos à disposição do imperador Qin eram provavelmente mais vastos que os dos romanos. Só para ter uma ideia, durante um confronto com um reino rival, 40 000 soldados inimigos foram soterrados vivos após terem sido cercados. Por sua vez, cerca de 70 000 trabalhadores foram necessários durante 36 anos para construir o túmulo imperial na capital, Xian, anteriormente iniciado, o

HISTÓRIA DA CHINA

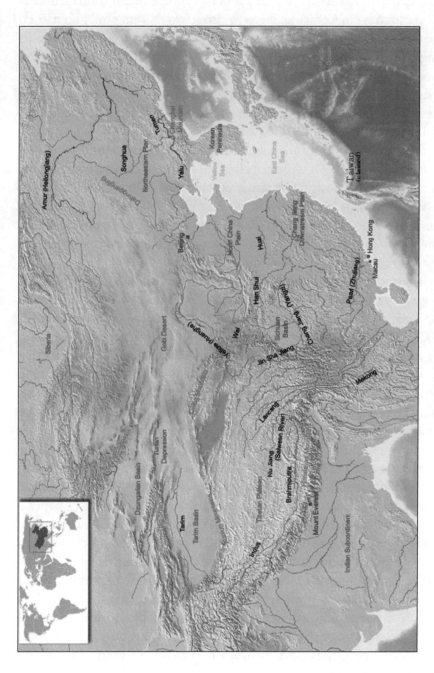

Figura 2.1 – Mapa Geográfico da China

qual ocuparia uma área de 57 km², tendo até ao momento sido escavadas 8 000 estátuas em terracota, de guerreiros e cavalos em tamanho natural (Zhang, 2003). Foi também durante este período que a Grande Muralha atingiu uma extensão de 2500 km, desde a Coreia até ao meio da China, graças aos esforços de cerca de um milhão de trabalhadores permanentes.

Em 214 a.C., é iniciada a construção do Canal Lingqu, que com uma extensão de 36 km era o maior do mundo e o primeiro com comportas. Ligava os rios Xiang (afluente do rio Yangtzé) e Lijiang (afluente do Rio das Pérolas), permitindo assim um trajecto fluvial com várias centenas de quilómetros. Os chineses afirmam que nessa altura eram já mais avançados que a Europa em áreas como a Astronomia, a Física e em várias manufacturas (têxteis, armas e construção). Atestam, por exemplo, que haviam já calculado o número pi (π) com várias casas decimais, assim como a duração do ano com o valor de 365.3 dias, o que apresenta uma diferença de apenas 72 minutos.

Posteriormente, a **dinastia Han** (206 a.C.-220 d.C.) irá implementar várias reformas, como a introdução de exames de entrada para os responsáveis públicos, baseando-se principalmente nos ensinamentos de Confúcio. Cria assim carreiras na administração pública com altas exigências e reputação, muitos séculos antes de tal suceder na Europa, o que conjugado com uma língua escrita comum, faria a ponte no futuro entre as variados etnias e dialectos no país. Mais tarde, sempre que a China seria conquistada por tribos nómadas, tal como sucedeu com os mongóis no século XIII, os conquistadores acabariam por adoptar os hábitos vigentes da civilização chinesa "superior".

Durante este período, é criada a Rota da Seda pelo norte dos Himalaias para promover o comércio com o Médio Oriente e a Europa, que seria também fundamental para a troca do conhecimento. O papel é então inventado, 1000 anos antes de ser utilizado na Europa, e seria publicado o primeiro dicionário chinês. As anestesias gerais começaram a ser utilizadas em intervenções abdominais, foram feitos avanços significativos nos campos da astronomia e da matemática, ao mesmo tempo que eram criados os primeiros "sismógrafos" mecânicos indicando a direcção dos sismos. O cálculo matricial, por exemplo, foi iniciado 1000 anos antes da Europa (NG, 2005). Por sua vez, o budismo começou a sua divulgação a partir da Índia, introduzindo a ideia da reencarnação, em oposição ao taoísmo.

HISTÓRIA DA CHINA

O território foi estendido para o interior, tendo também sido conquistado o norte do Vietname. O império atinge uma dimensão de 6 milhões de km^2 e cerca de 60 milhões de habitantes, tendo a capital, Xian, aproximadamente um milhão de cidadãos. Por comparação, os romanos por volta de 115 d.C. e durante o mandato de Trajano, chegaram aos 5.7 milhões de km^2 e 60 milhões de habitantes, tendo mais de 300 000 soldados estacionados ao longo das fronteiras. Roma possuía perto de um milhão de cidadãos, ao passo que Alexandria possuía cerca de 500 mil.

Os chineses tinham juncos com o fundo do casco plano e patilhões centrais em vez de quilha, para evitar a adernagem lateral. As velas eram rígidas e com várias réguas, o que permitia um ângulo de ataque ao vento mais apertado, assim como uma redução mais rápida da área de velame. O leme era já central e montado num eixo vertical à popa, ao contrário dos dois eixos laterais mediterrânicos. Os juncos teriam deslocamentos[1] superiores a 200 toneladas e julga-se que tenham realizado navegação costeira até à Malásia. Por seu lado, os romanos tinham já importantes frotas navais com base na tecnologia grega, em que os navios mercantes tinham em média deslocamentos de 300 toneladas, mas podiam chegar às 1200 toneladas para o transporte de cereais entre o Egipto e Roma (Johnson *et al.*, 2008).

Enquanto os chineses centravam esforços em canais, palácios e na Grande Muralha, os romanos avançavam na construção de estradas (30 000 km de vias principais) e aquedutos, cúpulas, sistemas de esgotos e de aquecimento central. Esta diferença resultou em parte da enorme dimensão dos dois principais rios chineses, o Yangtzé com 6300 km e o Huang He com 5500 km, os quais cruzavam vastas áreas agrícolas. Curiosamente, os dois impérios terão tentado trocar emissários seguindo a Rota da Seda, mas foram impedidos pelos persas, que queriam manter o monopólio desta rota comercial e que entretanto tinham atingido novo apogeu (Guadalupi, 2004). Por esta altura, a dinastia gupta unificava o norte da Índia, tendo a cultura, a ciência e a administração hindus atingido níveis notáveis, nomeadamente no âmbito da matemática.

A China divide-se posteriormente em vários reinos rivais, tendo-se dado a reunificação com a **dinastia Sui** (581-618). O principal troço

---

[1] Deslocamento = Peso do navio + Carga máxima

do Grande Canal seria concluído no ano 610, ligando o rio Yangtzé à cidade de Hangzhou junto à costa. É o maior canal do mundo, com 1770 km, possuindo segmentos escavados ligando rios naturais, raras vezes tendo menos de 30 m de largura nas suas secções urbanas. Estima-se que a sua execução, bem como a execução de outras obras hidráulicas, tenha exigido um total de 5 milhões de trabalhadores, o que originou várias revoltas. A sua utilização permitia o transporte fluvial entre o sul e o norte do país, uma alternativa mais segura face ao transporte marítimo com o risco de tempestades e de piratas. No ano 735, cerca de 165 000 toneladas de cereais eram já enviadas anualmente ao longo do canal, dada a menor produção agrícola do norte do país.

Durante a subsequente **dinastia Tang** (618-907), em meados do século VII, a administração pública contava com 600 divisões oficiais, após a reforma do anterior sistema que possuía cerca de 2000. A meritocracia foi então estabelecida, estando os funcionários públicos sujeitos a procedimentos de avaliação apelidados de "observação e promoção", e obrigados a realizar "exames imperiais" trienais. Assim, os responsáveis públicos que promovessem o aumento da produção agrícola em pelo menos 20%, eram contemplados com um aumento salarial de 30% (Mokir, 2003). A meritocracia favorecia a mobilidade social e a alfabetização, o que impulsionava a economia.

Foi também elaborada toda uma compilação de leis, o Código Tang, que juntava 501 artigos sobre a regulação da vida em sociedade. Tudo era registado de forma rigorosa em documentos de papel, hábito que perduraria nos séculos seguintes. Deste modo surgiram as primeiras notas de crédito no mundo, em que os mercadores e comerciantes recebiam um recibo em papel, para evitar transportar grandes quantidades de moedas. Muitos terrenos agrícolas foram entregues a particulares, estando sujeitos a um imposto de 7% sobre a produção, pago em géneros, e dois terços dos militares trabalhavam em propriedades do imperador. Um novo arado foi inventado durante este período e as manufacturas conheceram um crescimento exponencial.

As exportações marítimas para países vizinhos tiveram um enorme desenvolvimento, pagando um imposto de 3.3% à "Alfândega de Comércio Marítimo", a qual regulamentava este comércio. Como tal, frotas chinesas com mercadorias terão chegado à Pérsia e à Arábia, ainda que sob navegação apenas costeira (Mesquitela, 1996). Por sua

HISTÓRIA DA CHINA

vez, as cidades costeiras como Cantão (Guangzhou) recebiam povos variados, entre eles árabes e judeus, conhecendo assim um grande progresso, sendo toleradas religiões como o cristianismo nestoriano. A capital, Xian, atinge uma área de 85 km² correspondente à actual dimensão de Lisboa. Novos avanços ocorrem nas ciências, e a cultura e as artes têm um período florescente. No ano 668, a Coreia é invadida e colocada sob domínio chinês, sendo expulsos os seus aliados japoneses. O território é também estendido para noroeste, até ao actual Cazaquistão.

Após a queda da dinastia, o país irá subdividir-se em reinos e pequenas dinastias, tendo uma zona a noroeste ficado sob o domínio do império tibetano. Tal iniciaria um longo período alternado até ao séc. XIII, em que o Tibete ora foi independente e conquistou territórios chineses, do Nepal e do norte da Índia, tendo estabelecido alianças com os turcos, os uigures e os mongóis, ora pertenceu à China ou foi aliado desta.

Por esta altura, o Império Árabe atingira a sua máxima extensão, compreendendo a Península Ibérica, o Norte de África e todo o Médio Oriente. Foi um período de ouro do Islão, em que o califado Abássida moveu a capital de Damasco para Bagdad. Esta cidade tornou-se então uma das maiores do mundo, com cerca de 1 milhão de habitantes. Aí foi criada a Casa da Sabedoria, importante centro de cultura que já utilizava a técnica de impressão em papel adquirida dos chineses, e aonde eram traduzidas as principais obras dos povos vizinhos em domínios como a filosofia, a matemática ou a medicina. Deste modo, este império funcionou como ponte do saber entre a Europa e a Ásia. No Ocidente, Constantinopla era a maior cidade com cerca de 500 000 habitantes.

Os navios mercantes árabes, "pangaios", dominavam o comércio no Oceano Índico, possuindo 2 a 3 mastros e velas triangulares, de modo a responder melhor à inversão dos ventos ao longo do ano, pelo efeito das monções. Ao contrário dos europeus, não tinham cavilhas de madeira nem pregos metálicos, sendo antes as suas tábuas atadas com fibras de coco ensebadas e as juntas depois calafetadas. Já atingiam a China e o Sudeste Asiático, demorando a viagem de ida e volta cerca de um ano (Johnson *et al.*, 2008).

A reunificação do império dá-se com a **dinastia Song** (960-1279) e as porcelanas surgem por volta do ano 900, cerca de 700 anos antes da Europa. Entretanto, uma variedade de arroz de origem vietnamita, mais resistente ao calor e de maturação mais curta, é introduzida no sul da

China. Tal permitirá aumentar as zonas cultivadas e obter colheitas trianuais em alguns casos, o que conduziria a uma explosão populacional. A capital é então mudada para Hangzhou, junto ao estuário do rio Yangtzé, mas dada a escassez de terreno para construção, serão construídas habitações com vários andares, um fenómeno inovador.

A partir desta cidade, as embarcações chinesas transportavam mercadorias até ao Médio Oriente. Estima-se que estas embarcações tivessem cinco mastros e pudessem atingir 60 m de comprimento, com deslocamentos até 800 toneladas e diversos compartimentos estanques no interior do porão. Estes compartimentos, além de protegerem as mercadorias de infiltrações, impediam que a embarcação se afundasse caso apenas fosse danificada uma pequena zona do casco, à semelhança dos actuais navios de carga. Tal inovação chegou 800 anos antes da versão europeia, apenas inventada no século XVIII (Zhang, 2003).

Por sua vez, as embarcações que navegavam nos canais da China não apresentavam dificuldades para transpor o declive dos terrenos, dada a existência de sistemas de comportas elevatórias. Nesta época, a Europa contava com os navios mediterrânicos de velas usualmente quadradas ou com os *knarrs* dos vikings de 30 toneladas, com 20 m de comprimento, remos e um mastro ornado de uma vela quadrada. Apesar das limitações destes últimos, eram mesmo assim embarcações extremamente manobráveis, que conseguiam cobrir uma distância de até 100 km por dia.

Três outras grandes invenções chinesas surgiram no decorrer do século X: a pólvora, a bússola para a navegação marítima e a impressão com caracteres móveis. A bússola veio permitir a realização de muitas viagens já por alto mar, abandonando-se a vista da costa por períodos de alguns meses. Julga-se que este instrumento terá passado para os árabes e destes para os europeus, só após decorridos cerca de 300 anos. Por sua vez, os caracteres móveis foram essenciais para a impressão de manuais, utilizados na instrução dos funcionários públicos, assim como para a criação das primeiras notas de dinheiro (*"jiaozi"*). Registaram-se outros avanços, como a solução de equações cúbicas, a descoberta do movimento elíptico do sol e vários progressos na medicina, cerca de 500 anos antes da Europa (Zhang, 2003).

Por esta altura, a liderança comercial da China na Ásia era confirmada pelas exportações de produtos manufacturados (sedas, porcelanas, pinturas), ao passo que as importações eram constituídas principalmente por matérias-primas (especiarias e minerais). Foram também criados quatro registos oficiais: extensão das explorações agrícolas, produtividade dos terrenos, listagem dos proprietários e registo dos impostos. A capital é transferida para Kaifeng, que se torna a maior cidade da Ásia com mais de 1 milhão de habitantes.

Cidades portuárias como Cantão, Xiamen, Quanzhou, Fuzhou, Ningbo e Xangai (Shanghai), têm também um grande crescimento, assim como outras cidades interiores, a grande maioria já com um traçado das ruas perfeitamente ortogonal. Estima-se que a população do país tenha atingido os 100 milhões de habitantes (Jesus, 2007).

Na Europa despontavam as primeiras universidades, que embora mais direccionadas para o estudo teológico e filosófico, começaram também a estudar as ciências e a recuperar vários tratados entretanto perdidos no tempo. O início das cruzadas proporcionou igualmente o contacto com as civilizações vizinhas mais avançadas, em particular o mundo árabe, muito embora o espaço europeu continuasse bastante dividido e em guerras permanentes.

Nos finais do século XII, o ábaco chinês veio revolucionar os cálculos, tendo sido a primeira calculadora mecânica no mundo. Por outro lado, em 1270, existiam já cerca de 20 000 embarcações mercantes chinesas, das quais 7 000 eram navios destinados ao comércio marítimo. Na indústria, rodas de fiar accionadas por água são introduzidas para o processamento do algodão, cerca de 500 anos antes da França ou da Grã-Bretanha, dando início a uma moderna indústria têxtil. Os chineses afirmam mesmo que seria via a espionagem industrial de delegações europeias, durante os séculos XVII e XVIII, que a Europa iria recuperar o seu atraso de vários séculos no sector têxtil.

Durante o domínio mongol iniciado com Genghis Khan, que conquistou Pequim (Beijing) em 1215, é criado o maior império contíguo que alguma vez existiu, o Império Mongol, o qual viria a atingir uma dimensão de 33 milhões de km². Em 1279, compreendia a maior parte da Europa de Leste, a Rússia, a Turquia e todo o Médio Oriente, o norte da Índia e da Birmânia, o Tibete, a China e a Coreia, estendendo-se assim desde o Mar Báltico até ao Oceano Pacífico. Toda esta área estava dividida em quatro territórios, "canatos", sendo um destes a China liderada por Kublai Khan, neto de Genghis Khan e fundador da **dinastia Yuan** (1279-1368). Aproveitando a extensão deste território, são criados

27 observatórios, entre os paralelos 20º e 55º, que permitirão importantes avanços na astronomia, como o cálculo da duração do ano com um erro de apenas alguns minutos (Zhang, 2003). Por duas vezes são também enviadas frotas navais para invadir o Japão, com várias centenas de navios e dezenas de milhar de homens, mas são destruídas por tempestades. Tal foi agravado por a grande maioria destes navios ser fluvial e altamente instável no alto mar.

Pequim torna-se a "Capital do Mundo", como os chineses gostam de afirmar, graças ao seu imenso poderio comercial, técnico, cultural e político. Era já uma cidade com uma geometria rectangular de 6x5 km², com ruas ortogonais aproveitando a topografia plana e uma grande muralha a toda a volta. No seu interior existiam 50 bairros com casas de paredes de tijolo e telhados de madeira, com avenidas de 25 m de largura e ruas transversais com 6 a 7 m de largura, e existia a "cidade imperial" com aproximadamente 1.5x1.5 km², com uma muralha a toda a volta e composta por lagos, templos, palácios e vários edifícios administrativos aonde trabalhavam e viviam os funcionários públicos (Vauvelle, 2003).

Guilherme de Rubruck, um enviado papal que chegou em 1250, encontrou aqui vários mercadores e artesãos da Europa, do Médio Oriente e da Ásia. O objectivo da sua missão era obter o apoio contra o Islão, pois existiam relatos de que os mongóis eram cristãos nestorianos, o que na verdade só se verificava numa parte da população, pois outras religiões coexistiam, especialmente a budista. Em sentido inverso, chineses como Rabban Bar Sauma, um cristão nestoriano nascido em Pequim, são enviados à Europa para aí se encontrarem com o Papa e com os reis Filipe IV de França e Eduardo I de Inglaterra, também em busca de uma aliança contra o Islão.

O comércio da capital com todo o mundo continuou florescente durante várias décadas, o que iria atrair vários mercadores europeus como o famoso Marco Polo. Para completar a ligação fluvial da capital ao sul do país, são terminadas as obras do Grande Canal entre Pequim e o Rio Yangtzé. Ao mesmo tempo, o império estende a sua influência até zonas longínquas como a Mesopotâmia, onde "engenheiros" chineses chegam a estar envolvidos em projectos de irrigação (Stravianos, 2004). Todavia, os mongóis destruíram muito daquilo que tinha sido desenvolvido anteriormente, impondo ao mesmo tempo uma enorme carga fiscal. Os cargos administrativos superiores passaram a ser dados a

HISTÓRIA DA CHINA

mongóis ou a estrangeiros, só sendo mantidos os funcionários chineses. O algodão continuou a ser usado no fabrico de roupas para os chineses, ao passo que a seda passou a ser utilizada para os mongóis.

Após enormes conflitos e rebeliões, a **dinastia Ming** (1368-1644) é fundada por Zhu Yuanzhang, filho de um camponês, que se tornara monge e mais tarde guerreiro. São assim reintroduzidos vários procedimentos administrativos abolidos pelos mongóis, nomeadamente exames rigorosos de matemática para aqueles que pretendiam ocupar cargos administrativos públicos. Por outro lado, são introduzidas reformas profundas nos tribunais, na cultura e na educação, e é iniciada a florestação de várias zonas desérticas. A Grande Muralha atingirá uma extensão de cerca de 6 400 km, tornando-se a estrutura mais longa na Terra, embora constituída por vários troços não ligados. Ao mesmo tempo, o país será estendido para norte com a conquista da Manchúria e é conquistado novamente o norte do Vietname, mas por pouco tempo.

A capital passa a ser Nanquim (Nanjing), próxima da foz do rio Yangtzé, o que veio promover o poderio marítimo, tendo a cidade atingido cerca de 500 000 habitantes. Entre 1405 e 1431, admite-se que o almirante Zheng He tenha empreendido sete expedições ao Médio Oriente e à África Oriental, tendo a última atingido o Quénia. O navio principal teria 9 mastros, um comprimento de 90 m e um deslocamento de 3000 toneladas, ao comando de uma frota de cerca de 100 navios e 10 000 marinheiros. Alguns navios teriam 5 a 6 mastros, e existiriam navios especiais para transporte de cavalos e outros animais, de água e mantimentos, daí os chineses reivindicarem a supremacia naval até meados do século XV. Após estas expedições e dado não existirem ameaças por parte dos diversos povos visitados, o imperador decide acabar com toda a sua marinha de guerra, preferindo concentrar os seus esforços no exército e assim combater os mongóis no norte do país, algo de que os chineses se iriam arrepender até aos dias de hoje. Na verdade, seria o mesmo que se actualmente, os EUA destruíssem todos os seus porta-aviões e navios de apoio.

Não bastando, as autoridades oficiais terão concluído que não havia praticamente necessidade de importações via comércio marítimo, pois seria suficiente o comércio fluvial interno. De notar que na altura existiam 11 775 barcaças de cereais governamentais em actividade, operadas por 121 500 soldados e oficiais conforme registos, e estima-se que cerca de 50 000 trabalhadores estivessem envolvidos nos trabalhos de manutenção do sistema de canais (Zhang, 2003). Face ao aumento dos ataques dos piratas vindos do mar, as autoridades decidem então encerrar a maioria dos portos, excepto Cantão para o comércio com o Sudeste Asiático, Fuzhou para o comércio com as Filipinas e Ningbo para o comércio com o Japão. Como tal, o país fechar-se-ia em si mesmo, dentro da sua auto-suficiência comercial e científica. Assim, por exemplo, será realizada a Enciclopédia Yongle na Academia Imperial de Nanquim, obra de compilação de todos os conhecimentos nos mais variados sectores como astronomia, agricultura e medicina, que terá atingido perto de 23 000 rolos manuscritos.

Posteriormente, a capital voltou a ser Pequim em 1421. Para isso foi construído o novo Palácio Imperial, complexo gigantesco de dezenas de edifícios, com um total de 960x750 m^2 em planta e futuramente designado por "cidade proibida", dado se destinar apenas à corte imperial, cercado por uma muralha com 3.5 km de extensão e um fosso adjacente (fig. 2.2). Foi implantado dentro da antiga "cidade imperial" devastada pelas guerras, cuja muralha com 9 km de extensão foi refeita. Foi também construída uma nova muralha gigantesca com uma extensão de 22 km à volta da restante zona da cidade, a "cidade interior", concêntrica com as outras duas e com aproximadamente 12 m de altura e 10 m de largura na base, constituída por um núcleo de terra batida ligada com palha, forrado com pedras e tijolos. Todos estes trabalhos demoraram 15 anos e terão exigido cerca de 1 milhão de trabalhadores.

De seguida, foram realizadas 9 torres defensivas com uma altura de um prédio de 5 andares acima do topo das muralhas, para melhor controlo das 9 entradas na "cidade interior", assim como várias pontes em arco de pedra sobre os canais e lagos, para substituir as pontes de madeira existentes, o que tornou a cidade ainda mais majestosa.

Por comparação, Roma era a maior cidade na Europa, tendo atingido o seu maior esplendor até então no início do séc. V, altura em que tinha uma geometria em planta aproximadamente hexagonal com uma dimensão máxima de 5x5 km^2. Possuía vários edifícios em pedra imponentes como o Coliseu, o Circo Máximo, as Termas de Diocleciano e várias basílicas e templos, assim como pontes e aquedutos também em pedra, embora tivesse um traçado irregular das ruas dada a sua topografia com 7 colinas. Tinha uma muralha de blocos de pedra em todo o perí-

HISTÓRIA DA CHINA

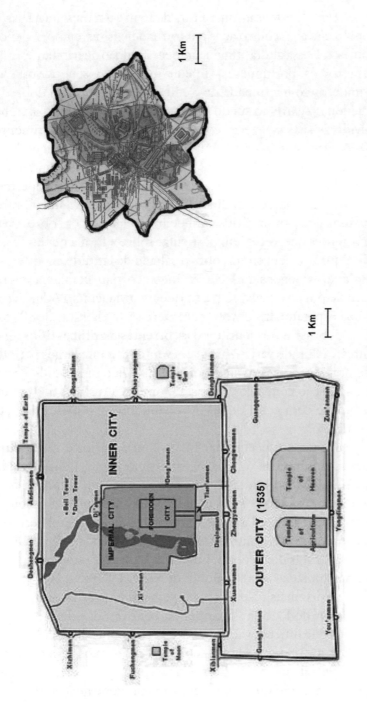

Figura 2.2. – Plantas de Pequim em 1421/1535 (esq.) e de Roma no séc. V (dir.), à mesma escala

metro com 19 km de extensão, uma altura de 16 m e uma largura na base de 3.5 m, com 18 entradas controladas por torres defensivas, embora menores que as chinesas. Nessa altura atingiu também 1 milhão de habitantes.

Entretanto, os portugueses tinham iniciado o seu período dos Descobrimentos com a tomada de Ceuta em 1415 e tinham dobrado o Cabo Bojador, no extremo sul de Marrocos, em 1434. Para isso, tinham desenvolvido as suas caravelas, com cerca de 25 m de comprimento e 50 a 160 toneladas de deslocamento, em parte baseadas em embarcações mediterrânicas com dois a três mastros, às quais adicionaram velas triangulares (latinas), de forma a poderem navegar em rumos apertados face ao vento (navegação à bolina), como tal altamente manobráveis. Estavam ainda a expandir vários conhecimentos náuticos sobre os ventos e as correntes oceânicas, em particular sobre a forma de ultrapassar a linha do Equador, bem como sobre o cálculo da latitude.

Na verdade, as viagens no Mediterrâneo ocorriam com uma variação de latitude de poucos graus, ao passo que uma viagem no Atlântico até ao Cabo Boa Esperança iria envolver uma variação de latitude de 80 graus, com variações bruscas nos sentidos das correntes marítimas e dos ventos dominantes, incluindo várias zonas sem ventos durante largos períodos. Tudo isso obrigava a desvios significativos no rumo pretendido e impedia uma navegação com a costa à vista. Por essa altura, Lisboa era uma pequena cidade com cerca de 50 000 habitantes e o país teria pouco mais de 1 milhão.

Com a chegada a Calecute em 1498, com 3 navios e 150 homens, os portugueses iniciaram o caminho marítimo para a Índia. Tomaram Goa em 1510 e Malaca em 1511, e desenvolveram um comércio activo em toda a zona, usando já naus com um deslocamento da ordem das 500 toneladas e uma tripulação de 150 homens. Para isso, foi necessário estabelecer nas décadas seguintes, uma superioridade naval no Oceano Índico face às frotas do Império Turco e dos diversos sultanatos regionais, algumas apoiadas pela República de Veneza (Pereira, 2009). Tal foi possível via navios mais resistentes preparados para atravessar o Atlântico, com poder de fogo muito superior, com castelos de proa e popa mais elevados que dificultavam as abordagens e com tripulações melhor treinadas. Grande parte da sua artilharia contava com os últimos avanços da Europa Central em cenários terrestres, e uma parte do seu financiamento provinha de banqueiros alemães, flamengos e genoveses.

Por outro lado, todas as potências locais do Índico estavam mais concentradas no combate terrestre, para o qual tinham grandes exércitos, considerando as guerras no mar um assunto de mercadores e não de reis. Para ultrapassar as guerras em terra, Portugal conseguirá o recrutamento de efectivos locais, como na tomada de Diu em 1531, em que num total de 20 000 homens só 5 000 eram portugueses (Selvagem, 2006). Este domínio foi também extremamente facilitado pelas constantes rivalidades e dispersão do poder entre os vários sultanatos, reinos e cidades portuárias, que permitirá até o estabelecimento de alianças (Pisarra, 2002).

Foram assim construídas fortalezas costeiras na Tanzânia, Quénia, Etiópia, Bahrein, Oman, Irão, Índia, Sri Lanka, Malásia e Indonésia, que para além do maior poder bélico da sua artilharia, serviam para recolha e transmissão de mensagens entre armadas, fornecimento de mantimentos e apoio a operações de reparação naval. Deste modo, foram praticamente fechadas, a nível militar, as passagens navais para o Índico através do Mar Vermelho, do Golfo Pérsico e do Estreito de Malaca, o que quase criaria um *mare clausum* português durante décadas.

Porém, a influência política ao nível do interior de todas as potências regionais circundantes foi pequena, e todas estas continuaram em grande parte o seu comércio marítimo, desde os árabes aos javaneses (Fritze, 2002). Mesmo assim, as embarcações locais vistoriadas eram obrigadas a ter pago uma licença portuguesa, e as respectivas mercadorias tinham de ter pago direitos alfandegários em Goa, Ormuz ou Malaca, caso contrário eram afundadas (Boxer, 2001). Já a introdução de plantas da América do Sul e de África pelos portugueses, como a batata-doce, o ananás, o amendoim, o milho ou o tabaco, iria alterar toda a economia destes povos (Russel-Wood, 1998). A batata-doce na China foi especialmente importante, pois alargou as áreas cultivadas grandemente ao aceitar solos pobres e escassez de água. Novamente se proporcionou um grande aumento da população chinesa.

Ao mesmo tempo, os portugueses começaram a adquirir conhecimentos locais em domínios como a botânica, a medicina, o comércio, a cartografia, a meteorologia e a organização social e política. Tomé Pires, por exemplo, escreveu a *Suma Oriental*, uma extraordinária compilação de conhecimentos sobre o Oriente. Foram também estabelecidas relações diplomáticas com os reinos da Birmânia e da Tailândia, de religião budista.

Em 1513, Jorge Álvares aporta próximo de Cantão, sendo assim o primeiro europeu a chegar por via marítima, o que dá início a um novo período da história da China. Nesta altura, os chineses eram vítimas constantes dos piratas, mas em vez de reactivarem a sua marinha de guerra apenas tinham reforçado as defesas costeiras (Mesquitela, 1996). Inicialmente, o relacionamento foi complicado, dado que o imperador não permitia a entrada de estrangeiros em território chinês, razão pela qual, nas décadas seguintes, o comércio seria sobretudo realizado no estuário do Rio das Pérolas. A missão enviada a Cantão em 1517, com Tomé Pires como embaixador, aguardaria aí 3 anos antes de receber autorização imperial para poder seguir por terra para Nanquim, de onde continuaria para Pequim através do Grande Canal, aí chegando em 1521. Fruto de várias intrigas e pressões diplomáticas dos sultanatos vizinhos, em guerra com os portugueses, a missão veio a correr mal (Amaro, 1998).

Em 1521 e 1522, ocorrem confrontos entre navios portugueses e chineses na baía de Hong-Kong, e só são restabelecidas as relações por volta de 1549, sobretudo devido à ajuda dos portugueses no combate aos piratas. De notar que estes eram provenientes de ilhas vizinhas, entre elas o Japão, e tinham frotas de dezenas de navios de médio porte, alguns com remos e velas como as galeras, o que tornava os juncos mercantes chineses presa fácil na ausência de ventos. Esta ajuda dos portugueses iria repetir-se por várias vezes ao longo dos séculos (Pereira, 2009). Tal contribuiu para que os portugueses pudessem começar a frequentar alguns portos das províncias de Fujian e Zhejiang e, em 1557, conseguissem permissão para ancorar embarcações e construir algumas edificações no território de Macau, vindo aí a construir um importante porto (SI, 2007).

Nos mares da China, os povos locais mantinham o seu comércio marítimo. Os mercadores chineses, em particular, possuíam várias dezenas de juncos de dimensões variadas, pelo que muitas vezes faziam comércio clandestino usando ilhas intermédias. A política imperial de fecho do país continuava e, em 1553, Pequim é aumentada com uma nova "cidade exterior" encostada à "cidade interior", também com ruas ortogonais e uma muralha delimitativa com 7 torres gigantescas, pelo que passou a ter no total 8x8 km^2 (fig. 2.2).

Entretanto, os portugueses haviam sido os primeiros europeus a chegar ao Japão em 1543, tendo tal facto constituído um grande sucesso. Com efeito, os minerais valiosos extraíveis à superfície eram abundantes, dada a formação vulcânica do país, não sendo necessárias as enormes escavações da era industrial posterior. O Japão era assim um dos principais exportadores de cobre e de prata, o que era ainda potenciado pela qualidade do seu artesanato e da sua metalurgia. Dado o imperador chinês ter proibido o comércio com o Japão, devido aos ataques das suas embarcações piratas, e os japoneses pretenderem adquirir seda e porcelanas chinesas, os portugueses iriam poder agir como intermediários entre ambos os países ao longo de décadas.

Por outro lado, os portugueses trouxeram a tecnologia das armas de fogo, o que constituiu um grande avanço. Iniciou-se como tal o "comércio Nanban", o qual também estaria na base da "arte Nanban". Em 1571, Nagasaki torna-se assim a base portuguesa no Japão e em 1582, contavam-se já no país 200 igrejas e 150 000 cristãos. Contudo, em 1639, os portugueses serão expulsos do país (NG, 2005).

Durante a maior parte do séc. XVI, Portugal terá o monopólio do comércio marítimo entre a Europa e a Índia/China/Japão. Para isso, usava naus que excepcionalmente chegaram a atingir deslocamentos de 1600 toneladas e um comprimento de 50 m, com cerca de 200 tripulantes, capazes de aguentar 2 a 3 viagens se fossem realizadas com madeiras nacionais (pinho, sobro e carvalho), ou 5 a 6 viagens se fossem utilizadas madeiras exóticas (teca), como era hábito nos estaleiros de Goa, Damão e Cochim (Mesquitela, 1996). Se as condições de utilização se viessem a verificar melhores, havia naus que duravam até 20 viagens. Cada navio destes demorava um ano a construir, mobilizava 250 operários e custava o equivalente a 130 kg de ouro (Guerra, 2010).

Em média, Portugal enviava por ano uma frota de 5 naus até Goa, prosseguindo apenas uma nau até Macau e daí até ao Japão. As viagens de ida e volta Lisboa/Goa duravam cerca de um ano, contudo, desvios de algumas semanas na chegada ao Índico, automaticamente aumentavam a viagem em mais um ano. Tal resultava do regime de monções, que invertia o sentido dos ventos dominantes no Oceano Índico, entre o verão e o inverno. Também o efeito da rotação da Terra nos ventos, "efeito Coriolis", obrigava a rotas bastante mais longas consoante o sentido da viagem (fig. 2.3). Perto de metade das tripulações perecia com doenças como o escorbuto, a malária e disenterias, ou via os combates frequentes, e afundava-se um quinto dos navios em média, pelo que eram viagens muito duras e dispendiosas (Boxer, 2001).

Como se não bastasse, a partir da segunda metade do séc. XVI, corsários ingleses, franceses e holandeses, passaram a atacar as frotas portuguesas e espanholas na zona dos Açores, dada a necessidade destas em captar os ventos predominantes de oeste na chamada "volta do mar", aquando do seu regresso. Foi o caso da nau Madre de Deus em 1592, aprisionada pelos ingleses ao largo dos Açores, com uma carga de 900 toneladas em pimenta, cravinho, canela, noz-moscada, incenso, sedas, porcelanas e dentes de elefante. Era na época um dos maiores navios do mundo, com um deslocamento de 1600 toneladas (o equivalente a 40 camiões TIR) e 7 pisos à popa, tendo transportado 600 homens na viagem de ida.

Por seu turno, nas carreiras Goa/Malaca, Goa/Macau e Goa/Nagasaki, circulava aproximadamente uma nau por ano, podendo existir interligações. A viagem de ida e volta demorava perto de 3, 4 ou 6 meses, respectivamente, mas pequenos atrasos imediatamente adicionavam 1 ano, novamente por causa das monções. Para além destas carreiras principais, no início do séc. XVII existiam perto de 30 carreiras regionais, em que os portugueses praticavam comércio local entre vários países asiáticos. No caso da China, chegaram a ter cerca de 20 embarcações para esse efeito. Todavia, a constante dispersão de homens obrigava à recruta local de marinheiros sob comando de oficiais portugueses. Portugal utilizava também embarcações locais, como juncos para o comércio Malaca/Ilhas Molucas e Macau/Japão, sob comando seu ou local, muitas vezes para iludir as frotas de outras potências europeias rivais, que mais tarde começaram a chegar (Russel-Wood, 1998).

Porcelanas, chá e têxteis de seda eram os principais produtos adquiridos pelos portugueses nas feiras anuais de Cantão, que trocavam por especiarias da Índia e da Malásia, marfim de África, prata comprada a Espanha e, posteriormente, prata, cobre e produtos oriundos do Japão. Também adquiriam peças decorativas singulares que eram depois comercializadas na Europa, fazendo o encanto de muitos palácios, os quais possuíam uma *kunstkammer* (sala de arte) para a sua exposição (SI, 2007).

Os portugueses ao terem estado sozinhos quase um século e dada a extensão costeira da sua influência mercantil, conjugada com a pregação missionária, tornaram o português a língua europeia mais falada na Ásia até ao séc. XVIII. Com efeito, quer os espanhóis pela sua pequena

HISTÓRIA DA CHINA

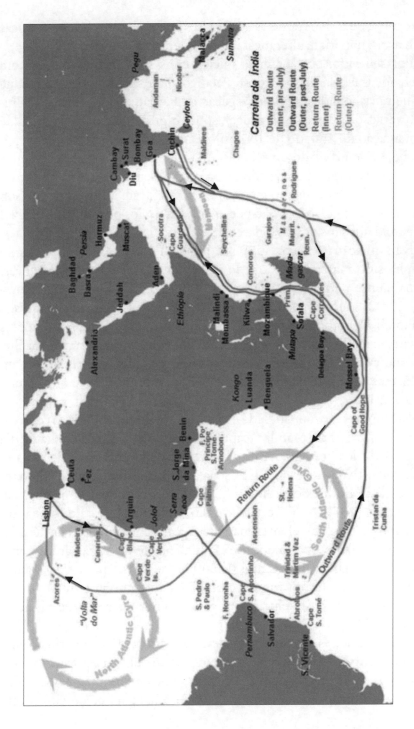

Figura 2.3 – Carreira da Índia seguida pelas armadas portuguesas 1497-1660

influência, quer mais tarde os holandeses apenas interessados nas trocas mercantis, não iriam alterar esta preponderância (Kamen, 2003).

Por seu lado, os espanhóis iniciaram as suas viagens na Ásia em 1521, ao atravessarem o Oceano Pacífico vindos da América do Sul, na primeira viagem de circum-navegação de Fernão de Magalhães. Tal iniciou várias disputas com Portugal, sobre o prolongamento da linha de demarcação do Tratado de Tordesilhas para Oriente, inicialmente apenas negociada do lado do Oceano Atlântico em 1494. Este pormenor era de suma importância, dado que a costa oriental da China e o Japão, pareciam estar a princípio localizados a leste desta linha e por isso sob domínio espanhol, o que não permitiria aos navios portuguesas realizar comércio nos seus portos (Suarez, 1999).

Esta situação foi negociada pelo Tratado de Saragoça em 1529, tendo a linha sido marcada a cerca de 1200 km a leste das Ilhas Molucas, actualmente pertença da Indonésia. Para isso, foi feito o pagamento de 350 000 ducados de ouro por Portugal, que assegurou assim o seu monopólio em toda esta zona. Os portugueses empreenderiam depois variadas expedições, tendo constituído um entreposto comercial na ilha de Timor em 1516 e admite-se que possam ter chegado à Austrália em 1525, mas dado esta ficar do lado ocidental da linha do tratado, tal teria sido omitido.

As Filipinas ficaram do "lado espanhol", mas os espanhóis só começariam a utilizar a rota Manila-Acapulco a partir de 1565, com uma média de 3 a 4 navios por ano, numa viagem que demorava cerca de um ano ida e volta. Trocavam especiarias, seda, mercúrio e porcelanas, por prata proveniente do México, tendo estabelecido o seu quartel-general em Manila, em 1571. Aqui desenvolveram importantes estaleiros navais, para aproveitar as excelentes madeiras locais, construindo nas décadas seguintes os famosos "Galeões de Manila", navios de carga parcialmente armados, já com deslocamentos de 2000 toneladas. Após ajuda às autoridades Ming contra os piratas em 1574, conseguiram também que a cidade se tornasse um entreposto para algumas mercadorias chinesas (Kamen, 2003).

Deste modo, os têxteis de seda levados para a América Latina começaram a entrar em concorrência com os têxteis da Andaluzia, desviando parte da prata americana para a China em prejuízo de Espanha. Dado que Portugal comprava prata em Sevilha, para comércio na rota

HISTÓRIA DA CHINA

Lisboa-Goa-Macau, esta ficou mais cara o que também iria encarecer os custos desta viagem. Por seu turno, o Japão passou a enviar dezenas de navios a Manila sobretudo com metais, que trocava essencialmente por uma parte dos produtos chineses, o que formava uma triangulação com a prata espanhola.

Em 1587, Filipe II de Espanha chega mesmo a planear invadir o território chinês a partir das Filipinas, com um exército de 12 000 espanhóis e 6 000 japoneses recrutados entre os cristãos, o que demonstrava um total desconhecimento do poder militar terrestre da China. Após a derrota da "Invencível Armada" com 130 navios e 26 000 homens, face à Inglaterra em 1588, tais planos são abandonados. Espanha procurará depois criar um protectorado no Camboja em 1594, após ter auxiliado o rei local nos conflitos com a Tailândia, de modo a controlar o delta do rio Mekong e estabelecer um império espanhol na Indochina. Tal iniciativa virá a falhar devido aos ataques da Inglaterra e da Holanda, que entretanto tinham iniciado a sua chegada à Ásia, com navios mais rápidos e melhor artilhados.

Aliás, Manila só iria sobreviver dada a tolerância da China e do Japão, sociedades mais avançadas e numerosas que as civilizações sul--americanas. Basta ver que uma viagem ida e volta Espanha/Manila demorava 2 a 3 anos, o que complicava eventuais operações militares de socorro. Mesmo assim, por esta altura, Espanha era a maior potência europeia após a união de Portugal, de vários ducados europeus e das colónias, tendo um total de 200 000 soldados. Controlava também a produção de 80% da prata mundial e 70% do ouro mundial, recebendo a coroa um quinto de toda a riqueza produzida na América do Sul.

Jesuítas vindos de Macau começaram entretanto a chegar à corte do imperador em Pequim. Cedo foram reconhecidos pelos seus conhecimentos, especialmente em astronomia e geometria, dado na altura serem os melhores especialistas na Europa. Mateo Ricci foi o primeiro destes, chegou a Macau em 1582 e começou a aprender chinês na Escola Jesuíta. Tinha profundos conhecimentos científicos e rapidamente ganhou reputação entre as autoridades chinesas, graças aos seus mapas do mundo já com a América desenhada e em que a China era marcada numa posição central. Traduziu estes para chinês, sendo depois apresentado a vários astrónomos chineses, o que lhe abriria as portas da corte.

PORTUGAL E A CHINA – UMA RELAÇAO COM FUTURO

Em Pequim, traduziu variadas obras europeias para chinês, assim como o oposto; construiu também vários relógios, globos e instrumentos com o movimento do sol e da lua em torno da Terra (SI, 2007). De notar que nesta altura, os chineses tinham já inúmeros compêndios em áreas como a farmacologia, a medicina, a matemática ou a astronomia. Outros jesuítas chegariam posteriormente à corte, como Johann von Bell, nomeado director do observatório imperial e responsável pela reformulação do calendário chinês.

Em 1624, o jesuíta português António Andrade torna-se mesmo o primeiro europeu a chegar ao Tibete, estabelecendo contactos com os seus soberanos (Andersen, 1998). Também no Vietname, os jesuítas portugueses António Barbosa, Gaspar do Amaral e Francisco Pina, tiveram um papel importantíssimo no início do séc. XVII, ao introduzirem o alfabeto latino. Como as letras e acentos latinos não correspondiam à totalidade dos sons da língua local, criaram mais acentos, o que deu origem à actual escrita *"chu quôc-ngu"*, expressão que significa "caracteres da língua do país". Deste modo, os anteriores caracteres, herdados da dominação chinesa, foram totalmente substituídos (Jacques, 2002).

A corrupção na corte imperial e o poder avassalador dos eunucos produziam constantes revoltas populares até que, em 1644, os manchus oriundos do nordeste derrubam a dinastia Ming e estabelecem a **dinastia Qing** (1644-1911). O sucesso inicial é baseado numa combinação de tácticas guerreiras manchu, com as tradicionais capacidades administrativas chinesas. A zona da "cidade interior" de Pequim é reservada para a nobreza manchu e transformada na "cidade tártara", ao passo que a zona da "cidade exterior" é transformada na "cidade chinesa". Até 1950, a cidade não teria mais alterações notáveis no seu traçado.

As relações com os europeus começaram por ser boas. Em 1655, por exemplo, os jesuítas Gabriel Magalhães e Ludovico Buglio constroem uma pequena igreja na zona de Wangfujing em Xangai, em terrenos cedidos pelo imperador. No Tibete, os jesuítas são também autorizados a construir uma igreja. Posteriormente, entre 1677 e 1722, ocorrerá inclusivamente o chamado "Período de Ouro", durante o qual as relações com o trio Jesuítas/Portugal/Papa funcionariam de forma excelente.

Portugal encontrava-se em posição económica favorável, dada a descoberta de bastante ouro no Brasil em 1697. Como tal, envia várias delegações diplomáticas a Pequim, o que irá reforçar a existência de Macau como base comercial, bem como a posição dos jesuítas enquanto únicos estrangeiros autorizados a viver em território chinês continental. O jesuíta Tomás Pereira, por exemplo, tornara-se já famoso ao ascender a vice-director do Observatório Astronómico de Pequim, professor de música ocidental do Imperador Kang Xi e seu conselheiro diplomático. Foi nesta qualidade que auxiliou o imperador durante o Tratado de Nerchinsk com a Rússia, em 1689, o qual definiu as fronteiras com a Sibéria (OE, 2003). Influenciou também a promulgação do "Édito da Tolerância" em 1692, que permitiria o catolicismo na China.

Durante o séc. XVII, outros mercadores europeus começaram a chegar à China em número crescente, o que foi facilitado pelo grande número de europeus que trabalhavam nos navios portugueses e espanhóis, pela contratação de pilotos destes 2 países, e pelos mapas e variada informação roubada ou adquirida. Assim, os holandeses fundam a "Companhia Holandesa das Índias Orientais" (*VOC*) em 1602 e estabelecem a sua base na Ilha Formosa (Taiwan) em 1624. Só iniciarão o comércio directo com a China em 1686, após terem obtido do imperador o privilégio de atracarem um navio num porto chinês, a cada cinco anos. Por volta de 1696, a *VOC* era já a maior empresa privada do mundo com 50 000 empregados, enviava anualmente à Ásia uma média de 25 navios de 500 toneladas, e distribuía dividendos de 40% em cada viagem efectuada (Kroese, 1973).

A Inglaterra cria a "Companhia Inglesa das Índias Orientais" em 1600, mas esta só obterá licença imperial chinesa em 1699, após ter criado um comércio intenso com a Índia e o Sudeste Asiático. A Dinamarca funda a "Companhia Dinamarquesa das Índias Orientais" em 1616 e chegará à China em 1670, enquanto a França cria a "*Compagnie de la Chine*" em 1664 e chegará em 1698 (Pritchard, 1934). Já a Bélgica, sob soberania austríaca, só irá fundar a "Companhia Ostend das Índias Orientais" em 1722. O comércio é de tal forma promissor, que navegadores escandinavos tentarão mesmo criar uma rota mais curta através do Polo Norte. Deste modo, Bering, um navegador dinamarquês ao serviço da Rússia, irá descobrir o estreito que separa a Ásia da América em 1728. Posteriormente, a Suécia fundará a "Companhia Sueca das Índias Orientais" (*SOIC*), enviando a sua primeira embarcação em 1732. A Prússia criará a "Companhia de Comércio Prússio-Asiático" em 1750, sendo os EUA a última potência ocidental a chegar à região, por volta de 1800 (Shui, 2006).

No entanto, todas estas empresas ver-se-iam confinadas à foz do Rio das Pérolas, visto que os chineses apenas lhes permitiam realizar rápidas trocas comerciais em Cantão, tendo as embarcações de seguir para Macau aquando de reparações. Na verdade, o poderio dos europeus na Ásia era essencialmente no mar ou em pequenas zonas costeiras. Pelo contrário, os chineses, mesmo não tendo capacidade para guerra de alto mar, ultrapassavam tal através de exércitos muito mais numerosos que garantiam a protecção terrestre, o que conjugado com um elevado número de embarcações mercantes, permitia assaltos anfíbios como o realizado em 1661, em que foi recuperado Taiwan aos holandeses. Seria só em 1757, que a Grã-Bretanha iria possuir suficiente supremacia militar para invadir a Índia e iniciar a destruição do Império Mogol, e só passado mais um século ousaria desafiar a China.

Em finais do século XVII, a arte chinesa torna-se cada vez mais um luxo requintado nos palácios europeus, sobretudo ao nível de porcelanas, sedas e lacas. Um estilo de imitação apelidado de *"Chinoiserie"*, será mesmo criado por artistas europeus em papéis de parede, mobiliário, espelhos, trabalhos esmaltados e faianças. Possuir um quarto chinês num palácio, ou um pavilhão chinês nos jardins, é assim considerado elegante (Guadalupi, 2004). Os fogos-de-artifício tornam-se também obrigatórios, assim como as pantomimas chinesas no teatro e no ballet. O chá advém igualmente uma bebida delicada, especialmente na Grã-Bretanha, ao ter aí sido introduzido pela Infanta Catarina de Bragança, após o seu casamento com Carlos II em 1662. Curiosamente, o seu enorme dote incluía as cidades portuárias de Tanger e de Bombaim, o que iria dar início à presença britânica na Índia.

Da China, os jesuítas trouxeram os exames escritos, que implementaram nas universidades da Europa do Sul no início do século XVII. Estes são depois adoptados pela Prússia em meados do século XVIII. A Grã-Bretanha (em Oxford e Cambridge) e a França (nas *"Grandes Écoles"*) apenas introduzirão tais exames no início do século XIX, para assim seleccionarem candidatos às suas universidades e a cargos públicos, evitando como tal as influências. Daí, em 1697, o famoso matemático alemão Leibniz ter escrito que a China estava mais avançada que a Europa em vários domínios (Guadalupi, 2004). Ainda no reinado do imperador Kang Xi (1662-1722), é terminado o Dicionário Kang Xi com 47 000 caracteres chineses em 1716. É também iniciada a Grande Enciclopédia

Imperial Ilustrada Chinesa com 800 000 páginas e 5000 volumes, que seria impressa com caracteres móveis de cobre em 1726, cinquenta anos antes da primeira enciclopédia britânica, e da qual seriam feitas 60 cópias.

Durante o século XVIII, a China expande o seu território para oeste (fig. 2.4), ao incluir o Tibete e a província de Xinjiang, os quais já haviam estado sob o seu domínio durante as dinastias Han e Tang. Estas regiões eram também cobiçados por britânicos e russos, dado os seus recursos minerais, mas como muitos manchus e mongóis praticavam também o budismo, as autoridades locais do Tibete não ofereceram grande resistência. Em simultâneo, mais jesuítas e capuchinhos chegam progressivamente a esta região. Por esta altura, o Nepal, a Birmânia, a Tailândia, o Laos, o Vietname e a Coreia eram "reinos afiliados" e a Mongólia constitua uma província integrante. A China era sem dúvida a superpotência n.º 1 no início do mandado do imperador Quian Long (1736-1795), neto de Kang Xi, sendo responsável por cerca de 30% da economia mundial (tabela 2.1).

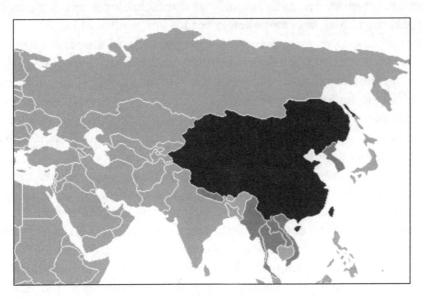

Figura 2.4. – China durante a dinastia Qing em finais do séc. XVIII

	1700	1820	1952	1978	2010	2030(*)
China	22,3%	32,9%	5,2%	4,9%	13,6%	23,1%
Europa Ocidental	21,9%	23,0%	25,9%	24,2%	20,4%	13,0%
Índia	24,4%	16,0%	4,0%	3,3%	5,5%	10,4%
Rússia	4,4%	5,4%	9,2%	9,0%	3,0%	3,4%
Japão	4,1%	3,0%	3,4%	7,6%	5,8%	3,6%
Estados Unidos	0,1%	1,8%	27,5%	21,6%	19,7%	17,3%

(*) valores estimados

Tabela 2.1. – Distribuição do PIB Mundial em PPC [Maddison, 2006b; IMF, 2011a]

Não obstante, com a perda do poderio naval, os imperadores chineses começaram a tomar medidas mais severas contra o comércio externo e a impedir o contacto total dos seus cidadãos com estrangeiros. Os jesuítas na China tornar-se-iam assim os únicos intermediários com o Ocidente, correspondendo-se com famosos filósofos europeus como Voltaire. Este intelectual considerava este país ainda uma espécie de "Utopia" em 1755, isto é, de sociedade ideal como uma organização do Estado perfeita, conforme os ensinamentos de Confúcio. Por esta época, espectáculos de teatro, ópera e ballet, baseados em motivos chineses, continuavam a decorrer com grande sucesso por toda a Europa. Ao mesmo tempo, a norte de Pequim era construído um fabuloso complexo de palácios, lagos e jardins, ainda maiores que a "Cidade Proibida", denominado "Palácio de Verão", em parte com o auxílio técnico dos jesuítas que trouxeram novas ideias sobre os jardins reais europeus. Além disso, alguns dos palácios mais pequenos tinham já uma arquitectura europeia, fruto de algum reequilíbrio de gostos face à cultura ocidental.

Os jesuítas mantinham a Europa ao corrente dos avanços chineses, através de desenhos e relatórios, mas acabariam também por ser expulsos na sequência da sua dissolução por ordem do Papa em 1773. Os europeus ao terem recebido esta espionagem comercial e industrial, conforme reclamado pelos chineses, rapidamente a assimilaram e lhe juntaram inovações próprias, dando início à Revolução Industrial. Foi o que sucedeu com a indústria europeia de porcelanas, que nasceu com novos designs em finais do século XVIII e destruiu o monopólio chinês (Lin, 2005). Foi também o caso das indústrias têxteis europeias que rapidamente atingiram a supremacia. Outro exemplo foi o chá, cujas sementes foram contrabandeadas pelos britânicos para a Índia em 1840, para aí iniciarem novas plantações e construírem instalações de processamento. Tudo isto, em conjunto com a queda da imagem da China, que passou a ser considerada antiquada e rude, fechada sobre si mesmo, sem inovações, marcou o fim da hegemonia tecnológica chinesa em vários domínios.

A partir de meados do século XIX, a China sofreria graves disputas sociais, falta de alimentos, regressões económicas e derrotas humilhantes frente a potências europeias, que iriam produzir profundas misérias e tragédias humanas. Na verdade, com o fim das guerras napoleónicas, as principais potências europeias voltaram-se para o Extremo Oriente, impondo uma pressão constante sobre a China. Esta mantinha fortes restrições sobre o comércio externo, sendo Cantão o único porto aberto a estrangeiros. Uma missão britânica falhara, solicitando a abertura dos portos de Ningbo, Tianjin e outros a norte, sob o argumento chinês de que o país não precisava importar nada. Em 1809, os britânicos tentam mesmo conquistar Macau para aí estabelecer uma base segura, argumentando que protegeriam o porto de futuros ataques napoleónicos (Henders, 2004). Novas missões russa, holandesa e britânica falham em 1816, muito embora tivessem oferecido sumptuosos presentes ao Imperador e aos funcionários superiores (mandarins). Além disso, todos os emissários estrangeiros eram obrigados a prostrar-se várias vezes perante o imperador, o que consideravam um ultraje.

As primeiras disputas sérias com o Ocidente começaram pelas chamadas "**Guerras do Ópio**". A Grã-Bretanha possuía um enorme défice comercial relativamente à China, fruto das suas elevadas importações de chá e da ausência de aquisições chinesas em contrapartida, pelo que decidiu forçar a venda de ópio produzido nas suas plantações na Índia, cuja venda era ilegal na metrópole. Iriam assim atingiram-se vendas de 1400 toneladas por ano, o que promoveria milhares de mortos e cerca de 2 milhões de viciados chineses, sobretudo nas classes mais abastadas (Guadalupi, 2004). Paralelamente, sendo o ópio pago em moedas de prata, as mesmas começaram a rarear e subiu o seu valor, o que veio prejudicar as classes camponesas, que pagavam os seus tributos nestas moedas.

Éditos imperiais proibiram a venda desta droga, mas o contrabando continuou, tendo Macau sido um importante ponto de apoio. Os chineses começaram a apreender grandes quantidades de ópio e gerou-se um ambiente de retaliações diversas. Tal levou à eclosão da "Primeira Guerra do Ópio" em 1840. Os britânicos enviaram uma frota que bombardeou e capturou várias cidades costeiras (Cantão, Xiamen, Fuzhou, Ningbo e Xangai), causando milhares de mortos. A China perderia a guerra, sendo forçada a abrir estes cinco portos à marinha mercante britânica, a permitir a construção de instalações portuárias em zonas concessionadas, a pagar indemnizações, a isentar mercadores britânicos de quaisquer impostos e a ceder Hong-Kong. Os EUA e a França forçaram igualmente o imperador a atribuir-lhes privilégios semelhantes, e missionários foram autorizados a desenvolver as suas actividades nestes cinco portos.

Macau, até então único porto livre para os comerciantes ocidentais, perdeu como tal a sua importância estratégica. No entanto, deixou de estar governado a partir de Goa o que reforçou a autoridade portuguesa local, facto que levaria a alguns desentendimentos posteriores com a China (Bethencourt, 2000). Assim, Portugal declara o território um porto franco em 1845 e deixa de pagar uma taxa de aluguer anual às autoridades chinesas. Ocupa também as ilhas de Taipa em 1851 e de Coloane em 1864.

Apesar de várias delegações comerciais chinesas visitarem regularmente as exposições industriais na Grã-Bretanha, França e Alemanha, a instabilidade política no país não iria permitir investimentos tecnológicos significativos. Em 1840, a produção anual de ferro era de 20 000 toneladas, menos de 10% de França e 2.5% da Grã-Bretanha (Zhang, 2003). A primeira exposição industrial chinesa seria a de Nanquim em 1910, enquanto Portugal levara já a cabo a sua primeira exposição em Lisboa, em 1849, e uma segunda no Porto, em 1865. Como tal, os novos produtos têxteis e siderúrgicos do Ocidente passaram a concorrer directamente com os produtos artesanais locais, causando imenso desemprego. Inicia-se assim alguma emigração para todo o mundo, indo alguns chineses até ao Brasil, Moçambique e Açores, para trabalhar no lançamento de plantações de chá.

Na década de 1850, um intelectual chinês, Hong Xiuquan, nasce no seio de uma família de camponeses. Baseando-se nos conceitos cristãos de "igualdade" e "fraternidade", inicia uma revolta camponesa contra os proprietários das terras, atraindo também operários das minas de carvão, o que produziria a chamada "**Rebelião Taiping**". O movimento conhece um tal sucesso, que leva à criação de um exército e à subsequente tomada de Nanquim. Defendia a distribuição igualitária das terras, a abolição da indústria e do comércio privados, a distribuição igualitária de bens pelo Estado, a monogamia e o direito das mulheres à participação na administração pública. O movimento durou 14 anos, ora combatendo as tropas Qing com o apoio de tropas inglesas ou francesas, ora combatendo estas últimas.

Por seu lado, a Rússia anexa as Ilhas Sacalinas e a Manchúria Exterior em 1858, província esta que possuía um território com oito vezes a área de Portugal e uma costa de 1500 km ao longo do Mar do Japão, vindo assim a estabelecer a cidade de Vladivostok. A tragédia expande-se com o eclodir de várias rebeliões muçulmanas no sudoeste (1855-1873) e noroeste (1862-1877). Em resultado das revoltas, da seca, das doenças e da fome, a população chinesa reduzir-se-ia em 60 milhões de habitantes (Zhang, 2003).

Face a tal miséria, aumenta a emigração chinesa dos denominados "coolies", via sobretudo a América e as Caraíbas. Serão transportados em condições péssimas, com taxas de mortalidade muitas vezes de 40%, indo desempenhar funções equiparáveis à escravatura de África, entretanto proibida. Tal causou a ira dos responsáveis chineses, levando à eclosão de novas disputas entre 1856 e 1860, as quais redundaram na "Segunda Guerra do Ópio" contra a Grã-Bretanha e a França. As forças anglo-francesas conquistam Cantão e Tianjin, incendeiam criminosamente todo o complexo do "Palácio de Verão" em Yuan, junto a Pequim, e pilham todas as obras-primas contidas no mesmo.

A China acabaria derrotada e forçada a abrir mais 11 portos à Grã--Bretanha, à França, à Rússia e aos Estados Unidos, bem como obrigada a legalizar as importações do ópio, a permitir aos estrangeiros as viagens no país, a autorizar o trabalho de propagação do cristianismo por parte dos missionários, e a permitir que um ocidental envolvido numa disputa com um chinês, pudesse ser julgado num tribunal segundo as leis do seu próprio país ("Extraterritorialidade"). O controlo da administração portuária e alfandegária é entregue à Grã-Bretanha, a maior potência daquela época, a qual tinha esmagado recentes revoltas na Índia, em que destruíra cidades como Deli causando 250 000 mortos. Foi nesse âmbito que esta potência iria criar problemas a Macau nas décadas seguintes, procurando instituir taxas alfandegárias a este território. Aliás, quando Portugal entrou em bancarrota em 1892 e equacionou vender todas as suas colónias, excepto Angola, estes problemas continuavam.

Em 1870, a Rússia volta a invadir o país proveniente agora do noroeste, apoderando-se de 70 000 km2 (o tamanho da Irlanda) na província de Xinjiang, junto à fronteira com o Cazaquistão, região com minas de ferro e de carvão. Ganha também acesso a Lushun, porto de águas temperadas no inverno, situado na Baía de Liaodong junto à Coreia, assim como o direito à construção de um caminho-de-ferro até aí, atravessando a Manchúria e passando por Harbin.

A França decide entrar pelo sul em 1880, colonizando o Vietname, o Camboja e o Laos, reinos sob a influência chinesa ("estados afiliados"), assim criando a Indochina, um território para competir com a Índia britânica. Nessa altura, os Estados Unidos estavam ainda a recuperar da sua Guerra Civil (1861-65). Por fim, todas estas potências dividem a China em "Áreas de Influência": Qingdao, Shandong e o delta do Rio Amarelo para a Alemanha; a Manchúria para a Rússia; Weihai e a baía do Yangtzé, incluindo Xangai, assim como a cedência de novos territórios em Hong-Kong por 99 anos para a Grã-Bretanha; a Baía de Cantão e outras províncias meridionais para a França. Tal ocorreu na sequência da Conferência de Berlim em 1884, onde 13 potências[2], incluindo Portugal, dividiram ainda entre si África, o Médio Oriente e a Gronelândia. Deste modo, em 1895, a Grã-Bretanha já dominava 2/3 do comércio externo chinês (James, 2005).

Portugal, embora nunca tivesse participado nas guerras entre as potências ocidentais e a China, aproveitou a fraqueza das autoridades chinesas da época, para tentar resolver o problema diplomático da soberania efectiva de Macau, que já se arrastava há décadas. Assim, em 1887, consegue que o "Tratado de Amizade e Comércio Sino-Português" seja assinado pelas duas partes, que entre outras matérias reconhecia a ocupação perpétua deste território pelos portugueses. Posteriormente, a China nunca irá reconhecer este tratado, mas dado também o seu interesse no comércio captado e dadas as boas relações entre as comunidades chinesa e portuguesa, deixaria o assunto adormecido nas décadas

---

[2] Prússia, Império Austro-Húngaro, Bélgica, Dinamarca, Estados Unidos, França, Espanha, Grã-Bretanha, Itália, Holanda, Portugal, Noruega e Turquia.

seguintes, embora considerando Macau um "território chinês sobre administração portuguesa".

Por sua vez, em 1894, o Japão dá início à Primeira Guerra Sino--Japonesa após invadir a Coreia, Taiwan e as ilhas de Okinawa, forçando a China a pagar uma indemnização e a abrir Chongqing, Shashi, Suzhou e Hangzhou. Obtém também o direito de estabelecer fábricas em território chinês (Lin, 2005). Após esta derrota, a Alemanha decide igualmente exigir concessões ferroviárias e mineiras na província de Shandong em 1897. Por último, os EUA irão de forma idêntica exigir privilégios à China em 1898, após a vitória na Guerra Hispano-Americana em que obtiveram o controlo de Cuba, de Porto Rico, de Guam e das Filipinas, ao expulsarem os espanhóis.

Deste modo, a China entraria num processo de lenta colonização, tal como sucedera à Índia um século antes. O país procurou ainda desenvolver uma marinha de guerra, mas tais esforços foram infrutíferos, dado que a maioria dos fundos era desviada por responsáveis corruptos ou pela imperatriz, a qual procurava restaurar o arruinado "Palácio de Verão" (Zhang, 2003). Os governantes procuraram também recrutar técnicos estrangeiros para abrir linhas férreas, telecomunicações, minas e fábricas, supervisionadas pelo governo e administradas por empresários nacionais; empregar responsáveis estrangeiros para treinar as forças armadas; abrir escolas modernas e enviar estudantes para universidades estrangeiras; traduzir publicações técnicas estrangeiras e criar escolas de línguas; acabar com algumas práticas locais erradas, como a de atar os pés das jovens para evitar o seu crescimento natural.

Muitas destas actividades vieram a falhar, até por razões supersticiosas, como o atravessamento pelas linhas férreas, de campos agrícolas onde era hábito enterrar os mortos. Além disso, todo um esquema de corrupção da máquina pública era manipulado pelos estrangeiros, sobretudo ao nível dos mandarins. A China agonizaria ao contrário do Japão, que após ser humilhado pelos EUA em 1854, iniciara a Restauração Meiji, modernizando a administração pública entre outras reformas, o que despoletara um rápido desenvolvimento económico.

Em 1899, um novo movimento camponês surge em oposição aos estrangeiros, apelidado de "**Guerra dos Boxers**". Os seus seguidores tinham sido treinados na arte do pugilismo, pelo que começaram as suas actividades destruindo símbolos estrangeiros, como igrejas e caminhos-

-de-ferro. A corte pensou inicialmente utilizá-los como arma face aos estrangeiros, mas o movimento acabaria por crescer de forma rápida e caótica, cedo ameaçando e cercando o quarteirão estrangeiro em Pequim onde estavam sediadas todas as delegações estrangeiras, com o auxílio do exército imperial. Em resposta, um exército aliado compreendendo forças de oito potências (Grã-Bretanha, EUA, Alemanha, França, Japão, Itália, Rússia e Império Austro-Húngaro) é enviado, começando por capturar Tianjin e depois Pequim, destruindo e matando tudo à sua passagem para dar uma lição final aos chineses, de forma a evitar futuras rebeliões. As tropas germânicas foram particularmente brutais, cumprindo as ordens do Kaiser: "façam-nos recordar o nome da Alemanha por 1000 anos".

No final do conflito, a China viu-se forçada a pagar mais uma enorme indemnização (um dólar americano por cada chinês, isto é, 6 000 milhões de euros ao câmbio actual, mais 4% de juros durante 40 anos). Foi também obrigada a executar os dez mais importantes oficiais que apoiaram a rebelião, a permitir a presença de tropas estrangeiras em Pequim e Tianjin, e a aumentar a autoridade estrangeira sobre as suas áreas de controlo ("Concessões"), assim como o número destas em várias cidades. Tudo isto numa atmosfera de desconfiança entre as potências estrangeiras, visto que estas se digladiavam arduamente em África e no Oceano Pacífico, com as suas frotas navais a crescer dia após dia e a circular regularmente por todos os cantos do mundo (James, 2005).

Cada vez que o Imperador atribuía um específico privilégio a determinado país, todos os demais uniam-se em protesto, exigindo mais privilégios para eles próprios. A Espanha, a Bélgica e a Holanda, que haviam também declarado guerra mas não tinham enviado tropas para a China, foram agraciados com privilégios especiais. A Bélgica conseguiu mesmo uma concessão em Tianjin, onde as oito restantes potências contavam já com concessões. Mais tarde, as concessões dos EUA, da Grã-Bretanha, do Japão e da França são reforçadas em Xangai. Nestas áreas, os estrangeiros eram livres de viver, fazer comércio e construir infra-estruturas (edifícios, hotéis, fábricas e igrejas), de terem as suas próprias forças policiais, tropas, bancos e leis. Embora todos estes investimentos tivessem desenvolvido estas zonas, os chineses eram tratados como cidadãos de segunda classe, frequentemente proibidos de habitar em tais áreas e envolvidos em actividades desumanas.

HISTÓRIA DA CHINA

No início do século XX, a China tinha-se assim transformado numa semi-colónia sob a jurisdição de várias potências estrangeiras, com imensos monumentos arruinados e obras de arte destruídas ou levadas para o estrangeiro. Um país que 100 antes, já durante a dinastia Qing, tinha atingido a sua maior extensão histórica com 12 milhões de km² e uma população a rondar os 420 milhões de habitantes. Como comparação, os Impérios Português e Espanhol foram os maiores do século XVI e XVII no Ocidente, respectivamente, seguidos pelos Impérios Francês, Russo e Britânico nos séculos seguintes. Tais impérios não foram contínuos e a sua extensão territorial não foi simultânea, devido a processos graduais de independência (ex. os EUA e o Brasil) ou a subsequentes crescimentos (ex. colonização do interior de África), e não contaram também com tão elevada população ou densidade de funcionários públicos como no império Qing. No entanto, atingiram as seguintes características globais:

- Império Britânico – com 33 milhões de km², alterou a anterior máxima espanhola para "o sol nunca se põe no império britânico" e estabeleceu a *"Pax Britannica"*. Equivalente em área ao antigo Império Mongol, foram os dois maiores impérios de sempre.
- Império Russo – atingiu 22.5 milhões de km² e deu origem à União Soviética.
- Império Espanhol – chegou aos 19 milhões de km², "o império onde o sol jamais se põe".
- Império Francês – com 12.5 milhões de km², presente sobretudo em África e na Indochina.
- Império Português – atingiu 10.4 milhões de km², foi o quinto império ocidental em termos de dimensão.

Como foi possível países tão pequenos atingirem tal crescimento e influência mundial, comparados à poderosa China? Tudo isto após um processo que durou cerca de 300 anos, em que recuperaram um atraso de 500 a 600 anos em vários domínios face a este país? Existem várias explicações:

- A China era demasiado burocrática. Tudo estava dependente de uma enorme estrutura administrativa, o que favorecia a corrupção.

O Estado controlava a produção e a distribuição dos bens essenciais, como na União Soviética há poucos anos. O "sector privado" era praticamente inexistente, os negócios eram considerados uma actividade de segundo plano, comparativamente à posição de oficial do exército ou responsável administrativo. Como tal, um oficial contava com vários privilégios, entre eles uma casa abastada (*"siheyuan"*) atribuída pelo imperador e vários criados para a sua família. Desta forma, o país começou a parar no tempo (Lin, 2005).

- Entre os séculos XV e XVII, as revoluções na Europa levaram à eclosão da burguesia, derrubando as estruturas social, económica e política até então existentes, ao contrário do que sucedera na China, onde o sistema feudal ainda reinava. De forma a acumular riqueza, a nova classe de comerciantes debruçou-se sobre novas oportunidades no estrangeiro proporcionadas pelos Descobrimentos, iniciando o actual processo de globalização.

- A colonização de vastas regiões na Ásia e em África, levou a uma intensa competição entre as potências europeias em termos militares. Estas ver-se-iam forçadas a desenvolver rapidamente as suas tecnologias, para assim vencer os conflitos internos e externos. Muitas das invenções posteriormente introduzidas foram desenvolvidas com vista ao esforço bélico. Portugal, Espanha, Holanda e, por fim, Inglaterra e França, beneficiaram deste facto, ao construírem os mais poderosos navios do mundo, o que também abriu enormes possibilidades em termos de transporte marítimo. Pelo contrário, no final da primeira metade do século XV, a própria China tinha destruído a sua poderosa frota naval de guerra e não voltou a investir na mesma.

- A colonização proporcionou também matérias-primas mais baratas e inovadoras aos europeus, assim como mão-de-obra de baixo custo (escravos) e o acesso a novos mercados. No século XVI, por exemplo, as reservas de prata triplicaram na Europa, tendo as de ouro aumentado 20% (Stravianos, 2004). Muitos europeus emigraram rumo aos novos territórios, onde teriam melhores oportunidades de crescimento para as suas famílias. A China menosprezou as vantagens do estabelecimento de tais colónias, preferindo exigir tributos aos países vizinhos numa atitude egocêntrica, hipotecando assim a possibilidade de modernizar a sua pequena indústria, como sucedera na Europa. As conquistas de territórios interiores na Ásia Central, durante a dinastia Qing, foram maioritariamente de desertos sem grandes recursos exploráveis à época (Mokir, 2003).

– Um processo cíclico permitiu aos países europeus um rápido desenvolvimento sustentável: obtinham matérias-primas baratas das colónias, processavam as mesmas em indústrias estabelecidas na metrópole, vendiam os produtos acabados às colónias e ao resto do mundo, e reinvestiam os lucros obtidos na modernização industrial e em frotas modernas, de guerra e mercantes.

– O "Iluminismo" europeu durante o século XVIII, que precedeu a revolução francesa e as revoluções ocorridas noutros países europeus e na América Latina, introduziu o desejo de "aprender" e "inventar". Seriam assim lançadas as sementes do liberalismo, da pesquisa científica e da industrialização. Como tal, verificar-se-iam rápidas mudanças tecnológicas, económicas, sociais e políticas.

– Na mesma altura em que os países europeus se encontravam num processo de rápida mudança, a China mantinha um sistema político relativamente estável, fundamentado num regime imperial, baseado em valores Confucionistas e Neo-Confucionistas. O imperador era considerado "Filho do Céu", com um "Mandato Divino" para reger tudo o que se encontrasse sob as estrelas, comportando-se de forma considerada justa, sob pena de ter os seus poderes cancelados por esse mesmo Céu. Todos os cidadãos deviam obediência ao imperador e às regras vigentes (Lin, 2005). Tal impediu o país de levar a cabo mudanças rápidas, idênticas às da Europa.

– A China era activamente oposta à emigração. Antes da chegada dos europeus, contavam-se já várias comunidades chinesas no Sudeste Asiático, as quais se desenvolveram baseadas no comércio. Posteriormente, ver-se-iam confrontadas com a concorrência ocidental, muitas vezes transformada em perseguição. Longe de contarem com o apoio do imperador, tais comunidades foram consideradas traidoras, tendo sido dado um ultimato para o regresso dos emigrantes chineses à pátria, da qual já não poderiam sair.

– No final do séc. XVIII, o comércio com o exterior foi novamente ilegalizado, ao pretensamente mostrar uma fraqueza do império chinês pela necessidade de importações, em veemente contraste com o que ocorria no Ocidente (Landes, 1999). A China produzia tudo aquilo de que necessitava, comprando aos europeus essencialmente prata. Para além disso, poucas novidades haviam sido trazidas do Ocidente: amendoins, tabaco, milho e batata-doce. O país assumia, erroneamente, que detinha todos os materiais e técnicas necessárias, sendo os contactos com os europeus considerados uma perda de tempo, que apenas permitia a esses "bárbaros de narizes compridos" aperfeiçoarem os seus rudes produtos manufacturados. Só em 1861, é que a corte criaria um novo ministério dos negócios estrangeiros, na sequência dos primeiros conflitos com o Ocidente.

Tudo isto pode ser resumido naquilo que os antropólogos apelidam a "Lei do Avanço Retardante", a qual postula que em períodos de transição, são as sociedades mais bem adaptadas e mais bem sucedidas até então, aquelas que maiores dificuldades apresentam para promover mudanças e manter a sua liderança. Pelo contrário, as sociedades mais retrógradas e menos bem sucedidas, têm maiores facilidades em adaptar-se e assim poder dar o salto em termos de desenvolvimento. Este fenómeno já havia ocorrido com as antigas civilizações do Médio Oriente (3500-1000 a.C.), as quais estiveram no cerne de inovações básicas nos campos da agricultura, da metalurgia, da escrita e da vida urbana, mas posteriormente falharam a transição para as civilizações clássicas (Stravianos, 2004).

2.2. A República

O século XX traz rápidas mudanças à China e às potências ocupantes. A Grã-Bretanha, responsável por 2/3 do comércio externo chinês e pela administração do sistema alfandegário chinês desde a rebelião Taiping, vê o seu poder industrial ser delapidado. Entre 1880 e 1910, a sua quota no comércio mundial é reduzida de 23% para 17%, caindo a sua quota na produção industrial mundial para os 15%, comparativamente aos 16% da Alemanha e aos 35% dos EUA (James, 2005). O comércio mundial torna-se progressivamente mais complexo devido às crescentes barreiras alfandegárias, o que forçará as potências a obter matérias-primas mais baratas e novos mercados, algo que tentarão através da expansão das suas colónias.

Mesmo o Tibete se torna um alvo. Com efeito, já em 1865, a Grã-Bretanha começara a mapear secretamente o seu território, invadindo-o através do norte da Índia em 1904, sob o argumento de que a Rússia se preparava para fazer o mesmo. A sua verdadeira motivação residia na província de Xinjiang e nas suas minas de ferro e carvão, dado que o Tibete era apenas uma região montanhosa. Em 1906, acabaria por assinar um tratado com o imperador Qing, no qual concordava em não anexar o território tibetano ou interferir na sua administração, em troca de um resgate, tendo assim removido as suas tropas (Guadalupi, 2003). Contudo, em 1914, volta a invadir o Tibete, anexa uma parte à Índia e o restante território declara a independência sob a sua influência. Por seu lado, ao norte, a Rússia ajudaria a Mongólia a tornar-se independente em 1924.

Entretanto a corte Qing continuava resistente às reformas, pelo que muitos jovens funcionários, oficiais do exército e estudantes, começaram a advogar a necessidade de derrubar a dinastia imperial e instaurar uma república. Ainda para mais tendo muitos estudado no estrangeiro, principalmente no Japão. Eram também inspirados por **Sun Yat-sen**, médico licenciado pela universidade de Hong-Kong, que estabelecera a sua actividade em Cantão e rumara posteriormente a Macau. Desenvolveu aí boas relações com os portugueses, facto relevante para este território nas décadas seguintes (Ramos, 2007). Após isto, viajaria pela Europa, Estados Unidos e Japão, ingressando depois na actividade política. O seu programa pretendia "expulsar os manchus, restaurar a China, estabelecer uma república e democratizar a posse de terras". Na realidade, os manchus eram um grupo étnico chinês pouco representativo, dado que a etnia Han representava a vasta maioria da população.

Várias rebeliões eclodem por todo o país e em 1911, uma sublevação militar leva à abdicação de Puyi, o derradeiro imperador Qing (Maddison, 2006b). Sun Yat-sen é declarado primeiro presidente pelo governo provisório em Nanquim, em 1912, mas altos responsáveis do exército tomam o poder em Pequim, dando início à era dos "Senhores da Guerra".

Entretanto, várias escolas politécnicas e universidades são criadas, como foi o caso da Universidade Tsinghua em Pequim, parcialmente construída nos antigos jardins reais do "Palácio de Verão". Começou por ser uma escola preparatória, para alunos que seriam enviados pelo governo para estudar nos EUA, aproveitando a conversão parcial da indemnização que o país acordara pagar após a "Guerra dos Boxers", em propinas para estudantes chineses nas universidades americanas.

Na década de 1920, Sun Yat-sen cria uma base revolucionária no sul da China. Com o auxílio soviético, organiza o Partido Nacionalista Chinês (PNC) e estabelece uma aliança com o Partido Comunista Chinês (PCC). Entretanto, em 1921, a "Bolsa de Valores Mobiliários de Xangai" e a "Bolsa Mercantil Chinesa de Xangai" iniciam as suas operações, sendo fundidas em 1929 na "Bolsa de Valores de Xangai". Por volta de 1930, Xangai emerge já como centro financeiro do Extremo Oriente, onde investidores chineses e estrangeiros transaccionavam acções e obrigações (Lin, 2005).

Após a morte de Sun em 1925, um dos seus delfins, **Chiang Kai-shek**, ascende a líder do PNC e consegue colocar a maioria do sul e centro da China sob a sua jurisdição ("Áreas Brancas"), ao passo que o PCC controlava outras áreas a sul como a província de Jiangxi ("Áreas Vermelhas"). Em 1927, Chiang bane o PCC e executa muitos dos seus líderes. Os sobreviventes fogem rumo às montanhas do leste da China, mas após serem expulsos em 1934, empreenderão a "Longa Marcha" através de algumas das mais desoladas regiões chinesas até à província de Shaanxi, a noroeste. Aí estabelecerão a sua base de guerrilha em Yan'na sob o comando de um novo líder, **Mao Tse-tung**.

Durante este período, dois terços do PIB chinês provinham da agricultura, a qual empregava três quartos da força laboral, sendo comercializada cerca de 40% da sua produção. O comércio externo representava apenas 12% do PIB. As indústrias modernas eram pequenas, maioritariamente construídas com capitais estrangeiros da Grã-Bretanha, da Alemanha e do Japão. Apesar disso, estima-se que o investimento estrangeiro acumulado na China tenha atingido cerca de 6% do total mundial (Mokir, 2003).

Entretanto, o Japão atravessava um período de modernização florescente, iniciada na segunda metade do século anterior. Uma nova marinha de guerra fora construída, códigos jurídicos baseados em legislação francesa e alemã haviam sido implementados, 90% das crianças em idade escolar frequentavam instituições de ensino, novas universidades haviam sido criadas, muitos estudantes tinham sido enviados para o estrangeiro e 10 000 km de linhas ferroviárias haviam sido construídos. Em 1918, a indústria era responsável por 40% das exportações, em contraste com os 7% de 1878. Mesmo sendo 80% do país constituído por montanhas ou terrenos a elevada altitude, uma agricultura altamente desenvolvida garantia as necessidades alimentares de 50 milhões de habitantes, utilizando apenas 50% da mão-de-obra.

Em consequência de tudo isto, o Japão tornara-se o país não-ocidental mais desenvolvido (Barraclough, 1986). Tal despoletou a necessidade de matérias-primas e de comércio externo, além da necessidade de consolidar o seu poder político, razão pela qual o Japão cedo se viu envolvido na divisão da China em finais do século XIX. Para além disso, lançou uma guerra vitoriosa contra a Rússia em 1904, pelo controlo da Manchúria do Sul. De seguida, na Primeira Guerra Mundial, começou por afirmar-se neutro mas acabou por declarar guerra à Alemanha, devido a uma anterior aliança com a Grã-Bretanha. As forças japonesas rapidamente tomaram o controlo da província de Shandong, apoderando-se dos territórios sob jurisdição alemã, bem como das colónias germânicas no Pacífico (Ilhas Marianas, Ilhas Carolinas e Ilhas Marshall).

Em 1931, o Japão invade a Manchúria, dando início à Segunda Guerra Sino-Japonesa (1931-1945), o mais mortífero conflito da história na Ásia, durante o qual cerca de 20 milhões de chineses e 2 milhões de japoneses perderam a vida. Até ao final da Segunda Guerra Mundial, as forças japonesas invadem a China Oriental e ocupam as principais cidades costeiras (Xangai, Wenzhou, Fuzhou, Xiamen e Cantão). Em resposta, várias indústrias chinesas retiram para a cidade de Chongqing, tornando-a o maior centro industrial do país. Em Macau, a neutralidade portuguesa será respeitada, apesar da ocorrência de variados incidentes.

Ao constatar que não detinha a quantidade de recursos anteriormente pensada e dadas as restrições comerciais impostas pelas potências ocidentais, o Japão ataca também a Malásia, a Indonésia e as Filipinas, iniciando a guerra contra a Grã-Bretanha, a Holanda e os EUA que, respectivamente, detinham o poder colonial sobre estes territórios. Estas potências auxiliariam depois as tropas de Chiang Kai-shek, ao passo que a Rússia apoiaria as tropas de Mao pelo norte, ambos incapazes de derrotar o bem treinado e equipado exército japonês. Posteriormente, vários massacres serão cometidos pelos japoneses, como o de Nanquim e outros semelhantes na Coreia.

A guerra civil entre o PNC e o PCC prossegue durante os 14 anos da invasão japonesa, apesar de ambas as partes se terem formalmente unido para combater os invasores nipónicos em 1937. Após a derrota japonesa em 1945, a Coreia é dividida entre a Rússia e os EUA pelo paralelo 38º. Na Manchúria, a Rússia retira após desmantelar todas as fábricas e equipamentos, confiscando os mesmos (Maddison, 2006b). Em 1949, o PCC ocupava já grande parte do país pelo que Chiang Kai-shek retira as suas forças militares para Taiwan, onde proclama a **"República da China"** com Taipé como sua "capital provisória", prometendo reconquistar a China continental. Por sua vez, Mao Tse-tung proclama a **"República Popular da China"** em Pequim.

O país encontrava-se destruído pela guerra (entre 1913 e 1950, o PIB per capita diminuíra a uma média anual de -0,6%), com inflação elevada (entre 1945 e 1950, os preços aumentaram 145 000 vezes) e as redes de transporte destruídas. Só para ter uma ideia, um dólar americano valia 3.4 yuan em 1937, valia 1705 yuan em 1945 e valia a quantia fabulosa de 22.3 milhões de yuan em 1949 (Brown, 2010). Um enorme programa de reconstrução é então implementado, associado a um novo sistema económico baseado no modelo soviético. A prioridade é dada à indústria, a qual é nacionalizada, e a respectiva produção passa a ser estabelecida por planeamento estatal. Os bancos e os transportes são também nacionalizados, e o investimento público em indústrias pesadas chega a 25% do PIB (Mokir, 2003). É feita uma redistribuição das terras e os agricultores serão forçados a vender as suas produções a baixo preço ao Estado, de modo a providenciar alimentos baratos aos cidadãos urbanos. Serão também criadas comissões estatais para regulação de preços.

Inicialmente, os novos líderes granjearam o apoio popular ao diminuírem a inflação, restaurarem a economia e reconstruírem variadas instalações industriais. Até 1952, a produção de aço aumentaria mesmo 50% para 13.5 milhões de toneladas, a produção de electricidade aumentaria 120%, a produção de cereais cresceria 10%, 10 000 km de caminhos-de-ferro seriam reparados e outros 1320 km construídos, atingindo-se um total de 25 000 km de vias férreas.

Em 1950, eclode a Guerra da Coreia, com Pequim a apoiar a Coreia do Norte, mas o conflito terminaria sem resolução passados três anos. O exército chinês terá enviado 3 milhões de soldados, estimando-se as suas baixas entre 400 000 a 1 milhão de mortos (Brown, 2010). Em paralelo, a China continuou a aumentar os seus esforços no sentido de se tornar uma grande potência, estabelecendo laços diplomáticos com os países escandinavos e a Suíça, as únicas nações ocidentais que a reconheciam até aí, não conseguindo contudo ser aceite na ONU.

Em 1955, participa na Conferência Afro-Asiática em Bandung, na Indonésia, uma conferência de 29 países de África e Ásia, em que é debatido o papel dos países não desenvolvidos e a futura descolonização das colónias ocidentais. Surgem três posições: uma "pró-ocidental" com países como o Paquistão, uma "neutral" com países como a Índia e uma "pró-comunista" com países como a China. Logo à partida, sobressai uma rivalidade Índia-China assim como uma divergência entre os modelos soviético e chinês (Esteves, 2008).

Nesse ano, a China lança o 1º Plano Quinquenal para o desenvolvimento económico. A propriedade privada é abolida, sendo os administradores e homens de negócios obrigados a trabalhar como operários. As perseguições políticas, os trabalhos forçados e as detenções de críticos do partido aumentam. As imponentes muralhas de Pequim e dezenas de edifícios históricos serão totalmente destruídos, com o argumento de serem um símbolo feudal, só sendo poupada a "Cidade Proibida" já aberta ao público, para propaganda dos vícios imperiais. Dois anos mais tarde, a União Soviética lança o slogan "alcançar a Grã-Bretanha e ultrapassar os Estados Unidos em 15 anos", cedo adoptado por Pequim.

Mao acaba por abandonar o modelo soviético e anuncia o **"Grande Salto em Frente"** em 1958, um novo programa económico para rapidamente aumentar a produção industrial e agrícola. O objectivo principal é o de tornar o país auto-suficiente, mormente em produtos industriais. Formam-se enormes cooperativas ("comunas") e "fábricas rudimentares". A produção agrícola cai e os operários chineses começam a produzir produtos de baixa qualidade. Até o aço começará a ser produzido em fornalhas caseiras improvisadas, como sucedia 1000 anos antes. De 1960 a 1961, o caos económico aliado a perturbações climáticas levarão à falta de alimentos, tendo cerca de 30 milhões de pessoas morrido de fome. As províncias de Sichuan, Anhui e Henan foram as mais afectadas. Para evitar uma migração massiva das populações rurais para as cidades, um sistema de registo domiciliário *hukou* será adoptado, encontrando-se ainda hoje em vigor (Mokir, 2003).

Entretanto, as relações com a Rússia tinham-se deteriorado bruscamente, após os soviéticos terem começado a restringir a informação científica e tecnológica, necessária à construção de uma bomba atómica. Em 1960, a disputa aumenta para a esfera da influência política entre ambos os partidos comunistas, tendo os soviéticos retirado todo o seu pessoal da China, o que iniciaria um ciclo de disputas abertas entre ambos os países. No ano seguinte, é criado o Movimento dos Não-Alinhados em Belgrado, composto por 25 países, entre eles a China e a Índia, em resposta à intensa corrida ao armamento entre a União Soviética e os EUA. O apoio aos vários movimentos independentistas em África levará também à criação de movimentos "pró-Pequim", em oposição aos movimentos "pró-Moscovo".

Ao mesmo tempo, a descoberta de petróleo em Daqing, na província de Heilongiang, permitirá ao país tornar-se auto-suficiente até aos anos 90. Este campo petrolífero chegará mesmo a ser o 4º mais produtivo do mundo. Em 1962, Pequim enceta também um confronto fronteiriço com a Índia, na zona de Caxemira, a partir do qual anexa uma pequena região deste país. Finalmente, em 1964, a China consegue criar a sua primeira bomba atómica e, em 1965, lança o primeiro míssil nuclear, o que permitirá a sua ascensão ao clube de potências nucleares.

Em 1966, com a "**Revolução Cultural**", Mao estabelece como objectivo o fim de todas as antigas tradições. Tudo aquilo que era antigo é destruído, incluindo monumentos e peças de arte valiosíssimas, e uma política de anarquia e opressão irá durar quase uma década. A maior parte das universidades é encerrada e 16 milhões de jovens intelectuais

HISTÓRIA DA CHINA

e críticos do regime, serão enviados para "reeducação" nas montanhas e aldeias, junto a agricultores pobres (Zhang, 2003). Milhões de outros cidadãos serão torturados, perseguidos ou mortos por uma miríade de razões. Tudo isto baseado na política dos "dois quaisquer": apoiar qualquer decisão política do Presidente Mao e seguir qualquer instrução emitida pelo Presidente Mao. O comércio internacional cai para 5% do PIB (Lin, 2005).

Conflitos fronteiriços com a Rússia ocorrem na zona da Manchúria Interior em 1969, só sendo resolvidos várias décadas mais tarde. Finalmente, em 1971, a República Popular da China consegue ser aceite na ONU como "representante" do povo chinês, sendo Taiwan expulsa. Por outro lado, o vice-presidente do partido comunista, Lin Biao, tenta levar a cabo um golpe contra Mao mas acabará por ser mal sucedido. Após a sua morte num acidente de aviação, muitos responsáveis afastados durante o período 1966-69 serão reintegrados, entre eles Deng Xiaoping.

Em 1972, as relações chinesas com os EUA e o Japão são normalizadas, sendo o país finalmente reconhecido pelas principais potências ocidentais. Como tal e dada sua capacidade nuclear, passa a ocupar um cargo permanente no Conselho de Segurança das Nações Unidas. O seu papel em África irá também crescer com o envio de 15 000 médicos e 10 000 engenheiros agrónomos para o desenvolvimento de áreas necessitadas, com a aceitação de 15 000 estudantes africanos nas suas universidades, com a venda de armamento e com a sua participação em projectos ambiciosos, como a construção de uma linha férrea de 2000 km entre a Zâmbia e a Tanzânia (Servant, 2005).

De notar que mesmo assim, o país tinha apenas 1% da sua população com estudos universitários, comparado com uma média de 2% em países pobres, o que criava ainda modestas expectativas para o seu futuro desenvolvimento (Lampton, 2008).

A batalha ideológica entre os responsáveis partidários veteranos, mais pragmáticos, e os radicais, prosseguia. Como tal, a esposa de Mao e três dos seus confidentes mais próximos durante a Revolução Cultural, o "**Grupo dos Quatro**", lançam uma campanha mediática contra Deng Xiaoping. Entretanto, em 1976, morre o primeiro-ministro Zhou Enlai, que tinha conseguido travar alguns excessos do comunismo, tendo os cidadãos improvisado uma manifestação na Praça Tiananmen.

As autoridades reprimem os manifestantes, culpam Deng pelos distúrbios e afastam-no de todos os seus cargos oficiais.

A morte de Mao neste mesmo ano leva a uma luta pela sua sucessão, ganha por Deng, o qual será reintegrado em todos os seus anteriores cargos. Este procurará depois nomear responsáveis partidários veteranos opostos aos excessos cometidos durante as duas derradeiras décadas, a maioria dos quais havia estudado no estrangeiro, a chamada "**Segunda Geração de Líderes**".

Ao contrário de Mao, o qual nunca saíra da China e vivera a juventude entre camponeses, Deng diplomara-se numa escola preparatória aos 15 anos, tendo partido para França com outros colegas em 1919, num programa de trabalho e estudo para estudantes chineses, como sucedera com outros revolucionários asiáticos (Ho Chi Minh e Zhou Enlai). Trabalhou primeiro numa siderurgia de aço, depois como operário numa fábrica da Renault, como bombeiro e como ajudante de cozinha (Zhang, 2003). Frequentou por pouco tempo a escola secundária e, influenciado por Zhou Enlai, interessou-se pela política. Em 1926, estuda em Moscovo, tendo regressado depois ao seu país. A sua terceira mulher era filha de um industrial da província de Yunnan pelo que, apesar de posteriormente ter alinhado ao lado de Mao no PCC, detinha uma diferente visão da sociedade.

Em 1978, Deng visita Singapura, Kuala Lumpur e Banguecoque, o que constituiu para si um choque, pois esperava vir a encontrar cidades do Terceiro Mundo quando, na realidade, encontrou cidades mais avançadas que Pequim e Xangai (Elliot *et al.*, 2006). De facto, Singapura movia-se já a um ritmo vertiginoso desde os anos 60, dado ter sido refúgio para vários empresários chineses, forçados a abandonar o país após a Revolução Maoísta. Também o privilégio de contar com enormes investimentos estrangeiros, e de ter estabelecido políticas liberais e planos económicos a longo prazo, com o apoio de consultores ocidentais, tinham sido determinantes. Pelo contrário, a economia chinesa estava num estado lastimável.

Em resposta, várias reformas para implementar uma economia de mercado são finalmente adoptadas por Pequim. Os agricultores serão os primeiros a conquistar o cultivo das terras por conta própria, na sequência do desmantelamento das comunas, sendo adoptado um sistema familiar e expandidos os incentivos rurais. É promovida a autonomia

HISTÓRIA DA CHINA

empresarial e reduzido o planeamento central, pelo que empresas privadas centradas nas aldeias ou localidades, são autorizadas a nascer e incentivadas. A auto-regulação das empresas públicas é fomentada, é estimulada a concorrência em geral e começa a ser atraído investimento estrangeiro. Tudo isto para aumentar a qualidade tecnológica e a produtividade, e melhorar as condições de vida, sem contudo disparar a inflação, o desemprego ou o défice orçamental (Mokir, 2003).

Em 1979, o Vietname tenta estabelecer um controlo sobre o Laos e o Cambodja, envolvendo-se num breve conflito fronteiriço com a China. As divergências entre Pequim e Moscovo aumentam, na sequência do apoio soviético ao Vietname, da invasão soviética do Afeganistão, e da colocação de tropas soviéticas ao longo da fronteira sino-soviética e na Mongólia. Como tal, Pequim começa a procurar assistência no Ocidente, para o seu processo de modernização e para o combate à política expansionista soviética. Apesar destes novos laços, continuará a apoiar o Movimento dos Não-Alinhados.

São restabelecidas as relações diplomáticas com os EUA e outros países, entre eles Portugal. Uma vez que os chineses receavam ainda a abertura total do seu mercado, são criadas "Zonas Económicas Especiais" (SEZ) em Shenzhen, Zhuhai e Shantou, todas na província de Guangdong, e Xianmen na província de Fujian (fig. 2.5). A ideia era experimentar novas tecnologias e processos de gestão sob controlo apertado, não influenciando o território principal, "para construir o socialismo com características chinesas" (Pan, 2005). Estas zonas tinham vários objectivos prioritários: captação de divisas pelo aumento das exportações, entrada de investimento estrangeiro e obtenção de novas tecnologias via as novas fábricas. Curiosamente, Taiwan tornar-se-á um dos primeiros grandes investidores.

Artistas, escritores e jornalistas são também incentivados a apresentar mais críticas, apesar de não serem autorizados os ataques directos. Os direitos de propriedade intelectual são finalmente reconhecidos, anteriormente pertença do Estado (Wei, 2001). Em 1980, a Revolução Cultural de Mao será oficialmente reconhecida como uma catástrofe. De facto, entre 1950 e 1980, a produtividade total dos factores (PTF)[3]

---

[3] Relação entre o valor dos bens e serviços produzidos e o valor dos recursos utilizados. Depende da tecnologia, investigação, eficiência na produção e na gestão global, e eficiência da administração pública.

crescera a uma média anual de apenas 0.3% na China, comparado aos 2.5% do Brasil, 4.1% na Coreia do Sul e 4.8% no Japão (Lin *et al.*, 2003). A economia fora assim extremamente ineficiente, sendo o consumo de energia por unidade de PIB três vezes maior que no Brasil ou na Coreia do Sul, e seis vezes superior ao do Japão.

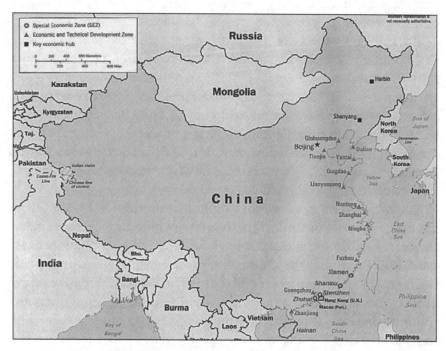

Figura 2.5. – Áreas inicialmente abertas ao Investimento Estrangeiro

Em 1982, Deng proclama a linha mestra "1 país e 2 sistemas", iniciando negociações com o Reino Unido e com Portugal, no sentido de unificar o país. Ao mesmo tempo, intelectuais chineses estabelecem ligações com especialistas em outros países, o que seria o início de uma pujante troca e captação de saber.

Em 1984-85, a China abre a ilha de Hainan como SEZ para o turismo e outras 14 cidades costeiras para o comércio: Dalian, Qinhuangdao, Tianjin, Yantai, Qingdao, Lianyungang, Nantong, Xangai, Ningbo, Wenzhou, Fuzhou, Guangzhou, Zhanjiang e Behai. Na sequência, os chineses a viver no exterior irão tornar-se rapidamente responsáveis por 80% do investimento directo estrangeiro (IDE).

HISTÓRIA DA CHINA

A agricultura e a indústria conhecem então um crescimento anual de 10%. Os agricultores diversificam as colheitas e estabelecem indústrias de aldeia, o que torna a China auto-suficiente em termos de cereais. A variedade de produtos industriais e bens de consumo aumenta, o nível de vida melhora e o rendimento rural por habitante duplica. Em 1985, o país concluirá finalmente o primeiro troço de auto-estrada (Ma, 2005).

Ao mesmo tempo, a economia sobreaquece e surgem problemas sociais como a inflação, a migração urbana e a prostituição. Foi o caso da ilha turística de Hainan, em que surgiram 20000 empresas imobiliárias em pouco tempo (Walter *et al.*, 2011).

Em 1986, manifestações estudantis apelam a reformas mais rápidas, confirmando os receios dos membros veteranos do partido, os quais temiam que o programa de reformas conduzisse a instabilidade social. Como tal, dois anos mais tarde é introduzido um programa de austeridade, com maior centralização económica e alguma exclusão das influências ocidentais, de modo a reaver o controlo da situação pelo partido. Mesmo assim, em 1989, serão autorizadas as primeiras viaturas privadas em Pequim.

Neste mesmo ano, a morte de Hu Yaobang, secretário-geral do PCC menos radical que entretanto tinha sido afastado, aliada à alta inflação, leva à eclosão de protestos em massa por parte de estudantes, intelectuais e cidadãos em geral. Os manifestantes começam por se reunir na Praça Tiananmen em Pequim para homenagear Hu, protestar contra aqueles que haviam travado as reformas e contra a corrupção, e exigir mais liberdade. Os protestos espalham-se a outras cidades como Xangai, Chengdu e Cantão. A Lei Marcial é declarada em Maio e, a 4 de Junho, unidades militares são enviadas a Pequim para desbloquear as ruas, sendo mortas ou executadas centenas de pessoas.

Os governos estrangeiros condenam o massacre, mas o governo central deterá mesmo assim grande número de manifestantes, enviando-os para reeducação política, o que sucederá também a vários responsáveis governamentais. Após o colapso da União Soviética em finais de 1991, Pequim estabelecerá relações diplomáticas com todas as suas ex-repúblicas e em finais dos anos 90, a China tinha já reatado as relações com a maioria das nações ocidentais.

As reformas abrandam até à visita de Deng ao sul do país em 1992, onde este renova a aposta numa filosofia pragmática. No 14º Congresso do PCC, Deng argumentará que a melhoria da qualidade de vida deveria

PORTUGAL E A CHINA – UMA RELAÇAO COM FUTURO

ser o principal objectivo da China, ainda que tal forçasse à adopção de "medidas capitalistas", e pronuncia assim a famosa frase "não me interessa que o gato seja branco ou preto, desde que apanhe os ratos". Deste modo, a constituição de empresas privadas fora das SEZ será finalmente legalizada, o que ajudará os empresários a sair da alçada dos responsáveis do PCC. Até então, estes últimos tinham de ser contratados para cargos de gestão ou como investidores ocultos, para que assim fosse permitido o funcionamento das empresas privadas (Martins, 2006).

Novas políticas são então aprovadas, tendo o investimento estrangeiro aumentado após a reestruturação das empresas exportadoras de Taiwan e de Hong-Kong, que conduz à deslocalização das suas actividades com grande intensidade de mão-de-obra para a China continental. O sistema de substituição de importações é abandonado, sendo o mercado doméstico parcialmente aberto ao comércio externo, com tarifas médias de 43%, embora ainda mais altas que a média mundial de 32% (Mokir, 2003). As empresas ocidentais iniciarão aqui um processo de "invasão" do país, pelo que as trocas comerciais cresceriam exponencialmente.

Após 1996, o investimento estrangeiro ultrapassa os 30 000 milhões de euros anuais, tornando a China o país com maior investimento estrangeiro entre os países em desenvolvimento. Este aumento coincidiu com a privatização parcial de algumas poderosas empresas estatais, as quais passaram a estar cotadas na Bolsa de Xangai, reaberta em 1990, e na Bolsa de Shenzhen, fundada em 1991 (Marteau, 2005).

Para isso foi fundamental o apoio dos bancos de investimento americanos, que do ponto de vista contabilístico, ajudaram a criar gigantes como a *China Mobile*, a partir da fusão de várias empresas estatais regionais mal geridas, deste modo atraindo os fundos de investimento internacionais (Walter *et al.*, 2011). Firmas estatais mais pequenas são também privatizadas pelas autoridades regionais, e o sistema fiscal e os bancos são reestruturados. A percentagem de mão-de-obra envolvida no sector agrícola descerá de 70% para 50% do total, e a indústria e os serviços continuarão a aumentar o seu peso na economia (fig. 2.6).

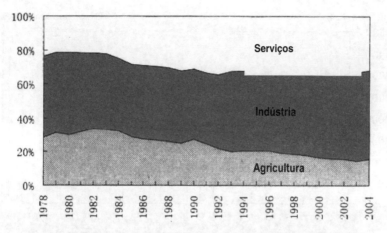

Figura 2.6. – Variação da estrutura da Economia Chinesa em 1978 - 2004 [Qiu, 2006]

Uma **"Terceira Geração de Líderes"** surge após a morte de Deng em 1997, liderada pelo presidente Jiang Zemin e outros membros da sua geração. As exportações continuarão a aumentar e a taxa de câmbio dólar/renmimbi subirá de 1.56 em 1979, para 8.28 em 1998, promovendo as exportações e compensando parcialmente o aumento dos custos (Wei, 2001). Simultaneamente, várias empresas estatais de pequena e média dimensão ingressam nos mercados bolsistas, continuando as empresas controladas pelo Estado a dominar as exportações em geral. Entre 1978 e 1998, o PIB terá crescido a uma média de 9.6% (fig. 2.7), de acordo com os "números oficiais", os quais poderão ter sido exagerados como sugerem vários economistas chineses e estrangeiros (Mokir, 2003).

Em 1997, Hong-Kong é finalmente devolvido à China e em 1999, seguir-se-ia Macau. Por que razão neste último caso, tal demorou tanto tempo, tratando-se de um embate entre um anão e um gigante? Os chineses afirmam ser extremamente pragmáticos, considerando que apesar de os portugueses terem iniciado algumas disputas ao longo de quase 500 anos, não é menos verdade que em geral terão existido relações cordiais entre ambos os países. De facto, Portugal enviou tropas para auxiliar o imperador Ming frente aos Manchus, providenciou asilo a Sun Yat-sen no início da década de 1920, e permitiu um comércio discreto entre a China e o Ocidente durante os anos 60 a 80, tudo razões para condescender com o *"status quo"* (Ramos, 2007).

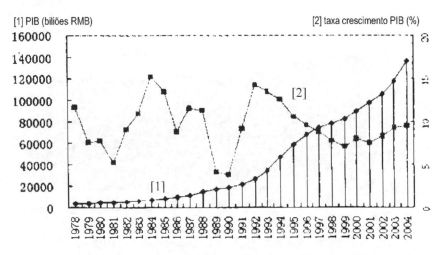

Figura 2.7. – Crescimento Económico da China: 1978 - 2004 (Qiu, 2006)

O comércio externo continuou a subir em flecha, de 10% do PIB em 1978, para 44% do PIB em 2000, sendo metade das exportações produzidas por companhias criadas entretanto com investimento estrangeiro (Mokir, 2003). Em 2001, a China ingressa na Organização Mundial do Comércio (OMC), comprometendo-se a abrir ainda mais os seus mercados e a reduzir tarifas. Em paralelo, concorda em abrir sectores terciários ao capital estrangeiro, como a banca e as telecomunicações. Para isso, o Estado retirou 300 000 milhões € de créditos malparados dos 4 maiores bancos estatais e transferiu-os para instituições especiais, de modo a facilitar a emissão de novas acções. Estas emissões atingirão um valor recorde de 30 000 milhões € nas bolsas de Xangai e Hong-Kong, em 2005 e 2006 (Walter *et al.*, 2011).

Entretanto, a "**Quarta Geração de Líderes**" surge em 2002, na sequência do 16º Congresso do PCC e da eleição de um novo secretário-geral, Hu Jintao, também ele protegido de Deng Xiaoping. As reformas económicas continuarão, mas até hoje nunca atingiram a dimensão daquelas implementadas na Europa de Leste, após a "Queda do Muro de Berlim". Com efeito, a "terapia de choque" da Europa de Leste foi na China substituída por uma "terapia incremental ", dada a maior complexidade social e política (Lin *et al.*, 2003). Em conclusão, aos trinta anos de desgraça durante a governação de Mao, seguiram-se trinta anos de crescimento acelerado, que permitiram à China recuperar parte do seu atraso face ao Ocidente.

Capítulo 3
A China Actual

3.1. Introdução

A China possui um complexo sistema económico, uma "economia de mercado sob regras socialistas" (Pan, 2005), uma vez que só existe um partido, chamado comunista, com o Estado a proteger as empresas estatais, que coexistem ou competem com as agressivas empresas privadas, num clima de utilização intensa dos trabalhadores que quase não têm protecção social. A população tem um pequeno serviço de cuidados de saúde e a educação é talvez o único serviço público mais generalizado, ainda com algumas carências a nível liceal e universitário. O governo continua a desenvolver reformas económicas, que incluem a remoção de barreiras para as empresas estrangeiras, a privatização de empresas públicas, a criação de um sistema de segurança social para os trabalhadores e a expansão do desenvolvimento para o interior do país.

O **Crescimento Económico** continua saudável. Em 2010 foi de 10.3%, apesar das tentativas do governo para esfriar alguma inflação e espera-se 9.3% em 2011 (World Bank, 2011). A economia tem crescido a taxas médias de 9.2% durante os últimos 25 anos e 10.8% nos últimos 15 anos, o país mais dinâmico do mundo. Isso teve um profundo impacto não só internamente, ao reduzir a pobreza, mas também em todo o mundo. Em valores nominais, a China representa agora 9.3% do PIB mundial, enquanto a UE-27 representa 25.8%, os EUA 23.3%, o Japão 8.7% e o Brasil 3.3%. O dia-a-dia está a mudar a uma rapidez tal que 400 000 automóveis foram vendidos na cidade de Pequim em 2010, ou seja, mais de 1000 por dia, existindo já um total de 40 milhões em todo o país, o que coloca enormes desafios logísticos.

O sector privado chinês já produz mais de 50% do PIB (OECD, 2007d). Das empresas listadas nas bolsas de valores de Hong-Kong, Shenzhen e Shanghai em 2007, as dez maiores eram públicas, seguindo--se a privada *Lenovo* que produz computadores (tabela 3.1). Sediados em Hong-Kong estavam dois grandes grupos, o *Hutchinson Whampoa* com receitas de 18 000 milhões € e o *Jardine Matheson* com receitas de 12 500 milhões € (receitas idênticas às da Galp), ambos de origem ocidental e também com investidores chineses.

As exportações são o principal motor deste crescimento rápido, impulsionado pela entrada na Organização Mundial do Comércio (OMC) em 2001. Pequim tem tomado sucessivas políticas para fomentar o investimento estrangeiro vocacionado para as exportações, tais como a diminuição dos impostos sobre as empresas, independentemente dos custos sociais.

Ao mesmo tempo, a entrada na OMC forçou a abertura do mercado às empresas estrangeiras, o que ajudou a equilibrar o enorme excedente comercial. O país é já hoje um dos mercados mais importantes dos EUA para produtos agrícolas, equipamentos de produção de energia, aviões, computadores e maquinaria industrial. A importação de alimentos, em particular, está a ser fomentada pela diminuição da população rural e o aumento do nível de rendimento das populações urbanas.

A China está também a estimular o consumo interno para susten-tar o crescimento económico (devido à contracção de alguns mercados externos), diminuir os desequilíbrios comerciais globais (em parte por pressão dos outros países), e aproximar as áreas rurais e urbanas.

Com efeito, a nova liderança está altamente empenhada em pro-porcionar um maior desenvolvimento do interior, objectivo que forma a essência dos conceitos do presidente Hu Jintao, de uma "sociedade harmoniosa" e uma "civilização espiritual". Será algo que também con-tribuirá para evitar turbulência política no futuro.

A CHINA ACTUAL

	Companhia	Receitas (milhões €)	Lucros (milhões €)	Valor Bolsa (milhões €)	PER[1]	Sector
1	China Petroleum & Chemical (Sinopec)	107 170	5 198	77 878	15	Oil and Gas
2	Petro China	70 686	14 591	203 350	14	Oil and Gas
3	China Mobile	30 302	6 774	138 312	20	Telecommunications
4	Industrial & Commercial Bank of China	29 845	4 998	207 629	42	Banking
5	Bank of China	24 848	4 298	132 522	31	Banking
6	China Construction Bank	23 229	4 752	114 642	24	Banking
7	China Life Insurance	18 742	985	77 321	78	Insurance
8	China Telecom	17 964	2 784	35 538	13	Telecommunications
9	Baoshan Iron & Steel	16 189	1 334	15 559	12	Metals
10	China Communications Construction	11 786	328	11 750	36	Engineering/Construction
11	Lenovo Group	11 702	129	2 515	20	Computers
12	China United Telecommunications	9 674	382	14 901	39	Telecommunications
13	China National Offshore Oil Corporation	9 126	3 173	33 005	10	Oil and Gas
14	China Netcom Group (Hong Kong)	9 018	1 330	14 294	11	Telecommunications
15	Ping An Insurance	8 383	614	11 354	18	Insurance
16	Foxconn International Holdings	8 317	575	18 370	32	Electronics
17	Minmetals Development	7 846	54	621	11	Metals and Mining
18	PICC Property & Casualty	7 320	214	4 582	21	Banking
19	China Resources	6 714	285	5 432	19	Diversified Holdings
20	China Shenhua Energy	6 590	1 791	34 906	19	Energy
21	Aluminum Corp. of China	6 260	1 162	8 646	7	Metals
22	TPV Technology	5 749	122	985	8	Computers
23	Angang New Steel	5 601	702	6 323	9	Metals
24	Bank of China Hong Kong Holdings	5 401	1 443	22 995	16	Banking
25	COSCO Holdings	5 231	208	2 819	14	Shipping
26	Sinopec Shanghai Petrochemical	5 178	75	3 970	53	Chemicals
27	Dongfeng Motor Group	4 951	213	3 348	16	Auto Manufacturing
28	CITIC Pacific	4 826	848	6 028	7	Diversified Holdings
29	China Southern Airlines	4 826	12	1 717	142	Airlines
30	Air China	4 822	327	6 057	18	Airlines
31	TCL	4 807	-198	626	-	Home Appliances
32	Huaneng Power International	4 546	569	8 144	14	Electricity
33	Bank of Communications	4 434	1 299	44 569	34	Banking
34	Shanghai Electric Group	4 377	210	4 008	19	Power Generation
35	Wuhan Iron & Steel Processing	4 238	399	5 114	13	Iron and Steel
36	Shanxi Taigang Stainless Steel	4 112	248	3 564	14	Steel
37	China Merchants Bank	3 902	729	24 733	34	Banking
38	China Eastern Airlines	3 776	-285	1 537	-	Airlines
39	Maanshan Iron & Steel	3 521	234	2 942	13	Iron and Steel
40	China International Marine Containers	3 402	284	3 984	14	Packages /Containers
41	Hunan Valin Steel Tube & Wire	3 358	110	953	9	Iron and Steel
42	Sinotrans	3 306	63	1 230	19	Logistics
43	Shanghai Automotive	3 129	146	5 491	38	Auto Manufacturing
44	China Shipping Container Lines	3 129	88	1 305	15	Shipping
45	China Coal Energy	3 101	325	6 107	19	Energy
46	Shanghai Pudong Development Bank	3 065	344	9 521	28	Banking
47	TCL Multimedia Technology Holdings	3 008	-257	221	-	Home Appliances
48	Harbin Power Equipment	2 985	105	1 171	11	Energy
49	China Minsheng Banking	2 958	393	10 639	27	Banking
50	Yunnan Copper	2 878	123	895	7	Metals

Tabela 3.1. – As 50 Maiores Empresas da China em 2006 (Fortune, 2007a)

[1] PER – *"Price Earnings Ratio"*, relação entre o valor em bolsa de uma empresa e os seus resultados, o que depende do seu sector de actividade entre muitos outros factores. Valores de 15 a 20 são correntes no Ocidente.

PORTUGAL E A CHINA – UMA RELAÇÃO COM FUTURO

Trata-se de um país de **Enorme Potencial**. O mercado ainda tem muito por onde se expandir, já que a média do rendimento disponível é baixa para mais de 1000 milhões de pessoas. Os analistas estimam que a população da classe média seja apenas da ordem das 100 milhões de pessoas. Mesmo assim, o país é já o nº 1 mundial no mercado automóvel, tendo adquirido 13.8 milhões de carros em 2010, contra 11.6 milhões adquiridos pelos Estados Unidos (China Org, 2011). Em 2008, a Volkswagen vendeu 1 milhão de veículos (+32%), a Toyota 700 000 (+40%), a *Hyundai* 380 000 (+65%) e a *Peugeot* 150.000 (+30%). Enquanto isso, o mundo aumentou a procura de petróleo em 6 milhões de barris por dia, dos quais 2 milhões foi devido ao acréscimo do consumo na China (Amaral, 2007).

Do lado da produção, o país está a desenvolver uma capacidade fora de escala na maioria das áreas, especialmente na indústria. Já produz mais de 5 milhões de automóveis por ano, 80% dos contentores e dos tractores mundiais, 40% dos televisores e 30% dos ar-condicionados (Ma, 2005).

Existem assim vários fabricantes chineses preparados para vender os seus automóveis mundialmente, muitos ainda desconhecidos no Ocidente, entre eles: *Brilliance Jinbei, Great Wall Motor, Huatai Auto, Geely Automobile, BYD-Build Your Dreams Auto, BAIC-Beijing Automotive Industry, THIM-Tengzhong Heavy Industrial Machinery, Shuanghuan, Jongway, JMC, SAIC-Shanghai Automotive Industry, Nanjing Automobile* e *Chery Automobile*. Muitos dos seus modelos são ainda cópia de modelos ocidentais, quer da gama baixa, quer da gama alta, e daí não terem sido exportados para o Ocidente por receio de processos de contrafacção. No entanto, muitos destes fabricantes já entraram numa 2ª fase e estão a desenvolver modelos próprios, sobretudo híbridos e eléctricos, e já começaram até a adquirir fabricantes ocidentais como a *Volvo*, a *Rover*, a *MG*, a *Austin* e a *Hummer* (Coutinho, 2009).

A mão-de-obra total é de cerca de 700 milhões de pessoas, comparada com os 210 milhões na UE-27 e 140 milhões nos EUA. Mesmo que mais de 50% dos trabalhadores sejam camponeses, é apenas uma questão de tempo para muitos dos seus filhos se tornarem empresários ou cientistas. Em 2006, Hong Kong com o valor de 35 000 milhões € ultrapassou já Nova Iorque, passando a ser o 2º maior mercado em ofertas públicas de venda de acções depois de Londres. Só o *Industrial and*

Commercial Bank of China e o *Banco of China*, recolheram juntos 20 000 milhões de euros em capitais (12% do PIB de Portugal).

Tudo é grande, fora de escala e tudo muda a uma velocidade incrível. O país tem agora 14 cidades com mais de quatro milhões de habitantes, 19 cidades entre dois e quatro milhões, e 141 áreas urbanas entre um e dois milhões (tabela 3.2). Tem 1 340 milhões de habitantes e por ano aumenta mais 10 milhões. Tem centenas de ilhas e uma área de aproximadamente 4 500 x 2 000 km², o tamanho dos EUA ou do Canadá.

A *China Mobile*, a maior operadora do mundo de telefones celulares com 450 milhões de clientes, aumenta estes em 5 milhões por mês e espera atingir 800 milhões de clientes. Se um dia a China atingisse o poder de compra por habitante dos EUA, iria ter 600 milhões de carros, mais do que todo o planeta tem hoje.

	População			População			População
Shanghai	12 800 000		Shenzhen	6 200 000		Harbin	4 800 000
Beijing	10 800 000		Xian	6 000 000		Hangzhou	4 200 000
Tianjin	9 300 000		Shenyang	6 000 000		Chongqing	4 100 000
Hong-Kong	7 000 000		Nanjing	5 900 000		Chengdu	4 100 000
Guangzhou	6 500 000		Wuhan	5 700 000		Zhengzhou	3 200 000

Tabela 3.2. – Cidades mais importantes na China (China Org, 2011)

O país está dividido em 22 Províncias, 5 Regiões Autónomas, 4 Municípios e 2 Regiões Administrativas Especiais, directamente sob o governo central (tabela 3.3, figs. 3.1/3.2). Em geral, existe uma hierarquia de quatro níveis, o equivalente a província, distrito, concelho e freguesia, conforme a área geográfica vai diminuindo. A cada nível existem duas autoridades: uma representa o Partido Comunista Chinês (PCC), sendo constituída por um membro partidário que age como regulador e é escolhido pelos seus superiores; sob a sua alçada, encontra-se o chefe da autoridade local eleito pela população, que aplica as políticas oficiais e efectua a maior parte dos deveres cerimoniais, o que de algum modo suaviza a rigidez do poder (Dreyer, 2006).

Com Deng Xiaoping foi dada uma maior autonomia às províncias, quer em termos de implementação de políticas económicas, quer em sectores como a educação e os transportes. É o caso das províncias de Guangdong e Zhejiang, e dos municípios de Beijing e Shanghai, onde os líderes locais não têm aderido totalmente às políticas económicas do governo central. Por sua vez, as regiões autónomas e os concelhos autónomos que existem em algumas províncias fornecem, em princípio, uma maior autonomia à maioria étnica que habita a região. Na prática, Pequim irá frequentemente apoiar um membro do PCC da etnia Han para supervisão e sob a sua alçada estará o representante da maioria étnica local.

A China tem fronteiras com 14 países ao longo de 22 150 km, o que levanta problemas muito complicados, dados os conflitos históricos e as culturas muito diferenciadas. O território possui grandes planícies férteis no sul e leste, montanhas e florestas no sudoeste que terminam em planaltos elevados (Himalaias), desertos e estepes no oeste e norte. O clima varia entre o sub-tropical a sul e o sub-ártico a norte, do que resultam inundações a sul aquando de fortes monções e secas frequentes ao norte, para além dos climas agrestes nos desertos e montanhas.

Daqui resulta uma forte heterogeneidade na ocupação do território, o terço leste tem 73% da população, o terço central tem 23% e o terço oeste tem apenas 4% (NSBC, 2007). A "costa leste" é a zona mais rica, ao longo de um litoral com 5000 km de extensão, composta por 10 províncias, 3 municípios e as áreas de Macau e Hong-Kong.

Há uma clara **Ocidentalização dos Hábitos**, especialmente nas classes mais abastadas, com a adopção de culinária, moda, música e arquitectura do Ocidente, o oposto do que aconteceu quando o Ocidente conheceu a China. Cópias do "*Chateau Lafitte*", "*Torre Eiffel*", "*Versailhes*", "*Casa Branca*" ou um quarteirão de Londres, foram já construídas. Vários jovens já preferem a comida da cadeia *McDonald's* e de outras marcas de plástico, horríveis quando comparadas com a cozinha chinesa muito mais delicada e saudável. Trata-se de pessoas mais voltadas para a "auto-realização" como no Ocidente, em vez de prosseguirem uma mudança social. A própria *Coca-Cola* já atingiu as 40 fábricas e vai construir mais, e a cadeia *Kentucky Fried Chicken* ultrapassou os 3700 restaurantes (Caeiro, 2010).

A CHINA ACTUAL

	Capital Regional	Área (1000 km2)	População (milhares)	PIB (milhões €)	PIB per capita (€)	PIB (% país)
Costa Leste						
Município de Beijing	Beijing	16,8	13 830	75 690	4 852	3,2%
Município de Tianjin	Tianjin	11,3	10 040	41 920	3 958	1,8%
Província de Hebei	Shijiazhuan	190,0	66 990	112 150	1 630	4,7%
Província de Shandong	Jinan	153,0	90 410	212 310	2 287	8,9%
Província de Jiangsu	Nanjing	102,6	73 550	208 150	2 770	8,7%
Município de Shanghai	Shanghai	6,2	16 140	99 690	5 547	4,2%
Província de Zhejiang	Hangzhou	101,8	46 130	151 380	3 065	6,4%
Província de Fujian	Fuzhou	120,0	34 400	73 230	2 065	3,1%
Província de Guangdong	Guangzhou	186,0	77 830	252 050	2 720	10,6%
Província de Hainan	Haikou	34,0	7 960	10 150	1 220	0,4%
Nordeste						
Província de Heilongjiang	Harbin	469,0	38 110	59 540	1 556	2,5%
Província de Jilin	Changchun	187,0	26 910	41 080	1 511	1,7%
Província de Liaoning	Shenyang	145,7	41 940	88 920	2 096	3,7%
Região Central						
Província de Shanxi	Taiyuan	156,0	32 720	45 690	1 358	1,9%
Província de Anhui	Hefei	139,0	63 280	59 140	967	2,5%
Província de Jiangxi	Nanchang	166,6	41 860	44 920	1 038	1,9%
Província de Henan	Zhengzhou	167,0	95 550	120 150	1 280	5,1%
Província de Hubei	Wuhan	187,4	59 750	72 920	1 279	3,1%
Província de Hunan	Changsha	210,0	65 960	72 770	1 149	3,1%
Região Oeste						
Reg. Aut. Mongólia Interior	Hohhot	1 183,0	23 770	46 070	1 928	1,9%
Província de Shaanxi	Xian	205,0	36 590	43 460	1 167	1,8%
Município de Chongqing	Chongqing	82,0	30 970	33 540	1 198	1,4%
Província de Guizhou	Guiyang	170,0	37 990	21 920	556	0,9%
Reg. Aut. Guangxi Zhuang	Nanning	236,3	47 880	46 460	990	2,0%
Reg. Aut. Ningxia Hui	Yinchuan	66,4	5 630	6 850	1 139	0,3%
Província de Gansu	Lanzhou	450,0	25 750	21 920	842	0,9%
Província de Sichuan	Chengdu	488,0	86 400	83 070	1 013	3,5%
Província de Yunnan	Kunming	394,0	42 870	38 540	862	1,6%
Província de Qinghai	Xining	720,0	5 230	6 160	1 130	0,3%
Reg. Aut. Xinjiang Uygur	Urumqi	1 600,0	18 760	29 370	1 442	1,2%
Reg. Autónoma Tibete	Lhasa	1 220,0	2 630	2 770	1 003	0,1%
SUB-TOTAL		**9 557,9**	**1 251 690**	**2 221 920**	**1 775**	**93,4%**
Reg. Adm. Macau	Macau	0,02	480	11 030	22 892	0,5%
Reg. Adm. Hong Kong	Hong Kong	1,09	6 670	146 010	21 889	6,1%
TOTAL		**9 559,0**	**1 258 840**	**2 378 960**	**1 890**	**100,0%**
Taiwan	Taipé	36,0	22 870	281 150	12 291	-

Nota: zonas da "costa leste" sombreadas

Tabela 3.3. – Indicadores Regionais da China em 2006 (NBSC, 2007)

A necessidade de novos bairros é também ditada pela fuga das populações rurais para as cidades. Mais terras aráveis são abandonadas e diminui a produção de alimentos, o que impulsiona a sua importação. A arquitectura antiga está a ser destruída, como os famosos "*hutongs*" em Pequim (velhas vielas), e substituída pela arquitectura ocidental.

No entanto, há ainda vários grupos, especialmente os mais velhos e os intelectuais, que são contra o "*downsizing*" cultural do país dizendo, por exemplo, que "o chinês é a língua mais falada no Mundo, logo são os estrangeiros que deverão aprender chinês". Ao mesmo tempo, as gerações mais antigas dos trabalhadores nas áreas urbanas, bem como os trabalhadores das áreas rurais, ainda têm hábitos de trabalho duro, de civismo e de dedicação ao país, deixando de lado parte dos seus próprios interesses, algo que é comum a outros países asiáticos (Garelli, 2002).

A China está a expandir a sua **Liderança Mundial**, através do assento permanente no Conselho de Segurança das Nações Unidas e de outras organizações internacionais, bem como através do seu poder económico. Na Ásia, tem feito esforços para reduzir as tensões na Coreia do Norte, participou no fórum da ASEAN e fez uma "ofensiva de charme" no sudoeste asiático, nomeadamente na Índia. Normalizou as relações com a Rússia, Cazaquistão, Quirguistão, Tajiquistão e Uzbequistão, resolvendo muitos dos litígios de fronteira. Um acordo foi igualmente alcançado com o Vietname em 2000, para resolver alguns diferendos sobre as suas fronteiras marítimas, embora outras disputas ainda permaneçam sobre diversas ilhas no Mar do Sul da China.

Tem também tido uma actuação profunda em África, especialmente nos países subsarianos. Tudo isto resulta não só do actual crescimento, como também da ambição de voltar a ser a superpotência do passado. O nacionalismo é vibrante, baseado numa história rica, numa população altamente uniforme e num enorme potencial.

A **Globalização** continua a ser uma das estratégias mais importantes. De facto, em 1991, a China aderiu ao grupo *Asia-Pacific Economic Cooperation (APEC)*, que promove o livre comércio, investimento e cooperação tecnológica, aumentando as suas exportações e começando a abrir os seus mercados ao investimento estrangeiro.

A CHINA ACTUAL

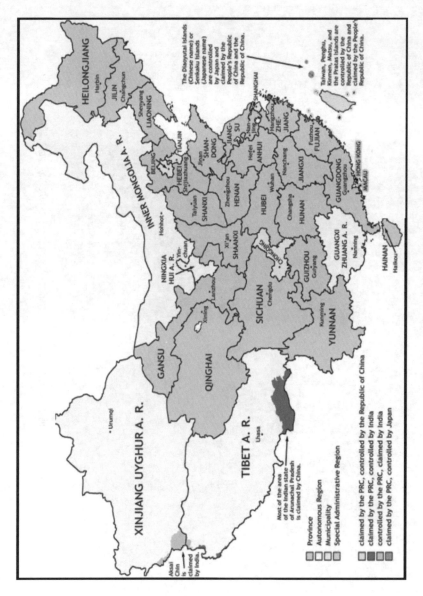

Figura 3.1. – Mapa Administrativo da China

PORTUGAL E A CHINA – UMA RELAÇAO COM FUTURO

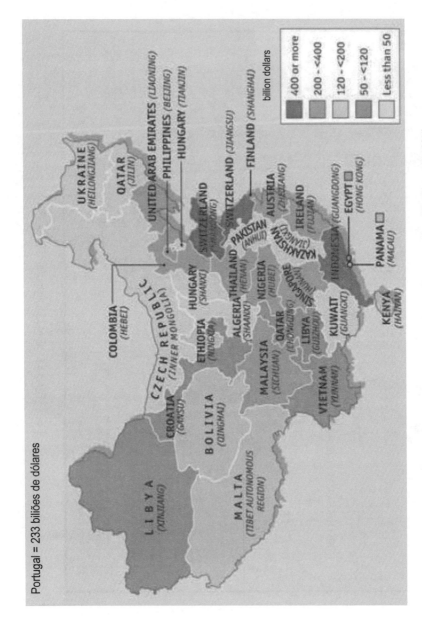

Figura 3.2. – Equivalência do PIB entre províncias chinesas e países (*The Economist*, 2011)

A CHINA ACTUAL

Em 2001, a China juntou-se à OMC, o que obrigou à eliminação de várias barreiras (ex: as taxas sobre as importações agrícolas dos EUA caíram de 31% para 14%, e sobre produtos industriais de 25% para 9%). Isso abriu portas aos estrangeiros em sectores como a banca, seguros e telecomunicações, mas ao mesmo tempo proporcionou novos mercados para as exportações chinesas, que subiram rapidamente desde então (Lin, 2005). Em 2009, tornou-se assim o primeiro país exportador do mundo, após ter ultrapassado a Alemanha.

A comunidade chinesa no mundo está estimada em 55 milhões de pessoas, tendo começado a emigrar desde o século XIX. É responsável por 3% da população e (70%) da economia das Filipinas, 4%/(70%) da Indonésia, 10%/(90%) da Tailândia, 37%/(60%) da Malásia e 80%/(100%) de Singapura, respectivamente. Na América do Norte representa cerca de 6 milhões de pessoas (ex. 20% da população de Vancouver), na Europa 2 milhões, na Oceânia 1 milhão e em África 0.2 milhões.

Os seus membros formam grandes redes empresariais, um "Commonwealth chinês", muito bem sucedidas nas negociações de serviços e produtos em todo o mundo, a maior parte das vezes utilizando a troca directa como forma de pagamento em vez dos bancos comerciais. Esta comunidade possui um valor estimado em activos de 1 600 000 milhões de euros, o equivalente a 10 vezes o PIB de Portugal. Desde a abertura de Deng Xiaoping nos anos 80, começou a investir na China continental, tendo sido responsável por 80% do investimento estrangeiro até a década de 90 (Ilhéu, 2006).

A China possui uma **Hierarquia Política** complexa e altamente burocrática, herança de uma economia de planeamento central. Existem assim duas vertentes paralelas para a autoridade central, o partido e a estrutura governativa, com membros interligados, o que representa uma redundância face ao Ocidente. O partido desenvolve todas as ideias e estratégias principais, ao passo que a estrutura governativa pormenoriza as mesmas e executa-as, estando assim sobre a sua alçada (Dreyer, 2006).

O Partido Comunista Chinês (PCC) é o único partido no poder, com organizações centrais e locais, e perto de 70 milhões de membros. O seu congresso dá-se pelo menos a cada cinco anos para eleger o *Comité Central*, composto por cerca de 300 membros que escolhem o *Politburo* de 24 membros. Estes elegem entre 5 a 10 membros para o *Comité Permanente do Politburo*, os quais são considerados os indivíduos mais poderosos da China, e do qual advém o *Secretário-Geral do Partido*, que normalmente se torna o presidente do país. Em 2011, este pequeno comité era constituído por 9 membros: 7 engenheiros, 1 geólogo e 1 economista. Outros órgãos importantes são a *Comissão Militar Central* e a *Comissão de Inspecção de Disciplina*, que está encarregada de controlar a corrupção e as más práticas entre os quadros.

A Estrutura Governativa é composta por 3 autoridades principais: *Congresso Nacional do Povo (CNP), Presidente e Conselho de Estado*. O CNP consiste no órgão supremo desta estrutura, sendo composto por 2000 a 3000 membros, a maioria deles do partido. Reúne-se anualmente para rever e aprovar grande parte das novas directrizes políticas, leis e orçamento e para eleger o seu *Comité Permanente (CPCNP)*, composto por 300 membros, sendo ambos eleitos pelo prazo de cinco anos.

O *Presidente* é o chefe do Estado, promulga leis e nomeia o Conselho de Estado, sendo eleito pelo CNP por um prazo de cinco anos. Hu Jintao é o actual secretário-geral do PCC, o presidente da China e o presidente da Comissão Militar Central.

O *Conselho de Estado* é o equivalente aos governos ocidentais. Inclui o presidente, um número variável de vice-presidentes, 5 conselheiros de estado, 30 ministros e o governador do Banco da China. A maioria das iniciativas legislativas é apresentada pelo Conselho de Estado ao CPCNP para apreciação, depois de previamente enviadas ao Comité Permanente do Politburo.

Em todas as instituições oficiais da China existem comités locais do partido, que asseguram que as políticas deste são cumpridas. Alguns casos especiais são as regiões de Hong-Kong e Macau, onde o PCC não faz parte do sistema governamental, e as regiões autónomas, onde o chefe executivo é tipicamente um membro do grupo étnico local, enquanto o secretário do partido não é local e é usualmente da etnia Han. Cada empresa pública tem também um comité de partido.

Desde os anos 90, com a "Terceira Geração de Líderes" liderada por Jiang Zemin, têm ocorrido duras confrontações dentro do PCC. De facto, as reformas nas empresas públicas despediram 28 milhões de trabalhadores entre 1998 e 2005 (Pan, 2005). Zemin teve de fazer promessas frequentes nas suas visitas a aldeias e áreas pobres do interior, para manter a estabilidade política. Curiosamente, o seu Comité

A CHINA ACTUAL

Permanente do Politburo era também composto por nove membros todos engenheiros, um dos quais foi o seu sucessor, Hu Jintao.

São necessárias mais **Reformas** para modernizar a administração pública, uma vez que há ainda um difícil acesso da iniciativa privada ao mercado. Isso resulta da sobreposição dos vários poderes, que leva a duplas inscrições e requisitos de aprovação. Há também alguma falta de transparência no processo regulamentar, com normas incompletas continuamente alteradas. Além disso, as autoridades locais têm poderes quase discricionários. Tudo isso, juntamente com contínuas mudanças na estrutura do mercado, torna também extremamente difícil adaptar os produtos importados. A corrupção *"Guandao"* é outro problema, apesar das severas punições que incluem a pena de morte.

Como exemplo da burocracia, no 3º Plenário do PCC em 2003, os seus congressistas apresentaram propostas para assegurar a protecção dos direitos de propriedade privada; para reduzir o desemprego nas áreas urbanas; para reequilibrar a distribuição do rendimento entre as regiões urbanas e rurais; para manter a economia em crescimento e ao mesmo tempo proteger o ambiente e melhorar a equidade social. O Congresso Nacional do Partido aprovou estas propostas na sua reunião de 2004. O 5º Plenário do PCC aprovou finalmente o 11º Programa Quinquenal (2006-2010) em 2005, visando a construção de uma "sociedade harmoniosa", através de uma distribuição de riqueza mais equilibrada e de uma melhoria na educação, nos cuidados de saúde e na segurança social.

Existe um **Sistema Económico** opaco, uma vez que a China ainda não segue os métodos de contabilidade standard internacionais, quer para as contas públicas, quer para as empresas públicas (Gamble, 2002). A adesão à OMC tem melhorado a situação em alguns itens, mas existem dezenas de outros inalterados. Vários economistas, mesmo chineses, continuam a colocar algumas reservas às estatísticas oficiais, já que há uma estreita relação entre o Estado, as empresas públicas, as autoridades locais e os bancos estatais. Há também uma gestão geral baseada em resultados, em que os funcionários públicos tendem a inflacionar os resultados a todos os níveis, como no tempo dos imperadores.

No entanto, uma vez que existe uma enorme economia clandestina, estimada em 150 000 milhões € em 2005, quase 10% do PIB, as estatísticas globais acabarão por não ser demasiado incertas (Dreyer, 2006). O peso do Estado ainda é muito grande e sob o controle do PCC. As empresas públicas deficitárias são comuns, apesar dos esforços para venda, fusão ou fecho da sua grande maioria. Em 2005, cerca de 24 milhões de trabalhadores trabalhavam em empresas públicas e 29 milhões trabalhavam em empresas privadas, a maioria delas no sector dos serviços. Os restantes trabalhavam em empresas público-privadas, nas empresas públicas regionais, em cooperativas ou por conta própria.

O **Crédito Malparado** tem provocado enormes perdas no sistema bancário estatal, totalizando um volume estimado de 23% do total dos empréstimos em 2005, o que pelos padrões ocidentais significaria falência (Marteau, 2005). Na verdade, no Ocidente são habituais valores muito mais baixos, no máximo de 3 a 5%. A única diferença é que a maioria dos maus credores são empresas públicas, por isso seguras pelo próprio Estado que possui enormes reservas em divisas, e pelos depósitos contínuos de 1 600 000 milhões € por ano fornecidos pela poupança (McKinsey, 2004). No *Industrial and Commercial Bank of China*, um dos maiores bancos estatais, o crédito mal parado representava 21% da sua carteira em 2006. Mesmo assim, este conseguiu arrecadar 16 800 milhões € na maior oferta pública de venda de acções mundiais nesse ano, tornando-se a 5ª maior empresa mundial por valor em bolsa, tendo posteriormente alcançado o 3º lugar. O *Agricultural Bank of China*, outro gigante, tinha uma proporção de crédito mal parado de 30.1%, e existem bancos regionais com uma proporção de até 50% (Bloomberg, 2011).

Vários **Investimentos Ineficientes** continuam a ser feitos, com base no baixo custo da mão-de-obra e na enorme quantidade de capital obtida pelas exportações e pela poupança interna. As empresas públicas absorvem 65% dos empréstimos, mas representam apenas 25% do PIB, com um baixo retorno (tabela 3.4). Isto tem custos sociais e ambientais, além de inflacionar a economia a curto prazo. A longo prazo, vai conduzir a crédito malparado e causar problemas no sistema financeiro (Marteau, 2005).

Nos anos 60, a Coreia do Sul só raramente chegou a uma taxa de investimento de 40% do PIB, enquanto no Japão a média era de 35% do PIB. A China não poderá pois continuar com taxas superiores a 40% do PIB, terá de racionalizar o dinheiro investido e aumentar a produtividade, até porque investimentos na Índia para actividades idênticas estão a gerar rendimentos muito mais elevados (Bloomberg, 2011). Tal terá de ser feito aumentando o Capital Humano (via educação, formação

A CHINA ACTUAL

e saúde da sua população activa) e aumentando a Produtividade Total dos Factores (via pesquisa e inovação, melhoria dos métodos de gestão e diminuição da burocracia).

	Número de Empresas (%)	Parcela do PIB (%)	Parcela do Total Empréstimos (%)	Rentabilidade dos Activos (%)
Empresas com Capital Estrangeiro (FIE) e Grandes Empresas Privadas	52%	45%	20%	6%
Pequenas e Médias Empresas Privadas	31%	30%	15%	7%
Empresas Públicas (SOE)	17%	25%	65%	3%

Tabela 3.4. – Estrutura das Empresas Chinesas em 2002 (McKinsey, 2004)

Um total de 580 000 milhões € de **Capital Estrangeiro**, cerca de 30% do PIB, foi aplicado no país entre 1974 e 2004, incluindo investimentos directos (IDE)[2], empréstimos externos, leasings internacionais, comércios de compensação e emissões de acções no exterior (McKinsey, 2004). Em 2002, a entrada de IDE distribuiu-se em 51% para empresas totalmente detidas por estrangeiros (WFOE) e 49% para parcerias temporárias, mas já em 2009, as WFOE receberam 75% do total (USCBC, 2011).

A entrada de IDE representou 9.2% do investimento total no país em 2005, o que tem aumentado devido ao difícil acesso ao mercado financeiro chinês por parte de estrangeiros, o que obriga ao seu financiamento externo. Existiam 280 000 empresas de capital estrangeiro (FIE), com cerca de 25 milhões de trabalhadores, responsáveis por 28.6% do valor acrescentado no sector industrial, 58% do comércio com o exterior e 20.7% das receitas fiscais. Tinham uma quota de 74.3% sobre as exportações de máquinas e produtos electrónicos, e uma quota de 88% nas exportações de alta tecnologia (MOFCOM, 2007). É também curioso verificar que em 2006, as empresas WFOE representavam cerca de 60% do número total de empresas FIE e perto de 450 multinacionais do Top 500 Mundial tinham investido na China (AICEP, 2007).

---

[2] IDE = Investimento Directo Estrangeiro, significa a aquisição de uma quota mínima de 10% do capital social de uma empresa por um investidor estrangeiro. Na China é exigida uma quota mínima de 25% em geral.

A **Disparidade da Riqueza** está a aumentar, uma vez que existem sérias desigualdades por detrás do desempenho económico global. A "costa leste" tem uma população total de 550 milhões de pessoas, que vive em apenas 20% do território nacional, aproximadamente o tamanho da Espanha+França+Itália+Alemanha+Reino Unido, países têm 300 milhões de pessoas. O seu PIB médio por habitante varia entre 1700 e 5500 euros, e as suas empresas são responsáveis por 88% das exportações. Pelo contrário, as províncias do interior têm 750 milhões de pessoas e 80% do território, com um PIB médio por habitante de cerca de 1300 €, e receberam apenas 2% do IDE total (BCG, 2007).

Para evitar uma fuga dos campos para as cidades, como na Revolução Industrial, os trabalhadores não podem deslocar-se sem uma autorização. Mesmo assim, desde os anos 80, estima-se que 250 milhões de pessoas tenham emigrado do campo para as cidades (McKinsey, 2006). De acordo com estimativas oficiais, cerca de 150 milhões de pessoas ainda viviam na pobreza com menos de 1 euro por dia em 2009, principalmente nas áreas rurais do interior. Ao mesmo tempo, as autoridades locais nestas zonas estão mais próximas da política do passado, de Mao Tsé-tung, o que dificulta os investimentos estrangeiros e nacionais. Como tal, o governo decidiu que o *Industrial & Commercial Bank of China* deverá conceder 70% dos seus empréstimos à região oeste, valor superior aos actuais 40% (Bloomberg, 2011).

Existe um deficiente **Sistema de Justiça**, o que é o ponto mais fraco para um investidor, mesmo tendo sido aprovadas novas leis para investimentos estrangeiros após a entrada na OMC (Ma, 2005). É por isso que a maioria dos estrangeiros entra por Hong-Kong, tentando ficar ao abrigo de uma legislação idêntica à ocidental, para a protecção dos seus investimentos. No entanto, permanecem as preocupações sobre a protecção dos direitos de propriedade intelectual. Várias empresas estrangeiras têm feito investimentos em fábricas para produtos de alta tecnologia, que rapidamente são copiados e produzidos por empresas domésticas. Felizmente, tem havido decisões judiciais recentes para proteger os investidores, como a que proibiu uma empresa doméstica de medicamentos de usar o logotipo da *Pfizer*.

O sistema jurídico consiste no Tribunal Supremo do Povo, em tribunais locais e em tribunais especiais, como o tribunal militar. Cerca de 90% dos juízes pertencem ao partido comunista chinês, alguns deles funcionários reformados e que receberam títulos de juiz como uma recompensa na carreira. Por seu turno, as organizações estatais só ficaram sujeitas à lei pela emenda constitucional de 1999. A emenda constitucional de 2004 já incluiu a protecção dos direitos humanos individuais e a propriedade privada legal, mas permanece ainda pouco claro como serão implementadas estas provisões.

O litígio não funciona em geral, especialmente contra o Estado ou contra as empresas públicas, pelo que a mediação e a arbitragem são usadas em 90% dos casos (Dreyer, 2006). Os comités de mediação são compostos muitas vezes por cidadãos que resolvem as disputas civis e alguns casos de crimes menores. É algo complexo, uma fonte de corrupção e consiste num problema para os estrangeiros. Existem mais de 800 000 comités deste género, tanto em áreas rurais e urbanas (Gamble, 2002). O sistema tem estado a ser reformado, já existindo 110 000 advogados em todo o país e programas de modernização dos juízes (ACLA, 2011; GBCC, 2011).

Nestas últimas décadas tem havido um enorme desenvolvimento nas condições de vida da população, mas permanecem ainda baixas **Condições de Trabalho** em geral. Muitos trabalhadores não têm qualquer protecção social e muitos têm menos de 18 anos de idade. Os salários são cerca de -20% dos das Filipinas, -60% dos da Malásia e -75% dos da Tailândia (Ilhéu, 2006). No entanto, vários analistas argumentam que, apesar dos salários e as condições serem baixas, são melhores que no Vietname; este enquadramento também existia há décadas nos países actualmente desenvolvidos, tendo sido a origem do seu actual desenvolvimento e boas condições sociais; além disso, se estas fábricas fechassem, muitos trabalhadores teriam de voltar aos campos agrícolas, ou então iriam acabar na prostituição e roubo. O tempo e a acumulação de lucros são assim, em sua opinião, a única solução para melhorar o investimento nas condições de trabalho.

Entretanto, a **Sustentabilidade** está ainda longe de ser considerada um objectivo, ao contrário do Ocidente. O país continua a ser uma base de baixo custo para exportações das empresas com capital estrangeiro, na continuação da política dos anos 80, focada na captação de divisas, tecnologia avançada e criação de emprego. O crescimento obtido desde então, embora na generalidade seja positivo para a população, está agora a mostrar altos custos ambientais e sociais. Além disso, as empresas estão focadas em resultados de curto prazo e a qualquer momento podem deslocar-se para países mais baratos, como o Vietname. A população está também a envelhecer fruto da política de filho único, pelo que o país atingiu um valor de 72% para a faixa da população entre os 15-64 anos, versus um valor já mau de 67% em Portugal, estimando-se que a mesma irá decrescer acentuadamente (KPMG, 2011a). Em 2015 existirão 200 milhões de idosos, cerca de 15% da população, comparado com 18% em Portugal.

Há uma certa **Instabilidade Crescente**, que começou com a reestruturação do tecido público empresarial, aumento do desemprego, e subida dos preços dos alimentos e do petróleo. A mesma tem sido ampliada pela forte migração de trabalhadores entre as zonas interior e costeira, com más condições. Surgiram manifestações, cartas de protesto e alguns actos extremistas (Qiu, 2006). A actual crise mundial está prolongar a situação via alguns cortes de encomendas internacionais.

A ocorrência dos Jogos Olímpicos foi tomada pelos seguidores do Dalai Lama para enviar a sua mensagem sobre o Tibete, mas ao mesmo tempo, foi tomada pelo Ocidente como um instrumento de pressão sobre outros assuntos, como o excedente comercial e a entrada no mercado chinês. Este apoio do Ocidente foi tido como uma ingerência pelas autoridades chinesas, que ainda estão bem conscientes das humilhações do passado. Este sentimento foi assim facilmente passado para a população, que é extremamente unida quanto ao nacionalismo.

A "classe média" que se tem vindo a formar ainda é pequena, sendo principalmente um resultado do *status quo* do sistema. Talvez por isso não esteja muito entusiasmada com uma transição para a democracia, só se começasse a perder privilégios, o que poderia acontecer se uma crise económica implodisse. Além disso, vários dos seus membros são funcionários públicos, que receberam prémios como gestores de empresas públicas, ou que conseguiram obter empréstimos para a criação de novas empresas privadas, ou empréstimos para entrada em privatizações (Marteau, 2005). Todavia, o aumento de rendimentos também aumenta as exigências, pelo que um dia esta classe poderá tornar-se agressiva. É o velho ditado "quem tem uma casa perto de cabanas pensa que tem um palácio, mas quem tem uma casa perto de palácios acha que tem uma cabana".

3.2. Comparação com 8 Países

Para uma imagem global da China em comparação com 6 países do grupo G7, a Índia e Portugal, foram preparadas as tabelas 3.6 e 3.17 com dados de 2005, que não estão assim enviesados pela actual crise mundial. Estas tabelas fornecem uma boa base para conclusões auto--evidentes, pelo que serão brevemente analisadas em complemento do atrás discutido.

Após uma estabilidade de vários anos, a **Taxa de Inflação** subiu para 8% em 2008, devido sobretudo ao aumento do preço do petróleo e dos alimentos. Depois de várias medidas das autoridades está em 6.5%, com tendência para crescer, especialmente devido ao aumento dos salários. Embora o país seja praticamente auto-suficiente em alimentos, o mercado está aberto e segue as tendências internacionais, com excepção dos cereais onde o Estado tem criado um limite aos preços externos. Tal inclui subsídios ao produtor, restrições à exportação, criação de reservas alimentares e estabilização de preços (World Bank, 2011). Nos produtos petrolíferos, os consumidores têm também sido protegidos via controle de preços.

Ao mesmo tempo, o aumento do preço de alguns alimentos ajudou os agricultores a melhorarem os seus rendimentos em 9.5% em 2007, contribuindo para um equilíbrio entre zonas rurais e urbanas. A China tem estado a exportar deflação para o mundo desenvolvido nos produtos industrializados e em simultâneo a exportar inflação no sector das matérias-primas, via a compra de grandes quantidades destas. Como a actual inflação chinesa acabará transferida para as suas exportações, no final os produtos exportados também ficarão mais caros.

A desigualdade na **Distribuição de Rendimentos** é muito alta e está a crescer, especialmente entre as zonas rurais e costeiras, como o demonstra o elevado valor de 0,47 do índice de Gini (Dreyer, 2006). Em 2004, a população com acesso a tratamento de esgotos era de apenas 44% do total e a rede de água potável era de 77%, comparado com 30% e 86% na Índia respectivamente, e valores de 90 a 100% nos países ocidentais. A percentagem da população que utiliza instalações sanitárias adequadas é de 69% nas áreas urbanas e 28% nas zonas rurais (UNICEF, 2008).

PORTUGAL E A CHINA – UMA RELAÇAO COM FUTURO

A percentagem da população que vive subnutrida, ou com menos de 1€ por dia ou menos de 2€ por dia, era de 11%, 16% e 47%, respectivamente, em comparação com 21%, 35% e 80% na Índia (ONU, 2007). Os 5% mais pobres nas áreas urbanas gastam quase metade das suas despesas em comida e os 20% mais pobres gastam um terço, face a uma proporção de um quarto gastos pelos 10% mais ricos (World Bank, 2008a). Além disso, tudo se passa a uma enorme escala o que torna difíceis as melhorias. Em 2005, por exemplo, havia 20 milhões de órfãos.

A China é um dos maiores produtores e consumidores de produtos agrícolas. Em 2009, menos de 50% da mão-de-obra trabalhava na **Agricultura**, contribuindo para 10% do PIB. Mais de 25% do país são desertos e outros 25% são altas montanhas, sendo os restantes 50% do tamanho da União Europeia.

Somente 15% do território é apropriado para o cultivo, especialmente as planícies do Rio Yangtzé e do Rio Amarelo, o delta do Rio das Pérolas e a bacia de Sichuan. A área cultivada é de apenas 75% da área da UE, mas o país consegue produzir mais 30% em culturas e pecuária, em virtude do uso intensivo de fertilizantes e também das próprias condições locais. O delta do Rio das Pérolas, por exemplo, permite que as colheitas de arroz sejam feitas 2 a 3 vezes por ano. Por isso, a China está entre os maiores produtores mundiais de arroz, milho, trigo, soja, legumes, chá e carne de porco. As principais culturas não alimentares incluem algodão, fibras e algumas oleaginosas (China Org, 2011).

As políticas do governo continuam a ter como meta a auto-suficiência em cereais, mas os agricultores não possuem e não podem comprar a terra que trabalham. Os rendimentos dos agricultores chineses têm estado estagnados em geral, o que levou à diferença de riqueza entre as cidades e o campo. Além disso, os armazéns insuficientes e a falta de armazenagem de frio, dificultam o comércio de alimentos nacionais e internacionais.

A **Aquacultura** é um sector gigante, como em toda a Ásia. Em 2005, o país produziu 70% da produção mundial, com um volume de 41.3 milhões de toneladas e um valor de 30 000 milhões de €, muito à frente do 2º produtor, a Índia, com apenas 4.2% da produção mundial (FAO, 2006). Este sector é pois uma das soluções para o crescimento populacional.

A **Indústria** representava 46% do PIB em 2009, valor muito superior ao dos países desenvolvidos. Ainda é baseada em sectores tradicionais como a extracção de minérios, alumínio, carvão, aço (nº 1 mundial), cimento (nº 1), têxteis e vestuário (nº 1), adubos químicos (nº 1), e produtos de consumo como calçado, brinquedos e aparelhos eléctricos. Mais recentemente, os automóveis (nº 3), a electrónica e as telecomunicações aumentaram a sua cota. A China é já a chamada "Fábrica do Mundo", desde que se tornou um destino preferencial para a deslocalização das indústrias ocidentais. Para a importação das matérias-primas recorre sobretudo aos países do hemisfério sul, vendendo depois os produtos acabados especialmente aos países do hemisfério norte.

As Zonas Económicas Exclusivas (SEZ) representavam 22% do PIB, 46% do IDE e 60% das exportações em 2007, tendo sido essenciais para os investidores estrangeiros ultrapassarem a habitual burocracia administrativa. Os investimentos estatais foram também cruciais para desenvolver 3 áreas: o "Delta do Rio das Pérolas", que inclui Hong Kong e é especializado na produção intensiva de componentes e sua montagem, sendo o mais antigo; o "Delta do Rio Yangtze", especializado em indústrias de capital intensivo, como automóveis, semicondutores, telefones celulares ou computadores; o "Silicon Valley Chinês" em Zhongguan, no município de Pequim, onde as universidades, empresas e bancos estatais estão a desenvolver uma indústria de tecnologia da informação (TI). Ao mesmo tempo, estão a ser desenvolvidas empresas com subsídios governamentais em sectores como os equipamentos médicos, energia solar, biotecnologia e supercondutores (Amaral, 2007b).

Os **Recursos Naturais** são formados principalmente pelo carvão, petróleo, ferro, mercúrio, estanho, tungsténio, manganésio, molibdénio, vanádio, magnetite, alumínio, chumbo, zinco, urânio e outros metais raros. A China é o terceiro país do mundo em reservas dos principais minérios (China Org, 2011). O seu potencial hidroeléctrico é o maior do mundo, cerca de 680 000 MW, sendo a barragem das "Três Gargantas" de longe a maior com 22 500 MW. O problema é que os recursos per capita são em geral baixos, cerca de 50% da média mundial, não sendo suficientes 10 importantes recursos minerais (Pan, 2005). A água per capita é apenas 25% da média mundial e as florestas cobrem apenas 20% do território, mesmo após um gigantesco esforço de plantação das autoridades.

PORTUGAL E A CHINA – UMA RELAÇAO COM FUTURO

Em **Perigos Naturais**, o país apresenta um elevado risco de terramotos, tufões e inundações, com perdas anuais estimadas de cerca de 3% do PIB. O último terramoto na província de Sichuan matou 70 000 pessoas e deixou 18 000 desaparecidas, destruiu 5.5 milhões de casas e 760 km de canais de irrigação, danificou 2000 km de estradas e 2 000 km de linhas de electricidade (China Org, 2011). O valor total de perdas directas é já de 22 000 milhões € (igual ao estimado em Portugal para um terramoto de alta intensidade), aproximadamente 0.7% do PIB, sem contar com as perdas indirectas. O governo central e os governos locais disponibilizaram 7 800 milhões €, o fundo de calamidades do governo central disponibilizou 2 600 milhões €, e as doações nacionais e estrangeiras forneceram 4 800 milhões € (World Bank, 2008a).

A China está a sofrer o envelhecimento da sua **População** ao contrário de outros países em desenvolvimento, devido às políticas de controlo de natalidade do passado, que também originaram uma desproporção entre sexos de 86 raparigas para 100 rapazes (NBSC, 2007). A meta do governo é a de estabilizar a população em 1 600 milhões de pessoas na primeira metade do século XXI, com uma taxa de crescimento de 0.6%, através da política de apenas um filho por casal. O maior grupo étnico é o Han, com perto de 92% da população total e 1230 milhões de habitantes. Os restantes 91 milhões são Zhuang (16 milhões), Manchus (10 milhões), Hui (9 milhões), Miao (8 milhões), Uigures (8 milhões), Yi (7 milhões), Mongóis (5 milhões), Tibetanos (5 milhões), Buyi (3 milhões) e Coreanos (2 milhões), dentro de 55 minorias étnicas. No total, as etnias muçulmanas representam 19 milhões de habitantes.

Estas minorias têm conseguido aumentar a fecundidade, dado não estarem sujeitas à lei do filho único, o que trará instabilidade em áreas como o Tibete. A bandeira do país tem uma grande estrela que representa oficialmente a etnia Han e 4 estrelas menores que representam as outras minorias principais: os tibetanos, mongóis, manchus e muçulmanos. A etnia de um funcionário chinês é sempre indicada em documentos escritos, como organogramas ou currículos. Existem sete dialectos principais, sendo o mandarim falado por mais de 70% da população, como tal adoptado pelo governo e ensinado em todas as escolas. Dois terços da etnia Han falam originalmente o mandarim, ao passo que o restante terço, concentrado no sul do país, fala principalmente o cantonês (Gresh *et al.*, 2003).

A **Produtividade** é ainda muito baixa, pois a mão-de-obra barata e uma elevada taxa de investimento de capital são a base da economia, conforme já referido. No entanto, isso irá mudar, uma vez que se está a formar uma cultura diferente numa sociedade em rápida evolução, com uma concorrência agressiva a todos os níveis, a começar pela escola onde os alunos lutam para ter um dos poucos lugares das universidades.

O Número de Horas de Trabalho é extremamente alto em média, mesmo que nas províncias costeiras e no sector dos serviços, as pessoas possam trabalhar 40 horas semanais como no Ocidente. A semana de trabalho está estipulada oficialmente em 50 horas, incluindo horas extraordinárias, mas ainda há indústrias onde as pessoas trabalham pelo menos 12 horas por dia, sete dias por semana (Bloomberg, 2011).

Devido às pressões por parte das ONG, sindicatos e empresas ocidentais, existem agora inspectores de "responsabilidade social e empresarial" que estão a visitar os países emergentes como a China, num esforço conjunto com as autoridades locais. Realizam relatórios gerais, sobre as condições de trabalho nos fornecedores das grandes empresas de revenda ocidentais. O problema é que existem redes de consultores que ajudam a disfarçar as reais condições nas fábricas. Vendem, por exemplo, softwares que disfarçam as horas de entrada e saída dos trabalhadores (Power, 2008b). O desemprego é agora de 4.6% e continua a crescer desde 2008, na sequência da crise económica mundial.

O **Salário Mínimo** é muito diferente entre províncias e cidades, e mesmo dentro de cada cidade varia com o lugar. Para evitar revoltas sociais pelo grande aumento do preço dos alimentos, as autoridades têm estado a promover aumentos anuais da ordem dos 20% neste salário, o que também tem aumentado a inflação. Em 2011, de acordo com a China Org, há 5 classes de salários mínimos mensais na província de Guangdong, uma das mais dinâmicas, que variam entre 550 yuan (55 €) e 1300 yuan (130€). Na SEZ em Shenzhen, local onde a maioria das empresas são estrangeiras, o salário mínimo no centro é de 1000 yuan (100 €), enquanto na zona suburbana é de 900 yuan (90 €). Em Shanghai, o salário mínimo são 1200 yuan (120 €). De notar que nas cidades mais cosmopolitas, os salários dos trabalhadores dos serviços estão a aproximar-se dos da Europa: um engenheiro júnior pode ganhar entre 500 a 800 €/mês, um engenheiro sénior entre 1000-2000 €/mês e um gestor entre 3000-4000 €/mês.

PORTUGAL E A CHINA – UMA RELAÇAO COM FUTURO

A China é um grande país ainda em desenvolvimento, com 174 áreas urbanas com mais de 1 milhão de habitantes. São necessárias ainda muitas **Infra-Estruturas**, razão pela qual os custos de transporte podem atingir cerca de 16% do custo total de um produto, em comparação com 4% nos países desenvolvidos (AICEP, 2011a). Contudo, estão a ser feitos esforços gigantescos para ultrapassar esta situação.

Entre 2000 e 2010, foram construídos 10 000 km de linhas ferroviárias, em que 5 000 km foram linhas de velocidades superiores a 200 km/h. A rede ferroviária tem agora 80 000 km, dos quais 25 000 km são electrificados, sendo o principal sistema de transporte, responsável pela movimentação de um terço de todas as mercadorias e passageiros (MOFCOM, 2011a). Uma nova linha de transporte ferroviário Hamburgo-Pequim começou a operar nas linhas existentes em 2009, através da Polónia, Bielorrússia, Rússia e Mongólia.

Em 2011, existiam 2 milhões de km de estradas e 54 000 km de auto-estradas, dos quais 10 000 km foram construídos em 2010. As auto-estradas irão formar uma rede de 85 000 km em 2020, que ligará todas as capitais de província, com um custo total de 200 000 milhões €, 2.3 milhões €/km e investimentos anuais de 15 000 milhões €. Os fundos serão provenientes de empréstimos de bancos privados e estatais (60 a 70%), de taxas e impostos dos governos regionais e central (6 a 7%), bem como de capitais estrangeiros. Todas as auto-estradas terão portagens (CM, 2008).

Em 2010, funcionavam 200 portos principais, dos quais 130 abertos a navios estrangeiros, com uma movimentação de carga de 3 000 milhões de toneladas. No ano anterior, o porto mais movimentado do mundo em tonelagem tinha sido Shanghai (505 milhões de toneladas, cerca de 21 vezes o porto de Sines), o 4º foi Tianjin com 380 milhões de toneladas e o 5º foi Ningbo com 390 milhões de toneladas, na província de Zhejiang, que tem as melhores águas profundas da China. Outros portos principais são Qinhuangdao e Dalian (província de Liaoning), Tianjin e Qingdao (província de Shandong), Xiamen (província de Fujian), Guangzhou e Shenzhen (província de Guangdong). Todos estão a construir cais de águas profundas, obrigatórios para os futuros navios porta-contentores *superpanamax*, que irão ligar o país a todo o mundo.

Existem 135 aeroportos, mas apenas 42 excedem um volume anual de 1 milhão de passageiros (Lisboa tem 13 milhões de passageiros, Faro tem 5 milhões). Grandes investimentos estão a ser feitos para aumentar a sua capacidade, alguns deles com capitais privados ou estrangeiros. Em 2010, existiam 150 milhões de passageiros e 3.5 milhões de toneladas de carga. As telecomunicações estão igualmente a ter um crescimento espantoso, já existindo cerca de 700 milhões de clientes de telemóveis e 450 milhões de clientes de Internet no final de 2010.

Conforme mencionado, via a influência da **Paridade do Poder de Compra (PPC)** no PIB, existem mudanças profundas nas comparações entre países (tabela 3.5). Em 2005, a China era o 4º país no mundo em valores nominais do PIB, metade do Japão, enquanto em valores de PPC era já o 2º país, mais do dobro do Japão, um aumento de 250%. Na Índia, isso ainda era mais drástico, com um aumento de 420%.

	EUA	Japão	Alemanha	R. Unido	França	Itália	Índia	China	Portugal
PIB per capita (€)	32 983	28 617	27 164	30 083	28 350	24 325	559	1 426	14 190
PIB per capita em PPC (€)	32 983	25 500	25 600	26 700	25 500	23 600	2944	5 020	16 900
PIB (milhões €)	9 994 000	3 663 000	2 241 000	1 805 000	1 718 000	1 423 000	613 000	1 862 000	149 000
PIB em PPC (milhões €)	10 514 000	3 264 000	2 112 000	1 602 000	1 545 000	1 381 000	3 224 000	6 556 000	177 000

Tabela 3.5. – Influência da Paridade do Poder de Compra no PIB em 2005 [OECD (2007a,b), NBSC (2006)]

As **Despesas do Estado** são pequenas e prudentes em valor relativo. Em 2010, o défice público foi excepcionalmente de -2.3% do PIB, mas até aqui tem tido valores quase nulos e houve até um excedente de +0.7% do PIB em 2007. As autoridades só recentemente começaram a desenvolver políticas sociais significativas. Apenas pagam impostos os trabalhadores que aufiram mais de 2000 yuan (200 euros) por mês, podendo a taxa destes variar entre 5% e 45%, de acordo com o escalão. A taxa de imposto sobre as empresas foi uniformizada para 25%.

PORTUGAL E A CHINA – UMA RELAÇAO COM FUTURO

	EUA	Japão	Alemanha	R. Unido	França	Itália	Índia	China	Portugal
Área (milhares km2)	9629	377	357	245	551	301	2971	**9597**	92
População (milhões)	303	128	82,5	60,0	60,6	58,5	1095	**1306**	10,5
Densidade Populacional (milhares/km2)	31	340	230	245	116	196	367	**136**	113
PIB em valor nominal (milhões euros)	9 994 000	3 663 000	2 241 000	1 805 000	1 718 000	1 423 000	613 000	**1 862 000**	149 000
PIB nominal per capita (euros)	32 983	28 617	27 164	30 083	28 350	24 325	559	**1 426**	14 190
PIB nominal per capita (% EU-15)	127%	109%	103%	111%	103%	91,5%	2,2%	**5,5%**	52,9%
Crescimento médio PIB (1995-2005)	3,3%	1,2%	1,4%	2,8%	2,1%	1,3%	6,2%	**9,7%**	2,3%
Crescimento médio PIB (2005-2008)	2,8%	1,1%	2,1%	2,5%	2,1%	1,4%	6,5%	**10,8%**	1,4%
Taxa de Inflação	3,4%	-0,3%	1,9%	2,1%	1,9%	2,2%	4,2%	**1,8%**	2,1%
Índice de Gini	0,41	0,25	0,28	0,36	0,33	0,36	0,37	**0,47**	0,39
Mortalidade Infantil (mortes/1000nasciment.)	7	3	4	5	4	4	63	**30**	4
Comércio, Transportes e Comunicações (% PIB)	19,8%	21,7%	18,1%	23,1%	19,3%	23,9%	23,6%	**20,2%**	24,7%
Consultoria e Actividades Financeiras (% PIB)	20,5%	18,6%	29,1%	27,1%	32,0%	24,7%	7,2%	**5,5%**	20,8%
Outros Serviços (% PIB)	36,4%	29,1%	22,3%	21,6%	25,6%	20,1%	23,4%	**17,1%**	27,0%
Total Serviços (% PIB)	76,7%	69,4%	69,8%	74,7%	76,3%	70,2%	54,2%	**42,8%**	71,7%
Construção (% PIB)	4,9%	7,0%	3,8%	5,2%	5,8%	5,0%	7,5%	**8,8%**	6,3%
Indústria (% PIB)	17,1%	22,5%	25,8%	22,1%	15,1%	20,8%	20,6%	**37,6%**	18,3%
Total Indústria (% PIB)	22,0%	29,0%	29,1%	24,3%	21,3%	27,3%	28,1%	**45,9%**	25,0%
Total Agricultura e Pesca (% PIB)	1,3%	1,6%	1,1%	1,0%	2,5%	2,5%	17,7%	**11,4%**	3,3%
Produção de Aquacultura (1000 ton.)	607	1 261	57	207	244	118	2 837	**32 414**	7
Taxa de Emprego (15-64 anos)	71,2%	74,6%	71,1%	72,3%	62,7%	57,7%	38,7%	**60,7%**	71,6%
Taxa de Emprego (55-64 anos)	60,8%	63,9%	45,5%	56,8%	40,7%	31,4%	-	**64%**	50,5%
Emprego Feminino (% mulheres)	69,9%	65,3%	67,4%	68,8%	64,5%	50,7%	28,5%	**44,6%**	71,7%
Trabalhadores Agricultura (% total)	0,9%	1,7%	2,2%	1,3%	3,9%	4,1%	67,0%	**65,8%**	10,4%
Trabalhadores Independentes (% total)	7,3%	10,2%	11,2%	12,7%	8,9%	24,9%	58,3%	**48%**	23,5%
Taxa de Desemprego	5,1%	4,4%	11,2%	4,6%	10,0%	7,8%	4,7%	**4,2%**	8,2%
Salário Mínimo (euros)	≈860	≈750	-	≈1 240	1 208	-	-	**≈100**	437

A CHINA ACTUAL

	EUA	Japão	Alemanha	R. Unido	França	Itália	Índia	China	Portugal
Custo Laboral Médio (euros/hora}	23,1	-	26,2	24,7	28,2	21,4	0,9	**0,7**	9,6
Produtividade (euros/trabalhador/hora)	39,7	29,8	36,0	33,6	45,3	40,2	1,7	**1,3**	20,5
Automóveis Passageiros (/1000 hab)	451	625	546	463	491	581	9	**12**	572
Densidade Auto-Estradas (km/100 km2)	3,1	2,1	3,4	1,5	1,9	2,2	0,1	**0,3**	2,2
Densidade Linhas Férreas (km/100 km2)	2,1	7,2	10,1	7,0	5,4	5,4	2,1	**0,8**	3,1
Passageiros de Viatura (% total passageiro x km)	96,8%	65,1%	85,5%	88,0%	86,2%	83,2%	-	-	87,4%
Passageiros de Autocarro (%total passageiro x km)	3,1%	6,2%	7,3%	6,3%	5,2%	11,1%	85% (a)	**60,3% (a)**	9,2%
Passageiros de Comboio (%total passageiro x km)	0,1%	28,7%	7,2%	5,7%	8,6%	5,7%	15%	**39,3%**	3,4%
Carga Rodoviária (% total ton x km)	33,4%	57,2%	68,9%	88,3%	81,2%	89,3%	67,4%	**10,8%**	94,6%
Carga Ferroviária (%total ton x km)	42,6%	4,2%	19,3%	11,6%	17,3%	10,7%	32,6%	**25,8%**	5,4%
Carga Aeroportuária (1000 ton)	11 130	2 215	3 006	2 451	1 477	754	295	**3 067**	130
Carga Portuária (1000 ton)	1 668 000	3 167 000	271 000	573 000	334 000	485 000	570 000	**2 928 000**	59 100
Passageiros Aéreos (milhões)	653	111	146	204	108	87,9	20,2	**138**	20,3
Passageiros Portuários (milhões)	-	119,7	29,8	32,8	27,1	83,3	-	-	0,7
Index de Performance Logística (ranking)	14º	6º	3º	9º	18º	22º	39º	**30º/ 8º(b)**	28º

(a) viaturas+autocarros   (b) Hong-Kong

Tabela 3.6. – Estatísticas Base em 2005 [Eurostat (2007a), OECD (2007a,b,c), Maddison (2006b), UNCTAD (2007a), NBSC (2006), World Bank (2007a), FAO (2006), BEA (2011), TATA (2006), IMF (2007a,b), RITA (2008), SBSRTI (2011), GI (2008), ONU (2006)]

A **Dívida Externa Bruta** representa o que um país deve ao estrangeiro, nas suas parcelas pública e privada, sendo extremamente pequena[3] no caso da China, dados os sucessivos excedentes da balança comercial, as elevadas poupanças internas e o elevado investimento directo estrangeiro que não produz dívida. Como tal e similarmente à Índia, o Estado tem evitado empréstimos externos (Winters *et al.*, 2007). Entre 1979 e 2005, estima-se que a China tenha contraído uma dívida pública externa de apenas 113 000 milhões € e 6% do PIB, em grande parte empréstimos a médio e longo prazo (Maddison, 2006b).

As **Reservas Oficiais** são actualmente as maiores do mundo, resultando basicamente dos contínuos excedentes da balança comercial. Uma grande parte é aplicada em dívida pública americana, de modo a evitar uma acentuada valorização do renmimbi, manter os juros baixos no mercado americano e com isso também incentivar o seu consumo.

A **Posição de Investimento Internacional** faz o balanço entre os activos detidos sobre o estrangeiro e os passivos detidos pelo estrangeiro, englobando o investimento directo, o investimento em carteiras de acções e obrigações, o investimento em derivados financeiros e as reservas oficiais (tabela 3.7). É como tal um parâmetro mais completo que a dívida externa líquida, que apenas faz o balanço entre dívidas ao estrangeiro e do estrangeiro. Não admira pois que a China tenha uma posição positiva. Ainda assim é inferior à do Japão, mas muito melhor que a de Portugal[4], que em termos relativos é um dos piores países no mundo, daí a recente situação próxima da bancarrota. De realçar os valores extraordinários de Hong-Kong e Singapura, só possíveis dado estes dois territórios funcionarem como plataformas de investimento e de comércio internacional.

O **Sistema Bancário** permanece em grande parte nas mãos do Estado. O governo central detém os "4 Grandes" bancos comerciais (o *Industrial and Commercial Bank of China*, o *China Construction Bank*, o *Bank of China* e o *Agricultural Bank of China*), para além de bancos de inves-

---

[3] Em 2005, Portugal tinha já uma dívida externa bruta de 238 000 milhões € face aos 222 000 milhões € da China, e uma dívida pública externa de 66 000 milhões € face aos 113 000 milhões € da China, o que mostra o elevado endividamento português. Tal agravou-se brutalmente desde então.

[4] Ao contrário de outros países ocidentais, Portugal já estava não só altamente endividado como pouco globalizado em 2005, daí ter poucos activos sobre o estrangeiro.

A CHINA ACTUAL

timento como o *Export-Import Bank of China* e um banco de poupança postal. Existem também pequenos bancos detidos pelos governos regionais ou por investidores nacionais privados (Marteau, 2005). Em 2007, o sector foi aberto a capitais estrangeiros, existindo contudo um limite de 25% do capital social para a aquisição de acções. Doze bancos ocidentais obtiveram já licença para entrar no mercado retalhista e cerca de 200 bancos estrangeiros têm delegações. Hong-Kong e Macau são a sede de vários bancos privados chineses e vários bancos estrangeiros estão a operar em todos os sectores, dos quais quatro são portugueses em Macau.

	Posição de Investimento Internacional (%PIB)			Dívida Externa Bruta (%PIB)			DEB (milhões euros)	DEB/ Exportações em 2009
	1990(a)	2007	2010	2003	2007	2009	2009	(%)
Portugal	-2,8	-91,4	-107,8	-183	-216	-232	-380 712	-614
Irlanda	-72,3	-19,5	-98,4(c)	-478	-872	-1 057	-1 688 335	-820
Grécia	-15,7	-94,7	-98,2	-119	-145	-176	-418 731	-805
Espanha	-12,1	-78,1	-87,4	-117	-159	-176	-1 778 288	-579
Hungria	-	-81,2	-83,4(b)	-70	-122	-186	-162 910	-199
Brasil	-	-36,6	-32,0	-	-15	-18	-192 753	-119
Itália	-7,7	-21,5	-22,6(c)	- 99	-118	-130	-1 911 825	-443
EUA	2,8	-13,6	-19,4(c)	-62	-95	-102	-9 345 690	-519
Suécia	-25,4	-1,0	-14,2(c)	-122	-133	-240	-645 363	-359
Reino Unido	-2,5	-23,0	-13,9	-301	-402	-421	-6 520 311	-1 016
Coreia do Sul	-14,2	-22,0	-13,2	-	-30	-48	-278 472	-79
França	-1,8	-1,5	-10,6	-131	-186	-198	-3 677 756	-613
Índia	-	-5,9	-5,0(c)	-	-15	-20	-179 560	- 88
Rússia	-	-11,2	9,0(c)	-	-29	-39	-332 091	-89
Holanda	23,8	-6,0	19,0	-275	-335	-327	-1 817 130	-402
China	-	32,7	29,8	-	-11	-9	-305 873	-27
Bélgica	4,9	29,3	39,0(c)	-258	-335	-286	-928 230	-299
Alemanha	20,1	27,0	41,5	-138	-154	-165	-3 752 179	-321
Japão	37,5	48,5	52,5	-	-39	-40	-1 450 789	-191
Noruega	59,6	-	79,8	-	-190	-203	-383 467	-276
Arábia Saudita	-	-	-	-	-12	-16	-60 950	-26
Suíça	148	149,3	135,3	-	-307	-245	-865 534	-442
Singapura	-	193,7	230,6(c)	-5	-15	-10	-13 557	-5
Hong-Kong	-	233,6	309,3	-216	-310	-293	-477 489	-160

(a) valores estimados   (b) 2008   (c) 2009

Tabela 3.7 – Evolução das Contas Externas [CBR (2011), CLINE (2005), IMF (2011a), SAFE (2011), SN (2011), SNB (2011), SBSRTI (2011), WTO (2010), IAGEFS (2011)]

O **Crédito Pessoal** e as **Hipotecas** representam ainda uma pequena parcela como na Índia, o que demonstra o seu vasto potencial de crescimento, para além das actividades relacionadas, como os seguros e o imobiliário. A maior empresa chinesa de seguros de vida, a *China Life Insurance*, é actualmente a nº 2 do mundo em capitalização bolsista, com um valor de mercado de 100 000 milhões de euros, existindo um total de 62 empresas domésticas, uma mudança radical desde os anos 80 quando apenas existia uma empresa.

O **Consumo Privado**, em percentagem, é mais reduzido do que na Índia ou nos países ocidentais (tabela 3.8), o que possibilita grandes poupanças para investimento. As famílias nasceram com muitas dificuldades, pelo que compram ainda pouco e são cautelosas relativamente ao futuro (Lin, 2005). Por isso, poupam para se salvaguardar de um sistema de segurança social pouco fiável, do desemprego e do aumento dos custos de educação e saúde. Mesmo as famílias das classes mais elevadas, que costumavam enviar os seus filhos para universidades estrangeiras, estão a deixar essa prática. Em 2006, o rendimento anual disponível per capita era de 1 200 € em lares urbanos e o consumo correspondente de 870 € em média. Nos lares rurais, o rendimento era de 500 € e o consumo de 450 € (NBSC, 2007).

	EUA	Japão	Alemanha	R. Unido	França	Itália	Índia	China	Portugal
Consumo Privado (milhões euros)	7 370 000	1 874 000	1 252 000	1 046 000	882 000	813 000	2 057 000	2 839 000	116 000
Consumo Privado (euros/capita)	24 325	14 637	15 181	17 435	14 561	13 900	1 878	2 174	11 070
Consumo Privado (% PIB)	70,1%	57,4%	59,3%	65,3%	57,1%	58,9%	63,8%	43,3%	65,5%
Consumo Público (milhões euros)	1 661 000	588 000	393 000	357 000	366 000	280 000	361 000	931 000	37 000
Consumo Público (% PIB)	15,8%	18,0%	18,6%	22,3%	23,7%	20,3%	11,2%	14,2%	21,1%

Tabela 3.8. – Indicadores de Consumo em 2005, em valores de PPC [Eurostat (2007a), OECD (2007a,b), NBSC (2006)]

As poupanças familiares são pois bastante elevadas, tal como as das empresas pelos baixos lucros distribuídos, o que associado a excedentes orçamentais do Estado e grandes excedentes comerciais, conduz no final a uma **Poupança Nacional Bruta** das mais elevadas no mundo em termos relativos, atingindo valores superiores a 50% do PIB. Ou seja, o país poupa mais de metade do que produz, o que providencia fundos colossais para investimento. Como tal, a China possui actualmente o rácio de investimento mais elevado do mundo, acima dos 40% do PIB, o que tem continuado desde os anos 80.

Não obstante, o desempenho do **Investimento** na indústria é muitas vezes ineficiente, existindo muitas empresas privadas com lucros reduzidos, algumas delas estrangeiras, que apenas olham para o potencial do mercado e para os lucros futuros. O investimento público ainda representa 71.4% do total, uma vez que o país continua bastante dependente do Estado. O próprio facto de as empresas públicas não distribuírem dividendos ao Estado, é uma forma indirecta de este subsidiar essas empresas. Deste modo, dos 4 motores que movem um país (consumo privado, investimento, despesa pública e exportações), os dois primeiros terão de ser melhorados. Como comparação, nos EUA e no Reino Unido existe uma clara desindustrialização, o que explica a baixa percentagem de investimento nestas economias, à volta de 16% do PIB.

A **Educação** constitui outro problema. A taxa de analfabetismo é ainda de 9% em média, afectando perto de 100 milhões de pessoas. Nas cidades anda à volta de 4%, nas províncias litorais é de perto de 10%, nas províncias do interior como Gansu, Ningxia, Qinghai, Sichuan, Guizhou e Yunnan, é de cerca de 15% e no Tibete alcança os 45% (NBSC, 2007). A escolaridade obrigatória compreende 9 anos e o governo tem estado a aumentar as despesas, pelo que a parcela dos jovens que acaba esta fase de ensino subiu de 70% para 90%. O país tem mais de 1700 instituições de ensino universitário, com cerca de 20 milhões de estudantes e 600 000 pós-graduados, mas apenas perto de 6% foi alvo de uma aproximação aos níveis ocidentais. Por outro lado, as propinas universitárias têm aumentado bastante, de 25 a 50 vezes entre 1989 e 2007 (Li & Fung, 2010). Mesmo assim, recentemente já se estão a licenciar perto de 20% dos alunos do ensino liceal (OECD, 2010).

Mais de 1.2 milhões de jovens chineses estavam a estudar fora do país em 2010, tendo assim a primeira posição a nível mundial. Os dez países mais procurados pelos estudantes chineses e que no conjunto representam mais de 90% do total, são os EUA, Austrália, Japão, Reino Unido, Coreia do Sul, Canadá, Singapura, França, Alemanha e Rússia. Os estudantes chineses tornaram-se agora a maior comunidade estrangeira nas universidades norte-americanos com perto de 130 000 alunos, ultra-passando os indianos. Economia/gestão, engenharia e ciências físicas/biológicas são as três áreas mais procuradas.

Na grande maioria os estudos são pagos pelas famílias. Anualmente, um estudante chinês nos EUA gasta em média cerca de 28 mil euros, o dobro do que um casal médio de Pequim ganha por ano. No entanto, dado o crescimento da classe alta chinesa, muitos milhões de famílias já ganham mais do que isso, nomeadamente as que trabalham na área financeira onde o salário médio ronda os 1620 € por mês. O próprio governo encorajou o movimento, para permitir ao país "adquirir os avançados métodos de gestão e as novas tecnologias dos países desen-volvidos". Em 2010, quase dois terços dos estudantes já tinham regres-sado e, devido à crise nos EUA e na Europa, estavam a regressar mais.

As instituições de **Investigação e Desenvolvimento (I&D)** têm já vários acordos de cooperação com o Ocidente, em áreas como a conservação marítima, as energias renováveis e a saúde. O Estado tem estado a fomentar a inovação através destas instituições, de modo a que sejam criados novos produtos e serviços comercializáveis. Em 2004, a rede de investigação industrial atingia já 900 000 cientistas e engenheiros, 42% da dimensão da rede equivalente dos EUA (Ma, 2005). Nesse sentido, o programa espacial chinês que colocou com sucesso uma tripulação em órbita, em 2005, tem um grande potencial. O país é já actualmente um ambicioso concorrente no lançamento de satélites, oferecendo serviços mais baratos.

A **Cultura** é um dos sectores onde o país está ainda bastante atrás dos países avançados, uma vez que o rendimento disponível é reduzido. Todavia, esta situação irá necessariamente mudar, visto tratar-se de um país com tradições culturais bastante ricas.

Os gastos com a **Segurança Social** têm sido reduzidos, uma vez que a prioridade tem sido o investimento para a exportação, pelo que o fundo orçamental respectivo tinha até um excedente em 2007 (World Bank, 2008a). Em 2006, só 125 milhões de trabalhadores estavam cobertos por um sistema básico de reforma e de saúde, num total de 760 milhões. Cerca de apenas 4 milhões de desempregados recebiam um subsídio, num total de 20 milhões, e somente 43 milhões de reformados recebiam pensões de 80 € por mês em média, num total de 120 milhões. Perto de 22 milhões de pessoas recebiam um rendimento de inserção em áreas urbanas de 16 € por mês. No futuro, o Estado irá criar um sistema nacional de segurança social básico até 2020 (China Org, 2011).

O **Sistema de Saúde** é ainda rudimentar nas áreas do interior, onde o hospital mais próximo poderá estar a 500 km, sem ambulâncias. Em 2000, o rácio de mortalidade maternal era de 10 óbitos por 100 000 nascimentos em Shanghai, enquanto em Xinjiang era de 161 e no Tibete de 461 (UNICEF, 2008). O rácio de mortalidade infantil é também bastante elevado e 90% da população rural ainda não tem acesso ao sistema nacional de saúde, embora as autoridades estejam a realizar vastos investimentos. Os custos têm subido bastante, sendo reflectidos nos utentes. Assim, entre 1980 e 2005, os preços das consultas nos hospitais subiram 77 vezes e o preço da estadia média nos hospitais subiu 116 vezes (Li & Fung, 2010).

No **Comércio Internacional**, a China atingiu a 1ª posição ao destronar a Alemanha, tendo tido um excedente de 138 000 milhões € em 2010. Os principais clientes são os Estados Unidos, Japão, os países da ASEAN, Hong-Kong, Coreia do Sul, Taiwan e Alemanha (tabela 3.9). O mercado dos EUA é um mercado bastante importante ao receber 20% das exportações chinesas. Com o Japão existe um défice, devido ao elevado valor das importações chinesas, o que também acontece com a Coreia do Sul, Taiwan e os países da ASEAN. Por sua vez, a Holanda funciona como uma porta de entrada na Europa.

Hong-Kong é um território com 7 milhões de habitantes, pelo que a sua posição em quarto lugar mostra claramente que funciona como um interface. Com efeito, a proporção de exportações domésticas ou de importações retidas neste território corresponde apenas a 10% do total (WTO, 2007). Aliás, quando as relações entre a China e o Ocidente estavam cortadas, foi Hong-Kong que permitiu uma importante percentagem de trocas comerciais. Depois da transferência de soberania em 1997, a maioria das empresas britânicas transferiu-se para Singapura e o seu lugar foi tomado por empresas chinesas, ou por empresas estrangeiras de emigrantes chineses. Por seu turno, este último país com 4.5 milhões de habitantes também funciona como um interface comercial, reexportando a maioria das importações, sobretudo chinesas, numa proporção de cerca de 50%.

PORTUGAL E A CHINA – UMA RELAÇAO COM FUTURO

	Comércio com a China (milhões €)	Exportações Chinesas (milhões €)	Importações Chinesas (milhões €)	Balança Comercial China (milhões €)	Variação(%)		
					Total	Export.	Import.
1. EUA	232 380	179 000	53 380	125 620	15,0	14,4	17,2
2. Japão	181 540	78 540	103 000	-24 460	13,9	11,4	15,8
3. ASEAN	155 770	72 460	83 310	-10 850	25,9	32,1	21,0
4. Hong-Kong	151 690	141 850	9 840	132 010	18,8	18,8	18,9
5. Coreia do Sul	123 000	43 150	79 850	-36 700	19,1	26,1	15,6
6. Taiwan	95 770	18 080	77 690	-59 610	15,4	13,1	16,0
7. Alemanha	72 380	37 460	34 920	2 540	20,4	20,8	19,8
8. Rússia	37 070	21 920	15 150	6 770	44,3	79,9	12,1
9. Singapura	36 300	22 760	13 540	9 220	15,4	27,8	-0,9
10. Holanda	35 610	31 840	3 770	28 070	34,3	34,2	35,0
11. Austrália	33 690	13 840	19 850	-6 000	33,1	32,1	33,8
12. Reino Unido	30 300	24 380	5 920	18 460	28,6	31,0	19,5
13. Índia	29 690	18 460	11 230	7 230	55,5	64,7	42,4
14. França	25 920	15 620	10 300	5 320	33,7	46,1	18,3
15. Itália	24 150	16 300	7 850	8 450	27,7	32,6	18,7
16. Canada	23 380	14 920	8 460	6 460	31,1	25,0	43,3
17. Brasil	22 840	8 770	14 070	-5 300	46,4	54,1	42,0
18. Arábia Saudita	19 540	6 000	13 540	-7 540	26,0	54,4	16,4
19. Espanha	16 150	12 690	3 460	9 230	44,7	43,9	47,6
20. Angola	10 840	920	9 920	-9 000	19,4	37,7	17,9
21. África do Sul	10 770	5 690	5 080	610	42,5	28,8	61,9
67. Portugal	1 555	1 270	285	-985	29,0	34,3	8,7
MUNDO	1 672 150	936 920	735 230	201 690	23,5	25,7	20,8

Tabela 3.9. – Principais Parceiros Comerciais com a China em 2007 (MOFCOM, 2011a)

Taiwan, com 23 milhões de habitantes, opera identicamente como interface mas numa escala menor. Outros países asiáticos, como a Malásia e a Indonésia, em parceria com empresas de emigrantes chineses, têm igualmente a função de pequenos intermediários entre Pequim e o mundo, por isso é difícil analisar o comércio chinês. Para além disso, devido aos crescentes défices comerciais com o Ocidente e correspondentes atritos políticos, a China tem aumentado os seus parceiros em África. Aqui poderá beneficiar dos estatutos de comércio privilegiado que alguns dos seus países têm, para depois fazer reexportações.

Em 2007, a China era o maior consumidor e produtor de aço do mundo, contabilizando 40% do total. A produção doméstica de aço é altamente subsidiada, sendo esta uma das razões para as exportações terem crescido 47.5%. Os automóveis são outro item de grande peso,

116

A CHINA ACTUAL

com um crescimento de 42.2% nas exportações e 29.8% nas importações (tabela 3.10). As matérias-primas constituem uma larga parcela das importações, principalmente os minérios que apresentaram um impressionante crescimento de 68%, e os metais como o cobre que apresentaram um crescimento de 58.1%, uma vez que são necessárias para o fabrico de produtos industriais (USCBC, 2011). A necessidade de energia continua a aumentar, o que explica o crescimento das importações de petróleo e de equipamentos geradores de energia.

Exportações Principais	Valor (milhões €)	Variação (%)	Importações Principais	Valor (milhões €)	Variação (%)
Máquinas Eléctricas e Equipamento	231 230	32,0	Máquinas Eléctricas e Equipamento	197 540	17,3
Equipamentos de Geração de Energia	175 850	22,5	Equipamentos de Geração de Energia	95 540	13,8
Vestuário	83 620	22,6	Petróleo e Óleos Minerais	80 690	17,7
Ferro e Aço	58 920	47,5	Aparelhos Ópticos e Equipamento Médico	53 450	18,1
Aparelhos Ópticos e Equipamento Médico	28 540	13,7	Minérios, Escórias e Cinzas Minerais	41 500	68,0
Mobiliário	27 620	28,6	Plásticos e Artigos afins	34 850	19,8
Veículos	24 460	42,2	Químicos Orgânicos e Inorgânicos	34 460	24,0
Químicos Orgânicos e Inorgânicos	23 300	30,7	Ferro e Aço	23 920	15,1
Brinquedos e Jogos	20 850	19,7	Cobre e Artigos afins	20 920	58,1
Plásticos e Artigos afins	20 300	18,8	Veículos	17 050	29,8

Tabela 3.10. – Principais 10 Produtos do Comércio Externo da China em 2007 (USCBC, 2011)

Curiosamente, cerca de 60% das exportações são feitas por empresas com capital estrangeiro (FIE), enquanto perto de 23% são feitas por empresas públicas (SOE) e 17% por empresas privadas nacionais (Wu, 2008). À volta de 60% das importações são também feitas por empresas FIE. A definição das FIE é muito difusa, uma vez que as autoridades chinesas exigem que a percentagem de acções detida por investidores estrangeiros seja igual ou superior a 25%. Contudo, este valor foi recentemente diminuído em alguns casos, embora sujeito a um tratamento não preferencial (Chen *et al.*, 2008). Em 2005, das 280 000 FIE existentes, 30% eram sediadas em Hong-Kong, para benefício de impostos mais reduzidos e um melhor apoio jurídico.

A China está a reestruturar as suas exportações, de modo a aumentar a parcela de produtos de maior valor acrescentado e diminuir o rácio de custos sociais. Em 2007, os produtos de alta tecnologia correspondiam já a 29% do total das exportações, e os equipamentos eléctricos e as máquinas a 57% do total (MOFCOM, 2011a). Ao mesmo tempo, está a diversificar os seus mercados: a União Europeia, os EUA e o Japão, desceram de 58% do total para 50%, enquanto os mercados emergentes como a Rússia e a África do Sul estão a subir. Alguns economistas defendem que o renmimbi está artificialmente desvalorizado entre 25% a 40%, o que promove as exportações e diminui as importações, encorajando ao mesmo tempo os produtores locais e as offshore estrangeiras. Mesmo assim, o renmimbi tem vindo a revalorizar desde Julho de 2005, quando a China abandonou a taxa de câmbio fixa.

Em 2007, a **Balança Corrente** tinha o maior excedente do mundo, 265 000 milhões € (6.3% do PIB), bastante afastado do segundo maior valor que pertencia à Alemanha, com 180 000 milhões € (tabela 3.11). Tal provem essencialmente dos contínuos excedentes comerciais, pois as remessas enviadas por emigrantes têm relativamente pouca importância, com um valor de apenas 17 400 milhões € em 2004 (World Bank, 2006c).

Desde os anos 80, o **Investimento Estrangeiro Directo (IDE)** tem-se expandido por todo o mundo, mas os países desenvolvidos têm absorvido a maioria do capital. No início, a China começou a restringir os investimentos estrangeiros a operações orientadas para a exportação, envolvendo sempre parcerias com empresas chinesas, pelo que recebia apenas um quarto dos valores de Taiwan e Hong-Kong. Além disso, cerca de 80% das verbas eram provenientes da comunidade chinesa internacional. Em meados dos anos 90, foi introduzida legislação no sentido de encorajar os estrangeiros a investir em sectores e regiões de elevada prioridade. Ao mesmo tempo, as autoridades começaram a permitir o fabrico e a venda de vários produtos no mercado doméstico aos investidores estrangeiros, começando também a autorizar empresas detidas apenas por estrangeiros. Tudo isto levou as empresas ocidentais a investir fortemente na China continental, o que provocou uma saturação do mercado em algumas indústrias, deixando o sector de serviços subdesenvolvido. As maiores barreiras que ainda subsistem incluem várias leis e normas, que estão a ser alteradas.

20 Piores	Bal. Corrente (milhões €)	(% PIB)		20 Melhores	Bal. Corrente (milhões €)	(% PIB)
1 EUA	-522 296	-5,3		1 China	265 595	6,3
2 Espanha	-103 672	-10,8		2 Alemanha	180 358	6,6
3 Reino Unido	-75 160	-6,4		3 Japão	150 691	5,0
4 Austrália	-40 244	-7,4		4 Arábia Saudita	68 401	17,9
5 Itália	-37 661	-2,7		5 Rússia	54 402	3,7
6 Grécia	-31 584	-13,5		6 Suíça	50 569	24,3
7 Turquia	-26 917	-4,3		7 Noruega	42 845	25,7
8 França	-21 849	-1,6		8 Holanda	37 516	8,0
9 Roménia	-16 596	-9,4		9 Kuwait	34 314	40,5
10 Portugal	-15 705	-9,4		10 Singapura	27 969	17,2
11 África do Sul	-14 684	-4,4		11 Emiratos AU	27 938	24,9
12 Polónia	-11 361	-2,5		12 Suécia	27 712	11,4
13 Índia	-11 067	-0,7		13 Taiwan	23 556	4,6
14 Irlanda	-10 086	-6,3		14 Argélia	21 857	13,6
15 Nova Zelândia	-7 541	-9,3		15 Malásia	20 844	7,3
16 Bulgária	-6 046	-9,8		16 Irão	20 554	4,1
17 Cazaquistão	-5 131	-4,1		17 Hong Kong	20 027	8,7
18 Vietname	-4 994	-3,0		18 Líbia	16 990	32,3
19 Hungria	-4 951	-4,1		19 Qatar	15 267	40,6
20 Paquistão	-4 913	-1,7		20 Venezuela	14 286	6,9

Tabela 3.11. – Saldos da Balança Corrente em 2007 [IMF (2011a)]

É sempre difícil saber as fontes e destinos exactos dos investimentos, uma vez que muitos países são apenas interfaces, como os paraísos offshore, que também são utilizados pela China para os seus investimentos no exterior. Para além disso, a definição de IDE nas estatísticas chinesas é demasiado difusa, uma vez que um empréstimo de uma empresa estrangeira obtido no mercado interno, para construir ou reestruturar uma fábrica, é considerado uma entrada de IDE embora não tenha sido trazido capital estrangeiro. Isso tende a inflacionar este parâmetro, um "bom indicador para um país" (Mokir, 2003). Por outro lado, se juntarmos as entradas de IDE em Hong-Kong, dado que cerca de metade é reinvestida na China Continental, existe uma contabilização dupla de alguns valores.

As entradas de IDE no país parecem ter estabilizado (tabela 3.12). A China continental continua a ser o primeiro receptor nos países em desenvolvimento desde 1996, apenas ultrapassada por países desenvolvidos como os Estados Unidos, a Alemanha, o Reino Unido, a França e a Bélgica. Em 2009 foi até o 2° destino, logo a seguir aos EUA. Por comparação, a Índia recebeu 26 600 milhões € e forneceu 11 400 milhões €, valores bastante inferiores. Não obstante, devido à enorme população do país, as entradas de IDE per capita permanecem bastante abaixo dos valores dos países membros da OCDE, exceptuando a Turquia. Por outro lado, estas entradas de capital nos países da OCDE têm sido especialmente dirigidas para fusões e aquisições, enquanto na China são dirigidas para investimentos novos de raiz. Por sua vez, as saídas de IDE para o estrangeiro têm sido pequenas e inferiores às de países como o Brasil, a Rússia, a Irlanda ou a Dinamarca. Em 2009, aumentaram no entanto para o 6° lugar, apenas atrás das saídas dos EUA, França, Japão, Alemanha e Hong-Kong.

	IDE China Entradas (milhões €)	IDE China Saídas (milhões €)	IDE China* Entradas (milhões €)	IDE China* Saídas (milhões €)	IDE EUA Entradas (milhões €)	IDE EUA Saídas (milhões €)	IDE Mundo Entradas (milhões €)	IDE Mundo Saídas (milhões €)
1980	70	-	600	63	13 000	14 800	42 500	41 400
1990	2 700 (1,7%)	600 (0,3%)	5 100	2 500	37 200	23 800	155 400	176 900
2000	31 300 (2,9%)	700 (0,1%)	79 200	46 300	241 500	110 000	1 084 600	956 900
2005	55 700 (7,9%)	8 700 (1,5%)	83 100	33 700	77 700	166 000	704 600	599 200
2006	53 500 (4,0%)	16 300 (1,5%)	90 500	50 800	182 300	172 500	1 122 300	1 085 000
2007	64 250 (4,0%)	17 300 (1,0%)	106 000	64 200	203 800	302 700	1 614 600	1 744 200
2008	83 300 (6,1%)	40 100 (2,7%)	129 200	78 900	249 200	254 200	1 362 200	1 483 600
2009	73 100 (8,5%)	36 900 (4,4%)	110 400	77 100	99 850	190 900	856 900	846 900

* incluindo Hong-Kong   ( ) % IDE Mundo

Tabela 3.12. – Investimento Directo do/para o Estrangeiro na China, nos EUA e no Mundo [UNCTAD (2007a; 2010)]

Os investimentos vindos directamente do Ocidente são pequenos. Em 2007, somente 5.1% do seu total proveio da Europa e 4% de toda a América do Norte. De Portugal foram assim apenas 6.3 milhões € enquanto, por exemplo, da Suécia foram 97 milhões € e da Holanda 474 milhões €. Cerca de 30% do total proveio de paraísos fiscais, como as Ilhas Virgens Britânicas ou as Maurícias, e 40% de Hong-Kong (MOF-COM, 2011a). A maioria dos investidores estrangeiros prefere entrar através de Hong-Kong devido à legislação tipo britânica, às vantagens fiscais e ao apoio extraordinário dado aos investidores, mesmo podendo os paraísos fiscais fornecer mais benefícios em termos de impostos (tabela 3.13).

A CHINA ACTUAL

Os investimentos de países offshore e de Hong-Kong são em grande parte direccionados para a China (tabela 3.14). As autoridades acreditam que apesar do IDE que provem do Ocidente, da diáspora chinesa além-mar e de Taiwan, cerca de dois terços provirão da própria China continental, via *"Round-Tripping"*, para tirar vantagem dos incentivos fiscais oferecidos a investidores estrangeiros (USCBC, 2011).

País de origem	Entradas IDE na China (milhões €)				Taxa Imposto sobre Empresas na Origem (%)
	2000	2005	2006	2007	
Hong Kong	11 920	13 770	15 540	21 300	17,9
Ilhas Virgens Britânicas	2 920	6 920	8 690	12 770	1,0
Coreia do Sul	1 150	3 330	3 020	3 010	29,7
Japão	2 230	5 010	3 540	2 770	42,0
Singapura	1 690	1 700	1 770	2 460	22,0
Ilhas Caimão	460	1 540	1 620	2 030	0,6
EUA	3 380	2 380	2 230	2 020	40,0
Samoa Ocidental	230	1 070	1 150	1 690	0,6
Taiwan	1 770	1 690	1 620	1 380	25,0
Alemanha	770	1 150	1 540	-	19,0
Total Top 10 (%)	*84,7%*	*70,4%*	*76,1%*	*87.7%*	-
TOTAL	31 300	55 700	53 500	57 400	-

Tabela 3.13. – 10 Maiores Origens de IDE na China 2000-2007 [UNCTAD (2006), USCBC (2011), MOFCOM (2011b)]

País de origem	Entradas IDE no Mundo (milhões €)	Entradas IDE na China (milhões €)	Entradas IDE na China/Entradas IDE Mundo (%)	Entradas IDE na China (% total)
Hong Kong	25 040	13 770	54,9	24,7
Ilhas Virgens Britânicas	12 330	6 920	56,3	12,4
Japão	35 210	5 010	14,2	9,0
Coreia do Sul	4 070	3 330	82,5	7,2
EUA	9 850	2 380	24,4	4,3
Singapura	4 690	1 700	36,7	3,0
Taiwan	4 260	1 690	40,0	3,0
Ilhas Caimão	1 730	1 540	90,9	2,8
Alemanha	35 140	1 150	3,3	2,1
Samoa Ocidental	-	1 070	-	1,9
Total Top 10	*111 800*	*39 150*	*35,0*	*70,4*

Tabela 3.14. – Comparação das 10 Maiores Origens de IDE na China em 2005 [UNCTAD (2006), MOFCOM (2011b)]

As autoridades também suspeitam de que existe uma grande quantidade de capitais estrangeiros de curto prazo, *"Hot-Money"*, apenas para beneficiar da apreciação esperada do renmimbi, parcialmente dissimulados como investimentos IDE. Isso complica a política monetária ao aumentar a inflação, obrigando as autoridades a subir as taxas de juro. Para além disso, estes capitais pressionam o renmimbi a subir, o que diminui a competitividade em termos de exportações. Estão assim a ser tomadas medidas para a esterilização destes capitais, como a emissão de notas pelo banco central e o aumento das taxas de reserva requeridas nos bancos para investimentos estrangeiros.

As entradas de IDE representaram 4.8% do investimento total em 2006. A costa leste recebeu 81.9% do seu valor, comparativamente a 5.7% das províncias centrais e 3.1% da região ocidental. A província de Jiangsu ficou em 1º lugar com 2 500 milhões €, seguida de Guangdondg com 2 400 milhões €, Shanghai com 1 800 milhões €, Zhejian com 1000 milhões € e Liaoning com 700 milhões €. Relativamente às actividades, 57.7% foi para exportação, 11.9% imobiliário, 6.0% leasing e serviços, 2.9% transporte/armazenamento e 1.6% distribuição/retalho (MOFCOM, 2011a).

Em 2009, perto de 23 500 projectos de IDE foram aprovados (tabela 3.15). A maioria (80%) era de empresas detidas apenas por estrangeiros (WFOE), um símbolo da abertura chinesa. Os EUA são o maior investidor estrangeiro, estando sobretudo presentes nos sectores da indústria, hotéis, cadeias de restaurantes e petroquímica, via mais de 20 000 parcerias e empresas de vários tipos, assim como via 100 multinacionais. O seu investimento total estava estimado em 42 000 milhões € no final de 2005.

	Número de Projectos			Entrada IDE (milhões €)		
	2008	2009	Variação (%)	2008	2009	Variação (%)
Empresa com Capital 100% Estrangeiro (WFOE)	22 396	18 741	-16,3	51 643	49 071	-5,0
Parceria por Acções (EJV)	4 612	4 283	-7,1	12 357	12 357	-0,3
Parceria Cooperativa (CJV)	468	390	-16,7	1 357	1 429	6,9
Outras Parcerias	38	21	-44,8	643	1 429	137,9
TOTAL	27 514	23 435	-14,8	68 071	65 571	-3,6

Tabela 3.15. – Entradas de IDE na China por instrumento [USCBC (2011)]

As saídas de IDE chineses, embora pequenas, têm vindo a aumentar. Em 2006, atingiram 16 300 milhões € dirigidos a mais de 172 países, sendo 82% originários da costa leste. O Estado, via sobretudo empresas públicas (SOE), foi responsável por 86% do total. A América Latina recebeu a maior parte, seguida pela Ásia (tabela 3.16). Por país, as Ilhas Caimão e Hong-Kong ocuparam o 1º e 2º lugares, representando 84% do IDE não financeiro. A partir destes dois interfaces, parte do dinheiro é direccionado para outras regiões, por isso é difícil saber o destino final.

Por sectores, 53.8% do total foi para serviços, 40.3% exploração mineira e 4.3% indústria. As actividades principais foram leasing e serviços 21.3%, sector financeiro 16.5%, distribuição/retalho 5.2% e transporte/armazenamento 6.6% (USCBC, 2011).

O **Turismo** tem tido um crescimento tremendo, pois o país apresenta uma grande diversidade de paisagens e de culturas, com imensos monumentos e um vastíssimo exotismo, a preços bastante competitivos. Em 2010, a China foi já o 3º destino mundial com 56 milhões de turistas, depois da França e dos EUA, tendo ultrapassado a Espanha (Portugal teve 13 milhões de turistas). Em termos de receitas, encontrava-se na 4ª posição, com 36 000 milhões €, depois da EUA, Espanha e França. Espera-se que alcance rapidamente o 1º lugar em ambos os indicadores, podendo atingir os 100 milhões de turistas.

O **Ambiente** é um assunto crucial, pois o rápido desenvolvimento industrial da China aumentou a poluição e a degradação dos recursos naturais. Tal como nas condições de trabalho, existem ainda várias empresas, incluindo empresas estrangeiras, que conseguem disfarçar as práticas poluentes. Afinal, uma das razões do *offshoring* e do *outsourcing*[5] é o aparecimento de regulamentações mais severas no Ocidente, face à falta ou pequena existência de regras severas nos países em desenvolvimento.

Sete das 10 cidades mais poluídas do mundo são chinesas e dois terços das suas 338 cidades, das quais se conhecem dados da qualidade do ar, são consideradas poluídas. A emissão de CO_2 aumentou em 60% na última década, pelo que o país já é responsável por 25% das emissões em todo o mundo, razão pela qual ocorrem chuvas ácidas em um terço

---

[5] *Offshoring* = deslocalização de empresas dos países desenvolvidos para os países menos desenvolvidos
Outsourcing = subcontratação de actividades industriais ou de serviços, neste caso de países desenvolvidos para países menos desenvolvidos

do país. Cerca de 270 milhões de pessoas vivem em cidades cujo ar é poluído, daí as doenças respiratórias e cardíacas relacionadas com a poluição do ar serem a principal causa de morte (BCG, 2007).

País de destino	Saídas IDE da China (milhões €)		Saídas Acumuladas IDE da China em 2006 (milhões €)
	2005	2006	
América Latina	*4 974*	*8 056*	*15 149*
Ilhas Caimão	3971	6 024	10 930
Ilhas Virgens Britânicas	943	414	3 653
Bahamas	17	2	13
México	2	-2	98
Ásia	*3 364*	*5 895*	*36 906*
Hong-Kong	2 630	5 331	32 514
Coreia do Sul	452	21	730
Singapura	15	102	360
Vietname	15	33	195
Japão	13	30	172
Indonésia	8	43	173
Macau	6	-32	471
Tailândia	3	12	178
África	*301*	*399*	*1 966*
Sudão	70	38	382
Argélia	64	75	190
Nigéria	41	53	165
África do Sul	36	31	128
Europa	*388*	*459*	*1 745*
Rússia	156	348	714
Alemanha	98	58	363
Reino Unido	18	27	154
França	5	4	33
América do Norte	*246*	*198*	*1 221*
EUA	178	152	991
Canadá	25	26	108
Oceânia	*155*	*97*	*610*
Austrália	148	67	794
TOTAL	**9 461**	**13 538**	**57 692**

Tabela 3.16. – Saídas Não-Financeiras de IDE da China em 2005 e 2006 (NBSC, 2007)

A CHINA ACTUAL

	EUA	Japão	Alemanha	R. Unido	França	Itália	Índia	China	Portugal
Despesa Pública (%PIB)	36,4%	37,3%	46,7%	45,5%	53,8%	48,2%	22,5%	**21,2%**	47,7%
Receita Pública de Impostos (% PIB)	25,6%	25,3%	35,5%	35,6%	43,4%	43,1%	19%(e)	**15,4%**	37,1%
Défice Público (% PIB)	-4,7%	-6,3%	-3,3%	-3,6%	-2,9%	-4,2%	-3,5%	**-1,2%**	-5,9%
Dívida Pública (% PIB)	62,2%	177,3%	71,1%	46,6%	76,1%	106,4%	79,1%	**16,3%**	63,9%
Dívida Pública Externa (% PIB)	18,3%	9,2%	33,5%	13,7%	41,2%	53,8%	6,1%	**6,0%(c)**	44,2%
Dívida Externa Bruta (% PIB)	75,5%	33,6%	125,2%	322,4%	140,5%	93,3%	16,4%	**11,9%**	160,2%
Posição de Investimento Internacional (%PIB)	-20,1%	+32,9%	+18,6%	-10,8%	+9,9%	-10,9%	-5,2%	**+17,9%**	-70,4%
Reservas Oficiais em Divisas e Ouro (%PIB)(d)	0,5%	16,9%	4,1%	3,4%	5,2%	4,6%	28,5%	**22,2%**	5,6%
Cobertura de Importações por Reservas (meses) (d)	0,4	18	1,5	1,5	2,5	2,3	24	**9,5**	1,9
Dívida Total das Famílias (% Rendimento Disponível)	135%	132%	108%	155%	89%	58%	15%	**18%**	124%
Dívida das Famílias por Hipotecas (% Rendim. Disponível)	101%	63%	71%	117%	65%	40%	7,5%	**14%**	80%
Dívida Total das Famílias (% PIB)	90,5%	81,2%	40,2%	103%	51,2%	39,3%	10%	**8,1%**	83%
Dívida das Famílias por Hipotecas (% PIB)	68,2%	35,7%	42,9%	78,2%	28,8%	15,3%	5%	**6,4%**	53,4%
Consumo Privado (% PIB)	70,1%	57,4%	59,3%	65,3%	57,1%	58,9%	63,8%	**43,3%**	65,5%
Consumo Público (% PIB)	15,8%	18,0%	18,6%	22,3%	23,7%	20,3%	11,2%	**14,2%**	21,1%
Investimento (%PIB)	16,5%	23,2%	26%	16,8%	20,2%	20,9%	30,5%	**42,6%**	22,5%
Poupança Nacional Bruta (%PIB)	12,5%	26,4%	21,4%	14,7%	18,6%	19,5%	35,8%	**51,2%**	12,8%
Transferências para Segurança Social (% PIB)	12,0%	11,3%	19,2%	13,4%	17,9%	17,1%	2,0%	**4,4%**	14,8%
Taxa Mais Elevada de Imposto Particular (%)	41,4%	47,1%	47,5%	40,0%	37,9%	41,4%	33%	**45%**	40%
Taxa Mais Elevada de Imposto Empresas (%)	39,4%	40,9%	40,2%	30,0%	35,4%	34,0%	37%	**25%**	33,0%
Despesas Investigação e Desenvolvimento (% PIB)	2,7%	3,1%	2,5%	1,9%	2,2%	1,1%	0,8%	**1,3%**	0,8%
Despesas Sector Privado em Investigação e Desenvolvimento (%total)	63,7%	74,8%	67,1%	43,9%	50,8%	43,0%	25,3%	**66,7%**	31,7%
Patentes (por milhão de habitantes)	100	161	297	122	144	83	0,1	**0,6**	4,8
Escolaridade Média (anos) (f)	13,8	11,7	10,1	12,2	8,3	9,1	5,1	**6,5**	-

PORTUGAL E A CHINA – UMA RELAÇAO COM FUTURO

	EUA	Japão	Alemanha	R. Unido	França	Itália	Índia	China	Portugal
% Adultos com Estudos no mínimo Secundários	87,5%	83,9%	83,4%	65,1%	64,9%	44,4%	-	≈ 6,5%	22,6%
Licenciaturas em Ciências (% total)	10%	5%	13%	19%	16%	8%	22%	-	6%
Licenciaturas em Engenharia (% total)	6%	20%	18%	9%	13%	16%	7,5%	-	12%
Despesas de Educação (% PIB)	7,2%	4,7%	5,3%	5,9%	6,1%	4,9%	4,8%	**4,9%**	5,8%
Despesas Saúde (% PIB)	15,3%	8,0%	10,9%	8,3%	10,5%	8,4%	5,0%	**4,7%**	10,0%
Exportações (% PIB)	9,8%	14,0%	39,0%	24,8%	25,7%	25,6%	10,5%	**32,2%**	28,6%
Importações (% PIB)	14,9%	11,9%	33,9%	28,1%	25,5%	24,9%	14,2%	**27,9%**	37,2%
Cobertura Exp./Imp.(%)	66%	118%	115%	88%	101%	103%	74%	**115%**	77%
Exportações (milhões €)	978 000	511 000	873 000	448 000	442 000	364 000	79 000	**601 000**	42 500
Importações (milhões €)	1 497 000	436 000	759 000	508 000	438 000	354 000	118 000	**520 000**	55 500
Exportações para a China (milhões €)	38 300	78 700	24 200	4 300	7 100	5 400	5 300	-	250
Importações da China (milhões €)	128 300	66 100	25 600	15 000	9 100	9 200	7 100	-	720
Exportações para a China (% total)	4,0%	15,2%	2,7%	1,0%	1,6%	1,5%	6,7%	-	0,6%
Importações da China (% total)	8,6%	15,1%	3,3%	3,0%	2,1%	2,6%	6,0%	-	1,3%
Exportações Bens Alta Tecnologia (% total bens)	31,8%	22,5%	16,9%	28,0%	20,0%	17,8%	4,9%	**30,6%**	8,7%
Exportações de Serviços (% total)	28,9%	16,1%	13,6%	34,1%	20,8%	19,2%	29,2%	**8,4%**	28%
Importações de Serviços (% total)	16,2%	25,2%	21,2%	23,8%	18,6%	19,3%	24,1%	**12,9%**	15%
Exportações Agrícolas (%total)	8,6%	0,4%	4,4%	5,4%	11,8%	7,1%	15,4%	**0,9%**	6,7%
Importações Agrícolas (% total)	4,1%	9,7%	7,6%	8,8%	8,5%	9,2%	1,5%	**1,5%**	11%
Saldo Balança Comercial (%PIB)	-5,8%	1,4%	5,2%	-3,7%	0,1%	-0,1%	-3,8%	**5,3%**	-8,9%
Saldo Balança Corrente (% PIB)	-6,4%	3,7%	4,6%	-2,4%	-1,2%	-1,6%	-1,0%	**6,9%**	-9,7%
Investimento do Estrangeiro (milhões €)	77 700	2 200	26 100	106 000	62 300	15 600	6 700	**55 700**	3 100
Investimento no Estrangeiro (milhões €)	166 000	35 400	42 300	60 100	93 200	33 500	2 500	**8 700**	1 500
Investimento do Estrangeiro (% PIB)	0,8%	0,1%	1,2%	5,9%	3,6%	1,1%	1,1%	**3,0%**	2,1%
Investimento no Estrangeiro (% PIB)	1,7%	1,0%	1,8%	3,4%	5,4%	2,4%	0,4%	**0,5%**	1,0%
Investimento do Estrangeiro (% Investimento)	4,9%	0,4%	4,6%	35,0%	17,8%	5,3%	3,6%	**7,0%**	7,6%

A CHINA ACTUAL

	EUA	Japão	Alemanha	R. Unido	França	Itália	Índia	China	Portugal
Investimento do Estrangeiro Acumulado (milhões €)	1 235 000	78 200	386 000	766 000	539 000	211 000	26 200	**171 500**	55 600
Investimento no Estrangeiro Acumulado (milhões €)	1 670 000	299 000	744 000	1 083 000	735 000	254 000	2 300	**39 800**	37 400
Investimento do Estrangeiro Acumulado (% PIB)	12,4%	2,1%	17,2%	42,4%	31,3%	14,5%	4,2%	**9,2%**	37,3%
Investimento no Estrangeiro Acumulado (% PIB)	16,7%	8,2%	33,2%	60%	42,8%	17,9%	0,4%	**2,1%**	25,1%
Turistas Internacionais (Milhões)	49,4	6,7	21,5	29,9	76,0	36,5	3,9	**46,9**	11,6
Turistas Internacionais Receitas (milhões €)	64 300	9 700	23 000	24 100	33 300	27 900	5 800	**23 000**	6 200
Turistas Internacionais Receitas (% PIB)	0,6%	0,3%	1,0%	1,3%	1,9%	2,0%	1,0%	**1,2%**	4,2%
Receita por Turista Internacional (€)	1301	1448	1070	806	438	764	1487	**490**	534
Camas de Hotel (por 1000 habitantes)	14,7	-	19,6	20,5	27,9	34,5	≈ 0	**≈ 0**	25,1
Intensidade Energética	0,22	0,11	0,18	0,15	0,19	0,17	0,99	**0,94**	0,24
Energia Primária (Mtoe)	2342	528	345	235	276	186	538	**1720**	27
% Energia Nuclear	9,1%	13,9%	12,5%	8,9%	42,1%	-	0,8%	**1,0%**	-
% Carvão	23,4%	21,8%	24,5%	16,1%	5,1%	9,0%	34,1%	**61,7%**	12,7%
% Petróleo	40,7%	47,8%	36,0%	35,9%	33,5%	45,2%	3,1%	**19,3%**	58,1%
% Gás Natural	22,1%	13,1%	22,6%	37,3%	14,5%	35,6%	4,1%	**2,5%**	12,5%
% Outras Energias	4,5%	3,4%	4,3%	1,7%	4,4%	9,8%	38,8%	**15,6%**	16,8%
Emissões de CO_2/PIB (Kg/euros)	0,42	0,19	0,33	0,26	0,21	0,32	1,46	**2,12**	0,43
Emissões de CO_2 (toneladas per capita)	19,7	9,5	10,3	9,0	6,2	8,0	1,0	**3,7**	5,7

(c) valor estimado   (d) valores de 2007   (e) receitas totais   (f) valores de 2000

Tabela 3.17 – Estatísticas Base em 2005 [Eurostat (2007a), OECD (2007a,b,c; 2009), NBSC (2006), Morgan Stanley (2007), UNCTAD (2006; 2007a), WEF (2007a,b), World Bank (2006a; 2007a,b), TATA (2006), IMF (2007a,b), RBI (2007), PBC (2006), SAFE (2011)]

A China detém perto de 20% da população mundial mas apenas 7% da água (Li, 2003). Um terço dos rios, três quartos dos maiores lagos e um quarto da água costeira estão altamente poluídos. Metade da população tem pouco acesso a água pura, aproximadamente 300 milhões de pessoas bebem água contaminada e 190 milhões destas pessoas sofrem de doenças relacionadas (OECD, 2007d). Entre as 600 maiores cidades, 400 sofrem de faltas de água e 300 carecem de água potável, razão pela qual é hábito ferver primeiro a água ou comprá-la engarrafada. O país compra actualmente água potável ao estrangeiro, apesar de possuir grandes quantidades de água pura nos Himalaias. A poluição industrial, os fertilizantes e os pesticidas, são os maiores poluentes para além dos lixos urbanos.

O país possui apenas 10% das terras aráveis mundiais, pelo que só consegue alimentos suficientes via uma agricultura intensiva. A salinização afecta 8.5% das suas terras, a desertificação 14% e a erosão do solo 38%. A escassez de água nos territórios ao norte constitui uma grande ameaça, pelo que foi iniciado um enorme desvio de água dos rios Yangtzé, Huang He, Huaihe e Haihe, via 2000 km de novos canais e tubagens, no âmbito do projecto "Desvio de Água Sul-Norte". A sua primeira fase foi completada em 2010 (MOFCOM, 2011a). Os ecologistas já alertaram para o facto de a "Barragem das Três Gargantas" ir produzir erosões e o assoreamento do Rio Yangtzé, ameaçando várias espécies em perigo. Em resposta, as autoridades defendem que a barragem irá prevenir inundações e gerar energia hidroeléctrica, o que irá permitir à região baixar o seu consumo de carvão, reduzindo a poluição do ar.

Vários estudos estimam que a poluição custe à economia chinesa entre 7 e 10% do PIB anualmente, para além das consequências ambientais. Como tal, o Estado começou a fortalecer a sua legislação neste domínio, pelo que o 11º Plano Quinquenal (2006-10) previa reduzir as emissões totais de poluentes em 10%. Algumas cidades melhoraram a qualidade do seu ar nos últimos anos, como Pequim, que fez um grande investimento para ser o anfitrião dos Jogos Olímpicos em 2008. O país é agora um participante activo nas conferências sobre o clima, apesar de necessitar da ajuda dos países desenvolvidos para reforçar as suas medidas.

A China possui um nível de **Intensidade de Energia**[6] elevado, o que significa que gasta bastante energia para produzir uma unidade de PIB. Isso resulta dos seus sistemas envelhecidos de produção de energia e das máquinas ultrapassadas ainda usadas na indústria.

---

[6] Intensidade Energética = Total da Energia Primária (em milhões de toneladas de petróleo equivalentes) ÷ PIB (a preços do ano 2000)

É o 2º maior consumidor de energia primária[7] (10% do total mundial) após os EUA, e o 3º maior produtor de energia primária (9.4% do total mundial), a seguir aos EUA e à Rússia. O carvão continua a ser a maior fonte de energia devido aos vastos recursos domésticos, sendo o país o maior produtor e consumidor do mundo. Cerca de 70% da electricidade é assim produzida a partir deste material. O problema reside no facto de o carvão ser o combustível fóssil que mais dióxido de carbono (CO_2) produz, quase o dobro do gás natural que é o mais "limpo".

Por sua vez, o petróleo teve um peso de 14.5% nas importações chinesas em 2010. A Arábia Saudita foi o maior fornecedor com 20.5% do total, seguida por Angola com 15.8% e o Irão com 11.4%. A China continua a diversificar as suas fontes de petróleo por razões estratégicas, mas mesmo assim cerca de 50% ainda vem do Médio Oriente, comparado com 20% para os EUA (ChinaOilWeb, 2011). Também planeia aumentar a sua produção de gás natural, que actualmente consiste em 3% do total da energia primária consumida.

O 11º Programa Quinquenal preconizou já medidas para a conservação de energia, para o desenvolvimento de energias renováveis e para a protecção do ambiente. A China irá diminuir o peso relativo do carvão, adoptando fontes de energia menos poluentes, como o petróleo, o gás natural, as energias renováveis e a energia nuclear. Como tal, espera-se que a energia nuclear cresça de 1% do total da energia primária em 2000, para 5% em 2030, e as energias renováveis representem 10% do total em 2020, maioritariamente provenientes da energia hidroeléctrica, dado o país possuir o maior potencial mundial em energia hidroeléctrica (MOFCOM, 2011a). Para além disso, o país já assinou vários tratados mundiais desde 1994, que proíbem o despejo de resíduos radioactivos no mar. Por enquanto e após a remoção de vários subsídios, a electricidade chinesa é vendida a um preço quase idêntico ao da Alemanha, o que em parte incentiva uma maior poupança de energia (Bergsten *et al.*, 2008).

Prevê-se que o consumo de electricidade aumente a uma média de 4% por ano até 2030, o que irá requerer 1 700 000 milhões € de investimentos em infra-estruturas eléctricas, 10 vezes o PIB português. Deste

---

[7] Energia a partir da qual se obtém a Energia Final disponível ao utilizador. O processo envolve perdas variáveis consoante a fonte de energia e o tipo de energia produzida (ex. perdas de 5% na produção de electricidade a partir do vento ou de calor a partir do gás, perdas de 60% na produção de electricidade a partir do carvão).

modo, a China está a lançar um ambicioso plano de produção de electricidade, para adicionar 15 000 MW de potência por ano, com 20% a provir de fornecedores estrangeiros (USCBC, 2011). A "Barragem das Três Gargantas" com 22 500 MW, irá quase duplicar a capacidade da 2ª maior barragem do mundo, a "Barragem de Itaipu" no Brasil com 14 000 MW.

Irão também ser construídas 30 centrais nucleares com uma potência total de 50 000 MW, para além das 9 já existentes (Azevedo, 2006). Em comparação, a Índia já possui 15 centrais nucleares e irá construir mais 32, enquanto os EUA possuem 103 centrais, estando em discussão a construção de mais 14. A energia eólica atingirá uma potência de 100 000 MW, a energia solar fotovoltaica 10 000 MW e a energia solar térmica também 10 000 MW. Mesmo assim, estima-se que sejam construídas mais centrais eléctricas a carvão que duplicarão a actual potência instalada de 500 000 MW. Em 2035, a China atingirá uma potência instalada de 1 920 000 MW, contra 1 200 000 MW nos EUA, em que 60% será produzida a partir do carvão (IER, 2010).

A "Transmissão de Electricidade Ocidente-Oriente" e a "Transmissão de Gás Ocidente-Oriente" serão projectos estratégicos chave, no sentido de uniformizar o desenvolvimento de todo o país, via uma distribuição racional dos recursos naturais. O primeiro projecto envolve a construção de novas linhas de transmissão de energia com 3500 km, a partir das barragens existentes e a construir nas províncias de Guizhou, Yunnan e Sichuan, até ao território leste. O segundo projecto inclui um gasoduto em fase de conclusão com 4 200 km, que distribuirá o gás natural produzido nas províncias de Xinjiang, Qinghai e Mongólia Interior, até à costa leste. Terá uma capacidade de 12 biliões de m³ por ano, o equivalente ao gasoduto do Magrebe que abastece a Península Ibérica. Irá também ser construído um 2º gasoduto com 8 700 km, num investimento de 14 000 milhões de euros, que será o maior do mundo e terá uma vida útil de 30 anos. Ligará o Turquemenistão, o Uzbequistão e o Cazaquistão, até chegar à província de Xinjiang, de onde seguirá até Guangzhou e Shanghai. Terá uma capacidade de 30 biliões de m³ por ano, de modo a fazer face a uma procura total de 60 biliões de m³ (MOFCOM, 2011b). Como comparação, a UE consome actualmente 530 biliões de m³ por ano, em que 60% é importado.

Capítulo 4
O Futuro da China

4.1. Introdução

Desde o início do novo milénio, está-se a assistir a uma queda dos países ocidentais face aos países emergentes, acelerada pela presente crise financeira, pelos elevados endividamentos e pelo envelhecimento da população. Assim, em 1990, os países desenvolvidos representavam 17% da população total e 77% do PIB mundial em valor nominal, ao passo que em 2010, representavam 15% da população e 67% do PIB mundial. Só os 4 maiores países emergentes, os chamados BRIC, representam já 43% da população mundial e 17% da economia global (tabelas 4.1 e 4.2).

No caso da China, para além do crescimento rápido da sua economia, está-se a verificar uma valorização do renmimbi, o que também contribui em cerca de um terço para o crescimento do seu PIB global. Como tal, a sua parcela de 6.3% do PIB mundial em 2007, subiu para 9.3% em 2010, em valores nominais (World Bank, 2011).

A nível dos principais blocos, a União Europeia cresceu nestes últimos dez anos 14%, a América do Norte 18%, a América Latina 39%, a Rússia 59%, o Médio Oriente 60%, África 63%, a Índia 104% e a China 171% (Sinn, 2010). Ou seja, se a China continuasse a este ritmo, o que é tecnicamente impossível, mais do que duplicaria a sua economia em cada 10 anos.

Também a nível do investimento directo estrangeiro está-se a verificar um reequilíbrio, sendo os países em desenvolvimento já responsáveis por mais de 20% das origens dos respectivos capitais. Daí o grupo dos G8 estar cada vez mais ultrapassado pelo grupo dos G20[1] nas conferências mundiais, o qual já engloba todos os BRIC.

	PIB 2010 Valor Nominal (milhões €)	PIB 2010 Valor Nominal (%)		PIB 2010 Valor em PPC (milhões €)	PIB 2010 Valor em PPC (%)
1. EUA	11 275 200	23,3	1. EUA	11 275 000	19,7
2. China	4 522 000	9,3	2. China	7 758 000	13,6
3. Japão	4 199 000	8,7	3. Japão	3 315 000	5,8
4. Alemanha	2 550 000	5,3	4. Índia	3 123 000	5,5
5. França	1 987 000	4,1	5. Alemanha	2 262 000	4,0
6. Reino Unido	1 729 000	3,6	6. Rússia	1 710 000	3,0
7. Brasil	1 608 000	3,3	7. Reino Unido	1 671 000	2,9
8. Itália	1 581 000	3,3	8. Brasil	1 670 000	2,9
9. Canadá	1 211 000	2,5	9. França	1 650 000	2,9
10. Índia	1 183 000	2,4	10. Itália	1 364 000	2,4
11. Rússia	1 127 000	2,3	11. México	1 254 000	2,2
12. Espanha	1 085 000	2,2	12. Coreia do Sul	1 122 000	2,0
13. Austrália	950 000	2,0	13. Espanha	1 053 000	1,8
14. México	799 000	1,7	14. Canadá	1 023 000	1,8
15. Coreia do Sul	775 000	1,6	15. Indonésia	792 000	1,4
16. Holanda	603 000	1,2	16. Turquia	738 855	1,3
17. Turquia	571 000	1,2	17. Austrália	678 740	1,2
18. Indonésia	544 000	1,1	18. Taiwan	632 139	1,1
19. Suíça	403 000	0,8	19. Irão	629 733	1,1
20. Polónia	360 000	0,7	20. Polónia	554 861	1,0
21. Bélgica	358 000	0,7	21. Holanda	520 769	0,9
22. Suécia	351 000	0,7	22. Argentina	486 325	0,9
23. Arábia Saudita	341 000	0,7	23. Arábia Saudita	476 789	0,8
24. Taiwan	331 000	0,1	24. Tailândia	449 822	0,8
25. Noruega	319 000	0,7	25. África do Sul	403 339	0,7
26. Áustria	289 878	0,6	26. Egipto	383 212	0,7
27. Argentina	284 822	0,6	27. Paquistão	357 470	0,6
28. África do Sul	274 815	0,6	28. Colômbia	330 666	0,6
29. Irão	274 785	0,6	29. Malásia	317 155	0,6
30. Tailândia	245 269	0,5	30. Bélgica	302 202	0,5
38. Portugal	176 000	0,4	48. Portugal	189 000	0,3

Tabela 4.1. – Produto Interno Bruto das 30 Maiores Economias em 2010 (IMF, 2011a)

[1] G20 = G7 (EUA, Japão, Alemanha, Reino Unido, França, Itália e Canadá) + BRIC + Argentina + África do Sul + Austrália + México + Coreia do Sul + Indonésia + Arábia Saudita + Turquia + UE

	PIB per capita em PPC 1993 (euros)	Posição Mundial 1993		PIB per capita em PPC 2010 (euros)	Posição Mundial 2010
EUA	19 715	6ª	EUA	36 372	7ª
Portugal	9 693	37ª	Taiwan	27 098	20ª
Taiwan	9 604	38ª	Coreia do Sul	22 951	25ª
Eslovénia	8 738	40ª	Eslovénia	21 562	31ª
Rep. Checa	8 559	41ª	Rep. Checa	19 105	36ª
Coreia do Sul	8 113	43ª	Portugal	17 864	40ª
México	6 315	47ª	Eslováquia	17 022	42ª
Hungria	6 236	48ª	Polónia	14 566	44ª
Eslováquia	5 729	51ª	Hungria	14 414	45ª
Rússia	5 656	52ª	Estónia	14 245	46ª
Croácia	5 347	53ª	Croácia	13 603	48ª
Turquia	5 046	55ª	Lituânia	13 219	49ª
Chile	4 806	57ª	Rússia	12 182	52ª
Malásia	4 893	59ª	Chile	11 540	56ª
Polónia	4 777	60ª	Malásia	11 285	57ª
Lituânia	4 614	62ª	Letónia	11 123	58ª
Brasil	4462	64ª	México	11 100	59ª
Estónia	4 398	65ª	Turquia	10 357	64ª
Letónia	3 568	77ª	Brasil	8 654	71ª
China	910	132ª	China	5 784	94ª
Índia	731	141ª	Índia	2 568	129ª
Vietname	645	146ª	Vietname	2 411	130ª

Tabela 4.2. – Ascensão da China e da Índia entre 1993 e 2010 (IMF, 2011a)[2]

Dentro dos BRIC, a China apresenta as condições únicas já descritas, com os seus 1300 milhões de habitantes (fig. 4.1). O Brasil, apesar de ter vastos recursos só tem 190 milhões de habitantes, e o mesmo acontece com a Rússia, mesmo tendo boas tecnologias e sendo o maior país do mundo, com 150 milhões de habitantes. Além disso, estes dois países têm um nível de trabalho e de consumo "ocidental", assim como um nível de exportação "moderado", mesmo que em determinados sectores tenham uma posição forte, como nos minérios e na agricultura no caso do Brasil, ou no petróleo e no gás natural no caso da Rússia.

A Índia, embora tenha uma população de 1100 milhões de habitantes e vantagens como a língua inglesa ou um maior peso dos serviços, está

---

[2] Um país considerado desenvolvido pelo Banco Mundial tinha um PIB per capita em PPC acima de 7000 € em 1993, e acima de 8 500 € em 2010.

muito dividida em etnias e longe de uma ambição coesa, com um estilo de trabalho e de comportamento também mais ocidental. A sua abertura ao exterior deu-se cerca de 10 anos mais tarde e foi a iniciativa privada o principal motor de arranque, como tal as suas infra-estruturas são muito inferiores. Actualmente, o seu PIB em valor nominal é apenas um quarto do chinês e só exporta um sétimo dos bens, embora em serviços já exporte metade. Em investimento estrangeiro acumulado, recebeu um terço do valor chinês e apenas emitiu metade para o exterior.

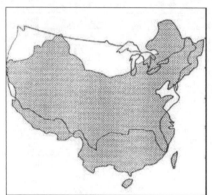 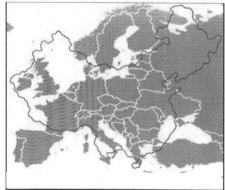

Figura 4.1. – Sobreposição da China/EUA e da China/Europa

Nos países ocidentais, a Europa está muito fragilizada e imersa em divisões sobre o seu futuro, com alguns países como Portugal e a Grécia à beira da bancarrota, dado não terem sabido gerir os seus recursos nem as ajudas da UE, o que produz desentendimentos face aos países mais poupados do norte. Estes países do sul, conjuntamente com alguns países de Leste, também não se modernizaram o suficiente e estão a tentar sobreviver com baixos salários.

Ora, a verdade é que os pequenos países europeus já não têm "massa crítica" para continuarem a ser pequenas potências, e mesmo os grandes países europeus estão a perder terreno. Basta ver que o Pacto Europeu de Estabilidade e Crescimento (PEC) criado pela UE em 1995, para limitar os défices orçamentais dos vários países em 3% do PIB e ao mesmo evitar que excessivos endividamentos de um país tornassem reféns os seus vizinhos, obrigando-os a ir em seu socorro, foi excedido em 97 casos. Apenas em 29 casos se tratou de recessões, nos restantes foi má gestão pública (Sinn, 2010).

O Banco Central Europeu está agora obrigado a aceitar obrigações soberanas com rating "BBB-" como garantia de operações monetárias, o que descredibiliza toda a zona euro perante o mundo. No futuro, só restará à Europa unir-se cada vez mais e adoptar exigentes políticas de diminuição da dívida pública, de eliminação dos desperdícios de recursos e de modernização em geral. Seria um desastre o desaparecimento do euro, a reestruturação da dívida externa ou o não pagamento do auxílio externo por parte de países como Portugal. Este assunto já foi estudado em anterior livro do autor (Monteiro, 2010).

Apenas os EUA e o Japão estão ainda a conseguir manter um ritmo tecnológico avançado, mas o Japão tem poucos recursos e uma população de 130 milhões de habitantes, e os EUA têm enormes recursos, mas uma população de 300 milhões. Além disso, os EUA estão agora com uma dívida pública externa demasiado grande e já desceram um nível de rating, algo até aqui impensável. Assim, a *Goldman Sachs* estima que o PIB dos BRIC supere o PIB dos G-7 em 2040, e que apenas os EUA e o Japão estejam entre as 6 maiores economias em 2050 (Amaral, 2007b).

Por outro lado, os países ocidentais atingiram um nível de maturidade a partir do qual é difícil aceder a um nível muito mais avançado, a menos que novas tecnologias sejam desenvolvidas. Daí que a China e outros países asiáticos, como as chamadas "Economias Dinâmicas Asiáticas" (Hong-Kong, Malásia, Singapura, Coreia do Sul, Taiwan e Tailândia), se estejam a aproximar. Em especial a Coreia do Sul, um país com a área de Portugal mas cinco vezes a sua população, e Taiwan, um país com um terço da área mas o dobro da população.

Até o Vietname, um país com uma população e uma área territorial idênticas às da Alemanha, mas em que metade dos 80 milhões de habitantes tem menos de 21 anos, está a constituir uma surpresa na alta tecnologia. Basta ver que a empresa vietnamita *Tosy* fundada em 2001, desenvolveu já 4 linhas de robots industriais e domésticos, em que o mais famoso é o robot "Topio 3.0", um mecanismo humanóide com 39 graus de liberdade e 120 kg, capaz de jogar ping-pong com um ser humano. Esta mesma empresa participa já nas mais exigentes feiras mundiais de robótica.

Tudo isto irá mudar todo o **Equilíbrio Estratégico** no mundo, movendo o centro de influência para o Pacífico. A China poderá assim dentro de algumas décadas ser a superpotência n.º 1, pelo menos a nível económico. Tal seria como no início do século XX, quando os EUA ultrapassaram os "poderosos G5" daquela época (Grã-Bretanha, Alemanha, França, Rússia e Império Austro-Húngaro), perante a total surpresa destes.

A diferença é que antes de terem chegado a esse nível, os EUA nunca tinham sido uma superpotência, por isso os líderes americanos de então tiveram de seguir "modelos estratégicos" europeus (Grécia Antiga, Império Romano, Renascimento ou Napoleão), o que não é o caso da China. Não nos devemos esquecer que este país já tinha 400 milhões de habitantes no início do séc. XX, altura em que os EUA tinham apenas 75 milhões.

Vamos então estimar o **Prazo** que poderá demorar a China a atingir os EUA, em termos da riqueza produzida anualmente. Adoptando um 1º modelo muito simples, que tomou por base os actuais valores nominais dos seus PIB per capita, as suas actuais populações e taxas médias de crescimento da população de 0.44% e 0.6% respectivamente[3] (MOFCOM, 2011a; USCB, 2011b), obtiveram-se os seguintes prazos, em função de possíveis taxas médias de crescimento das 2 economias t_{EUA} e t_{CHINA} (tabela 4.3):

	$t_{CHINA} = 4\%$	$t_{CHINA} = 5\%$	$t_{CHINA} = 6\%$	$t_{CHINA} = 7\%$
$t_{EUA} = 2\%$	50 anos	35 anos	25 anos	20 anos
$t_{EUA} = 3\%$	115 anos	50 anos	30 anos	25 anos

Tabela 4.3. – Prazo para a China atingir o PIB dos EUA em valores nominais[4]

Um modelo mais completo (PWC, 2011), considerou três outros efeitos (aumento da produtividade via educação e formação dos trabalhadores; aumento da produtividade por melhoria da tecnologia, melhoria da gestão e por investigação e desenvolvimento; variação do investimento),

---

[3] Em 2050, os actuais estudos demográficos estimam que os EUA tenham 392 milhões de habitantes face aos actuais 308 milhões, e a China tenha 1600 milhões de habitantes face aos actuais 1340 milhões.

[4] Ao tomar valores nominais e não valores em PPC, está-se a fazer uma análise mais conservadora, embora no longo prazo os mesmos possam convergir, via a valorização contínua do renmimbi e uma maior inflação chinesa.

O FUTURO DA CHINA

trabalhou novamente com valores nominais de PIB per capita e admitiu à partida taxas médias de crescimento t_{EUA} = 1.8% e t_{CHINA} = 4.7%.

Conduziu assim a um prazo de 25 anos, o que corresponde ao ano de 2035. Caso a China continuasse esse percurso, em 2050 teria um PIB 35% superior ao dos EUA, ainda que o PIB per capita pudesse ser apenas um terço do valor americano. A análise foi estendida às actuais 20 maiores economias do mundo de modo a estimar a sua redistribuição em 2050, apresentando-se os seus valores para o PIB em PPC (fig. 4.2).

Contudo, este modelo mais completo não considerou efeitos a nível geoestratégico, resultantes da provável interacção entre blocos económicos, que irão dificultar os acessos aos recursos e aos mercados, ampliando o prazo de convergência. Daí que possa ser mais expectável um prazo da ordem dos 30 a 40 anos. Aliás, vários assessores económicos do governo chinês apontavam um prazo de 30 anos, ainda antes do início da presente crise.

Por prudência diplomática, o próprio governo chinês só apresenta como meta alcançar o PIB per capita da média dos países desenvolvidos em meados do século XXI, embora isso signifique na mesma ultrapassar o valor total dos EUA muito antes. Finalmente e por curiosidade, se a China continuasse a crescer à taxa actual de 9% ao ano, o que é impossível por todas as razões, então chegaria a 60% do PIB mundial em 2050 (Neves, 2007).

Como país de planeamento central, as autoridades chinesas têm **Planos de Desenvolvimento** até 2050. Numa perspectiva de médio prazo, o presente 12º Programa Quinquenal (2011-2015) aposta nas seguintes 3 estratégias principais e prevê um crescimento médio anual de 7%, o que traduz já o maior nível de desenvolvimento do país e a correspondente desaceleração da economia (KPMG, 2011a):

- *Reestruturação da Economia* – aumento da procura interna, via melhoria dos salários mínimos a um ritmo de 13% ao ano e via ajustamento dos impostos, só pagando quem ganhar mais de 300 € por ano, de modo a assegurar um crescimento líquido do rendimento disponível de 7% ao ano; promoção da habitação em geral e construção de 36 milhões de fogos sociais; acréscimo do peso do sector dos serviços em 4 pontos percentuais; criação de mais 45 milhões de postos de trabalho nas zonas urbanas; modernização da indústria existente; inovação e desenvolvimento tecnológico; aumento da concorrência dentro de cada sector; continuação das privatizações e abertura de mais sectores ao investimento estrangeiro.

- *Equidade Social* – extensão do desenvolvimento ao interior; abrandamento do sistema de controlo de acessos das populações rurais aos espaços urbanos; melhoria da segurança social, de modo a englobar 357 milhões de residentes urbanos e a totalidade rural; pagamento de 70% das despesas de saúde da população em geral.

- *Melhoria Ambiental* – maior eficiência no consumo de energia, diminuição da poluição e desenvolvimento de indústrias da nova geração; introdução de uma taxa de carbono na indústria, função do seu grau poluente.

Em 2010, o Estado promoveu a construção de 3.7 milhões de fogos sociais, prevendo mais 10 milhões de fogos sob um investimento de 140 000 milhões € em 2011. O objectivo é chegar a 2015 com a construção social a representar 20% da construção urbana, face aos actuais 7%. O país tem também feito fortes investimentos em infra-estruturas, tais como electricidade, gás, estradas e aeroportos. Da lista dos Top 20 Portos do Mundo, 13 eram asiáticos e destes, 7 eram chineses. No futuro, os portos chineses irão dominar esta lista beneficiando de um litoral de 5 000 km (Wijnolst, 2007). Um novo cabo óptico terrestre Ásia-Europa com 27 000 km será também construído, passando por 20 países, entre Frankfurt e Shanghai (China Org, 2011).

Juntamente com a Birmânia, Vietname, Cambodja, Laos e Tailândia, a China faz igualmente parte de um projecto para desenvolver a "Região do Mekong", que inclui novas infra-estruturas de transportes e ligações de telecomunicações.

O FUTURO DA CHINA

GDP at purchasing power parity (PPP) rankings

2009 rank	GDP at PPP*
1	US $14,256bn
2	China $8,888bn
3	Japan $4,138bn
4	India $3,752bn
5	Germany $2,984bn
6	Russia $2,687bn
7	UK $2,257bn
8	France $2,172bn
9	Brazil $2,020bn
10	Italy $1,922bn
11	Mexico $1,540bn
12	Spain $1,496bn
13	South Korea $1,324bn
14	Canada $1,280bn
15	Turkey $1,040bn
16	Indonesia $967bn
17	Australia $858bn
18	Saudi Arabia $595bn
19	Argentina $586bn
20	South Africa $508bn

Projected

2050 rank	GDP at PPP*
1	China $59,475bn
2	India $43,180bn
3	US $37,876bn
4	Brazil $9,762bn
5	Japan $7,664bn
6	Russia $7,559bn
7	Mexico $6,682bn
8	Indonesia $6,205bn
9	Germany $5,707bn
10	UK $5,628bn
11	France $5,344 bn
12	Turkey $5,298bn
13	Nigeria $4,530bn
14	Vietnam $3,939bn
15	Italy $3,798bn
16	Canada $3,322bn
17	South Korea $3,258bn
18	Spain $3,195bn
19	Saudi Arabia $3,039bn
20	Argentina $2,549bn

Projected average annual real growth in GDP, 2009-2050

Country	Growth
Vietnam	8.8%
India	8.1%
Nigeria	7.9%
China	5.9%
Indonesia	5.8%
Turkey	5.1%
South Africa	5.0%
Saudi Arabia	5.0%
Argentina	4.9%
Mexico	4.7%
Brazil	4.4%
Russia	4.0%
Korea	3.1%
Australia	2.4%
US	2.4%
UK	2.3%
Canada	2.2%
Spain	1.9%
France	1.7%
Italy	1.4%
Germany	1.3%
Japan	1.0%

Figura 4.2. – As 20 Maiores Economias do Mundo em 2050, valores do PIB em PPC (PWC, 2011; The Guardian, 2011)

A província de Yunnan irá assim beneficiar em virtude dos seus 4 000 km de fronteira com estes países e está já a enviar 500 000 toneladas de mercadorias por via ferroviária, desde Kunming até ao porto vietnamita de Haiphong. Esta linha irá estender-se até Banguecoque, num projecto de 7 000 milhões € (*The Economist*, 2003).

Também a nível das linhas ferroviárias de alta velocidade, o Estado está a promover a construção de uma rede que ligará todas as capitais de província, com durações no máximo de 8 horas de viagem, constituída por 4 linhas Norte-Sul e 4 linhas Este-Oeste. Quanto aos automóveis, estima-se que o país atinja os 200 milhões em 2020, número superior ao dos EUA, o que obrigará à aceleração dos actuais programas de construção de infra-estruturas rodoviárias, para além de constituir um novo peso sobre o ambiente. Aliás, na modernização das indústrias ainda há muito por fazer, daí a introdução de uma taxa de carbono para fomentar a mesma. Por outro lado, existem 7 áreas estratégicas que este plano irá estimular: energias renováveis, veículos eléctricos, materiais avançados, equipamentos de última geração (ex: aviões a jacto e trens de alta velocidade), tecnologias de informação e biotecnologia. Para isso, o país irá investir 220 000 milhões € anualmente nestas áreas, dos actuais 2% do PIB até 15% do PIB em 2020, o que representará 30% do investimento anual no país (World Bank, 2011).

Para realizar todo este desenvolvimento, a China está a obter **Tecnologia** do exterior por compra através de licenças, por parcerias com empresas estrangeiras, por desenvolvimento interno ou por cópia. No sector da energia nuclear, por exemplo, será o primeiro país com reactores de 3ª geração em 2013, fornecidos pela empresa americana *Westinghouse*, que irá também transferir tecnologia. Dois reactores serão construídos na província de Zhejiang e os outros dois serão construídos na província de Shandong. No futuro, outros reactores poderão ser adquiridos à francesa *Areva* e à russa *AtomStroyExport*, que também estão a desenvolver essa tecnologia (China Org, 2011). De qualquer forma, o país irá alargar os seus conhecimentos nesse sector, de modo a conseguir construir os seus próprios reactores após 2020, altura em que atingirá 4% da energia total produzida por energia nuclear.

Na verdade, Pequim tem agora uma obsessão com a alta tecnologia, dado não querer perder novamente a Revolução Industrial e ficar sujeita a mais humilhações por parte do Ocidente (Bregolat, 2007).

A fase da imitação grosseira dos produtos ocidentais dando origem a produtos "*shanzai*", terá assim de ser ultrapassada. Por isso, em 2000, o ex-presidente Jiang Zhemin, um engenheiro electrotécnico, anunciou grandes investimentos em investigação e desenvolvimento (I&D) para obter um salto tecnológico.

A China é já hoje o principal destino de *outsourcing* e *offshoring* para actividades deste tipo em geral, enquanto a Índia é o principal destino equivalente para actividades de I&D em computadores e software. Em 2006, estes 2 países receberam 20 000 milhões € só em *outsourcing* de software, e as empresas chinesas de alta tecnologia estavam a investir 5% das suas vendas anuais em I&D (China Org, 2011). Como tal, em valores de I&D em PPC, a China já superou o Japão e é n.º 2 no mundo com uma quota de 14%, cerca de metade da despesa dos EUA e 1.4% do PIB (tabela 4.4), embora em valores per capita estas verbas sejam baixas. As empresas privadas financiam 60% das verbas totais.

	I&D em PPC 2005 (milhões €)	I&D em PPC 2006 (milhões €)	I&D em PPC 2007 (milhões €)	PIB em PPC 2005 (milhões €)	I&D em PPC 2005 (% PIB)
América do Norte	307 500	315 800	322 500	13 228 000	2,3
EUA	265 800	273 300	279 200	10 160 000	2,6
Ásia	284 200	300 800	320 000	15 905 000	1,8
China	103 400	113 300	124 200	7 382 000	1,4
Japão	103 700	105 800	109 200	3 241 000	3,2
Índia	30 000	31 700	34 200	3 009 000	1,0
Europa	196 700	200 000	203 300	10 636 000	1,8
Alemanha	49 200	50 000	50 000	1 990 000	2,5
França	34 200	35 000	35 000	1 565 000	2,2
Reino Unido	30 000	30 800	31 700	1 610 000	1,9
Resto do Mundo	25 800	27 500	29 200	1 896 000	1,4
TOTAL	815 000	845 800	875 800	41 668 000	1,9

Fontes: Banco Mundial, OECD

Tabela 4.4. – Evolução das Despesas de Investigação e Desenvolvimento (I&D) em PPC

Os "4 Pequenos Dragões" (Coreia do Sul, Taiwan, Singapura e Hong-Kong) estão também a apostar na alta tecnologia, pois perceberam que no futuro, a indústria de baixa a média tecnologia irá deslocar-se para áreas menos desenvolvidas, como o Vietname e as Filipinas. No fundo é a reedição do passado, pois nos anos 50, o Japão foi o primeiro país na Ásia a arrancar no desenvolvimento das indústrias de automóveis, electrodomésticos e electrónica; nos anos 70 e 80, estes 4 países entraram nesses sectores, avançando entretanto o Japão para os computadores, o software e a indústria farmacêutica. Hoje em dia, o Japão está a entrar na robótica e na nanotecnologia, enquanto Singapura é já o 4 maior produtor mundial de produtos farmacêuticos e Taiwan está a impulsionar as suas empresas de biotecnologia.

Em 2007, a China produziu 1.3 milhões de engenheiros e cientistas, mas estima-se que apenas um décimo esteja ao nível dos seus congéneres ocidentais. Como tal, está a decorrer o "Projecto 211", para colocar 100 das universidades chinesas de engenharia e ciências entre as melhores do mundo. Estas universidades terão de cumprir elevados padrões científicos e de I&D, treinando especialmente 4/5 dos doutorados, 2/3 dos licenciados, 1/2 dos estudantes no estrangeiro e 1/3 de pós-graduados. Durante a primeira fase, de 1996 a 2000, foram investidos neste projecto cerca de 2 000 milhões € (Li, 2003).

A Universidade de Pequim com 50 000 alunos de ciências sociais e a Universidade de Tsinghua com 30 000 alunos de engenharia, consideradas as 2 melhores da China nos seus ramos, irão assim procurar convergir dentro dos próximos 30 a 40 anos, com universidades nos EUA como Stanford, com 15 000 alunos, ou Harvard com 18 000 alunos. São já patrocinadas por multinacionais ocidentais como a *Microsoft* e a *HP*, que suportam vários programas de investigação.

Todos os anos, o país envia ao estrangeiro cerca de 110 000 estudantes universitários com uma taxa de retorno de 25%, em que 20 000 vão para os EUA. Aqui existe um total de 130 000 estudantes chineses, dos quais 50 000 em programas de pós-graduação, que representam 11% de todos os estudantes estrangeiros nos EUA. Várias parcerias foram igualmente estabelecidas com universidades estrangeiras. Contudo, o encanto destas desapareceu parcialmente, uma vez que os estudantes que voltavam do estrangeiro recebiam salários baixos, não pagando todo o investimento feito. Pelo contrário, o número de estudantes estrangeiros na China está a aumentar.

O FUTURO DA CHINA

A ligação entre universidades e indústria é ainda pequena, mas estão a ser postas em prática várias reformas. Tudo isto é parte do esforço que a China está a fazer para aumentar o valor acrescentado dos seus produtos. Enquanto em 1999, os chineses quase não exportavam produtos de alta tecnologia, em 2005 existia já uma quota de 43% relativamente a equipamentos de telecomunicações, produtos electrónicos e de informática (Pastor, 2007). Mesmo sendo a maior parte das exportações formada por componentes, ou produzida por parcerias e filiais de multinacionais estrangeiras, um número crescente de empresas chinesas tem já as suas próprias marcas como a *Huawei*, a *Lenovo* e a *ZTE*. São empresas que já investem 10% das suas vendas em I&D.

O mesmo está a acontecer noutros sectores como a indústria automóvel, na qual 27% já era controlada por empresas chinesas em 2006, competindo com as multinacionais (Bregolat, 2007). No caso particular dos carros eléctricos, dado se estar ainda no início, o objectivo da China é atingir a supremacia mundial. Para isso, o Estado vai investir 5 000 milhões € em actividades de I&D no âmbito de várias empresas até 2020 (McKinsey, 2011a).

A China está também a tentar ganhar uma maior projecção mundial em áreas de grande avanço tecnológico, como é o caso dos diversos programas espaciais e aeronáuticos. O mercado chinês vai precisar de 3000 aviões comerciais até 2025, razão pela qual a *Airbus* iniciou uma parceria com a *Xian Aircraft*, para montagem do Airbus A320. A *Comac* está a terminar um avião a jacto de 90 lugares, o ARJ21, embora ainda com motores americanos e vários componentes ocidentais, a lançar em final de 2012. Está igualmente previsto o lançamento de uma versão com 150-190 lugares, o Comac C919, a lançar em 2016 e já para concorrer com o Airbus A320 e o Boeing 737.

Ao mesmo tempo, a China lançou um ambicioso programa espacial a partir das suas 4 bases de lançamento de satélites: Jiuquan (província de Gansu), Taiyuan (província de Shanxi), Xichang (província de Sichuan) e Wenchang (ilha de Hainan). O Brasil e a Índia têm também bases de lançamento, mas o Brasil ainda não tem foguetões próprios. Tudo isto significa que o Ocidente e a Rússia irão ser desafiados ao mais alto nível. Os EUA viram já descer a sua quota mundial no lançamento de satélites de 80% em 1999, para 41% em 2009. A nível de preços, a China cobra apenas metade dos valores ocidentais situados entre os 50 e os

70 milhões €. No entanto, os chineses ainda só conseguem enviar satélites com um peso máximo de 6 toneladas, comparado com as 13.5 toneladas dos americanos e as 10 toneladas dos europeus, mas ainda assim superiores às 3 toneladas dos indianos. Está também previsto o lançamento de uma missão à Lua em 2024, e o envio de missões não tripuladas a Marte entre 2024 e 2033 (CASTC, 2011).

Assume aqui uma importância extrema, a necessidade do controlo das **Matérias-Primas** críticas para a alta tecnologia, que são essencialmente nove: o grupo das "terras raras" (17 metais raros como o lantânio, o lutécio e o ítrio), a platina, o germânio, o antimónio, o magnésio, o gálio, o índio, o nióbio e o tungsténio (volfrâmio). A União Europeia, por exemplo, depende a 100% do exterior para a platina, o antimónio e o nióbio; já a nível do tungsténio, Portugal é o maior produtor europeu, embora abasteça apenas uma pequena necessidade.

A China tem aqui uma especial vantagem, pois domina a produção mundial de sete destes materiais: 97% das terras raras, 87% do antimónio, 84% do tungsténio, 83% do gálio, 82% do magnésio, 79% do germânio e 60% do índio, estando actualmente a impor limites à exportação. O Brasil domina 90% da produção do nióbio e a África do Sul domina 77% da produção da platina (Rodrigues, 2011).

As **Reservas Financeiras** chinesas são enormes devido aos excedentes comerciais, totalizando 2 200 000 milhões €. Este dinheiro tem sido investido principalmente em produtos de baixo risco e baixa rentabilidade, como a dívida pública americana. De modo a melhorar a rentabilidade desses activos e por razões estratégicas, fundos públicos como o *China Investment Corporation*, que gere actualmente 240 000 milhões €, continuarão com 4 objectivos (Trigo, 2007):

- Investimentos em Matérias-Primas dos Países Emergentes
- Aquisição de Tecnologias já desenvolvidas
- Aquisição de Centros de Investigação
- Aquisição de Marcas Mundiais

Os grupos privados continuarão também a comprar activos no estrangeiro, como a *Ping An Life Assurance*, a 2ª maior companhia de seguros chinesa, que comprou uma participação de 50% no *Fortis Investment* por 2 300 milhões €, a empresa de gestão de activos do grupo belga *Fortis*.

O FUTURO DA CHINA

O petróleo é outro sector, a *China National Offshore Oil Corporation* comprou a empresa norueguesa *Awilco Offshore ASA* por 1 800 milhões €, uma empresa altamente especializada em perfuração profunda e com várias plataformas offshore, que opera na Noruega, Austrália, Vietname, Arábia Saudita, Reino Unido e Líbia (Bloomberg, 2011).

A actual crise financeira está a facilitar todas estas aquisições, daí que a China esteja anualmente a investir no exterior 1/5 dos valores americanos, o que a tornará um "Grande Investidor Mundial", depois de ser já a "Fábrica do Mundo" (fig. 4.3).

Os investimentos externos serão também uma maneira de diminuir a hostilidade dos outros países, ao permitirem alianças, criação de emprego e desenvolvimento. É a mesma linha seguida pelo Japão na década de 80, que depois de ter copiado os produtos ocidentais nas décadas de 60 e 70, iniciou as suas aquisições e investimentos I&D nos EUA, Reino Unido, França, Alemanha e Holanda. Isso mostra mais uma vez que a "História se repete" e que vale a pena estudar o passado. Aliás, um jornal chinês apresentou um artigo de capa "E se nós comprarmos o *Wal-Mart*[5]?", expressando a ideia de os chineses poderem entrar no sector da distribuição no Ocidente, a fim de aumentar a parcela recebida do cliente final (Trigo, 2007). De igual modo, os recentes investimentos em empresas de matérias-primas no Brasil, África e Austrália, representam a vontade de Pequim não ficar dependente.

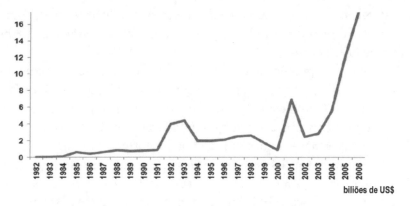

Figura 4.3. – Investimento da China no Estrangeiro (OECD, 2008)

[5] Maior grupo mundial de venda a retalho sediado nos EUA.

A ideia de um **Relacionamento com Ganhos Mútuos** é extremamente importante nestes ambientes competitivos. Assim, em África, a China tem concedido empréstimos inter-governamentais, os quais são bem vistos por muitos líderes locais "como uma alternativa aos governos ocidentais, que falam do livre comércio e investimento, mas fornecem pouco de ambos". Perto de 700 empresas estatais chinesas estão aí envolvidas em projectos, como a exploração mineira e as telecomunicações, e também em sectores menos rentáveis, como a reciclagem de minas de cobre da Zâmbia. Dentro destes projectos, 500 estão sob a direcção da *China's Road and Bridge Corporation*. Tudo isto acaba por representar um "*soft power*", ao não envolver uma presença militar como no caso de algumas potências ocidentais, mas sendo eventualmente tão ou mais eficaz em obter influência política.

Em sentido inverso, a China é o 2º consumidor e o 3º importador de petróleo do mundo, sendo 30% das suas importações fornecidas por África. Deste modo, é já o 3 º maior parceiro comercial com África, depois dos EUA e França (AICEP, 2008). Em 2020, o país terá que importar 60% das suas necessidades de petróleo, pelo que o continente africano terá um papel crucial na diversificação do Médio Oriente altamente instável e de onde importa a maior parte (Servant, 2005). De modo a reforçar a sua posição, Pequim começou também a organizar conferências dos BRIC, a mais recente na ilha de Hainan em 2011, em que convidou ainda a África do Sul, aproveitando ao mesmo tempo para divulgar a imagem turística desta sua ilha. Outros passos, como a colocação do primeiro satélite da Nigéria em órbita, estão a contribuir para uma boa ligação.

No entanto, a percepção dos **BRIC** como um grupo coeso, com interesses comuns e rumando na mesma direcção, está a tornar-se cada vez mais difusa. A China está claramente a querer distanciar-se do grupo, pois o seu objectivo é competir com os EUA. Desde 2000, já quintuplicou as exportações, quadruplicou as importações, o seu excedente comercial aumentou 10 vezes e a sua participação no comércio mundial aumentou de 4% para 8.9% (WTO, 2011). Daí que o Brasil tenha criado uma associação (IBSA) juntamente com a Índia e a África do Sul em 2003, com a finalidade de reforçar uma cooperação Sul-Sul a vários níveis. Isso está já a ter efeitos importantes em sectores como a aeronáutica, com a brasileira *Embraer* e a indiana *Tata* a assinarem acordos para

O FUTURO DA CHINA

o lançamento de um avião a jacto de 120 lugares. Essa foi a resposta ao facto dos contactos da *Embraer* com a chinesa *Comac* terem falhado, e esta estar sozinha a lançar o avião comercial a jacto já referido.

A nível de **Imagem**, a China está a procurar mostrar a sua nova condição através dos mais variados instrumentos, que vão desde a compra de dívida pública de países altamente endividados como Portugal, até à participação em eventos desportivos de grande prestígio, como os Jogos Olímpicos que organizou em 2008. Assim, o governo chinês irá apoiar uma equipa de vela na 34ª edição da *America's Cup* que irá decorrer em São Francisco, em 2013. Trata-se da competição de maior excelência tecnológica no domínio da vela, à qual apenas uma dezena de países consegue concorrer, e que envolve investimentos entre 25 a 50 milhões € por equipa. Esta participação será em grande parte financiada pela *China Equity International Holding*, uma sociedade de capital de risco que investe nas áreas das telecomunicações e multimédia.

O veleiro será construído com tecnologia chinesa e com a participação de várias universidades chinesas, e começará por participar nas regatas eliminatórias a partir de 2012. Todos os veleiros terão de ser multicascos com a mais moderna técnica, capazes de velocidades extraordinárias superiores a 40 nós (74 km/h). De notar que a Coreia do Sul irá também participar pela primeira vez nesta competição, com o veleiro "*Baekho*" (tigre branco na mitologia coreana), na sequência de uma forte tradição náutica e de várias participações em outras competições mundiais. Aliás, este país é sede de algumas das maiores empresas mundiais de construção naval como a *Hyundai*, a *Samsung* e a *Daewoo*. Os outros concorrentes serão a Espanha, a França, a Suécia, a Nova Zelândia e os EUA, o que mostra o elitismo da prova.

A China formou também uma equipa com a Irlanda para participar na regata *Volvo Ocean Race 2008/09*, a regata de maior prestígio à volta do mundo, com uma duração de 9 meses e um percurso de 60 000 km. Teve o patrocínio de empresas como a *Shandong Lingong Construction Machinery*, que fabrica máquinas para a construção, a *Weichai Power*, que fabrica motores diesel e o grupo *Triangle*, no sector dos pneus. Na edição de 2011/12, um dos portos da regata vai ser Sanya, no sul da China, uma zona turística tipo Havai.

Até mesmo o cinema chinês, para além dos habituais filmes de glorificação do sistema político, como "A fundação de um Novo Partido"

147

PORTUGAL E A CHINA – UMA RELAÇAO COM FUTURO

para comemorar o 90º aniversário da fundação do PCC ou "1911" para comemorar o centenário da instauração da república, está a realizar filmes sobre a história gloriosa de vários imperadores, algo impensável até há pouco dada a sua anterior banição. Filmes como "Red Cliff" mostram assim a grandiosidade dos exércitos chineses e de toda a sociedade imperial, no fundo como se os portugueses fizessem agora filmes sobre o seu domínio do Índico e a excelência de Lisboa nos Descobrimentos. Tudo isto traduz a ambição da China em não ser "apenas outro Japão", mas sim o futuro líder do mundo.

4.2. Ameaças ao Crescimento

Nas últimas décadas, o extraordinário crescimento chinês deveu--se essencialmente à sua estabilidade política, ao forte investimento possível pelas fortes poupanças, ao enorme esforço e baixo custo da sua mão-de-obra, às economias de escala de um país imenso e à baixa taxa cambial do renmimbi mantida artificialmente. Tal tornou a sua indústria altamente competitiva e compensou os custos de transporte até aos mercados consumidores, o que tem permitido exportações gigantescas. O país especializou-se assim na produção de bens de consumo baratos, poluindo altamente o meio ambiente, muitas vezes a trabalhar via subcontratos para as multinacionais estrangeiras, em que a maior parte dos lucros vão para estas. É o caso das famosas bonecas "Barbie", produzidas na China sob licença americana com um custo local de 1 dólar (30% para mão-de-obra e 70% para materiais+despesas várias+lucro), cujo transporte até aos EUA custa 1 dólar, após o que a multinacional americana dona da licença recebe 1 dólar e as empresas americanas que comercializam a boneca recebem 7 dólares, sendo o preço final de venda ao comprador de 10 dólares.

Ao mesmo tempo, a China tornou-se um amortecedor importante para a inflação nos países desenvolvidos, dada a sua capacidade em absorver os aumentos dos preços das matérias-primas via os cortes das margens de lucro, para atender à diminuição do poder de compra dos seus mercados tradicionais.

Este modelo está agora a mostrar fissuras, uma vez que os custos da mão-de-obra têm vindo a aumentar bastante, os preços das matérias-primas

O FUTURO DA CHINA

estão em alta e várias destas poderão tornar-se escassas; o dólar continua a desvalorizar e verifica-se uma desaceleração de várias economias
ocidentais, o que poderá levar estas a criar novas barreiras comerciais,
sobretudo se ocorrerem novas recessões após a retirada dos estímulos
governamentais; por outro lado, à medida que um país se torna mais
desenvolvido, a sua velocidade de crescimento diminui, podendo surgir
recessões em alguns sectores; a instabilidade política poderá crescer na
China, quer por acções dos cidadãos mais bem informados e exigentes,
quer devido aos protestos dos habitantes das áreas mais desfavorecidas;
por último, qualquer pequeno problema, multiplicado por 1300 milhões
de habitantes, advém um grande problema.

Na verdade, as crescentes **Reivindicações Internas** conduziram
a grandes aumentos salariais, que atingiram um valor acumulado de
50% nos últimos quatro anos, para as províncias do sudeste onde estão
concentradas a maioria das fábricas de exportação. Novas leis laborais
conduzirão a aumentos anuais de 10% a 25%, e permitirão aos trabalhadores despedidos receber um mês de salário por cada ano de trabalho.
Conforme estudo recente, um trabalhador chinês nas zonas costeiras
custa agora 0.8 €/hora e nas zonas interiores custa 0.4 a 0.6 €/hora, ao
passo que um trabalhador indiano custa 0.35 €/hora. Já um trabalhador do Bangladesh, país mais barato dos 7 analisados, custa um quinto
dos valores em Shanghai ou Suzhou (Yuen, 2010). Tudo isto terá consequências negativas no desemprego. A cidade de Huidong na província
de Guangdong, por exemplo, foi sede de 3 000 fábricas de calçado no
início de 2007, mas mais de 500 fecharam ao longo dos últimos meses.
Outras cidades como Zuhai ou Jiangsu, "capital da seda", estão a ter
quebras acentuadas na produção têxtil.

Contudo, uma vez que existem ainda cerca de 200 milhões de
trabalhadores rurais em áreas do interior, o sistema de baixo custo
poderá funcionar durante mais alguns anos desde que se ultrapasse o
sistema de vistos maoísta *"hukou"*, que controla a vinda das populações
rurais. De notar que em 2006, ainda existiam 26 milhões de pessoas
com um rendimento anual inferior a 70 €, e 50 milhões com um rendimento anual inferior a 90 € (Qiu, 2006).

Até 2013, a China terá de criar cerca de 20 milhões de novos empregos por ano para enfrentar a chegada ao mercado dos jovens de 18 anos.
Isso significa um esforço tremendo, só possível com fortes taxas de

crescimento. Só depois disso é que esse número começará a diminuir e atingirá cerca de 13 milhões em 2020 (Bregolat, 2007). Por isso, no final de 2006, 68 milhões de trabalhadores chineses estavam envolvidos em projectos de cooperação económica no exterior, avaliados em 60 000 milhões €. Além disso, o valor total do investimento directo no exterior totalizava 74 000 milhões € em 2007, como resultado da criação de 10 000 empresas em 172 países (MOFCOM, 2011a).

Por outro lado, o **Envelhecimento** da população conduzirá ao aumento dos custos da segurança social e à correspondente necessidade de mais impostos. Actualmente, os impostos na indústria de vestuário, assim como os salários e custos de trabalho em geral, são mais altos na China do que no Vietname, Camboja, Bangladesh, Índia, Sri Lanka e Indonésia. Em paralelo, o aumento das verbas gastas pelos idosos e o aumento dos hábitos de consumo da população, à semelhança dos países desenvolvidos, diminuirá as verbas internas disponíveis para investimento, sobretudo a partir de 2020.

Outro condicionamento é o **Ambiente**, pois os efeitos negativos sobre a saúde da população e a natureza são já tão graves, que obrigarão à modernização e inclusive fecho de várias fábricas. Perante a presente crise mundial, tal irá aumentar os custos de produção, diminuir as vendas e aumentar o desemprego, com as consequentes perturbações sociais. Mesmo projectos emblemáticos como o da futura eco-cidade de Dongtan, promovido pela *Shanghai Industrial Investment Company* e situado na ilha de Chongming próximo de Shanghai, têm sido adiados. Seria uma das novas cidades do mundo mais modernas, sem emissões de carbono, prevista para uma população inicial de 10 000 habitantes e uma população de 500 000 habitantes no ano 2050. Outro projecto adiado foi o da nova eco-cidade de Wanzhuang próxima de Beijing. Todavia, o país vai ter de arranjar recursos e infra-estruturas para mais 300 milhões de habitantes nos próximos 40 anos, a que se somam as dezenas de milhões de habitantes que deixarão os campos para as cidades.

Muitos produtos de **Alta Tecnologia** produzidos na China têm tecnologia ocidental, sendo apenas fabricados da forma mais barata possível. Ou então, muitas multinacionais no Japão, Coreia do Sul e outros países, enviam peças e componentes sofisticados para montagem e reexportação para países desenvolvidos. Em 2010, o país teve assim um défice comercial de 75 000 milhões € com estes países no chamado "comércio de processamento" (Thorbecke, 2011). Além disso, quase 60% das exportações chinesas são produzidas por empresas com capital estrangeiro que investiram na China. Se no futuro os lucros baixarem com o aumento dos custos, especialmente os custos de mão-de-obra, essas empresas poderão deslocar as suas fábricas para outros países mais baratos como o Vietname, que além disso têm populações bastante mais jovens e com elevado grau de literacia (Arnold, 2005).

Curiosamente, no 1º trimestre de 2011, pela primeira vez nas últimas décadas, a China teve um défice comercial de 5 500 milhões €, o que poderá ter resultado das políticas de fomento do consumo interno, do aumento do preço de várias matérias-primas importadas e da valorização contínua do renmimbi, que tornou as exportações mais caras e as importações mais apetecíveis. O país tem assim que aumentar internamente o valor acrescentado dos seus produtos e serviços, especialmente ao nível das empresas domésticas, para não estar refém das empresas estrangeiras. Actualmente, em média apenas 50% do valor dos produtos exportados é valor acrescentado no próprio país, sendo o restante conteúdo estrangeiro (matérias-primas, peças, patentes e serviços de transporte). Este valor acrescentado varia na realidade entre 25% para os "produtos processados" já referidos, que representam 60% das exportações totais, e 89% para os produtos genuinamente domésticos, os chamados "não-processados", que representam os restantes 40% das exportações totais.

Nas trocas comerciais China-EUA, mais de 3/4 das exportações são "produtos processados", o que se traduz numa parcela total de valor acrescentado chinês mais baixa do que o habitual, da ordem dos 37%. Pelo contrário, as importações têm um valor acrescentado americano da ordem dos 83%, fruto da sua elevada tecnologia. Como tal, em 2005, o saldo comercial com os EUA foi de 133 000 milhões € a favor da China, mas já o saldo do valor acrescentado foi de 31 000 milhões €. Por outro lado, estima-se que nas trocas comerciais entre estes 2 países, 60% das exportações chinesas sejam produzidas por firmas com capital estrangeiro, o que admitindo parcerias equitativas, conduz a que os accionistas estrangeiros recebam cerca de 30% do total exportado. Além disso, estima-se também que a parcela de valor acrescentado chinês se possa decompor em três componentes: 68% para remuneração do capital investido (0.3x68% = 20% para estrangeiros e 0.7x68% = 48% para

PORTUGAL E A CHINA – UMA RELAÇAO COM FUTURO

nacionais), 18% para remuneração dos trabalhadores e 14% para impostos e taxas. Ou seja, isso significa que no final, apenas 30% do valor das exportações chinesas para os EUA fica na China, os restantes 70% vão para o estrangeiro (Akyuz, 2010), da forma:

- 0.48 x 37% = 18% para remuneração do capital investido por nacionais
- 0.18 x 37% = 7% para remuneração dos trabalhadores nacionais
- 0.14 x 37% = 5 % para impostos e taxas nacionais
- 0.20 x 37% = 7% para remuneração do capital investido por estrangeiros
- 63% para remuneração de todo o conteúdo estrangeiro (ex. matérias-primas e patentes)

Se de forma aproximada, aplicarmos agora estes rácios ao caso geral do valor médio acrescentado chinês, que é de 50% do valor das suas exportações, então conclui-se que só 40% do valor total das exportações chinesas ficará na China.

A **Gestão** na grande maioria das empresas chinesas é ainda do "tipo soviético", consequentemente ineficiente, o que levará mais de uma década para mudar totalmente. O marketing é também difuso e as marcas quase não existem. Nas próximas décadas, a formação profissional de dezenas de milhões de trabalhadores será igualmente necessária, para aumentar a sua produtividade, o que implicará enormes custos. Apenas as grandes multinacionais chinesas estão a despertar para todas estas falhas. Por outro lado, existem vários grupos, sobretudo nos serviços e dentro destes nas tecnologias da informação, em que os seus crescimentos espectaculares são meramente especulativos e resultantes de operações de venda em bolsa, em que os empresários iniciais se tornaram multimilionários, mas os novos accionistas correm o risco de vir a ter grandes prejuízos.

A **Concorrência** entre as zonas costeiras e interiores tem vindo a aumentar, para além da concorrência com países vizinhos, por isso os lucros têm desaparecido em várias fábricas costeiras, as quais poderão fechar. Um sexto das 44 200 empresas têxteis controladas pela *China National Textile and Apparel Council*, por exemplo, perdeu dinheiro em 2007 e dois terços estavam mesmo em ruptura (Power, 2008a). Este

O FUTURO DA CHINA

fenómeno será agravado pela modernização das regiões interiores, que já começou com a campanha "Desenvolver o Oeste". Uma das suas ferramentas será os fluxos de IDE, pelo que a taxa de imposto sobre as empresas nestas regiões será reduzida para 15% nos primeiros três anos e serão eliminados os impostos locais. No caso de uma empresa exportadora, ficará isenta do imposto sobre o rendimento ou este será reduzido para uma taxa de 10% (China Org, 2011).

Tudo isto são problemas idênticos aos que outros países hoje desenvolvidos sofreram no passado. Foi o caso do Japão na década de 90, que após uma fase de imitação de várias décadas com menores custos, começou a perder competitividade face a outros países vizinhos. Por sua vez, a China está actualmente a meio de uma industrialização rápida, daí apresentar uma distribuição dos sectores agrícola/industrial/serviços de 11%, 46% e 43% do PIB, comparado com os países desenvolvidos que ronda os 2%, 28% e 70% do PIB, respectivamente. Para o país conseguir manter o crescimento económico e continuar a sua convergência versus o Ocidente, a solução será necessariamente apostar no **Incremento da Produtividade**, para produzir produtos e serviços de maior valor acrescentado com menos recursos, assim como num maior do peso do sector dos serviços. Isso terá de ser feito por três vias:

- Aumento do Capital Humano – por melhoria da educação, da formação profissional e das condições de saúde e de trabalho.

- Aumento da Produtividade Total dos Factores – por investimento na investigação e desenvolvimento, maior eficiência na produção e gestão das empresas, e modernização da administração pública.

- Modernização da Agricultura/Extracção Mineira e Reestruturação de uma parte da Indústria

Os aumentos dos preços das **Matérias-Primas** como o petróleo e o minério de ferro, já não conseguem ser absorvidos pelos cortes nas margens de lucro chinesas. Só os alimentos subiram 60% desde o ano 2000, por vários efeitos: aumento da procura de cereais para rações de animais que ingerem grandes quantidades, por parte de países como a China e a Índia, dada a mudança para uma dieta com mais carne; más condições climáticas em países exportadores como a Rússia e o Canadá;

aumento do preço do petróleo que encarece as operações agrícolas e a produção de fertilizantes; desvio de alimentos como o milho e a soja para a produção de bio-combustíveis; forte especulação por parte dos países desenvolvidos, via o aumento de investidores como os fundos de pensões, e via produtos financeiros especiais como os fundos de cobertura de risco, os chamados *Hedge Funds.*

Estes fundos estão geralmente sediados em paraísos fiscais, fora do país de residência do investidor, não regulamentados pelas suas leis nem aí pagando impostos. Inicialmente, tinham como objectivo aproveitar a volatilidade dos activos sobre os quais investissem, pelo que no caso de investirem num dado alimento, tanto podiam ganhar com a sua descida como com a sua subida, na condição de acertarem no sentido da variação. O problema é que com as elevadas descidas dos mercados de acções e do imobiliário, muitos investidores têm desviado as suas aplicações para estes fundos, que ao atingirem verbas astronómicas passam a poder influenciar os mercados, distorcendo o habitual mecanismo de equilíbrio entre a oferta e a procura dos produtos.

Por outro lado, os países estão a reposicionar-se face ao controlo das matérias-primas, estando a decorrer uma nova "Corrida a África", em que do lado dos investidores estão países tão diversos como a Arábia Saudita, a China, a Índia, o Brasil ou a Coreia do Sul. Os seus objectivos consistem na obtenção directa de mais matérias-primas e outros recursos como terra arável, para ganhar independência face às empresas ocidentais, e ao mesmo tempo aumentar as suas exportações para esses mercados. Se Pequim nos próximos anos não conseguir um acesso privilegiado às matérias-primas, ficará necessariamente de mãos atadas. Daí em parte os seus investimentos militares e económicos mais à frente analisados.

O **Renmimbi** continua a valorizar, está agora 10% mais alto face ao euro, 25% mais alto face ao dólar e 30% mais alto face à libra, desde o abandono do câmbio fixo em 2005, o que torna as exportações chinesas mais caras. Os EUA compram cerca de 20% destas, por isso, quando a sua economia começou a vacilar no final de 2007, a taxa de crescimento das exportações chinesas iniciou a desaceleração. Em 2008 caiu para 6.5%, comparado com quase 20% em 2007. No entanto, apesar de ser o maior exportador mundial, a China não é tão dependente do comércio exterior como outros países. Em 2006, as exportações representaram 36.8% do PIB, comparado com os 43.2% do PIB para a Coreia do Sul.

O FUTURO DA CHINA

Mesmo assim, Pequim poderá ficar extraordinariamente vulnerável à queda da procura internacional, caso não a consiga equilibrar com o aumento do consumo interno. Veja-se que as exportações atingiram este pico de 36.8% do PIB em 2006, tendo caído para 29% do PIB em 2010 (World Bank, 2011). Com efeito, o país construiu muitas fábricas nos últimos anos, devido ao imenso capital disponível pela sua elevada poupança interna e pelos excedentes comerciais, os quais conduziram a níveis para a poupança nacional bruta de 54% do PIB. As exportações de aço chinesas, por exemplo, aumentaram dez vezes no período 2003-2007, de 3 500 milhões € para 35 000 milhões €.

O governo central cedo reconheceu que provavelmente se estava a formar uma bolha de investimento neste sector. Em 2004, quer por razões económicas quer ambientais, o governo central começou a pressionar as autoridades das províncias e as autoridades locais para conterem os investimentos em alumínio, aço e cimento. Os bancos estatais também foram periodicamente avisados para pararem de conceder empréstimos a projectos industriais nesses sectores. Pelo contrário, as autoridades locais muitas vezes ignoraram essas advertências, uma vez que mais fábricas significavam mais empregos e mais crescimento, o que poderia trazer mais benefícios políticos.

Como tal, o país tem mantido taxas anuais de **Investimento Interno** da ordem dos 40% do PIB nos últimos 20 anos, para as quais é impossível manter a eficiência e a procura do mercado. Aliás, o país só não teve uma crise com a diminuição do excedente comercial em 2009, porque o Estado injectou a economia com verbas adicionais, tendo a taxa de investimento anual atingido 50% do PIB. A curto prazo isso está gerar inflação por maior consumo de recursos, mas a longo prazo a sobrecapacidade produtiva irá gerar retracção nas vendas e crédito mal parado. A dependência da economia chinesa face ao sector da construção é em especial muito grande, pois este representa quase metade do investimento total. Embora exista uma grande necessidade de mais habitação, existem já várias "cidades-fantasma" como Ordos na província da Mongólia Interior, construída para dezenas de milhares de famílias face à descoberta de novas reservas de carvão e gás natural, mas que está vazia. Existem também várias infra-estruturas como aeroportos e auto-estradas ainda com poucos utilizadores. A reestruturação da indústria irá ser assim um processo doloroso, que passará por uma diminuição significativa do respectivo investimento (Roubini, 2011).

Para suavizar esta reestruturação, terá de se aumentar o **Consumo Privado** que é de 35% do PIB e de 60% do rendimento disponível das famílias. Para isso, terá que em primeiro lugar se aumentar este rendimento que é actualmente baixo, com um valor de 59% do PIB, quando comparado com valores acima de 65% do PIB no Ocidente. Isso terá de ser feito por aumentos salariais, diminuição dos impostos e incentivos vários. Só em 2010, o Estado já gastou 8 000 milhões €, 0.2% do PIB, da seguinte forma: subsídios às populações rurais para aquisição de novos automóveis; subsídios de 500 a 1 800 € para troca de automóveis velhos; redução de taxas para metade, em novos veículos com motores abaixo dos 1600 cm3; subsídios de 10% do valor da compra de novos electrodomésticos; criação de 4 instituições de crédito ao consumo.

Por outro lado, há que desincentivar a elevada poupança familiar que é de 23% do PIB e de 40% do rendimento disponível, ao contrário dos países ocidentais com valores à volta de 15% do rendimento disponível[6]. Actualmente as taxas dos depósitos chineses para particulares são já baixas, para permitir empréstimos às empresas com juros baixos, sobretudo às grandes empresas públicas, o que promove o sobreinvestimento e as exportações. Também já existem 207 milhões de cartões de crédito e estima-se que este número ultrapasse o dos EUA em 2020 (Li & Fung, 2010). A diminuição da poupança familiar será assim mais uma questão de mudança de hábitos.

Em simultâneo, terá de ser diminuída a poupança das empresas, que ronda os 19% do PIB e corresponde sobretudo a lucros não distribuídos. Tal poderá ser feito aumentando os impostos sobre as mesmas e transferindo estes para as famílias mais desfavorecidas, de modo a aumentar o seu rendimento disponível e o respectivo consumo. No caso das empresas públicas, o Estado também poderá impor o pagamento de dividendos maiores a si próprio. Tudo isto poderá conduzir a equilíbrios instáveis,

---

[6] Na situação oposta, Portugal é um país altamente gastador em que as famílias vivem acima das suas posses, ao terem consumos de 90% do rendimento disponível e uma poupança de apenas 10% deste rendimento. O rendimento disponível é de 74% do PIB, ou seja, as famílias são até bem remuneradas face aos outros agentes económicos, o problema é que produzem pouco em comparação com o Norte da Europa, daí o PIB per capita ser baixo e, por acréscimo, também ser baixo o seu poder de compra em valor absoluto.

O FUTURO DA CHINA

pois existe o risco de em contrapartida poder aumentar as falências das empresas, por diminuição do seu capital disponível. Outra hipótese será privatizar mais empresas públicas e transferir as respectivas verbas para as famílias mais pobres.

O país terá similarmente que desenvolver uma **Estrutura Financeira** para investimentos de longo prazo nas empresas, não tão dependente da volatilidade dos depósitos bancários dos aforradores e correspondentes empréstimos de curto e médio-prazo pelos bancos, nem do crédito inter-bancário. Para isso, terá de fomentar o financiamento directo, entre os investidores e a empresas, via o crescimento dos mercados de acções e obrigações, o que também repartirá o risco dos novos projectos pelos investidores directos, libertando os bancos do mesmo. Tal permitirá aos bancos melhorar a sua solidez, conforme necessidade já abordada, pois mais de 70% de todas as obrigações no mercado são detidas por estes. Aliás, de acordo com alguns analistas, os 4 maiores bancos chineses irão necessitar de aumentar os seus capitais próprios em 50 000 milhões € e poderão necessitar uma nova recapitalização dentro de 3 anos (Walter *et al.*, 2011). Também outras instituições como bancos de desenvolvimento, seguradoras ou fundações, serão importantes neste objectivo (Li, 2006).

Outro problema é o de uma grande parcela dos activos dos bancos chineses ser em **Dólares**. Estes bancos já têm taxas de baixa solubilidade em geral, por isso, se o renmimbi se valorizar muito, alguns bancos poderão entrar em falência técnica (Amaral, 2007). Por acréscimo, o mercado de acções poderia sofrer quedas acentuadas e, como muitas empresas cotadas inflacionam os seus lucros investindo em acções de si mesmas, uma grande correcção poderia gerar resultados ainda menores nestas empresas, o que resultaria num ciclo vicioso. Este efeito seria ainda alavancado pelas elevadas cotações de muitas empresas chinesas, resultantes não tanto dos seus resultados reais, mas mais do seu potencial futuro, de forma semelhante às empresas americanas de Internet no final dos anos 90.

Aliás, vários analistas, mesmo chineses, continuam a duvidar das estatísticas oficiais e temem que um dia uma bolha económica possa explodir, como nos "*Chaebols*" da Coreia do Sul em 1997. Nesse ano, 11 conglomerados de bancos e grupos industriais interdependentes acabaram por ir à falência após a crise financeira asiática, em que o mais conhecido foi a *Daewoo*, com um colapso de 60 000 milhões €. Por outro lado, a inflação chinesa está com tendência para crescer acima dos 5%, principalmente devido aos aumentos do preço do petróleo, forçando o Banco da China a elevar as taxas de juro. Não devemos esquecer que após a primeira crise do petróleo em 1973, a Reserva Federal americana aumentou a sua taxa de juro para 15% e, após o segundo choque do petróleo em 1981, subiu a mesma para 19%.

Mais grave é a situação ao nível das reservas do Banco Central chinês, pois estima-se que cerca de 60% das mesmas estejam aplicadas em activos cotados em dólares. Ao contrário do passado, em que o dólar valorizava e como tal existia uma mais-valia na sua aquisição, para além de se manter artificialmente o renmimbi mais baixo, actualmente a política americana é a de desvalorizar o dólar. Algo que se irá manter nos próximos anos, quer para equilibrar a balança comercial americana, quer em resultado de futuras emissões gigantescas de dívida americana, a não ser que fenómenos exteriores como o fim do euro venham a surgir. O que associado à subida da inflação americana, irá conduzir a perdas significativas nestes activos.

Uma solução seria o governo americano aceitar a conversão de parte dos Títulos do Tesouro, em Títulos do Tesouro Protegidos contra a Inflação (TIPS), para pelo menos eliminar o efeito da inflação. Outra hipótese seria converter uma parte destes activos em "Direitos de Saque Especiais" (SDR) do FMI, para o que seria necessário chegar a acordo. Tal não tem sido possível, pois ainda recentemente Pequim participou na duplicação das reservas desta instituição para 500 000 milhões de dólares, com uma verba em renmimbi equivalente a 50 000 milhões de dólares. Entretanto e de modo a internacionalizar o renmimbi, a China já realizou empréstimos na sua moeda à Indonésia, à Malásia e à Coreia do Sul, assim como já realizou emissões de dívida pública nesta moeda via o mercado de Hong-Kong.

O aumento do preço do petróleo sobe o **Preço dos Transportes** até aos mercados finais. Em 2000, os custos de transporte marítimo representavam em média 3% do valor dos bens exportados pela China, tendo subido para 11% em 2008. Por outro lado, também aumenta o custo do transporte das matérias-primas importadas, como é o caso do transporte do minério de ferro do Brasil, mais caro do que o próprio minério (McKinsey, 2008). Isto somado com os aumentos salariais e a subida de

O FUTURO DA CHINA

outros custos, está já a provocar a saída de empresas como a alemã *Steiff*, que fabricava brinquedos e se mudou para a Europa de Leste, um fenómeno denominado *"backshoring"*. Poderão estar assim formadas várias bolhas de investimento, a rebentar a todo o momento, o que aumentaria o desemprego e a agitação social. Será então a China "um gigante com pés de barro" no caso de termos uma terceira crise do petróleo? Provavelmente não, esta crise irá certamente esvair-se a longo prazo, pelo que o país irá ultrapassá-la via todo o seu potencial.

Quando se trata de **Modelos Económicos** para o século XXI, "o capitalismo é o único jogo disponível". Pequim não poderá voltar a trás, caso contrário uma guerra civil poderia acontecer. Só o nacionalismo provavelmente irá ajustar o modelo económico. O presidente chinês Hu Jintao já cita Confúcio, o que no passado foi proibido dado toda a "cultura feudal" ter sido ferozmente expurgada por Mao, para apresentar vários ideais:

- *Hexie shehui*, uma "sociedade harmoniosa", a ideia de que o principal objectivo é chegar a um nível de harmonia para todos, por isso as regiões rurais também deverão ser desenvolvidas.

- *Heping jueqi*, "ascensão pacífica", o que significa que a ascensão da economia chinesa e a rápida modernização das suas forças armadas não irão representar uma ameaça para os seus vizinhos, mesmo que ainda existam vários territórios a serem disputados.

- Ele é um *Junzi*, ou um "cavalheiro" que governa por meio de exemplos virtuosos, e que anseia por trazer felicidade a todas as famílias e benevolência à sociedade.

Mesmo assim, de acordo com um antigo embaixador espanhol em Pequim (Bregolat, 2007), o Partido Comunista Chinês (PCC) não aceita a democracia "porque ela enfraqueceria o Estado, a energia social seria desperdiçada em debates como no Ocidente, em vez de ser empregue no desenvolvimento do país, e a soberania nacional seria corroída como na União Soviética, com partidos políticos subsidiados por Taiwan e pelo Ocidente". Claro que o PCC também perderia o poder, mas de qualquer forma, a maioria dos chineses ainda tem medo de uma nova influência do Ocidente, como aconteceu no passado com trágicas consequências.

Isso não impede que a juventude e a nova classe média mais ocidentalizada possam querer mais liberdade. Outra questão é a dificuldade do PCC em garantir uma "tripla representação" em simultâneo, das novas elites do mundo dos negócios, da nova classe média de cientistas, intelectuais e técnicos, e do proletariado urbano e rural, só possível com crescimento económico (Vasconcelos, 2009).

Finalmente, as **Disputas Territoriais** são uma ameaça latente. Actualmente, a China é o 3º maior país do Mundo e tem fronteiras com 14 países. Dados os conflitos históricos, reclama Taiwan e as ilhas no Mar do Sul da China (figs. 4.4 e 4.5), o que envolve disputas com o Vietname, Filipinas, Brunei, Malásia e Indonésia; reclama também algumas ilhas no Mar da China Oriental sob controlo do Japão, e reclama uma parte do estado indiano de Arunachal Pradesh na fronteira com o Tibete.

Também não é clara a sua posição sobre as Ilhas Sacalinas no nordeste (invadidas pela Rússia e também reclamadas pelo Japão), a Manchúria Exterior invadida pela Rússia, a Mongólia (que se tornou independente em 1924 sob pressão da Rússia), a região de Ili no Cazaquistão (uma zona tipo Alpes próxima do lago Balkhash, que faz fronteira com a província de Xinjiang) assim como sobre todos os "estados afiliados" do passado (Nepal, Birmânia, Tailândia, Laos, Vietname e Coreia). Por sua vez, Taiwan reclama a Mongólia. Toda esta situação é especialmente complicada pelo facto de 90% das regiões fronteiriças da China serem habitadas por minorias étnicas de ambos os lados e, embora estas representem apenas 8% da população chinesa, ocupam perto de 60% da área do país. Além disso, são zonas bastante mais pobres do que a faixa costeira, o que poderá levar a revoltas futuras.

Na verdade, o país a **Norte** faz fronteira com a Rússia (3650 km), a Mongólia (4680 km) e a Coreia do Norte (1400 km). Conforme referido, a anexação da Manchúria Exterior pela Rússia retirou o acesso das províncias de Jilin e Heilongjiang ao mar, daí em parte o conflito fronteiriço de 1969. Por sua vez, a anexação de uma zona ao norte da região de Ili pela Rússia, retirou uma zona com vários recursos minerais como carvão e cobalto. A situação está aparentemente calma, existe um grande comércio bilateral e entrou até em funcionamento um oleoduto entre a Sibéria e a província de Heilongjiang, que fornece 300 000 barris por dia, o que representa 10% das importações chinesas de petróleo (Vasconcelos, 2009).

O FUTURO DA CHINA

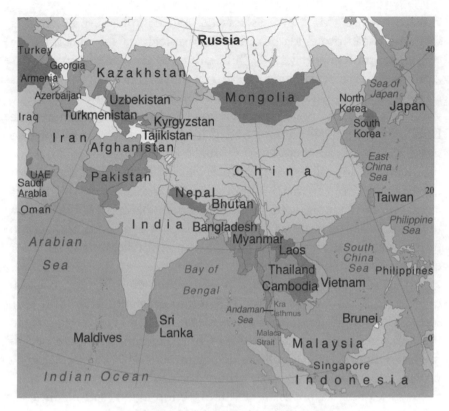

Figura 4.4. – Países Fronteiriços da China

Figura 4.5. – Ilhas em disputa no Mar do Sul da China

Face à Coreia do Norte as relações são complexas, pois embora seja uma nação protegida por Pequim, vive fechada sob uma ditadura comunista fundamentalista. A China pretende ter o acesso ao mar das 2 províncias já referidas, em particular de Jilin cuja fronteira está apenas a 15 km da costa. Para isso negociou a concessão do porto coreano de Rajin e a sua ligação por uma nova auto-estrada até à cidade chinesa de Hunchun a 80 km. No entanto, a reduzida largura do território coreano nessa zona, torna apetecível um eventual controlo directo.

Quanto à Mongólia, antiga província chinesa, é um país 17 vezes maior que Portugal e com apenas 3 milhões de habitantes, que possui grandes jazidas de carvão, urânio, tungsténio, molibdénio e cobre, e que poderá ter também as "terras raras" fundamentais para as altas tecnologias do futuro. Note-se que a província chinesa fronteiriça da Mongólia Interior é já líder mundial na extracção destes metais.

A **Oeste**, o país faz fronteira com 5 países muçulmanos: o Cazaquistão (1530 km), o Quirguistão (850 km) e o Tajiquistão (400 km), que são 3 ex-repúblicas soviéticas; o Afeganistão (80 km) e o Paquistão (520 km). As etnias muçulmanas na China são uma ameaça, especialmente os uigures, com 8 milhões de habitantes e 40% da população da província de Xinjiang. Os seus grupos terroristas têm realizado atentados na capital da província, Urumqi, tendo alguns grupos ligações à *Al-Qaida*, outros são grupos apoiados pelo Ocidente como forma de pressão sobre Pequim (WUC, 2011).

Os mesmos reclamam a independência deste território que designam por Turquistão Oriental, que ao longo dos séculos esteve na posse da China a grande maioria do tempo, mas que chegou a fazer parte do Turquistão que se prolongava até à Turquia no séc. X. De seguida, este território foi invadido pela Rússia, esteve sujeito a disputas com os mongóis e foi recuperado pelos chineses com Mao. No futuro, irão passar nesta província oleodutos e gasodutos provenientes da Ásia Central, o que será uma forma de a China diversificar as suas fontes de energia e diminuir a dependência do transporte marítimo. Já existe assim um oleoduto com 2200 km no Cazaquistão a ligar à fronteira, com uma capacidade de 200 000 barris por dia.

Pequim tem procurado estabelecer as melhores relações com estes 5 países. É o caso do Paquistão, em que aproveita a sua rivalidade com a Índia, dando, por exemplo, apoio na construção de centrais nucleares.

O FUTURO DA CHINA

Deste modo, poderão vir a ser construídos oleodutos ligando o porto paquistanês de Gwadar, um porto de águas profundas construído com financiamento chinês já próximo do Golfe de Oman e do Irão, à província de Xinjiang. Em paralelo, os EUA têm procurado aumentar a sua influência nestes países vizinhos e com isso limitar os poderes chinês e russo, tendo bases aéreas no Paquistão e no Afeganistão, e instalações de apoio no Uzbequistão e no Quirguistão. Por seu lado, a Rússia e a Índia têm procurado também estabelecer instalações de apoio nas 3 ex-repúblicas soviéticas, para equilibrar todas estas influências.

A **Sul**, o país faz fronteira com a Índia (3380 km), o Nepal (1240 km), o Butão (470 km), a Birmânia (2180 km), Laos (420 km) e o Vietname (1280 km). A Índia reclama 5 enclaves ocupados pela China na zona de Caxemira e que fazem parte da província de Xinjiang, anexados após a guerra entre os dois países em 1962. Por sua vez, os 5 milhões de tibetanos são outra etnia não consolidada de religião budista, que tem vindo a reclamar a independência do Tibete com o apoio do Ocidente, e que ao longo dos séculos ora foram independentes, ora estiveram sobre domínio chinês (Tibet Sun, 2011). A sua contestação é essencialmente pacífica por enquanto. Por outro lado, uma parte desta etnia vive nas províncias adjacentes de Gansu, Qinghai, Yunnan e Sichuan, das quais reclamam algumas zonas. Ora aqui nascem os principais rios chineses, pelo que Pequim nunca irá transigir. Ciente disto, o próprio Dalai Lama tem tomado uma posição de compromisso, não exigindo a independência em troca do respeito da cultura do seu povo.

A Birmânia (Myanmar) permite um acesso alternativo ao Golfe de Bengala no Índico. Após um período complicado de relacionamento, foi anunciada a construção de uma linha ferroviária entre o porto de KyauKpyu e a capital da província de Yunnan, Kunming, assim como de um oleoduto com uma capacidade de 440 000 barris por dia e um gasoduto com uma capacidade de 12 biliões de m3 por ano. Nesse sentido, existe igualmente um estudo chinês para construir um canal no Istmo de Kra na Tailândia, para passagem de trânsito marítimo em alternativa ao Estreito de Malaca, que seria uma espécie de Canal do Panamá. Teria 44 km de extensão, obrigaria na zona mais alta a escavar 75 m acima do nível da água, demoraria 10 anos a construir com 30 000 trabalhadores e custaria à volta de 20 000 milhões €. Em alternativa poderia ser construído um oleoduto de 260 km, capaz de transferir 1.5 milhões de barris por dia, o que obrigaria a operações de trasfega entre petroleiros e depósitos. Os estados vizinhos estão contra em ambos os casos, pois perderiam influência económica e política.

Para além das disputas marítimas com o Vietname, a China tem estado a construir várias barragens nos afluentes do rio Mekong que abastece este país, o que diminui os seus caudais e poderá ter alterações ecológicas significativas. Por seu lado, Hannoi está a desenvolver a sua marinha de guerra, estando a construir vários submarinos convencionais (Duchâtel *et al.*, 2011).

A **Leste**, a disputa das ilhas nos Mares do Sul da China e da China Oriental, em especial de Taiwan, é importante do ponto de vista geo-estratégico porque as mesmas constituem, conjuntamente com o Japão e as Filipinas, uma "1ª corrente de ilhas" que bloqueia a saída da China para o Pacífico. Além disso, os EUA possuem bases navais nestes países e na Coreia do Sul. Existirá ainda uma "2ª corrente de ilhas" se consideramos o Japão e as Ilhas Marianas, aonde os americanos têm a base de Guam, e no limite a Austrália e a Nova Zelândia. Tratam-se de zonas a partir das quais as forças militares vizinhas monitorizam todos os movimentos e exercícios de treino da marinha chinesa, com capacidade de a destruir em caso de conflito, ao contrário dos EUA que têm saídas para dois oceanos não bloqueadas.

Por outro lado, as ilhas em disputa a sul poderão ajudar a um melhor controlo do Estreito de Malaca e de toda a zona marítima envolvente, por onde passa 60% do comércio internacional chinês e 80% do seu petróleo importado, e no limite permitir um bloqueio naval da China. Além disso, a actual zona económica exclusiva chinesa, definida a partir de uma faixa marítima de 200 milhas ao longo da sua orla costeira, é de apenas 880 000 km2, metade da zona correspondente de Portugal. Contudo, se a mesma incluir todas estas pequenas ilhas, passa a abarcar um longo corredor até ao Brunei com uma área de 3 000 000 km2, uma imensa zona de recursos marinhos[7]. Daí as diversas escaramuças que têm estado a ocorrer com as marinhas de todos os países costeiros, o que

---

[7] Veja-se o caso das Ilhas Desertas no Atlântico. Para os espanhóis são rochedos não habitados, logo a zona marítima entre a Madeira e as Canárias deve ser dividida a meio. Para os portugueses são ilhas, logo o que deve ser dividido a meio é a zona entre as Desertas e as Canárias, o que corresponde a Portugal assegurar cerca de dois terços da zona marítima entre a Madeira e as Canárias.

O FUTURO DA CHINA

tem aproximado estes países dos EUA, ao ponto de decorrem exercícios comuns entre as marinhas vietnamita e americana.

A situação de Taiwan tem estado em ponto morto, uma vez que esta ilha tem sempre evitado declarar a independência, tendo-se tornado ao mesmo tempo o maior investidor na China. Tal acabará provavelmente por uma unificação como na Alemanha, um caso muito semelhante, razão pela qual começaram os vôos directos. De qualquer modo, Pequim colocou cerca de 700 mísseis de curto-alcance adjacentes ao estreito de Taiwan (Lampton, 2008). Por seu lado, este pequeno território continua a ter um orçamento militar de 2.5% do PIB, ligeiramente superior ao de Portugal em valor relativo, com 290 000 efectivos para 23 milhões de habitantes, e ainda recentemente adquiriu 5 000 milhões € de armamento americano. Pelo contrário, as tensões com o Japão têm aumentado, alimentadas por disputas em zonas do Mar da China Oriental, algumas já com plataformas offshore de exploração de petróleo (Bergsten *et al.*, 2008).

Para fazer face a todas estas ameaças, as **Forças Armadas** chinesas estão a transformar-se de uma grande força terrestre numa menor força móvel de elevada tecnologia, capaz de montar operações para além das suas fronteiras. A sua capacidade é ainda limitada, pois grande parte do seu equipamento baseia-se em tecnologia dos anos 70 e 80. Contudo, tem crescido nos últimos anos, com a aquisição de alguns sistemas avançados russos e o desenvolvimento de sistemas próprios como supercomputadores, túneis de vento e materiais especiais. O seu orçamento anual oficial é de 75 000 milhões €, mas estima-se que na realidade seja o dobro, 150 000 milhões € e 3.3% do PIB, o que equivale a um quarto do orçamento militar americano que atinge 4.7% do PIB, ou ao dobro do orçamento militar francês, inglês, japonês ou russo, ou sete vezes o orçamento militar indiano de 20 000 milhões € (Zajec, 2009).

A capacidade nuclear da China vem de 1965, após o primeiro teste de um míssil balístico, desenvolvido com a ajuda soviética até 1960. O país está agora a desenvolver mísseis balísticos intercontinentais, de modo a reforçar a sua capacidade de dissuasão nuclear. Tem já algumas unidades capazes de atingir a Europa e os Estados Unidos, em que uma parte poderá ser lançada da nova classe de submarinos nucleares. Estima-se um total de 260 ogivas de longo alcance, comparado com 6000 ogivas dos EUA, 5400 da Rússia, 338 da França e 185 do Reino Unido

(Vasconcelos, 2009). Está também a desenvolver o míssil *DF-21D* para ataque a porta-aviões.

Um sistema de navegação e posicionamento por satélite, o *"Beidou"*, está a ser preparado para competir com o *Galileo* europeu e o *GPS* americano. Será aplicado em actividades militares, especialmente na balística, para além de actividades como transportes, meteorologia, prospecção petrolífera, monitorização de fogos florestais, prevenção de tempestades, telecomunicações e segurança. Foram já lançados 5 satélites de um total de 35 a lançar até 2020. Em 2007, foi testado um sistema de destruição de satélites, através do abate de um velho satélite meteorológico em órbita a 865 km da Terra (China Org, 2011).

Para além disto, Pequim tem estado a desenvolver uma nova geração de aviões de combate com apoio russo, e de outros países como Israel ao nível de componentes especializados. Inclusivamente, está a desenvolver um avião de ataque do tipo *stealth*, de baixa emissão de ondas de radar, prevendo-se ter 200 unidades operacionais até 2025. Deste modo, está a ser criado um sistema de ataque aéreo com um alcance de 1 500 km, o que engloba todas as principais bases aéreas americanas no Extremo Oriente.

A China ainda possui uma **Marinha** diminuta, incapaz de proteger o abastecimento de matérias-primas desde África ou desde o Médio Oriente, e incapaz de proteger todo o seu comércio marítimo pelo Índico, evitando em especial o engarrafamento estratégico no estreito de Malaca já referido. Aí está dependente das marinhas locais e no limite da marinha americana. Na verdade, este estreito tem 1000 km de extensão e uma largura mínima de 2.5 km, e embora sejam águas internacionais, está dividido em 9 zonas repartidas entre a Indonésia, a Malásia e Singapura. É já obrigatório registar a passagem de navios com mais de 300 toneladas, não podendo contudo ser cobradas taxas de passagem.

Mesmo assim, por vezes ainda ocorrem actos de pirataria e poderão sempre ocorrer actos de terrorismo, bastaria por exemplo provocar um incêndio num super-petroleiro. Além disso, não nos podemos esquecer que o ataque japonês a Pearl Harbour na 2ª Guerra Mundial, resultou do bloqueio de petróleo por parte da marinha americana, após a invasão japonesa da China. Para quebrar esse bloqueio, o Japão sentiu a necessidade de destruir a marinha americana de uma só vez, pois se assim não fosse, não seria capaz de competir com a indústria americana de armamento e perderia a guerra, o que se veio a verificar.

O FUTURO DA CHINA

Os Estados Unidos possuem actualmente um bom controlo do Índico, tendo estabelecido boas relações com a maioria dos países da ASEAN[8], o que inclui instalações de apoio ou bases navais em alguns destes países, além da base naval de Diego Garcia situada na zona central deste oceano. Na verdade, Washington pretenderá sempre manter a sua supremacia naval, assegurar uma protecção a todos os países aliados da zona, estabelecer parcerias com estes para exploração marinha de petróleo e gás natural, e no limite ter sempre um meio de pressão sobre Pequim, especialmente se no futuro as relações comerciais voltassem a um período de proteccionismo (*The Economist*, 2010a).

Por enquanto, os EUA têm de longe a maior frota naval do mundo, com 11 porta-aviões nucleares de 100 000 toneladas, 280 navios, 3 700 aviões e 330 000 homens, a qual está distribuída em 6 esquadras: a 2ª no Atlântico Norte, a 3ª no Árctico e Pacífico Leste, a 4ª na América do Sul, a 5ª no Médio Oriente, a 6ª na Europa e a 7ª no Pacífico Oeste e Índico. De notar que só um porta-aviões destes transporta uma tripulação de 6000 homens, o seu combustível nuclear dura 20 anos, demora 8 anos a construir e tem um custo, incluindo todo o equipamento, de 12 000 milhões €, cerca de 7% do PIB português.

A 7ª esquadra possui um destes porta-aviões permanentemente no Mar da China, como meio de pressão sobre Pequim e Pyongyang, e de forma a garantir a segurança dos seus principais aliados, o Japão e Taiwan. Além disso, os EUA possuem um relacionamento diplomático e militar com a maioria dos países vizinhos da China, que será impossível esta vir a contrapor no futuro, via um correspondente relacionamento com os países vizinhos americanos, como o Canadá ou o México.

Por outro lado, Pequim acredita que a Índia está a estabelecer uma estratégia de domínio do Índico, à semelhança dos portugueses no séc. XVI, ao pretender assegurar o controlo dos pontos de acesso: Cabo da Boa Esperança, Canal de Moçambique, Golfe de Aden, Golfe de Oman, Estreito de Malaca, Estreito de Sunda e Estreito de Lombok[9].

---

[8] Associação de Nações do Sudeste Asiático, engloba 10 países: Birmânia, Laos, Tailândia, Vietname, Cambodja, Malásia, Singapura, Indonésia, Brunei e Filipinas.
[9] Estes estreitos têm profundidades mínimas de 25m, 20 m e 250 m, respectivamente, sendo o Estreito de Malaca o mais utilizado, ao estar situado mais a oeste e permitir a rota mais curta ao longo da costa asiática. Para super-petroleiros ou para uma rota África Oriental--Ásia, é mais utilizado o Estreito de Lombok.

Para isso, a marinha indiana tem instalações de apoio em Madagáscar e nas Ilhas Maurícias para monitorização do sudoeste do Índico, tem várias bases na costa continental do próprio país e tem bases nas ilhas indianas de Andaman e Nicobar, situadas junto à costa da Birmânia e na entrada do Estreito de Malaca. Realizou acordos militares com Moçambique, com a Tanzânia e com o Quénia, e está a treinar forças militares de países como a Zâmbia e o Botswana. Já realizou treinos navais com várias marinhas, entre elas a sul-africana (Cheru *et al.*, 2010).

Actualmente, a Índia tem um porta-aviões britânico dos anos 60, encomendou aos russos a modernização do porta-aviões *Gorshkov* e acabou de lançar o porta-aviões *Vikrant* de 40 000 toneladas, construído nos estaleiros de Cochin. Aliás, até a Tailândia tem já um porta-aviões de 11 500 toneladas construído em Espanha nos anos 90. Como se não bastasse, a Índia lançou o primeiro submarino nuclear de um total de cinco, construído nos seus estaleiros de Visakhapatnam, com capacidade de disparo de mísseis nucleares, aumentando ainda mais a rivalidade entre o "tigre" e o "dragão". Na verdade, estamos a falar não apenas de 2 países mas de 2 civilizações brilhantes com 4000 anos de história, pelo que será sempre máxima a sua rivalidade, assim como a vontade de retomar a supremacia do passado.

Perante este enquadramento, Pequim está a desenvolver uma **Marinha Oceânica** num programa a 10 anos, dividida em 3 frotas de guerra (sul, leste e norte), já capaz de controlar uma faixa de 1000 milhas náuticas ao longo da costa, e não apenas a faixa habitual das 200 milhas náuticas controlada pela marinha costeira e pela força aérea. Construiu também a nova base naval de Sanya na Ilha de Hainan, sede da nova classe de submarinos nucleares com mísseis balísticos. Ao mesmo tempo, está a formar o chamado "colar de pérolas" em torno da costa indiana, o qual compreende a instalação de bases navais ou instalações portuárias de apoio, no Paquistão, Ilhas Maldivas, Ceilão, Bangladesh, Birmânia e Cambodja. Tudo isto está a ser facilitado pelo argumento chinês do apoio aos navios mercantes internacionais na costa somali, alvo da actual pirataria (Duchâtel *et al.*, 2011).

Até 2020, a marinha chinesa atingirá cerca de 200 navios de guerra, 6 submarinos nucleares, 40 submarinos convencionais, 200 aviões e helicópteros adstritos à marinha, e um porta-aviões de origem russa, o *Varyag*, com um deslocamento de 60 000 toneladas, adquirido à Ucrânia.

Será rebaptizado *Hsi Lang*, o nome do general chinês que reocupou Taiwan no séc. XVII, e será incorporado na frota do sul. Os trabalhos de readaptação têm estado a decorrer nos estaleiros de Dalian, na província de Liaoning, próximo da Coreia do Norte. Terá aviões de combate J-15 já com asas móveis, baseados em modelos russos, que estão a ser desenvolvidos pela *Shenyang Aircraft Corporation*. Este navio possui ainda propulsão convencional e admite-se que mais dois deste tipo possam ser lançados até 2015. Posteriormente, julga-se que a China poderá iniciar a construção de mais porta-aviões, já com propulsão nuclear, de forma a estender o seu raio de acção até ao Médio Oriente. Todo o conjunto recorrerá ao sistema de 35 satélites já referido, para comunicações e posicionamento.

Ou seja, face aos novos desafios mundiais e mercê das suas economias pujantes, todas as potências asiáticas iniciaram uma corrida ao armamento, não só para aumentar a autonomia perante o Ocidente em desafios futuros, como também para equilibrar as rivalidades regionais, em particular o "Renascimento da China". Não nos podemos esquecer que no passado, toda a Ásia vacilou defronte a hegemonia naval ocidental, ampliada pela Revolução Industrial, e que mais tarde parte da Ásia vergou perante o Japão.

Também a nível do mercado de armamento e da correspondente influência política, Pequim tornou-se já um exportador de armas de tecnologia média, com clientes boicotados pelo Ocidente como o Irão, o Sudão, a Líbia ou o Zimbabwe, outros boicotados pelos EUA como a Venezuela e o Equador, para além dos clientes habituais mais antigos como a Eritreia, onde vendeu mais de 1000 milhões € de armamento (Servant, 2005).

No futuro, podemos estar assim a caminhar para uma nova **Guerra Fria**, agora entre os EUA e a China, e eventualmente a Índia, que no passado descambou no esgotamento da União Soviética e no seu desmembramento. Aliás, ainda recentemente a China entrou na "Corrida ao Árctico", perante a surpresa dos 5 países com litorais árcticos (EUA, Rússia, Canadá, Dinamarca e Noruega) já em disputa entre si, ao enviar expedições científicas e ao afirmar que este território pertence a toda a humanidade. Com efeito, para além do petróleo, estima-se que poderá ocorrer gás natural a grande profundidade. Em resposta, os EUA anunciaram ter acelerado programas militares de alta tecnologia, como o *Falcon*

Hypersonic, um avião capaz de voar a 20 vezes a velocidade do som, o que lhe permitirá voar de Los Angeles a Nova Iorque em 12 minutos e desferir um ataque em qualquer ponto do globo em menos de 1 hora.

4.3. Considerações Finais

Após a Revolução Industrial nas suas diferentes etapas (vapor, electricidade, telefones, automóveis, aviões, naves espaciais, computadores e comunicações móveis), o Ocidente chegou a um ponto em que já não detém a sua supremacia clássica. Os asiáticos, que viviam "com uma chávena de arroz por dia", estão agora a realizar os seus doutoramentos nas melhores universidades ocidentais, ou a obter os melhores resultados em concursos mundiais de matemática ao nível liceal (ex. equipas de Singapura). Além disso, muitos estão a voltar aos seus países, reforçando as suas universidades e empresas, para as tornarem as melhores do mundo. Como se isso não bastasse, estamos a falar de países que chegam a ter cidades com a mesma população de muitos países da UE-27, e com uma pirâmide etária muito mais jovem.

Ao Ocidente só restará continuar a investir fortemente em inovação tecnológica e promover políticas de reequilíbrio da população, via mais nascimentos e imigração com alta formação. Políticas exageradas de deslocalização de empresas para países menos desenvolvidos não serão soluções a longo prazo, ao implicarem riscos de destruição dos sectores domésticos respectivos e riscos de transferência de tecnologia. Se olharmos para o Império Romano, temos o exemplo de Armínio no início do século I, uma criança órfã de tribos germanas, que foi treinada pelos romanos e se tornou um comandante militar. Adquiriu a cidadania romana e o estatuto de nobre, antes de desertar para a Germânia de onde expulsou os Romanos, com base em toda o conhecimento que tinha absorvido. Tal teria efeitos ao longo dos séculos, ao ter dividido para sempre a Europa em duas metades.

De certa forma, isto é o que está a acontecer actualmente, o conhecimento ocidental está a ser transmitido a zonas com civilizações antigas como a Ásia, a qual tendo líderes e profissionais competentes está a rumar à máxima velocidade na direcção certa, após longos períodos de guerras civis e ditaduras desastrosas.

O FUTURO DA CHINA

Os chineses têm os seus próprios **Heróis do Passado**, por isso não será de estranhar que os queiram agora imitar de certa forma, depois de reajustados para um mundo moderno. Daí, em leilões internacionais, os milionários chineses estarem a comprar obras de arte desaparecidas no regime de Mao Tsé-tung (Ramzy, 2007). Para se perceber melhor este comportamento, podemos imaginar como se iriam sentir e comportar os americanos, se após vários séculos de serem a superpotência nº 1, fossem humilhados pelos chineses e por outras potências asiáticas, fossem forçados a uma estagnação durante 200 anos, fossem invadidos pelos seus vizinhos mexicanos em muito menor número[10], fossem forçados a uma ditadura comunista e depois autorizados a recuperar, com todos os países asiáticos a observar desconfiadamente e sem acreditar que os EUA conseguissem renascer.

Serão as humilhações do passado ainda relevantes para a China actual? Afinal, Portugal foi invadido pelas tropas napoleónicas no século XIX, as quais destruíram imenso património de valor incalculável e mataram milhares de habitantes. Não obstante, mantém relações privilegiadas com França onde habita um milhão de portugueses, muitos dos quais casados com franceses. Além disso, auxiliou a França na Primeira Guerra Mundial e todos consideram Napoleão um génio militar. Tal reconciliação foi possível porventura pelo facto de Portugal ser um país pequeno (David), que derrotou a potência maior (Golias), a qual tem uma cultura semelhante e proporcionou um importante apoio económico desde então.

Já a China, pelo contrário, foi uma "superpotência" derrotada por países pequenos como o Reino Unido, a França e a Alemanha. Apesar de ainda necessitar dos seus investimentos e das suas tecnologias, pretende recuperar quanto antes o seu antigo estatuto, sabendo de antemão ser impossível confiar nos países ocidentais visto que, no fundo, "todos têm a mesma cultura e são aliados dos EUA". Este país é o seu único rival e o único ainda alvo do seu temor, dada a queda acentuada da Rússia na última década. Assim sendo, o principal objectivo da China é alcançar

---

[10] O equivalente à China quando foi invadida pelos japoneses. Aliás, o México ainda hoje reivindica, de forma não declarada, os estados sulistas como a Califórnia ou o Texas, invadidos e anexados pelos americanos no séc. XIX, o que é mais uma das razões para fomentar a actual emigração "clandestina" de mexicanos. No total, os hispânicos já representam cerca de 40% da população destes estados.

e ultrapassar os **Estados Unidos** em todos os domínios. O recente livro *"Unhappy China"* de autores chineses, publicado em 2009 e que teve enorme sucesso, defende exactamente isto, tendo sido antecedido pelo livro *"China Can Say No"* dos mesmos autores, publicado em 1996. Apenas as nações mais pequenas não ocidentais poderão auxiliar os chineses, dado pertencerem a um "campeonato" distinto. Aliás, o 100º aniversário da Revolução Boxer em 2000, tem feito crescer os chamados *fenquing*, "jovens zangados", que são grupos de jovens ultra-nacionalistas (*The Economist*, 2010).

Para além disto e conforme visto durante a Rebelião Taiping há 150 anos, em parte foram as ideias oriundas do Ocidente que dividiram o país e deram início a várias guerras civis, as quais causariam a morte de cerca de 60 milhões de chineses. Tal poderia suceder novamente, razão pela qual tanto os governantes como vários cidadãos, especialmente os de mais idade, ainda temem a democracia e a influência estrangeira, baseados nas más experiências do início do século XX, tal como os alemães ainda hoje temem a inflação dos anos 20. Não se trata assim apenas de uma questão política (o fim do comunismo e a perda de poder para os seus apoiantes), mas também cultural e de estratégia nacional.

Por outro lado, face às possíveis revoltas que poderão ocorrer no futuro, caso o país não consiga manter o seu crescimento e estendê-lo às províncias interiores, as autoridades poderão recorrer ao nacionalismo como meio de escape para toda a frustração da população e como ferramenta de aglutinação de vontades. Contudo, não é algo linear, pois poderia inverter-se contra o próprio regime. Além disso, a maioria das cidades chinesas que foram ocupadas por concessões ocidentais no passado, está hoje livremente geminada com cidades dos respectivos países, gozando estreitos laços culturais e económicos.

Todas estas reflexões são úteis para entender como os chineses vêem os ocidentais, ainda que temporariamente alguns jovens possam ser atraídos por bandas de rock e cabelos pintados, ou os empresários ricos possam ser fascinados por produtos *Louis Vuitton*. Daí que tenha sido abertamente enunciado por vários economistas chineses, durante a visita do autor à China em 2005, que 200 anos não são nada na história do país e que existe o claro objectivo de voltar a ser a primeira superpotência.

O FUTURO DA CHINA

A **Geo-Estratégia** assume aqui especial destaque. O mundo tem actualmente 7 000 milhões de seres humanos, em que 4 300 milhões são asiáticos (60%), 1 000 milhões euro-americanos (15%), 1 300 milhões africanos e 400 milhões de diversas etnias. Contudo, a nível territorial, os euro-americanos representam 60% do total, os africanos 22% e os asiáticos 18%, em que a China, em particular, significa apenas 7% do total. Ou seja, os euro-americanos dominam um território nove vezes maior que o dos chineses, para população inferior. À medida que os chineses forem aumentando a necessidade de recursos, e ao mesmo tempo forem aumentando o seu poder económico, político e cultural, irão necessariamente entrar em choque com outros povos e outras culturas. Será o caso dos vários países fronteiriços, com territórios chineses anexados ao longo da história, e que constituem um colete-de-forças do ponto de vista dos abastecimentos essenciais.

Ora, quando os EUA ultrapassaram as grandes potências europeias no início do séc. XX, ambos os povos tinham culturas relativamente parecidas, dado grande parte da população norte-americana ter a sua origem em emigrações europeias. Mesmo assim, isso não impediu guerras diversas que demoraram 50 anos até se atingir a estabilidade. Por seu lado, a relação Europa/África, após um período complexo que envolveu toda a independência africana, está agora também mais ou menos estabilizada, tal como a relação Europa/América Central e do Sul, que já tinha estabilizado no séc. XIX. Será pois de esperar que perante fortes desafios no futuro, cada um destes diversos blocos tenda a responder de forma independente. Basta ver a criação da *União Europeia*, da *Nafta* na América do Norte, do *Mercosul* na América do Sul ou da *OUA* em África. Algo para já só económico, mas que poderá eventualmente caminhar para áreas políticas e culturais.

Isso significa que não será fácil para a China obter um reequilíbrio do posicionamento mundial face à sua supremacia futura. Numa primeira fase, isso será obtido via o mecanismo normal da oferta e da procura (ex. o Brasil é o maior exportador mundial de sumo de laranja concentrado, face à procura chinesa duplicou os preços, o que revoltou os consumidores alemães). Numa segunda fase poderá levar a guerras comerciais e financeiras (ex. se a China deixar de comprar dívida americana, os americanos aumentarão as tarifas e os condicionamentos sobre os

PORTUGAL E A CHINA – UMA RELAÇÃO COM FUTURO

produtos chineses) e numa terceira fase voltamos ao período da Guerra Fria, com guerrilhas, guerras regionais e no limite guerras globais.

Aliás, o presidente Hu Jintao já em 2004 foi claro ao afirmar que "os próximos 20 anos seriam uma era de domínio contínuo dos EUA, em que a Pequim caberia coexistir com Washington, enquanto ao mesmo tempo reforçaria os seus poderes económico, militar e inovador. Após este período, a China estará melhor preparada para defender os seus interesses e dadas as incertezas do futuro, outras possibilidades poderiam surgir para além de uma coexistência pacífica com os EUA" (Lampton, 2008).

Importa aqui também imaginar qual será o **Limite Máximo** para o crescimento da China. Nos anos 50, alguns economistas chegaram a pensar que a União Soviética iria ultrapassar os EUA dentro de 20 anos, via a aparente superioridade do planeamento central face à iniciativa privada descoordenada entre si, e via a extraordinária colocação de homens e máquinas em novas fábricas. Simplesmente, falhou o aumento da produtividade total dos factores, isto é, não existiu um aumento contínuo da capacidade de obter mais riqueza a partir de menos factores de produção, via inovação e via uma maior eficiência da produção e da gestão. Tal foi possível nos EUA, cujo aumento do PIB per capita foi devido em 80% ao progresso tecnológico, e só em 20% foi devido ao aumento do investimento em trabalho e capital (Krugman, 1994).

Também nos anos 70, estimou-se que o Japão iria atingir os Estados Unidos em 30 anos, face à sua taxa de crescimento média de 8.9%, comparada com uma taxa de 3.9% dos americanos. Tal novamente falhou, porque embora este país tivesse tido um crescimento do PIB per capita devido a aumentos de eficiência e aumentos da quantidade de factores de produção (trabalho e capital), verificou-se por várias razões, como a de menores recursos por habitante, ter sido necessária uma taxa de investimento dupla da americana para esse efeito. Como tal, o PIB per capita americano será sempre um limite máximo para o correspondente valor japonês, o que multiplicado por uma população japonesa que é de 40% a americana, conduz a uma riqueza que no máximo só poderá ser de 40% a dos EUA.

Já vimos que mesmo que a China venha a alcançar a economia dos Estados Unidos dentro de 30 anos, mais do que duplicando para isso a riqueza produzida actualmente, dado a sua população ser quatro vezes superior, então a riqueza por habitante será apenas um quarto da ame-

O FUTURO DA CHINA

ricana. Tal seria equivalente à proporção que existe hoje entre o PIB per capita chileno e o PIB per capita americano. Para numa 2ª fase o país tentar aproximar os valores por habitante, de forma a alcançar o nível de bem-estar dos americanos, e uma vez que não tem o mesmo nível de recursos naturais, teria de pressionar fortemente os mercados externos para a sua obtenção. Isso foi conseguido pelo Japão, via uma optimização extrema dos recursos importados e para uma população de 130 milhões de habitantes.

No caso da China estamos a falar de uma população dez vezes maior, pelo que mesmo recorrendo ao avanço tecnológico e à obtenção doméstica de vários recursos, não evitaríamos um nível de importação quatro a cinco vezes o japonês, o que é colossal. Basta ver que a nível do petróleo, a China necessitaria diariamente de uma quantidade superior a toda a actual produção mundial. Será assim razoável admitir que no máximo, os chineses só poderão atingir um PIB per capita de metade do americano e daqui a muitas décadas, idêntico à actual proporção do PIB per capita português. Como tal, a riqueza máxima da China, em valores nominais, só poderá atingir o dobro da americana, ou seja, à volta de 40% do total mundial, o que conduziria a disputas impossíveis a todos os níveis. Aliás, ao longo dos últimos séculos, o máximo que a China atingiu teria sido cerca de 30% da riqueza mundial no final do séc. XVIII. Além disso, em 2050, a Índia terá uma população idêntica muito mais jovem, ainda que seja um país com menos recursos.

Um aspecto que recentemente surgiu e que aqui entronca, é a actual **"Corrida à Europa"**, algo impensável face às clássicas corridas do passado, no fundo como se a lebre passasse a caçar a raposa. Na verdade, face à fragilidade financeira de alguns países europeus e ao ataque a que estes têm estado sujeito, a China tem estado a comprar dívida pública dos mesmos. Tal constitui uma forma de pressão, o que facilita as exportações chinesas e permite a criação de um "lobby chinês" de países europeus. Este poderá ser útil, mesmo quando as decisões maioritárias do Conselho Europeu exigirem apenas um mínimo de 15 países e 65% da população a favor, a partir de 2014.

Por outro lado, Pequim tem continuado a investir na compra de acções de empresas europeias estratégicas aproveitando o seu preço mais barato, através de Hong-Kong e de offshores como as Ilhas Caimão, o que não permite apurar com exactidão o seu montante total. Estima-se contudo que ronde cerca de 50 000 milhões € e possa atingir o triplo até 2020. As empresas do sul da Europa e dos países de Leste têm sido alvo de uma especial apetência. Foi o caso da compra dos activos da espanhola *Repsol* no Brasil pela *Sinopec,* por 5 000 milhões €, e da compra de um grupo químico húngaro por 1 200 milhões €, tendo sido igualmente adquirida uma empresa norueguesa de silício por 1 500 milhões € (Plesner, 2011).

Face a todos os antagonismos que se avizinham, Pequim terá de criar **"Amigos da China"** um pouco por todo o Mundo, não só em termos de negócios, mas também em termos culturais e políticos. Foi o que fez a União Soviética aquando da Guerra Fria, ao subsidiar os partidos comunistas, os movimentos pacifistas e ambientalistas, e outros grupos de pressão no Ocidente, e ao proporcionar cursos universitários para estrangeiros. Nesse caso, tal foi facilitado pelo facto de os russos serem um povo essencialmente caucasiano, com grande número de emigrantes na Europa do Norte e nos EUA, o que facilitou também as suas actividades de espionagem e recolha de informações.

No caso da China, tal será mais complicado dada a sua origem asiática, apesar de as comunidades chinesas estarem a aumentar em todo o mundo. Por outro lado, sendo um país de partido único, isso levanta contratempos na maioria dos países do mundo já com democracias. Também outros aspectos culturais e sociais, como a nomeação dos bispos católicos chineses por parte das autoridades oficiais, assim como um clima de alguma tensão com as comunidades muçulmanas, cria bloqueios nas relações com os mundos católico e muçulmano.

Ao mesmo tempo, Pequim está a iniciar uma forte campanha para ensinar chinês (mandarim) via o Instituto Confúcio, já existindo 350 delegações em todo o mundo. Há também cursos inovadores pela Internet com professores particulares, que permitem a um estrangeiro em qualquer parte do mundo, ter conversas interactivas através de um site (ex. http://www.chinesevoice.com). O país tem estado também a proporcionar cursos a estrangeiros em universidades chinesas, tendo-se atingido um total de 120 000 alunos em 2008. Tal será essencial no relacionamento com outros povos, pois não existiram movimentos imigratórios como nos EUA ou no Canadá. Veja-se que o Japão, apesar de ter sido a 2ª economia mundial, tem uma influência cultural e linguística mínima no mundo.

O FUTURO DA CHINA

Finalmente, Pequim terá de promover uma maior ajuda e cooperação internacional, o que será a terceira vertente desta estratégia de *"soft power"*, em oposição à habitual abordagem belicista dos EUA, país que no entanto é de longe o maior dador internacional em valor absoluto, embora não o seja em valor por habitante. Neste sentido, é interessante um estudo realizado pelo WEF (2009), que envolveu 250 líderes financeiros, reguladores e académicos mundiais. Este estudo projecta **4 Cenários Mundiais** para 2020, em função da coordenação internacional das políticas financeiras, e do nível de transferência de poder económico entre os países desenvolvidos e os países emergentes:

- "Proteccionismo Fragmentado" – Recessões nos países desenvolvidos devido aos seus elevados endividamentos, e crescimento mais lento que o esperado dos países emergentes. A zona euro desmoronar-se-ia até 2014 devido aos elevados endividamentos públicos e vários países entrariam em bancarrota. Corrida ao ouro e nacionalização de vários bancos. Cada país passaria a actuar sòzinho, impondo severos controlos cambiais, de capitais e de investimentos. Voltariam os proteccionismos comerciais com elevadas taxas às importações, e as organizações mundiais como o FMI e o Banco Mundial desapareceriam. Corrida aos armamentos, conflitos regionais diversos com base na divisão dos recursos naturais (ex. água e energia).

- "Regionalismo Tripartido" – Pequeno crescimento dos países desenvolvidos a uma taxa média de 1.2% e rápido crescimento dos países emergentes a uma taxa média de 9%. Mundo tripartido (União Europeia, um bloco liderado pelos EUA e um bloco liderado pela China). Pequena coordenação global, de controlos cambiais e de capitais. Fortes regulamentações regionais bastante diferenciadas, acordos comerciais regionais, perda de influência das instituições mundiais como a OMC e a ONU. Criação de uma nova divisa internacional pelo bloco liderado pela China, e desaparecimento do FMI e do Banco Mundial. Rivalidades pela influência em zonas como África e América Latina.

PORTUGAL E A CHINA – UMA RELAÇÃO COM FUTURO

- "Ocidentalismo Reorganizado" – Crescimento dos países desenvolvidos a uma taxa média de 3.1%, dado conseguirem aumentar as suas exportações altamente inovadoras, e crescimento dos países emergentes a uma taxa média de 6%. Os EUA, a China, a UE e o Japão concordariam em estabelecer novos acordos de regulação mundial, com novas regras de liquidez e controle de capitais. Seria criada uma nova instituição mundial em substituição do FMI e do Banco de Pagamentos Internacionais (BIS), para regulação financeira, gestão de crises e ajuda externa. Mesmo assim, não seriam criadas condições para evitar uma nova crise financeira ainda mais grave, dado o contágio dos mercados.

- "Multilateralismo Reequilibrado" – Crescimento dos países desenvolvidos a uma taxa média de 1.8%, e rápido crescimento dos países emergentes que aumentariam o seu poder. Nova crise financeira nos EUA levaria à criação de regulamentações financeiras internacionais sobre taxas de juro, movimentos de capitais, gestão de risco e dívidas dos países. Seriam estabelecidos acordos sobre mecanismos de prevenção de crises, como provisões de capitais e a "taxa *Tobin*" sobre operações financeiras especulativas. Países da zona euro altamente endividados como Portugal, Irlanda e Itália seriam salvos da bancarrota pelo FMI. Mais tarde, o FMI e o Banco Mundial seriam renovados, e o BIS ficaria responsável pela ajuda externa, atingindo-se a máxima cooperação internacional.

A actual coordenação monetária internacional é um desastre, tendo sido iniciada uma guerra cambial algo dissimulada com a descida do dólar. Numa primeira fase, tal ajudou a promover a subida do renmimbi e do euro. Contudo, existem simultaneamente sectores nos EUA focados na destruição do euro por várias razões: será uma forma de países investidores como a China, não diversificarem tanto as suas aplicações em títulos europeus de dívida pública e manterem as suas aplicações nos títulos americanos; permitirá desviar as atenções da sua dívida pública extremamente elevada e que em grande parte é financiada pelos mercados externos, dada a baixa poupança interna; caso o euro se desintegrasse, os vários países voltariam às suas moedas nacionais ou então seriam criados 2 euros, um euro-norte com cotação mais alta e um euro-sul com cotação mais baixa (em qualquer situação, os países com exportações rivais das americanas, que são os países do norte da Europa, teriam as suas exportações mais dificultadas).

Também o Reino Unido tem uma atitude cúmplice nesta estratégia, pois não lhe interessa que a libra perca demasiado protagonismo face ao euro, como moeda de investimentos financeiros. Tudo isto arrasta de algum modo um "clube anglo-saxónico" de países, no fundo grande parte da Commonwealth, basta ver os seus artigos críticos do eixo Paris-Berlim.

Neste âmbito, são totalmente especulativas as recentes quedas de vários níveis de rating[11] nas dívidas públicas e privadas dos países do sul da Europa numa só avaliação, por parte das agências de rating americanas, quando ao mesmo tempo estas agências mantêm o nível máximo de rating para a dívida pública americana desde há vários anos. Apesar de os EUA continuarem a ter uma excelente "posição de investimento internacional" conforme visto, o Estado tem acumulado défices orçamentais enormes, com valores superiores a -10% do PIB.

Recentemente, o Senado americano foi mesmo obrigado a aprovar legislação extraordinária, para poder ultrapassar o limite constitucional para a dívida pública federal de cerca de 100% do PIB. Se a ultrapassagem desse limite não tivesse sido aprovada, o Estado teria de suspender serviços públicos, começando pelos não prioritários, e atrasar pagamentos a fornecedores. E se já não bastasse, as dívidas de estados como a Califórnia são gigantescas, com um valor total que se estima em 100% do PIB, o que conduz a uma dívida pública global da ordem dos 200% do PIB. Daí a agência chinesa de rating *Dagong* já ter descido um nível de rating nos títulos de dívida pública americana.

Por outro lado, estas agências americanas foram as mesmas que de uma forma criminosa, deram classificações de rating elevadíssimas a vários produtos financeiros sem qualquer solidez, que estiveram depois na base da falência de bancos como o *Lehman Brothers*, seguindo-se um

---

[11] O "rating" de um título de dívida, de uma empresa ou de uma instituição nacional, consiste na avaliação do risco dessa mesma entidade poder pagar a dívida estabelecida e os juros respectivos, no prazo contratado. Daqui resulta uma classificação numa escala com cerca de 20 divisões, que difere para cada agência de rating. Existem poucas agências, as 3 americanas (*Standard & Poor's, Moody's* e *Fitch*) dominam 85% do mercado mundial.

efeito dominó por todo o mundo, sem que até ao momento tenham sido punidos quaisquer responsáveis.

Em conclusão, os futuros reequilíbrios mundiais entre os povos irão levantar grandes desafios e a China será necessariamente um dos principais intervenientes. Por enquanto, os países emergentes continuam a crescer rapidamente e os EUA estão a apostar numa política de desvalorização acentuada do dólar, sem qualquer coordenação com outros blocos comerciais. A UE está-se a fragmentar, quer a nível financeiro, quer a nível político, como mostra o actual movimento de reposição de fronteiras iniciado pela França, Itália e Dinamarca, assim como o desentendimento a nível de políticas orçamentais e monetárias, entre a Europa do Sul e a Europa do Norte. Se tal continuar, dirigir-nos-emos para uma situação de "Regionalismo Tripartido", o que implicará um retrocesso no actual clima de entendimento mundial. Se no limite, as economias desenvolvidas entrassem em recessão prolongada, então a globalização acabaria de vez e entraríamos numa situação de "Proteccionismo Fragmentado", isto é, "de cada país por si", algo que a China já está habituada desde há milénios.

Capítulo 5
Os Novos Desafios ao Mundo

5.1. Comércio Internacional

Durante a Guerra do Vietname nos anos 60, um poderoso exército (EUA) foi derrotado por um exército tecnologicamente muito inferior, que só tinha algumas armas do mesmo nível fornecidas pela Rússia e pela China. Foi uma guerra de guerrilha, com combatentes escondidos, espalhados por todo o território. Tal tem-se repetido a nível económico com países asiáticos como o Japão ou a Coreia do Sul, os quais enviaram os seus melhores alunos para as melhores universidades ocidentais. Copiaram depois as tecnologias mais avançadas, sem terem os respectivos custos nem necessitarem dos prazos normais de investigação associados. Chegaram agora próximo do nível dos EUA em vários sectores, uma vez que a relação entre as suas economias se tornou idêntica à relação entre as suas populações, o que traduz o peso do capital humano.

Com a China estamos a enfrentar um desafio completamente inédito, pelo tamanho da sua população, pela ambição de recuperar o papel de primeira superpotência que reclama ter tido durante 4000 anos, e pelo seu foco nas exportações. As vantagens competitivas da indústria chinesa são agora bastante visíveis, após todas as reformas das últimas décadas, consistindo basicamente nas seguintes:

- Os custos de trabalho são baixos, entre 3 a 20 vezes menores que os do Ocidente.

- Os trabalhadores são bastante produtivos devido à sua motivação, uma vez que muitos ainda recordam os tempos difíceis do comunismo extremo. A única alternativa que possuem é voltar para o trabalho rural, ainda mais difícil.
- As fábricas beneficiam de importantes economias de escala, dada a grande produção para exportação e a dimensão do mercado doméstico.
- Um enorme potencial económico cria grandes expectativas nos investidores estrangeiros, mesmo quando perdem dinheiro desde há vários anos. Isto continua a atrair mais investidores e evita a saída dos já existentes, mesmo que não se encontrem satisfeitos.
- A base industrial é ampla, protegida pelo Estado e cada vez mais integrada. Desta forma, muitos subprodutos estão disponíveis localmente, evitando custos adicionais e os riscos da sua importação.
- O território encontra-se no coração da Ásia, perto de países como o Japão ou a Coreia do Sul, e também perto de países menos desenvolvidos como o Vietname, todos possuindo grandes populações.
- O actual sistema doméstico ainda permite a cópia das tecnologias estrangeiras, mesmo em investimentos externos ou em parcerias.
- As decisões estratégicas são fáceis de tomar e de mudar pelos governos central e locais, pois o PCC controla toda a cadeia de decisões, havendo assim poucas fontes de instabilidade e oposição.
- O governo definiu uma economia orientada para as exportações, independentemente dos custos sociais e ambientais, principalmente focada na produção industrial de produtos de médio valor acrescentado, com altas taxas de investimento.
- Um grande excedente das trocas comerciais está agora a ser investido em infra-estruturas, como portos e auto-estradas, que irão permitir uma maior rapidez na entrega, tanto de matérias-primas como de exportações.
- O país está altamente motivado para se tornar a potência nº 1, por isso os seus cidadãos e os seus emigrantes que vivem no Ocidente, mantêm-se afastados das discussões políticas.

Estas vantagens produziram vários efeitos importantes ao longo das últimas décadas. Começando pelo **Comércio Internacional** (tabelas

OS NOVOS DESAFIOS AO MUNDO

5.1 e 5.2), entre 1996 e 2006, a China teve um extraordinário aumento de 540% das suas exportações a preços correntes, enquanto na Alemanha foi 112% e em Portugal 76% (WTO, 2007). Em 2010, a China era o 1º exportador mundial de bens e o 2º importador mundial, ao passo que em serviços era o 4º exportador e o 3º importador. No total das trocas comerciais, possuía uma quota de 9.3% nas exportações mundiais e de 8.4% nas importações mundiais. O valor acrescentado das suas exportações representa agora perto de 50% do seu valor total, o que traduz o esforço do país em aumentar a sua posição ao longo da cadeia de valor, isto é, desde a produção, armazenamento e distribuição, até à comercialização e serviço pós-venda (WTO, 2011; World Bank, 2011).

Em 2010, o excedente comercial com a União Europeia atingiu os 160 000 milhões € e com os Estados Unidos 180 000 milhões €. A China é o 2º parceiro da UE-27, com um saldo comercial altamente desequilibrado a seu favor, pois representa 18.9% das importações versus apenas 8.4% das exportações, situação praticamente inversa à das trocas entre os EUA e a UE-27 (Eurostat, 2011; USCB, 2011a).

Hong-Kong e Singapura operam principalmente como plataformas de trocas, tendo assim valores de reexportações bastante importantes (tabela 5.3). Taiwan tem a sua produção dirigida principalmente para a exportação, já com produtos de grande valor acrescentado. É surpreendente ver a posição importante de "pequenos países" como a Holanda, a Bélgica e a Irlanda. Os dois primeiros, para além de exportarem produtos de grande valor acrescentado, servem também de entrada principal na Europa continental. Pelo contrário, Portugal exporta menos que países como a Hungria, a República Checa ou o Chile. Em 2009, todos os países tiveram quedas acentuadas nas exportações, fruto da grave crise mundial financeira, tendo a Irlanda e o Vietname tido as menores quedas.

É interessante notar, que a China ainda possui uma percentagem de trocas internacionais de bens superior ao dobro da percentagem de trocas de serviços (tabela 5.4), o que traduz a sua condição de economia emergente. Pelo contrário, a Índia focou a suas exportações nos serviços, tendo aqui uma posição internacional superior à sua posição na exportação de bens. Já Portugal e Espanha beneficiam de uma importante percentagem do turismo. Hong-Kong e Singapura têm também posições importantes neste domínio, que advêm em parte dos serviços logísticos que fornecem para o comércio de bens.

PORTUGAL E A CHINA – UMA RELAÇAO COM FUTURO

(Billion dollars)

Exports	2001	2002	2003	2004	2005	2006	2007	2008	2009
World	266.1	325.6	438.2	593.3	762.0	969.0	1220.5	1430.7	1201.5
North America	77.5	100.4	130.4	176.2	226.0	284.2	326.2	350.0	304.8
United States	71.1	91.4	119.2	159.7	204.9	255.0	289.4	308.3	269.3
Other North America	6.4	9.0	11.2	16.4	21.1	29.2	36.9	41.8	35.5
South and Central America	6.3	6.5	8.4	13.0	17.7	26.6	39.5	56.9	42.9
Brazil	1.3	1.5	2.1	3.7	4.8	7.4	11.4	18.8	14.1
Other South and Central America	5.0	5.0	6.3	9.3	12.9	19.3	28.1	38.0	28.8
Europe	55.4	67.2	100.8	140.5	186.8	244.3	317.8	371.8	301.5
European Union (27)	53.4	64.7	96.5	134.4	178.3	231.4	299.3	351.9	285.9
Other Europe	2.0	2.5	4.2	6.0	8.5	12.9	18.6	19.9	15.7
Commonwealth of Independent States (CIS)	3.5	5.1	9.3	13.8	21.4	28.0	48.1	64.7	39.0
Russian Federation	2.7	3.5	6.0	9.1	13.2	15.8	28.5	33.1	17.5
Other CIS	0.8	1.6	3.3	4.7	8.2	12.2	19.6	31.6	21.5
Africa	5.9	6.9	10.1	13.6	18.5	26.2	36.8	50.5	46.3
South Africa	1.0	1.3	2.0	3.0	3.8	5.8	7.4	8.6	7.4
Other Africa	4.8	5.6	8.1	10.7	14.7	20.4	29.3	41.9	39.0
Middle East	7.1	9.5	13.3	16.9	22.2	29.6	44.3	58.8	51.1
Asia	110.3	130.0	165.9	219.1	269.2	329.5	406.6	476.8	413.3
Japan	49.1	55.3	70.8	89.6	102.4	112.0	124.9	138.8	118.1
Six East Asian traders	43.6	52.4	64.6	86.5	111.7	145.8	181.1	212.2	175.2
Other Asia	17.7	22.2	30.5	43.0	55.2	71.6	100.6	125.9	120.0

Tabela 5.1. – Evolução das Exportações de Bens pela China (WTO, 2010)

(Billion dollars)

Imports	2001	2002	2003	2004	2005	2006	2007	2008	2009
World	**243.6**	**295.2**	**412.8**	**561.2**	**660.0**	**791.5**	**956.1**	**1132.6**	**1005.7**
North America	31.0	32.0	40.0	54.2	58.5	69.6	83.8	97.9	93.7
United States	26.2	27.3	33.9	44.8	48.7	59.3	69.5	81.6	77.8
Other North America	4.8	4.7	6.1	9.5	9.7	10.3	14.2	16.4	15.9
South and Central America	5.9	7.2	13.2	19.5	24.4	31.5	47.7	67.7	60.2
Brazil	2.3	3.0	5.8	8.7	10.0	12.9	18.3	29.9	28.3
Other South and Central America	3.6	4.2	7.3	10.9	14.4	18.6	29.4	37.8	32.0
Europe	39.0	43.1	59.1	76.2	79.9	97.2	120.0	144.4	139.8
European Union (27)	36.4	39.8	55.0	70.5	74.0	90.6	111.0	132.6	127.8
Other Europe	2.6	3.3	4.2	5.7	5.9	6.6	9.0	11.8	12.0
Commonwealth of Independent States (CIS)	9.6	10.6	13.1	16.2	20.7	22.8	28.0	33.9	31.0
Russian Federation	8.0	8.4	9.7	12.1	15.9	17.6	19.7	23.8	21.3
Other CIS	1.7	2.2	3.4	4.1	4.8	5.2	8.3	10.1	9.8
Africa	4.8	5.4	8.4	15.6	21.1	28.8	36.4	56.0	43.3
South Africa	1.2	1.3	1.8	3.0	3.4	4.1	6.6	9.2	8.7
Other Africa	3.6	4.2	6.5	12.7	17.6	24.7	29.7	46.7	34.6
Middle East	9.2	9.5	14.4	21.6	31.0	40.8	47.9	79.9	56.2
Asia	144.0	187.3	264.5	357.7	424.3	500.8	592.3	652.7	581.2
China	8.8	15.0	25.1	38.7	55.2	73.3	85.8	92.5	86.4
Japan	42.8	53.5	74.1	94.3	100.4	115.7	134.0	150.6	130.9
Six East Asian traders	76.2	99.3	136.9	182.5	214.3	246.8	286.5	306.3	272.0
Other Asia	16.3	19.6	28.4	42.2	54.4	65.0	86.1	103.3	91.9

Tabela 5.2. – Evolução das Importações de Bens pela China (WTO, 2010)

PORTUGAL E A CHINA – UMA RELAÇAO COM FUTURO

	Exportadores	Valor	Quota (%)	Variação (%)
1	China	1 202	9,6	-16
2	Germany	1 126	9,0	-22
3	United States	1 056	8,5	-18
4	Japan	581	4,6	-26
5	Netherlands	498	4,0	-22
6	France	485	3,9	-21
7	Italy	406	3,2	-25
8	Belgium	370	3,0	-22
9	South Korea	364	2,9	-14
10	United Kingdom	352	2,8	-23
11	Hong Kong	329	2,6	-11
	domestic exports	17	0,1	-1
12	Canada	317	2,5	-31
13	Russia	303	2,4	-36
14	Singapore	270	2,2	-20
	domestic exports	138	1,1	-21
15	Mexico	230	1,8	-21
16	Spain	219	1,7	-22
17	Taiwan	204	1,6	-20
18	Saudi Arabia	192	1,5	-39
19	United Arab Emirates	175	1,4	-27
20	Switzerland	173	1,4	-14
21	India	163	1,3	-17
22	Malaysia	157	1,3	-21
23	Australia	154	1,2	-18
24	Brazil	153	1,2	-23
25	Thailand	152	1,2	-14
26	Austria	138	1,1	-24
27	Poland	134	1,1	-21
28	Sweden	131	1,1	-28
29	Norway	121	1,0	-30
30	Indonesia	119	1,0	-14
31	Ireland	115	0,9	-9
32	Czech Republic	113	0,9	-23
33	Turkey	102	0,8	-23
34	Denmark	93	0,7	-20
35	Hungary	84	0,7	-23
36	Iran	78	0,6	-31
37	Finland	63	0,5	-35
38	South Africa	63	0,5	-23
39	Venezuela	58	0,5	-39
40	Viet Nam	57	0,5	-9
41	Slovak Republic	56	0,4	-21
42	Argentina	56	0,4	-21
43	Chile	54	0,4	-19
44	Nigeria	53	0,4	-36
45	Kuwait	50	0,4	-42
46	Israel	48	0,4	-22
47	Algeria	45	0,4	-43
48	Portugal	43	0,3	-22
	WORLD	12 490	100,0	-23

	Importadores	Valor	Quota (%)	Variação (%)
1	United States	1 605	12,7	-26
2	China	1 006	7,9	-11
3	Germany	938	7,4	-21
4	France	560	4,4	-22
5	Japan	552	4,4	-28
6	United Kingdom	482	3,8	-24
7	Netherlands	445	3,5	-23
8	Italy	413	3,3	-27
9	Hong Kong	352	2,8	-10
	retained imports	91	0,7	-8
10	Belgium	352	2,8	-25
11	Canada	330	2,6	-21
12	South Korea	323	2,5	-26
13	Spain	288	2,3	-32
14	India	250	2,0	-22
15	Singapore	246	1,9	-23
	retained imports	114	0,9	-28
16	Mexico	242	1,9	-24
17	Russia	192	1,5	-34
18	Taiwan	174	1,4	-27
19	Australia	165	1,3	-17
20	Switzerland	156	1,2	-15
21	Poland	147	1,2	-30
22	Austria	143	1,1	-22
23	Turkey	141	1,1	-30
24	United Arab Emirat	140	1,1	-21
25	Thailand	134	1,1	-25
26	Brazil	134	1,1	-27
27	Malaysia	124	1,0	-21
28	Sweden	120	0,9	-29
29	Czech Republic	105	0,8	-26
30	Saudi Arabia	96	0,8	-17
31	Indonesia	92	0,7	-28
32	Denmark	83	0,7	-25
33	Hungary	78	0,6	-28
34	South Africa	73	0,6	-27
35	Viet Nam	70	0,6	-13
36	Portugal	70	0,6	-22
37	Norway	69	0,5	-23
38	Ireland	63	0,5	-26
39	Finland	61	0,5	-34
40	Greece	60	0,5	-33
41	Slovak Republic	55	0,4	-25
42	Romania	54	0,4	-35
43	Iran	50	0,4	-12
44	Israel	49	0,4	-27
45	Philippines	46	0,4	-24
46	Ukraine	45	0,4	-47
47	Egypt	45	0,4	-7
48	Chile	42	0,3	-31
	WORLD	12 682	100,0	-23

(biliões de dólares)

Tabela 5.3. – Principais Países Exportadores e Importadores de Bens em 2009 [WTO (2010)]

OS NOVOS DESAFIOS AO MUNDO

	Exportadores	Valor	Quota (%)	Variação (%)		Importadores	Valor	Quota (%)	Variação (%)
1	United States	474	14,1	-9	1	United States	331	10,5	-9
2	United Kingdom	233	7,0	-18	2	Germany	253	8,1	-13
3	Germany	227	6,8	-12	3	United Kingdom	161	5,1	-18
4	France	143	4,3	-14	4	China	158	5,0	0
5	China	129	3,8	-12	5	Japan	147	4,7	-10
6	Japan	126	3,8	-14	6	France	126	4,0	-10
7	Spain	122	3,6	-14	7	Italy	115	3,6	-10
8	Italy	101	3,0	-14	8	Ireland	103	3,3	-5
9	Ireland	97	2,9	-5	9	Spain	87	2,8	-17
10	Netherlands	91	2,7	-12	10	Netherlands	85	2,7	-8
11	Singapore	88	2,6	-10	11	Singapore	81	2,6	-6
12	India	87	2,6	-15	12	India	80	2,5	-9
13	Hong Kong	86	2,6	-6	13	Canada	78	2,5	-12
14	Belgium	79	2,4	-8	14	South Korea	75	2,4	-19
15	Switzerland	69	2,1	-10	15	Belgium	74	2,4	-11
16	Sweden	61	1,8	-15	16	Russia	59	1,9	-19
17	Luxembourg	61	1,8	-14	17	Denmark	51	1,6	-18
18	Canada	58	1,7	-13	18	Sweden	46	1,5	-14
19	South Korea	57	1,7	-25	19	Saudi Arabia	46	1,4	-8
20	Denmark	55	1,6	-24	20	Hong Kong	44	1,4	-5
21	Austria	53	1,6	-14	21	Brazil	44	1,4	-1
22	Australia	41	1,2	-7	22	Australia	41	1,3	-13
23	Russia	41	1,2	-18	23	Thailand	38	1,2	-18
24	Norway	38	1,1	-17	24	Norway	38	1,2	-14
25	Greece	38	1,1	-25	25	Austria	37	1,2	-13
26	Turkey	33	1,0	-5	26	United Arab Emirat	37	1,2	-14
27	Taiwan	31	0,9	-11	27	Luxembourg	36	1,1	-13
28	Thailand	30	0,9	-9	28	Switzerland	36	1,1	-2
29	Poland	29	0,9	-19	29	Taiwan	29	0,9	-15
30	Malaysia	28	0,8	-7	30	Indonesia	28	0,9	-1
31	Brazil	26	0,8	-9	31	Malaysia	27	0,9	-10
32	Finland	25	0,7	-21	32	Poland	24	0,8	-21
33	Portugal	23	0,7	-13	33	Finland	23	0,7	-25
34	Israel	22	0,6	-10	34	Mexico	21	0,7	-15
35	Egypt	21	0,6	-14	35	Greece	20	0,6	-20
36	Czech Republic	20	0,6	-7	36	Czech Republic	19	0,6	6
37	Macau	19	0,6	6	37	Israel	17	0,5	-14
38	Hungary	18	0,5	-10	38	Iran	16	0,5	...
39	Lebanon	17	0,5	-4	39	Hungary	16	0,5	-14
40	Mexico	15	0,5	-17	40	Turkey	16	0,5	-6
41	Ukraine	13	0,4	-23	41	Hungary	16	0,5	-14
42	Indonesia	13	0,4	-10	42	South Africa	14	0,4	-13
43	Morocco	12	0,4	-6	43	Portugal	14	0,4	-14
	WORLD	3 350	100,0	-12		WORLD	3 145	100,0	-12

(biliões de dólares)

Tabela 5.4. – Principais Países Exportadores e Importadores de Serviços em 2009 [WTO (2010)]

O **Comércio com a Europa** aumentou especialmente após a entrada da China na Organização Mundial do Comércio (OMC) em 2001, apesar de ter sido acordada uma quota em têxteis até 2005 (tabela 5.5). Em 2007, a Alemanha era o principal comprador com 22% das importações da UE-25, seguida pela Holanda com 19% e o Reino Unido com 14%, sendo os computadores, telemóveis e câmaras digitais as principais aquisições. Ao mesmo tempo, a Alemanha era responsável por 40% das exportações da UE-25 para a China, seguida pela França com 12% e a Itália com 9%, sendo os aviões e os carros as principais exportações.

Na troca de serviços com a UE-25, a China tinha um défice que provém principalmente dos seguros, consultadoria e outros serviços não específicos (tabela 5.6). Mesmo assim, este sector apenas representa um décimo das trocas totais com a UE-25, não equilibrando o défice no comércio de bens entre a Europa e a China.

A China está a fornecer uma **Competição Fora de Escala** em áreas como o calçado, os têxteis e outras indústrias de baixo e médio valor acrescentado. Também os sectores de valor acrescentado mais elevado estão a ser introduzidos com uma velocidade extraordinária. É o caso da *Shuanghuan Automobile*, que produz uma cópia do jipe BMW X5 e uma cópia do carro de dois lugares Smart da *Daimler Chrysler*, indo agora lançar modelos próprios (Bloomberg, 2011).

Na verdade, um estudo da Comissão Europeia (La Caixa, 2006) dividiu as trocas internacionais em 5 segmentos de tecnologia: baixa, baixa--média, média-alta, informação/comunicações e alta. A China era mais competitiva do que a Europa no nível mais baixo; menos competitiva nos níveis baixo-médio e médio-alto; e nos dois últimos níveis, embora menos competitiva, a diferença era menor do que nos dois níveis anteriores, o que se torna problemático.

É também impressionante ver que enquanto as multinacionais de todo o mundo quase duplicaram as suas receitas gerais entre 1996 e 2006, a valores de mercado, as principais multinacionais chinesas aumentaram 17 vezes as suas receitas, deslocando-se da 16ª posição para a 7ª posição (Fortune, 2007b).

OS NOVOS DESAFIOS AO MUNDO

	Exportações de Bens Totais (milhões €)	Importações de Bens Totais (milhões €)	Exportações de Bens para UE-25 (milhões €)	Importações de Bens da UE-25 (milhões €)	Balança de Bens com UE-25 (milhões €)	Variação (%)			
						Export. Totais	Import. Totais	Export. p/ UE-25	Import. da UE-25
1999	189 000	160 000	31 000	25 000	-5 800	-	-	-	-
2000	262 000	237 000	43 000	32 000	-11 000	38,6	48,1	38,7	28,0
2005	615 000	532 000	116 000	59 000	-57 000	24,5	13,7	30,3	1,7
2006	763 000	624 000	143 000	71 000	-72 000	24,1	17,3	23,3	20,3
2007	902 000	708 000	179 000	82 000	-97 000	18,2	13,5	25,2	15,5
2008*	958 100	698 600	247 900	78 400	-169 500	6,2	-1,3	38,5	-4,4
2009*	844 100	655 300	214 100	82 400	-131 700	-11,9	-6,2	-13,6	5,1
2010*	-	-	261 900	113 100	-168 800	-	-	22,3	37,3

*UE-27

Tabela 5.5. – Comércio de Bens entre a China e a União Europeia
(WTO, 2009; MOFCOM, 2011a; Eurostat, 2011)

	Exportações de Serviços Totais (milhões €)	Importações de Serviços Totais (milhões €)	Exportações de Serviços para UE-25 (milhões €)	Importações de Serviços da UE-25 (milhões €)	Balança de Serviços com a UE-25 (milhões €)
Transportes	16 200	26 500	3 700	3 500	200
Turismo	26 100	18 700	1 700	1 200	500
Outros Serviços	28 100	32 000	2 900	4 800	-1 900
TOTAL 2006	70 300	77 200	8 300	9 500	-1 200
2007*	88 800	94 300	14 100	16 600	-2 500
2008*	99 600	107 400	15 200	20 200	-4 900
2009*	92 200	113 400	13 200	18 600	-5 400

*UE-27

Tabela 5.6. – Comércio de Serviços entre a China e a União Europeia (WTO, 2007; Eurostat, 2011)

Depois de entrevistar vários políticos, Purvis (2008) afirma num artigo que os alemães temem os efeitos negativos da globalização, apesar de terem sido até há pouco os maiores exportadores do mundo. De facto, os seus rendimentos reais ajustados à inflação e aos impostos são iguais aos dos anos 80, razão pela qual 83% dos inquiridos num inquérito recente afirmaram não sentir os benefícios da recente recuperação da Alemanha, e 50% afirmaram pensar que apenas as grandes empresas estão a ter lucro com a globalização. Como tal, depois de a Nokia ter encerrado a sua fábrica em Bochum, deixando 2300 trabalhadores no desemprego, 56% dos alemães inquiridos decidiram realizar um boicote aos produtos da Nokia e cartazes "NO NOKIA" foram colocados até Berlim.

Outro exemplo advém das *"maquiladoras"* do México e de outros países da América Latina, que consistem em fábricas que recebem materiais e componentes de países desenvolvidos como os EUA, num sistema de *outsourcing*, reexportando-os já montados para os países de origem. De acordo com um relatório do GAO (2003), estão também a sofrer com a competição de países como a China e o Vietname, que fornecem mão-de-obra mais barata.

Para melhor entender o enorme impacto da China nas trocas mundiais, construiu-se a seguinte **Matriz do Comércio Mundial de Bens** com base em dados da OMC relativos a 2006 (tabela 5.7). Não foi possível construir uma matriz idêntica para os serviços por falta de dados, mas uma vez que os volumes envolvidos correspondem apenas a um décimo destes, tal não é relevante. Nesta tabela, a Comunidade de Estados Independentes (CIS) agrupa a maioria das antigas repúblicas soviéticas, incluindo a Rússia.

Constata-se que as trocas inter-regionais constituem actualmente 44% das trocas mundiais, o que é impressionante e apenas possível devido aos desenvolvimentos da logística, com tendência para aumentar devido à globalização. A Ásia é actualmente o maior exportador inter-regional com 13.9% das trocas mundiais, seguindo-se a Europa com 11.1% e a América do Norte com 6.6%. O maior importador inter-regional é a América do Norte com 12.3% das trocas mundiais, seguida da Europa com 12.4% e da Ásia com 10.2%. Isto mostra que os países emergentes estão dependentes dos mercados ocidentais, especialmente da América do Norte, que tem um valor deficitário de trocas inter-regionais bastante elevado, com importações de 1 450 biliões de dólares versus exportações de 773 biliões de dólares.

A Europa é de longe a zona com a maior percentagem de trocas intra-regionais (73.6%), seguida pela América do Norte (53.9%) e pela Ásia (50%). Uma vez que consiste num grupo de cerca de 30 países desenvolvidos, as trocas entre estes facilmente somam um grande valor, o que não acontece em países maiores como os Estados Unidos ou a China, onde as trocas entre estados ou províncias são domésticas e não contam para os valores internacionais. Já África e o Médio Oriente têm as menores

OS NOVOS DESAFIOS AO MUNDO

trocas intra-regionais em termos relativos, o que significa que exportam a maioria dos produtos que produzem para fora das suas regiões, importando depois produtos de grande valor acrescentado do exterior.

As exportações chinesas são sobretudo absorvidas pela Ásia com 44% do seu total, seguindo-se a América do Norte com 23.5% e a Europa com 20.9%. A China representava 8.2% das exportações mundiais, um valor que se aproxima das exportações inter-regionais da Europa (11.1%). Em termos de quotas de mercado, a China fornecia 15% das importações da Ásia, 9.7% da América do Norte, 9.6% da CIS e de África, 7.9% do Médio Oriente, 7.1% da América do Sul e "apenas" 4% da Europa. A principal razão para a pequena percentagem na Europa é provavelmente a competição com a Europa de Leste, que fornece produtos idênticos a preços baixos/médios. No entanto, se apenas considerarmos as importações inter-regionais, estas quotas já sobem para 15.7% na América do Norte e 13.8% na Europa.

As importações chinesas são em grande parte fornecidas pela Ásia com 63.3% do seu total, seguindo-se a Europa com 12.2% e a América do Norte com 8.8%. A China representava 6.7% das importações mundiais, apenas metade das importações inter-regionais da América do Norte (12.3%) ou da Europa (12.4%). De facto, apesar de o mercado chinês ser enorme em termos de população, ainda se trata de um país emergente, com um baixo rendimento disponível per capita. Em termos de fornecedores, a China representava 15.3% das exportações da Ásia, 8% de África, 7.4% da América do Sul, 6.4% do Médio Oriente, 5.4% da CIS, 4.2% da América do Norte e "apenas" 2.0% da Europa. Se considerarmos só as exportações inter-regionais, o mercado chinês já representava 9.1% para a América do Norte e 7.4% para a Europa, o que mesmo assim não evita grandes défices comerciais com a China.

Comércio de Bens Intra/Inter-Regiões (biliões $)   **Destino**

Origem	América Norte	América Central/ Sul	Europa	CIS	África	Médio Oriente	Ásia	Ásia (apenas China)	Total Export.	Export. Inter-Regiões
América Norte	905	107	279	8	22	42	314	70	**1 678**	*773*
América Central/Sul	135	112	86	6	11	8	62	32	**430**	*318*
Europa	430	67	3 652	142	120	129	366	97	**4 963**	*1 311*
CIS	24	8	247	80	6	13	46	23	**426**	*346*
África	80	11	148	1	33	6	73	29	**363**	*330*
Médio Oriente	72	4	103	3	21	72	340	41	**646**	*574*
Ásia	708	70	604	50	70	111	1 639	501	**3 278**	*1 639*
Ásia (apenas China)	228	27	203	28	27	30	427	-	970	*970*
Total Importações	**2 355**	**378**	**5 118**	**290**	**283**	**382**	**2 839**	**792**	11 783	*5 291*
Import. Inter-Regiões	*1 450*	*266*	*1 466*	*210*	*250*	*310*	*1 200*	*792*	*5 152*	

Comércio de Bens Intra/Inter-Regiões (% Mundial)

Origem	América Norte	América Central/ Sul	Europa	CIS	África	Médio Oriente	Ásia	Ásia (apenas China)	Total Export.	Export. Inter-Regiões
América Norte	7,7%	0,9%	2,4%	0,1%	0,2%	0,4%	2,7%	0,6%	**14,2%**	*6,6%*
América Central/Sul	1,1%	0,9%	0,7%	0,1%	0,1%	0,1%	0,5%	0,3%	**3,6%**	*2,7%*
Europa	3,7%	0,6%	31,0%	1,2%	1,0%	1,1%	3,1%	0,8%	**42,1%**	*11,1%*
CIS	0,2%	0,1%	2,1%	0,7%	0,0%	0,1%	0,4%	0,2%	**3,6%**	*2,9%*
África	0,7%	0,1%	1,3%	0,0%	0,3%	0,1%	0,6%	0,2%	**3,1%**	*2,8%*
Médio Oriente	0,6%	0,0%	0,9%	0,0%	0,2%	0,6%	2,9%	0,3%	**5,5%**	*4,9%*
Ásia	6,0%	0,6%	5,1%	0,4%	0,6%	0,9%	13,9%	4,3%	**27,8%**	*13,9%*
Ásia (apenas China)	1,9%	0,2%	1,7%	0,2%	0,2%	0,3%	3,6%	-	8,2%	*8,2%*
Total Importações	**20,0%**	**3,2%**	**43,4%**	**2,5%**	**2,4%**	**3,2%**	**24,1%**	**6,7%**	100%	*44,9%*
Import. Inter-Regiões	*12,3%*	*2,3%*	*12,4%*	*1,8%*	*2,1%*	*2,6%*	*10,2%*	*6,7%*	*43,7%*	

Tabela 5.7. - Matriz do Comércio Mundial de Bens em 2006 (WTO, 2007)

Distribuição das Exportações de cada Região (%)

Origem	América Norte	América Central/Sul	Europa	CIS	África	Médio Oriente	Ásia	Ásia (apenas China)	Total Export.	Export. Inter-Regiões	China÷Exp. Inter-Regiões
América Norte	**53,9%**	6,4%	16,6%	0,5%	1,3%	2,5%	18,7%	4,2%	**100%**	_46,1%_	9,1%
América Central/Sul	31,4%	**25,9%**	20,1%	1,4%	2,6%	1,8%	14,4%	7,4%	**100%**	_74,1%_	10,1%
Europa	8,7%	1,3%	**73,6%**	2,9%	2,4%	2,6%	7,4%	2,0%	**100%**	_26,4%_	7,4%
CIS	5,7%	1,8%	57,9%	**18,9%**	1,3%	3,1%	10,7%	5,4%	**100%**	_81,1%_	6,6%
África	22,0%	3,1%	40,8%	0,4%	**9,0%**	1,7%	20,0%	8,0%	**100%**	_91,0%_	8,8%
Médio Oriente	11,2%	0,7%	15,9%	0,5%	3,2%	**11,1%**	52,6%	6,4%	**100%**	_88,9%_	7,1%
Ásia	21,6%	2,1%	18,4%	1,5%	2,1%	3,4%	**50,0%**	15,3%	**100%**	_50,0%_	30,6%
Ásia (apenas China)	23,5%	2,8%	20,9%	2,9%	2,8%	3,1%	44,0%	-	**100%**	_100%_	-

Distribuição das Importações de cada Região (%)

Origem	América Norte	América Central/Sul	Europa	CIS	África	Médio Oriente	Ásia	Ásia (apenas China)
América Norte	**38,4%**	28,4%	5,5%	2,8%	7,7%	11,0%	11,1%	8,8%
América Central/Sul	5,7%	**29,5%**	1,7%	2,1%	4,0%	2,1%	2,2%	4,0%
Europa	18,3%	17,6%	**71,3%**	48,7%	42,6%	33,8%	12,9%	12,2%
CIS	1,0%	2,0%	4,8%	**27,7%**	2,0%	3,5%	1,6%	2,9%
África	3,4%	3,0%	2,9%	0,5%	**11,6%**	1,7%	2,6%	3,7%
Médio Oriente	3,1%	1,2%	2,0%	1,0%	7,4%	**18,8%**	12,0%	5,2%
Ásia	30,1%	18,4%	11,8%	17,1%	24,7%	29,2%	**57,7%**	63,3%
Ásia (apenas China)	9,7%	7,1%	4,0%	9,6%	9,6%	7,9%	15,0%	-
Total Importações	**100%**	**100%**	**100%**	**100%**	**100%**	**100%**	**100%**	**100%**
Importações Inter-Regiões	_61,6%_	_70,5%_	_28,7%_	_72,3%_	_88,4%_	_81,2%_	_42,3%_	_100%_
China÷Import. Inter-Regiões	15,7%	10,1%	13,8%	13,3%	10,8%	9,7%	35,6%	-

Tabela 5.7. (cont.) – Matriz do Comércio Mundial de Bens em 2006 (WTO, 2007)

Apesar das importações chinesas de África, do Médio Oriente, da ex-União Soviética e da América do Sul terem vindo a crescer rapidamente, estas consistem basicamente em aquisições de matérias-primas e por isso representam uma baixa percentagem, quando comparadas com as aquisições de produtos de alta tecnologia do Ocidente.

Como já referido, algumas destas importações são feitas através de intermediários como Hong-Kong e países asiáticos, por razões estratégicas/comerciais, por isso são provavelmente mais elevadas. Se tivermos em conta apenas as trocas inter-regionais (tabela 5.8), a China representa 15.4% das importações e 18.3% das exportações. Podemos também observar que a Ásia é o bloco com maior excedente e a América o bloco com o maior défice.

	América Norte	América Central/ Sul	Europa	CIS	África	Médio Oriente	Ásia	Ásia (apenas China)	TOTAL
Import. Inter-Regionais	28,1%	5,3%	28,4%	4,1%	4,8%	5,9%	23,3%	15,4%	100%
Export. Inter-Regionais	14,7%	6,0%	24,7%	6,5%	6,2%	10,9%	31,0%	18,3%	100%

Tabela 5.8. – Comércio Inter-Regional de Bens no Mundo em 2006 (WTO, 2007)

Foi também estabelecida a seguinte **Distribuição Sectorial do Comércio Chinês de Bens** através de dados da OMC (tabelas 5.9 e 5.10). Começando pelas exportações, os produtos agrícolas são uma pequena parte o que é normal, uma vez que o país possui uma pequena percentagem de terreno cultivável per capita, necessitando de enormes quantidades de fertilizantes.

Em termos de combustíveis e minérios, apenas os metais não ferrosos, como o vanádio e o titânio, têm uma percentagem importante. Os produtos industriais como têxteis, roupas, equipamentos de escritório e equipamentos para o lar, são os principais bens exportados, com quotas mundiais entre 20% e 30%.

Nestas estatísticas, analisou-se apenas a China continental, uma vez que Hong-Kong representa exportações domésticas de 22.8 biliões de dólares, um adicional de 2%. Para além disso, existem fábricas com capital chinês em países vizinhos como a Malásia e o Vietname, as quais produzem bens sem o selo *made in China*, mas que na realidade são controladas pela China e onde até mesmo os trabalhadores são por vezes emigrantes

OS NOVOS DESAFIOS AO MUNDO

chineses. As exportações de produtos de grande valor acrescentado, como os farmacêuticos ou os equipamentos de transporte, são ainda uma pequena percentagem.

Em termos de importações, as percentagens de bens agrícolas e de combustíveis/minérios estão a subir, especialmente os minérios que correspondem a 23.1% das trocas mundiais respectivas, devido à falta de recursos internos e ao vasto crescimento industrial, vindos principalmente da América do Sul e da Ásia. Na verdade, a China tem estabelecido grandes contratos relativos a estes minérios com o Brasil e com a Austrália, com quem tem défices comerciais. Quanto ao petróleo, advém essencialmente do Médio Oriente, de África e da Ásia.

No grupo de produtos industriais, os que têm grande valor acrescentado têm um importante peso, especialmente o equipamento de escritório/telecomunicações e os instrumentos científicos, que provêm essencialmente da Ásia (Japão, Coreia do Sul e Taiwan). A importação de produtos farmacêuticos é pequena, devido ao baixo poder de compra e aos hábitos de remédios tradicionais. Por seu lado, Hong-Kong importou domesticamente bens no valor de 35.9 biliões de dólares, o que representa um adicional de apenas 5%.

Finalmente, a **Composição do Comércio Chinês de Serviços** é também apresentada (tabela 5.11), tendo valores curiosos se analisarmos as posições da China nas estatísticas mais detalhadas da OMC. Assim, nas exportações de transportes, a Coreia do Sul está à frente. Nas exportações de comunicações estão bastante à frente a Índia, e países pequenos como a Suíça, Singapura ou a Malásia.

Nas importações de construção está à frente o Cazaquistão, que tem beneficiado da febre do petróleo para construir instalações de extracção petrolífera, assim como imóveis. Nas exportações de serviços de seguros, um grande conjunto de países está na dianteira, por se tratar de um sector chinês ainda incipiente devido aos atrasos nas privatizações.

PORTUGAL E A CHINA – UMA RELAÇAO COM FUTURO

	América Norte	América Sul	Europa	CIS	África	Médio Oriente	Ásia	Total China	TOTAL Mundial	Quota China	Posição China
Produtos Agrícolas	5,0	0,4	5,2	1,1	0,9	0,7	19,2	32,5	945	3,4%	5º
Transformados	4,1	0,3	3,8	1,0	0,8	0,6	17,1	27,7	755	3,7%	-
Matérias-Primas	0,9	0,1	1,4	0,1	0,1	0,1	2,1	4,8	190	2,5%	-
Produtos Minerais e Combustíveis	4,1	1,1	4,4	0,6	0,5	0,9	27,3	38,9	2 277	1,7%	-
Minérios	0,4	0,1	0,9	0,1	0,1	0,1	1,2	2,9	201	1,4%	-
Combustíveis	1,7	0,9	1,5	0,2	0,1	0,3	13,1	17,8	1 770	1,0%	-
Metais não Ferrosos	2,0	0,1	2,0	0,3	0,3	0,5	13,0	18,2	306	5,9%	-
Indústria	219	25,2	193	26,3	24,5	27,8	378	895	8 257	10,8%	2º
Ferro e Aço	5,4	0,8	5,9	0,6	0,9	1,8	17,2	32,6	374	8,7%	2º
Farmacêuticos	0,9	0,2	1,3	0,1	0,2	0,1	1,7	4,5	311	1,4%	6º
Outros Químicos	5,8	2,1	7,5	1,3	1,3	1,4	20,7	40,1	937	4,3%	5º
Produtos Intermédios	21,3	2,2	16,6	2,4	3,0	4,4	25,5	75,4	795	9,5%	-
Equipamentos Escritório/Telecom.	75,4	4,3	64,2	2,9	2,6	3,2	134,7	287,3	1 451	19,8%	2º
Equipamentos Transporte	9,5	2,2	9,4	1,2	2,3	2,2	13,4	40,2	1 465	2,7%	7º
Outra Maquinaria	26,6	4,5	24,9	3,2	4,6	5,2	59,1	128,1	1 448	8,8%	-
Têxteis	6,8	2,3	6,8	2,0	3,9	3,1	23,7	48,6	219	22,2%	2º
Vestuário	19,8	2,8	26,2	6,9	2,7	2,9	34,1	95,4	311	30,7%	1º
Produtos Pessoais e para o Lar	20,8	1,6	10,9	3,5	1,5	1,6	11,6	51,5	196	26,3%	-
Instrumentos Científicos	2,9	0,4	3,3	0,2	0,3	0,2	13,5	20,8	240	8,7%	-
Outros Produtos	23,9	1,8	16,4	2,1	1,3	1,6	23,1	70,2	509	13,8%	-
TOTAL	228	27	203	28	27	30	427	970	11 783	8,2%	3º

(biliões $)

Tabela 5.9. – Exportação Sectorial de Bens pela China em 2006 (WTO, 2007)

Os serviços financeiros importados têm um valor pequeno, pois o mercado ainda se encontra fechado, daí as estatísticas de Hong-Kong serem apresentadas apenas para dar uma ideia geral. Nas exportações de serviços de computadores e informação, o país está atrás da Índia e de Israel (4.5 biliões de dólares para esta pequena nação que possui o maior rácio de I&D do mundo, 4.5% do PIB), enquanto nas importações está atrás do Brasil. As exportações de licenças e patentes são inferiores às da Coreia do Sul, de Israel (0.6 biliões de dólares), de Singapura (um importante centro de pesquisa de biotecnologia) e de Taiwan; as importações correspondentes são bastante inferiores às de Singapura e da UE-25 (apenas um décimo), havendo bastantes verbas que não são pagas devido a cópias ilegais.

OS NOVOS DESAFIOS AO MUNDO

	América Norte	América Sul	Europa	CIS	África	Médio Oriente	Ásia	Total China	Total Mundial	Quota China	Posição China
Produtos Agrícolas	12,6	8,9	4,2	4,9	2,0	0,2	18,8	51,6	945	5,5%	4°
Transformados	5,0	7,4	1,6	1,3	0,4	0,1	7,2	23,0	755	3,0%	-
Matérias-Primas	7,6	1,5	2,6	3,6	1,6	0,1	11,6	28,6	190	15,1%	-
Produtos Minerais e Combustíveis	5,8	18,2	5,8	14,0	24,5	35,2	54,9	158	2 277	7,0%	-
Minérios	4,0	11,2	3,1	1,3	2,3	0,9	23,7	46,5	201	23,1%	-
Combustíveis	0,4	4,6	0,4	10,9	21,1	34,1	17,6	89,1	1 770	5,0%	-
Metais não Ferrosos	1,4	2,4	2,3	1,8	1,1	0,2	13,6	22,8	306	7,5%	-
Indústria	51,2	4,3	86,8	3,9	1,9	5,5	426	580	8 257	7,0%	3°
Ferro e Aço	0,5	0,6	3,5	0,8	0,3	0,0	15,8	21,5	374	5,7%	3°
Farmacêuticos	0,4	0,0	1,8	0,0	0,0	0,0	0,6	2,8	311	0,9%	11°
Outros Químicos	10,0	0,5	9,8	2,6	0,3	4,4	56,8	84,4	937	9,0%	3°
Produtos Intermédios	2,4	0,8	5,8	0,2	0,8	0,3	15,8	26,1	795	3,3%	-
Equipamentos Escritório/Telecom.	11,8	1,8	8,9	0,1	0,3	0,4	174,8	198,1	1 451	13,7%	3°
Equipamentos Transporte	8,2	0,2	14,7	0,1	0,0	0,0	11,9	35,1	1 465	2,4%	6°
Outra Maquinaria	11,8	0,3	33,9	0,2	0,1	0,2	77,9	124,4	1 448	8,6%	-
Têxteis	0,5	0,0	1,0	0,0	0,0	0,0	14,8	16,3	219	7,4%	3°
Vestuário	0,0	0,0	0,3	0,0	0,0	0,0	1,4	1,7	311	0,5%	15°
Produtos Pessoais e para o Lar	0,2	0,0	0,6	0,0	0,0	0,0	0,9	1,7	196	0,9%	-
Instrumentos Científicos	3,4	0,0	4,0	0,0	0,0	0,2	41,0	48,6	240	20,3%	-
Outros Produtos	2,0	0,0	2,7	0,0	0,0	0,0	14,5	19,2	509	3,8%	-
TOTAL	70	32	97	23	29	41	501	792	11 783	6,7%	3°

(biliões $)

Tabela 5.10. – Importação Sectorial de Bens pela China em 2006 (WTO, 2007)

Nos serviços culturais e de recreação, em termos de exportações, a China está bastante aquém da Malásia, da Turquia, da Coreia do Sul ou de Singapura; nas importações respectivas, não existem valores da OMC, uma vez que o mercado doméstico ainda é demasiado fechado a outras culturas, para além das cópias audiovisuais não autorizadas.

Alguns autores tendem a considerar os **Défices Comerciais** como o resultado da falta de poupança dos importadores e consequente gasto exagerado em importações, o que seria o caso dos Estados Unidos. Outros autores consideram que são o resultado de demasiada poupança dos exportadores e consequentes importações pequenas, o que seria o caso da China. Apenas para ter uma ideia, os consumos privados nos Estados Unidos e na China eram de 70% e 43% do PIB, respectivamente,

	EXPORTAÇÕES				IMPORTAÇÕES			
	China (biliões$)	Mundo (biliões$)	Quota China(%)	Posição China	China (biliões$)	Mundo (biliões$)	Quota China(%)	Posição China
Transportes	21,0	630	3,3	6º	34,4	750	4,6	4º
Turismo	33,9	745	4,5	3º	24,3	695	3,5	4º
Outros Serviços	36,5	1 380	2,6	6º	41,6	1 205	3,5	4º
Comunicações	0,5	55	0,5	15º	0,6	-	1,0	13º
Construção	2,6	50	5,2	4º	1,6	-	3,2	5º
Seguros	0,5	50	1,0	9º	7,2	-	14,4	4º
Serviços Financeiros (apenas Hong-Kong)	6,3	170	3,7	4º	1,4	-	0,8	5º
Computadores e Informação	1,8	105	1,8	6º	1,6	-	1,6	6º
Licenças e Patentes	0,2	135	0,1	14º	5,3	-	4,0	6º
Recreação e Cultura	0,1	35	0,3	15º	-	-		-
Outros serviços	23,3	595	4,0	5º	16,3	-	2,8	4º
TOTAL	91,4	2 755	3,3	8º	100,3	2 650	3,8	6º

Tabela 5.11. – Comércio de Serviços pela China em 2006 (WTO, 2007)

em 2005 (OECD, 2007a; NBSC, 2007). A realidade é muito mais complexa, especialmente devido à influência dos seguintes factores:

- Subavaliação da moeda dos países exportadores
- Subsídios à exportação por parte dos países exportadores
- Barreiras dos países importadores
- Políticas atractivas de IDE (subsídios, diminuição/eliminação das taxas)
- *Offshoring/Outsourcing*

A China é um bom exemplo desta complexidade. Em 2002, as exportações das suas empresas com capital estrangeiro (FIE) totalizaram 25.8% das exportações totais, uma subida face aos 20.3% em 1997. O seu valor acrescentado ascendeu a 80 000 milhões € e os lucros brutos totalizaram 15 000 milhões € (UNCTAD, 2006). Mais recentemente, em 2007, verifica-se que 57.1% das exportações foram já feitas por FIE, 24.4% por empresas nacionais variadas e 18.4% por empresas públicas. Ao mesmo tempo, as importações das FIE totalizaram 58.5% das importações totais (tabela 5.12).

OS NOVOS DESAFIOS AO MUNDO

Por outro lado, cerca de 60% do número total de FIE eram empresas totalmente detidas por estrangeiros (WFOE) conforme estatísticas oficiais (AICEP, 2007). Como tal e na falta de mais dados, podemos estimar que a distribuição do comércio é proporcional ao número de empresas, o que significa que as WFOE absorvem cerca de 60% x 60% = 36% do comércio externo chinês. Já as empresas públicas tiveram uma percentagem de importações maior do que a de exportações, o oposto às empresas nacionais variadas.

	Exportações (biliões $)	Exportações (%)	Variação (%)	Importações (biliões $)	Importações (%)	Variação (%)
Empresas com Capital Estrangeiro (FIE)	696	57,1	23,4	559	58,5	18,4
Outras Empresas Privadas	298	24,4	39,2	127	13,2	35,1
Empresas Públicas (SOE)	225	18,4	17,5	270	28,2	19,8
TOTAL	1 218	100,0	25,7	956	100,0	20,8

Tabela 5.12. – Comércio Externo da China por Tipo de Empresa em 2007 (MOFCOM, 2011a)

A definição de uma FIE não é clara, uma vez que as autoridades requerem, em geral, que a percentagem de acções detida pelos investidores estrangeiros seja igual ou superior a 25%, contudo este limite foi diminuído recentemente, embora sujeito depois a um tratamento não preferencial para aprovações e impostos (Chen *et al.*, 2008). Como tal, muitas destas empresas podem ter a maioria das acções detidas por investidores chineses, sendo estas estatísticas uma forma das autoridades amenizarem as vozes contra o crescente excedente comercial. De qualquer modo, conclui-se que cerca de 60% das exportações chinesas fornecem lucros a investidores estrangeiros, que eventualmente fecharam fábricas e dispensaram trabalhadores nos seus países de origem.

Outro argumento utilizado pela China é a diferença dos tipos de produtos trocados. Enquanto 70% das exportações chinesas para a UE são de trabalho intensivo e de baixo custo acrescentado, 80% das importações chinesas da UE consistem em produtos de alta tecnologia: "80 milhões de pares de sapatos exportados equivalem um *Airbus* importado" (Power, 2008b). Ou seja, se os países ocidentais continuarem a ter um avanço tecnológico, só os seus sectores menos avançados ou os seus países menos desenvolvidos é que sofrerão, razão pela qual o Norte da Europa nunca apoiará os esforços do Sul da Europa para dificultar as importações asiáticas. Aliás, conforme atrás visto, em média apenas 40% do valor das exportações chinesas fica no país, após o saldo de todos os custos externos ao longo da cadeia de valor acrescentado, regressando os restantes 60% ao estrangeiro.

Também as recentes políticas chinesas de incentivo do consumo interno e de incremento das despesas públicas, irão por certo aumentar as importações, e poderão atenuar as actuais guerras comerciais.

Curiosamente, o crescimento das exportações chinesas parece não ter sido feito tanto às custas da UE, como às custas de países como os EUA e o Japão. De facto, entre 2001 e 2005, a UE conseguiu deter cerca de 38% das exportações mundiais de bens (considerando simultaneamente intra e inter exportações), a China aumentou de 3.9% para 7.6% e os Estados Unidos desceram quatro pontos percentuais (La Caixa, 2006). Para além disso, o *US-China Business Council* publicou outro estudo interessante (USCBC, 2007):

- Os Estados Unidos continuam a ser os maiores fabricantes mundiais, com uma quota de perto de 22%, que se tem mantido nas últimas décadas, mesmo tendo o número de trabalhadores diminuído nos últimos 40 anos. A quota da China aumentou de 4.2% para 8%, principalmente à custa da descida de 21.1% para 17.8% por parte do Japão.
- A China é o mercado que de longe mais cresce para os produtos americanos, tendo crescido quatro vezes nos últimos 10 anos.
- Apesar do défice comercial ter crescido entre os 2 países, o excedente americano na troca de serviços cresceu para 1 500 milhões €.
- 81% das empresas dos membros do USCBC têm operações lucrativas na China, e 50% têm lucros similares às suas margens globais de lucro.
- Uma valorização do renmimbi em 25%, apenas reduziria em 10% o défice comercial com os EUA, que foi de 175 000 milhões € em 2006, e apenas por dois anos.

5.2. Investimento Internacional

O clima de estabilidade e de cooperação internacional que foi possível atingir nas últimas décadas, após a queda da União Soviética em 1991 e a abertura dos países comunistas como a China, a consequente criação da Organização Mundial do Comércio em 1995 e o estabelecimento de múltiplos acordos financeiros, permitiram uma livre troca mundial de bens, serviços e capitais, no fundo a chamada "Globalização". Tudo isso conduziu a uma vertiginosa subida dos fluxos de **Capitais Estrangeiros na China**, nas suas três formas primárias (Kumar, 2007):

- "Investimento em Acções" – envolve a aquisição de acções de empresas, normalmente através das bolsas de valores, sem adquirir um controlo efectivo. Iniciou-se nos anos 90, depois da reabertura da bolsa de valores de Shanghai e da inauguração da bolsa de valores de Shenzhen. O país ainda teme a especulação do Ocidente, baseando-se nas anteriores crises asiáticas, por isso mantém um controlo rígido das suas bolsas.

- "Investimento em Dívida" – envolve obrigações e empréstimos a bancos e instituições multilaterais. A sua quota ainda é pequena, por razões estratégicas e políticas assumidas pelas autoridades chinesas, e porque o país possui elevadas poupanças e excedentes comerciais. No entanto, tem recentemente começado a aumentar.

- "Investimento Directo Estrangeiro (IDE)" – envolve relações a longo prazo com as empresas estrangeiras. É a opção preferida pela China devido à sua solidez e estima-se que corresponda a 80% do total dos fluxos de capital.

Os países desenvolvidos sempre absorveram a maioria dos investimentos internacionais (fig. 5.1), especialmente nos finais dos anos 90, dado o seu maior poder de compra e as novas oportunidades como as telecomunicações. Posteriormente, o aumento da competição entre as empresas levou à deslocalização crescente de empresas ocidentais para os países emergentes. Ao mesmo tempo, os países emergentes, para além de receberem as empresas deslocalizadas, aumentaram o número de consumidores domésticos com suficiente poder de compra, o que associado à saturação de vários mercados ocidentais, produziu enormes entradas de investimentos nestes países.

O mesmo se passou a nível das saídas de investimentos, em que aumentou o número de empresas dos países emergentes com capacidade para investirem no estrangeiro. Assim, em 2005, os países em desenvolvimento representavam apenas 29.3% das entradas e 14.3% das saídas de IDE, valores que aumentaram para 42.9% e 20.8% em 2009, respectivamente (tabela 5.13).

A actual crise teve um efeito recessivo no investimento mundial, tendo o ano de 2007 sido o melhor até hoje. De qualquer modo, a China teve uma queda muito menos brusca em ambos os sentidos face à maioria dos países, razão para se ter tornado em 2009, o 2º país receptor de IDE logo a seguir aos EUA, e o 6º país emissor de IDE a seguir aos EUA, França, Japão, Alemanha e Hong-Kong.

Mesmo assim e como já referido, é sempre difícil analisar os movimentos exactos de IDE devido à sua volatilidade. A Irlanda, por exemplo, teve um fluxo de entrada negativo de -23 800 milhões € em 2005, devido a uma grande retirada por parte dos investidores estrangeiros, enquanto em 2006 teve um fluxo de entrada de 9 200 milhões €. Por outro lado, regiões como a América Latina e África, têm imensos recursos mas consumidores com baixo poder de compra, pelo que ainda não atraem ou geram suficientes IDE.

Uma vez ultrapassada a actual instabilidade mundial, a China irá provavelmente continuar a crescer no sentido de se tornar o primeiro receptor mundial de IDE, dado o seu potencial. Também outros países emergentes como a Índia, o Brasil ou a África do Sul, irão continuar a lançar programas de financiamento externo das suas infra-estruturas, juntamente com o crescimento das suas economias. Ao mesmo tempo, as suas populações irão começar a poupar menos e algumas, como a chinesa, irão até começar a envelhecer. Será pois de esperar que se atinjam necessidades de capital estrangeiro de uma enorme dimensão, só comparáveis aos valores da reconstrução da Europa e do Japão após a 2ª Guerra Mundial.

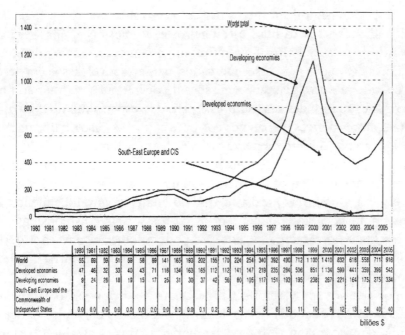

Figura 5.1. – Investimento Estrangeiro no Mundo em 1980-2005 (UNCTAD, 2006)

	Entrada IDE (milhões €)	Entrada IDE (% total)	Variação face a 2008 (%)	Saída IDE (milhões €)	Saída IDE (% total)	Variação face a 2008 (%)
Países Desenvolvidos	435 300	50,8	-44,4	631 300	74,5	-47,8
UE-27	278 400	32,5	-32,6	298 900	35,3	-57,6
Resto da Europa	12 600	1,5	16,2	39 300	4,6	-33,1
América do Norte	114 400	13,4	-60,9	220 900	26,1	-30,3
Outros Países	29 800	3,5	-55,5	72 200	8,5	-44,0
Países em Desenvolvimento	368 000	42,9	-24,1	176 300	20,8	-22,7
Norte de África	14 100	1,6	-24,1	2 000	0,2	-69,9
África Subsariana	31 000	3,6	-16,2	1 800	0,2	96,5
América do Sul	42 100	4,9	-40,3	2 900	0,3	-88,8
América Central	47 500	5,5	-32,5	33 500	4,0	-9,0
Ásia Ocidental	52 600	6,1	-24,3	18 000	2,1	-38,5
Ásia Oriental e Sul (excluindo a China)	106 200	12,4	-20,7	81 000	9,6	-7,7
China	73 100	8,5	-12,3	36 900	4,4	-8,0
Oceânia	1 400	0,2	-1,9	65	0,0	-31,5
CIS	53 800	6,3	-42,9	39 400	4,6	-15,6
MUNDO	856 900	100,0	-37,1	846 900	100,0	-42,9

Tabela 5.13. – A China no Investimento Directo Estrangeiro em 2009 [UNCTAD (2010)]

PORTUGAL E A CHINA – UMA RELAÇÃO COM FUTURO

Tal poderá significar que os países desenvolvidos irão ter mais dificuldade para atrair capitais estrangeiros e, ao mesmo tempo, ver mais investidores estrangeiros a se retirarem, assim como mais poupanças internas desviadas para esses mercados mais atractivos. Isso será desastroso, quer ao nível das suas emissões de dívida pública, quer ao nível do financiamento das suas empresas privadas, especialmente dos países com maiores défices da balança corrente como é o caso de Portugal, ao obrigar ao pagamento de maiores taxas de juro. Também os EUA serão outro caso, pois estão cada vez mais endividados e obrigados a emitir quantidades crescentes de dívida pública, o que aumentará a dívida externa. A longo prazo, existirá ainda o efeito de envelhecimento das suas populações, que aumentará os custos sociais e as consequentes necessidades orçamentais. Tudo isto poderá forçar os governos destes países a impor limites às saídas de capital e a adoptar outras medidas proteccionistas ao nível financeiro.

Por sua vez, os **Capitais Chineses no Exterior** estão também a aumentar. É o caso dos fluxos de IDE, símbolo do crescente poder da China em áreas como África e a América Latina, mas ainda bastante inferiores aos americanos. Entre 2001 e 2006, tiveram a seguinte distribuição: 6.6% Índia, 6.6% Rússia, 6.0% EUA, 5.4% Hong-Kong, 4.8% Reino Unido, 4.6% Vietname, 4.3% Brasil, 4.0% Alemanha, 3.1% Japão e 54.7% outros países (BCG, 2008). No entanto, tudo se está a alterar muito rapidamente e já aumentaram para 1/5 dos valores dos EUA em 2009. Com efeito, as autoridades chinesas compreenderam a sua importância estratégica, pelo que lançaram a estratégia "*Go Global*" no início da década de 2000, que incentivou as empresas nacionais mais fortes a aumentar o seu investimento no estrangeiro, por várias razões (Sauvant, 2006; Deng, 2004):

- "Acesso Seguro a Matérias-Primas" – a competição no futuro e o desenvolvimento do país, irão levar à necessidade de um acesso contínuo aos recursos, algo que o Ocidente garantiu desde os tempos coloniais. Esta questão é crucial, pois os recursos são limitados e alguns deles, como o petróleo, chegarão em breve ao fim. Estão assim em curso aquisições e parcerias (ex. a *Shanghai Baoshan* investiu em 6 parcerias na Austrália e Brasil na área do minério de ferro; a *Sinopec* adquiriu uma participação de 60% na 2ª maior petrolífera do Cazaquistão, estando neste momento a construir um gasoduto de 4 000 km, entre os campos petrolíferos do Mar Cáspio e a província de Xinjiang).

- "Obtenção de Novas Tecnologias" – ao adquirir empresas de alta tecnologia em países desenvolvidos, alcança-se um acesso imediato a tecnologia sofisticada (ex. a aquisição do sector de computadores pessoais da *IBM* pela *Lenovo*, por 1000 milhões € em 2004, tornou-a o nº 3 mundial a seguir à *Dell* e à *HP*; centros de I&D da *Huawei* em Dallas, no Silicon Valley e em Bangalore).

- "Acesso Facilitado a Mercados Estrangeiros" – continuam a existir vários entraves aos produtos chineses, em parte ultrapassáveis através da construção de fábricas nos próprios mercados finais, ou em países intermediários com um estatuto de exportação privilegiada. Esta estratégia está a tornar-se essencial, uma vez que as empresas chinesas têm vindo a reunir enormes capacidades produtivas, que o mercado nacional ou os clientes habituais poderão já não ser capazes de absorver (ex. a *TLC*, a maior fabricante chinesa de televisões, comprou a alemã *Schneider em 2003*, e estabeleceu uma parceria com a *Thomson* para o ramo da electrónica em 2004, tendo agora fábricas em França, na Alemanha, no México, na Polónia, na Tailândia e no Vietname).

- "Diversificação do Risco" – multinacionais apoiadas pelo governo, à imagem dos conglomerados japoneses e coreanos, encontram-se agora a investir em vários países (ex. a *Sinochem* investiu 2 300 milhões € em 100 subsidiárias e parcerias estrangeiras, em particular na aquisição de 50% da *US Pacific Refining*, pelo que actualmente 57% das suas vendas já ocorrem no estrangeiro).

- "Procedimentos Estratégicos" – para criar marcas mundiais e aumentar o peso político no mundo, uma vez que a maioria das 500 Maiores Empresas Chinesas são estatais, ou pelo menos são empresas nas quais o Estado é o maior accionista (ex. a *Haier*, segunda empresa mundial no ramo dos electrodomésticos a seguir à *Whirlpool*, conseguiu criar uma marca de renome ao implementar unidades de fabrico e de investigação em 18 países, com

58 000 vendedores estrangeiros e espaços comerciais em cadeias de venda a retalho como a *Wal Mart*).

Assim sendo, várias empresas chinesas como a *Legend*, que produz 20% das placas de computador a nível mundial, começaram a expandir--se por todo o mundo, não se limitando a investir em países em desenvolvimento como forma de permitir o acesso a matérias-primas, mas também nos países desenvolvidos, como nos EUA, Reino Unido ou Noruega. A própria *Haier* pretende ascender a n.º 1 mundial, por isso já investe 10% dos seus rendimentos na expansão da sua marca (Palepu, 2005). Construiu também 14 fábricas nos EUA, Europa e América do Sul para ultrapassar a barreira das quotas. Na Europa, a sede da empresa está localizada em Itália, onde adquiriu várias empresas e possui actualmente 4 centros logísticos (Itália, Reino Unido, Holanda e Espanha). A estratégia da empresa passou a ser a produção e venda de 1/3 dos seus produtos na China, a produção de 1/3 na China para venda no estrangeiro, e a produção e venda do restante 1/3 no estrangeiro.

Outra questão essencial é a importância dos emigrantes chineses, cujo total se estima actualmente em 55 milhões de pessoas, dos quais 10 milhões estão a viver no Ocidente e 45 milhões na Ásia, com activos que ascendem aos 1 600 000 milhões €, o que constitui 1/3 da riqueza do Japão (Ilhéu, 2006). Conforme referido, o seu papel de ponte de ligação para os investimentos chineses no exterior está a ser essencial para o sucesso dessas operações. De notar que já no passado, empresas como as coreanas ou as japonesas, não tendo comunidades idênticas deste tipo no estrangeiro, tiveram de enviar várias centenas de funcionários seus para viver durante meses nos países alvo e deste modo obter informação diversa sobre os mesmos.

Se analisarmos agora os **Valores Acumulados de IDE** (tabela 5.14), estes mostram o peso das políticas anteriores que fecharam o país aos estrangeiros, assim como não permitiram a criação de grupos domésticos globalizados, colocando a China bastante longe dos EUA e de outros países, como a Holanda e a Bélgica que são basicamente países intermediários. Também Hong-Kong antes de funcionar como um interface intermediário para a China continental, já funcionava como placa giratória para outros países asiáticos durante a administração britânica, para além de captar investimentos para o próprio território,

OS NOVOS DESAFIOS AO MUNDO

tendo assim grandes entradas acumuladas de IDE. O Brasil e a Rússia têm menos entradas acumuladas que a China, mas possuem mais saídas acumuladas, resultantes de grupos nacionais já internacionalizados. A Índia ainda está bastante distante da China em ambos os domínios. Por curiosidade, de notar que o Reino Unido quando era uma superpotência em 1914, detinha 50% das saídas acumuladas de IDE no mundo, valor atingido pelos EUA em 1967. Hoje em dia, a distribuição mundial é bastante mais equitativa.

	Destinos	Entradas IDE Acumuladas (milhões €)	Entradas IDE Acumuladas (% mundial)		Origens	Saídas IDE Acumuladas (milhões €)	Saídas IDE Acumuladas (% mundial)
1	EUA	1 752 994	15,3	1	EUA	2 432 324	19,5
2	França	762 598	6,6	2	Reino Unido	1 161 995	9,3
3	Reino Unido	756 059	6,6	3	Alemanha	1 116 085	9,0
4	**Hong-Kong**	642 895	5,6	4	França	1 074 613	8,6
5	Alemanha	538 824	4,7	5	Holanda	649 028	5,2
6	Holanda	495 845	4,3	6	**Hong-Kong**	596 862	4,8
7	Espanha	488 298	4,3	7	Suíça	557 452	4,5
8	Bélgica	399 185	3,5	8	Japão	523 332	4,2
9	Canadá	317 129	2,8	9	Espanha	462 961	3,7
10	**China**	290 833	2,5	10	Bélgica	452 515	3,6
11	Suíça	287 734	2,5	11	Canadá	400 307	3,2
12	Itália	264 012	2,3	12	Itália	397 732	3,2
13	Singapura	250 878	2,2	13	Suécia	245 623	2,0
14	México	226 677	2,0	14	Rússia	156 028	1,3
15	Brasil	221 305	1,9	15	Austrália	149 785	1,2
16	Austrália	209 365	1,8	16	Dinamarca	148 095	1,2
17	Suécia	195 002	1,7	17	Singapura	145 457	1,2
18	Rússia	164 411	1,4	18	Ilhas Virgens Britânicas	136 048	1,1
19	Japão	156 440	1,4	19	Taiwan	134 723	1,1
20	Irlanda	133 400	1,2	20	Noruega	131 665	1,1
21	Polónia	124 158	1,1	21	Brasil	124 783	1,0
22	Dinamarca	115 763	1,0	22	Irlanda	122 587	1,0
23	Áustria	107 185	0,9	23	Áustria	117 355	0,9
24	Índia	94 837	0,8	24	**China**	113 807	0,9
25	Noruega	93 478	0,8	25	Finlândia	88 097	0,7
26	África do Sul	91 840	0,8	26	Coreia do Sul	73 492	0,6
27	República Checa	87 976	0,8	27	Malásia	51 985	0,4
28	Arábia Saudita	87 905	0,8	28	**Portugal**	48 955	0,4
29	Tailândia	80 654	0,7	29	Luxemburgo	48 203	0,4
30	Chile	77 684	0,7	30	África do Sul	47 942	0,4
31	**Portugal**	76 785	0,7	31	Índia	47 512	0,4

Tabela 5.14. – Comparação de valores acumulados de IDE em 2008 (UNCTAD, 2009)

PORTUGAL E A CHINA – UMA RELAÇAO COM FUTURO

	EUA Entradas IDE (% Invest.)	R. Unido Entradas IDE (% Invest.)	Hong-Kong Entradas IDE (% Invest.)	China Entradas IDE (% Invest.)	Brasil Entradas IDE (% Invest.)	Rússia Entradas IDE (% Invest.)	Índia IDE Entradas IDE (% Invest.)
2004	6,2	16,1	96,4	8,0	16,0	14,3	3,2
2005	4,9	35,0	90,4	7,0	10,7	9,2	3,6
2006	6,8	33,9	103,9	8,0	10,5	16,3	8,7
2008	12,5	21,8	148,8	6,0	15,1	19,5	9,6

	EUA Entradas IDE Acumuladas (% PIB)	R. Unido Entradas IDE Acumuladas (% PIB)	Hong-Kong Entradas IDE Acumuladas (% PIB)	China Entradas IDE Acumuladas (% PIB)	Brasil Entradas IDE Acumuladas (% PIB)	Rússia Entradas IDE Acumuladas (% PIB)	Índia IDE Entradas IDE Acumuladas (% PIB)
1990	6,8	20,6	58,6	5,4	8,5	-	0,5
2000	12,8	30,4	269,9	17,9	17,1	12,4	3,8
2006	13,5	47,8	405,7	11,1	20,8	20,2	5,7
2008	16,0	36,9	388,1	8,7	18,3	12,7	9,9

Tabela 5.15. – Entradas de IDE em relação ao Investimento e ao PIB (UNCTAD, 2007b; 2009)

	EUA Saídas IDE (% Invest.)	R. Unido Saídas IDE (% Invest.)	Hong-Kong Saídas IDE (% Invest.)	China Saídas IDE (% Invest.)	Brasil Saídas IDE (% Invest.)	Rússia Saídas IDE (% Invest.)	Índia IDE Saídas IDE (% Invest.)
2004	11,7	26,1	129,5	0,7	8,6	12,8	1,2
2005	10,5	22,9	73,1	1,5	1,8	9,2	1,4
2006	8,3	19,3	105,3	1,9	15,8	10,2	5,0
2008	12,3	25,0	141,5	2,9	6,8	14,5	4,1

	EUA Saídas IDE Acumuladas (% PIB)	R. Unido Saídas IDE Acumuladas (% PIB)	Hong-Kong Saídas IDE Acumuladas (% PIB)	China Saídas IDE Acumuladas (% PIB)	Brasil Saídas IDE Acumuladas (% PIB)	Rússia Saídas IDE Acumuladas (% PIB)	Índia IDE Saídas IDE Acumuladas (% PIB)
1990	7,4	23,2	15,5	1,2	9,4	-	-
2000	13,4	62,2	230,1	2,6	8,6	7,8	0,4
2006	18,0	62,6	363,5	2,8	8,2	16,0	1,5
2008	22,2	56,7	360,3	3,4	10,3	12,0	5,0

Tabela 5.16. – Saídas de IDE em relação ao Investimento e ao PIB (UNCTAD, 2007b; 2009)

Em termos das entradas de IDE comparativamente ao investimento total e ao PIB domésticos (tabela 5.15), os valores da China são inferiores aos dos EUA e dos outros países BRIC. Ao longo dos anos, Pequim teve sempre um grande nível de poupança, reforçado pelos excedentes comerciais crescentes, para além de maiores barreiras às entradas de capital estrangeiro. O Reino Unido continua a receber fortes investimentos como entrada privilegiada na UE-27 e Hong-Kong demonstra claramente ser uma plataforma de IDE.

Finalmente, nas saídas de IDE em termos relativos (tabela 5.16), os valores de Pequim são também reduzidos. Neste aspecto, a China é ainda um dragão adormecido. O Reino Unido demonstra valores acumulados enormes, o que resulta da sua posição dominante dentro da EU-27 e do facto de Londres ser o centro financeiro mundial mais importante. Hong-Kong é indubitavelmente uma plataforma de IDE e a Índia possui ainda controlos de capital demasiado rígidos para fluxos de saída (Sauvant, 2006).

5.3. Questões Estratégicas

Conforme referido, algumas empresas chinesas estão agora a posicionar-se como **Forças Globais**, aproveitando a sua dimensão. Na verdade, as 500 Maiores Empresas Chinesas correspondiam a 77% do PIB e 21 milhões de trabalhadores em 2004, tendo a menor empresa um volume de negócios de 250 milhões de euros. Em termos das 100 Maiores Empresas dos Países Emergentes em 2006, 44 eram chinesas (14 de bens industriais, 15 de bens de consumo, 8 de telecomunicações, 4 de combustíveis e 3 de transportes marítimos), comparado com 21 empresas da Índia, 12 do Brasil, 7 da Rússia, 6 do México e as restantes 10 empresas do Egipto, Malásia, Tailândia e Turquia, o que mostra bem o peso da China. Em 2009, 46 destas empresas chinesas estavam também nas 500 Maiores do Mundo. Têm seguido essencialmente 4 tipos de globalização (BCG, 2007):

- "Exportações Tradicionais com base na Eficiência de Custos" – aproveitam o baixo custo dos seus factores de produção, em especial a mão-de-obra, podendo incluir parcerias com grandes cadeias mundiais de retalho.
- "Exportações Especializadas com base em Escala e em Tecnologia" – constituem nichos de mercado como os motores eléctricos, que podem ser utilizados em vários sectores, como os brinquedos e a indústria automóvel.

- "Investimentos Externos para Obtenção de Matérias-Primas" – usadas tanto no mercado doméstico, como nas exportações.
- "Inovação e Crescimento do Capital Humano" – desenvolvem novas tecnologias a baixo custo, através de um número crescente de cientistas e de trabalhadores altamente qualificados.

Com o seu galopante poder económico, estão agora a apostar numa nova fase, a de "Investimentos em Empresas Estrangeiras", grande parte delas em países desenvolvidos, iniciada nos anos 2000. Foi o caso da *Qianjiang Motor*, que adquiriu a empresa *Benelli* da indústria automóvel italiana, e da *Nanjing Automobile*, que adquiriu a britânica *MG Rover*. Também foram compradas indústrias têxteis em Itália, para transferência de tecnologia e diversificação de mercados. A *China National Petroleum Corporation* comprou a canadiana *PetroKazakhstan* por 3 000 milhões €, em disputa com a russa *Lukoil* (Bloomberg, 2011). Mais recentemente, o grupo *Zhejiang Geely* adquiriu a *Volvo* à *Ford* por 1 200 milhões de euros, a qual tinha adquirido esta por 5 000 milhões de euros em 1999, aproveitando assim a quebra das cotações.

O primeiro carro produzido pela chinesa *Brilliance Jin Bei Automobile* prepara-se para entrar no mercado alemão, com uma estratégia semelhante à das marcas japonesas e coreanas. Por sua vez, a *Daimler-Chrysler* concordou em vender nos seus mercados um carro utilitário chinês da *Chery Automobile*. Também a empresa estatal chinesa *Cosco* controla já o terminal de contentores do porto de Atenas, numa concessão a longo prazo no valor de 3 400 milhões de euros. O objectivo é agora construir um centro logístico na zona para distribuir produtos chineses para os Balcãs, transportados nos navios chineses de grande porte que atravessam o canal do Suez. Ao mesmo tempo, outras empresas chinesas estão a aproveitar a crise grega para fazer várias aquisições.

Em paralelo, a China está a construir fábricas por todo o mundo. É o caso da *Shanghai Rubber*, que construiu uma fábrica na Malásia para evitar uma tarifa sobre importação de 62%. Também a *Shanghai Knitting* construiu uma fábrica de t-shirts na Turquia para exportar para a UE, uma fábrica na Jamaica para exportar para os EUA e uma fábrica nas Fiji para exportar para a Austrália.

OS NOVOS DESAFIOS AO MUNDO

Os países emergentes produziram uma **Reorganização Global** dos processos produtivos. Tal resulta em grande parte de grandes investimentos estrangeiros em comparação com os PIB locais, que em 2005 atingiram valores acumulados de 6% na Índia, 14% na China e 40% nos UE-10, enquanto a média nos países desenvolvidos era de 20%, apesar de terem começado muito antes (Banco de Portugal, 2007a). Assim, em termos de produção, ao contrário do Japão que reinventou muitos produtos através da qualidade e da automatização há uma geração atrás, a China muitas vezes removeu a tecnologia e reintroduziu processos manuais mais baratos, em produtos de baixo valor acrescentado.

Nos países desenvolvidos, o aumento da competição e a globalização suscitaram uma queda nas margens de lucro dos produtores, especialmente em sectores de baixo ou médio valor acrescentado. Isto tem sido resolvido através do aumento da produtividade, de *offshoring/outsourcing* ou da imigração de trabalhadores. O desemprego é uma tendência agravada pela actual crise e os salários atingiram um beco sem saída nestes sectores. Do lado da procura, o impacto destes 2 efeitos na inflação parece ter sido positivo, ao absorverem parcialmente os aumentos do preço do petróleo e de outras matérias-primas, o que por outro lado tem sido bastante estimulado pelas importações dos países emergentes.

Ainda não é claro o balanço dos dois efeitos, mas será provavelmente negativo, pelo futuro aumento do consumo na China. Em Portugal, por exemplo, entre 2002 e 2006, o preço dos bens importados desceu 5.1%, devido à crescente participação dos países emergentes, enquanto o preço do petróleo aumentou 89% e o preço das matérias-primas aumentou 43% em média (Banco de Portugal, 2007a). Como tal, irão existir sectores ameaçados e sectores com oportunidades (fig. 5.2).

Através da **Deslocalização das Empresas (*Offshoring*)**, os países desenvolvidos têm movimentado a sua produção para países em desenvolvimento, começando assim a importar produtos e serviços que eram produzidos internamente. Por seu lado, os países em desenvolvimento começam a exportar produtos e serviços, que de outra forma não exportariam.

Sectores Ameaçados	Sectores com Oportunidades
▪ Empresas com Grandes Gastos de Energia e/ou Grande Consumo de Matérias-Primas	▪ Empresas de Distribuição e de Retalho, após entrada em mercados emergentes
▪ Indústrias de Pequena Especialização não modernizadas	▪ Empresas de Serviços Financeiros, após entrada em mercados emergentes
▪ Serviços Comerciais não Globalizados	▪ Multinacionais com Marcas conhecidas
▪ Serviços Financeiros não Globalizados	▪ Indústrias Especializadas de Alto Valor Acrescentado
▪ Empresas que se tentaram globalizar sem os adequados Parceiros Locais	▪ Empresas que possam alavancar as Especificidades Domésticas (ex. turismo, vinhos)
▪ Empresas que podem ser facilmente Deslocalizadas	▪ Empresas de Saúde e de Educação/Formação
	▪ Serviços Comerciais
▪ Empresas Poluentes	▪ Empresas de Serviços Públicos (ex. energia e água)
	▪ Empresas de Comunicação Social

Figura 5.2. – Sectores Ameaçados ou com Oportunidades nos Países Desenvolvidos (PWC, 2008)

Os "países emergentes" acabam por ser países em desenvolvimento com grandes taxas de crescimento económico, que possuem vantagens adicionais como o rápido aumento do número de quadros técnicos e académicos, e o desenvolvimento de empresas locais susceptíveis de fornecer produtos e serviços às empresas estrangeiras. É o caso da China na área industrial, com um aumento gigantesco das suas exportações nos últimos 10 anos.

O que ainda suaviza a competição chinesa é o facto de a maioria dos seus produtos serem produtos de baixa a média tecnologia, vendidos sem **Marcas** conhecidas ou sob uma marca estrangeira. Todavia, chegará o momento em que surgirão as campanhas de marketing, como o Japão começou a fazer nos anos 80, o que será uma importante ferramenta para ultrapassar a actual imagem modesta dos seus produtos, para além de todas as vantagens comerciais. A China está já à frente da Índia na criação de marcas, e produtos de alta tecnologia estão já a ser desenvolvidos por empresas como a *Wanxiang*, que ao não poder competir com os actuais produtores automóveis, irá saltar directamente para a próxima geração de carros eléctricos.

Poucas pessoas saberão que marcas como a *Lenovo* são chinesas, uma vez que possuem um "nome ocidental" e poderão estar sediadas em países ocidentais. Deste modo, as empresas chinesas poderão igualmente aumentar a fidelidade dos seus clientes. Os produtos até poderão ser terminados em países menos "criticados" em termos de concorrência,

OS NOVOS DESAFIOS AO MUNDO

que poderão ter inclusivamente um "Acordo de Preferência Comercial" com os EUA e a Europa, como é o caso de Moçambique, ou aproveitando as "Zonas Económicas Especiais" que Pequim está a criar em vários países africanos.

Finalmente, os grandes países emergentes passaram a deter um elevado poder de **Coacção Económica**, algo até aqui exclusivo das grandes potências do G8. Isto é, em virtude da dimensão do seu mercado interno, poderão impor comportamentos políticos e económicos a países seus fornecedores, sob a ameaça de poderem exercer represálias económicas. Foi o que aconteceu com a venda de aviões de combate *Mirage* pela França a Taiwan, após o que as empresas francesas de construção foram impedidas de concorrer à extensão do metro de Guangzhou, o que imediatamente inverteu o posicionamento diplomático da França face a Taiwan (Lampton, 2008).

Mais preocupante do que os défices comerciais com a China, a Europa enfrenta agora um **Triplo Desafio** que pode ser ainda pior do que a primeira crise do petróleo nos anos 70: Crise Energética + Crise das Matérias-Primas + Elevado Endividamento. Em 1973, o problema estava do lado da oferta de energia, tendo os produtores de petróleo decidido reduzir a sua produção e aumentar os preços, embora isso não tenha durado muito, visto alguns membros da OPEC terem começado a vender o petróleo de forma não declarada. Ao mesmo tempo, a UE autorizou a utilização de gás natural em centrais eléctricas, o que estava proibido até então. Ainda assim, um difícil período de vários anos teve de ser ultrapassado, com depressão e inflação simultâneas (Amaral, 2007).

O problema está agora em parte do lado da procura de recursos, dado os países emergentes como a China estarem a aumentar brutalmente as importações de petróleo e de outras matérias-primas, o que é mais complicado. Muito embora uma parcela importante seja depois reexportada como produto acabado, outra parte é para consumo interno em concorrência com os mercados ocidentais. A Europa conseguiu até aqui evitar a inflação, em parte devido aos baixos preços dos produtos fabricados pelos países emergentes ("Efeito Almofada"), à queda do dólar e à actual crise, mas parece que não conseguirá evitar a retracção devido à subida do euro nas exportações, ao aumento dos preços das matérias-primas e à grande competição dos mercados internacionais.

As necessidades energéticas europeias são também cada vez maiores, com a agravante da crescente preponderância do gás natural proveniente de gasodutos da Rússia e do Norte de África. Esta última zona encontra-se fortemente instabilizada, pelo que em caso de queda de fornecimentos, a Rússia imediatamente subirá os seus preços.

Além disso, os países ocidentais têm seguido uma estratégia de "Optimização das Vantagens Comparativas", diminuindo, por exemplo, a produção de vários produtos alimentares ao longo das últimas décadas (Monteiro, 2010). Estas políticas funcionam bem em mercados estabilizados, mas falham quando se dá um desencontro entre a procura e oferta, como actualmente nos alimentos. A tudo isto soma-se o elevado endividamento da maioria dos países europeus, com a Grécia, Hungria, Irlanda e Portugal à beira da bancarrota e sob o auxílio externo do FMI+UE, aos quais se pode vir a somar a Espanha, Chipre, a Eslovénia, e a Itália, caso se comecem a verificar falências em cadeia. Aliás, países emergentes como a China, em virtude das suas elevadas reservas financeiras, estão agora a ser cativados para financiamentos de emergência, em troca de juros bastante altos e menores barreiras alfandegárias.

Em conclusão, enfrentando esta **Redistribuição do Poder** pelo mundo, os países desenvolvidos terão de realizar um grande esforço para manter a sua posição relativa, estando bastante dependentes do que farão os outros países emergentes com maiores populações, que mais tarde ou mais cedo poderão ultrapassar os primeiros, nem que não seja por valor global. Isto é aquilo que os alemães, os franceses ou os britânicos já se aperceberam, após terem sido superpotências há cem anos atrás. Depois de terem sido ultrapassados pelos EUA e mais tarde pelo Japão, países com maiores populações, formaram a União Europeia para ter um conjunto de 450 milhões de pessoas. Ao mesmo tempo, aumentaram os seus investimentos em países emergentes, para contrabalançar o pequeno crescimento doméstico, e estão a tentar manter a supremacia da sua tecnologia durante o maior tempo possível.

A "outra solução" seria fechar os mercados, parar as transferências tecnológicas e, no extremo, encorajar guerras entre os países emergentes como já aconteceu no passado, podendo até obter-se lucros com a venda de armamento. Qual será a escolha do Ocidente? Existirá ainda uma escolha possível? E quais as reacções dos países emergentes? Teremos de esperar para ver.

Capítulo 6
Oportunidades de Negócio

6.1. Introdução

Com centenas de milhões de trabalhadores, a China tornou-se um importante actor mundial. Ao mesmo tempo, um grande número de novos consumidores com elevado poder de compra está a emergir, disposto a comprar uma gama diversificada de produtos estrangeiros, desde os de valor médio até às marcas de luxo. Depois da entrada na OMC em 2001, este país já importou um total de 700 000 milhões € de bens da UE até 2010, a uma taxa de crescimento anual de 15%, o que mostra claramente o seu enorme potencial.

O consumo doméstico chinês atingiu um total de 1 200 000 milhões € e 35% do PIB em 2009, o que corresponde a um valor de 1195 € por habitante, sendo ainda pequeno quando comparado com valores superiores a 60% do PIB nos países desenvolvidos (Li & Fung, 2010). Mesmo assim, estima-se que a China se torne o 3º maior mercado ultrapassando a Alemanha em 2015, com um consumo de 2 150 000 milhões € e 45% do PIB, e que em 2020 se torne o 2º maior mercado ultrapassando o Japão. O consumo anual médio por habitante será de apenas 1 600 € em 2015 e posteriormente de 2700 € em 2025, se analisarmos a população como um todo. No entanto, o que deverá ser feito nesta fase de país emergente, é a análise da camada de maior poder de compra, que possui já uma dimensão de cerca de 100 milhões de pessoas, com crescimento em flecha, ainda para mais com a revalorização do renmimbi (KPMG, 2011a; PWC, 2011).

A parcela da dívida das famílias é de somente 20% do seu rendimento disponível, muito inferior aos países desenvolvidos onde atinge valores superiores a 60%. Por seu turno, os novos empréstimos ao consumo das famílias representam ainda 25% do total dos empréstimos bancários. São pois dois indicadores que denotam as oportunidades latentes. Sectores como a construção, infra-estruturas, automóveis, electrodomésticos, saúde e lazer, irão ter forte procura, o que por sua vez criará pressão na energia e nos transportes (Li, 2006). Só a construção já representa 40% do mercado mundial, pelo que empresas como a americana *Caterpillar* ainda recentemente afirmaram, que se não conseguissem ser o nº 1 na China, também não o seriam no mundo.

Todos os países estão a entrar no mercado chinês (tabela 6.1). É o caso de Espanha com o "Plano China 2005-07" e um orçamento de 710 milhões €, para impulsionar o comércio, investimentos e turismo entre os dois países. Realizou também o programa "2007 – Ano de Espanha na China" com exposições do Museu do Prado, festivais de cinema no Instituto Cervantes em Pequim, ballet, escultura, dança flamenga, desportos, reuniões de negócios e campanhas de turismo, que em parte foram também patrocinados pelas 500 empresas espanholas que operam na China (Bregolat, 2007). Na verdade, a Espanha começou a organizar feiras de produtos espanhóis em Pequim em 1994, mudando o foco do Japão. De seguida, várias empresas da metalomecânica e da construção, com linhas de crédito de bancos espanhóis, começaram a construir centrais de energia e a fazer outros investimentos de raiz na China. Hoje mantém uma abordagem activa no mercado. Assim, o banco *BBVA*, nº 2 em Espanha, tem já uma posição de 5% no *CITIC Bank*, a 7ª maior instituição financeira chinesa com activos de 50 000 milhões €, e está agora a negociar um aumento para 10%.

Pequenos países como a Suécia ou a Noruega têm também uma boa presença na China, através de actividades económicas e culturais que começaram há muito tempo. Além disso, têm dos maiores valores em I&D per capita no mundo, o que os torna exportadores de tecnologia. Assim, a Noruega já tinha investido 15 000 milhões € directamente na Ásia até 2006, 14.7% do seu IDE no estrangeiro, não incluindo offshores. Da mesma forma, os grandes grupos suecos tinham investido 2 800 milhões € directamente na China até 2005, 1.3% do volume externo de IDE da Suécia, não incluindo offshores (STC, 2008).

OPORTUNIDADES DE NEGÓCIO

	Exportações (milhões €)	Importações (milhões €)	Balança Comercial (milhões €)	Variação (%)	
				Export.	Import.
Suíça	4 460	2 770	1 690	37,3	43,5
Bélgica	3 850	9 770	-5 920	15,5	28,0
Holanda	3 770	31 840	-28 070	35,0	34,2
Espanha	3 460	12 690	-9 230	47,6	43,9
Suécia	3 150	3 460	-310	20,3	38,8
Finlândia	2 920	5 080	-2 160	21,5	32,4
Áustria	1 850	1 230	620	19,5	48,0
Irlanda	1 540	3 390	-1 850	24,5	13,3
Dinamarca	1 380	3 540	-2 160	39,2	25,9
Noruega	1 230	1 690	-460	29,1	29,4
Hungria	920	3 840	-2 920	72,9	52,6
R. Checa	620	3 150	-2 530	60,8	74,9
Eslovénia	540	1 150	-610	118,6	154,3
Portugal	285	1 270	-985	8,7	34,3
Grécia	150	2 540	-2 390	62,8	49,3

Tabela 6.1. – Comércio entre alguns Países Europeus e a China em 2007 (MOFCOM, 2011a)

Empresas suecas como a *Alfa Laval* e a *Ericsson* estão presentes com fábricas neste país desde 1890. Posteriormente, nos anos 60, a Suécia estabeleceu fortes relações políticas e apoiou os movimentos de guerrilha vietnamitas e cambojanos, tendo quase rompido as relações diplomáticas com os EUA. Na década de 80, mais empresas como a *ASEA*, a *Volvo* e a *Atlas Copco*, começaram primeiro com um representante, que depois se converteu numa filial e mais tarde num fabricante. O seu sucesso explica-se mais pelo estabelecimento de uma boa rede de contactos, do que pela produção de baixo custo, associado ao facto de as empresas suecas estarem em geral entre os líderes mundiais de cada sector, produzindo produtos especiais para nichos de mercado.

Também a Holanda, outro pequeno país, é o 2º maior parceiro europeu da China, absorvendo 70% das descargas de produtos chineses para a Europa, via o porto de Roterdão. Cerca de 2 000 empresas holandesas têm já negócios bilaterais e dos 7 000 estudantes chineses que estão a estudar na Holanda, a maioria deles são estudantes de pós-graduação (Xue, 2007). Além disso, muitas universidades holandesas estabeleceram programas conjuntos com as universidades chinesas.

Portugal, embora tendo chegado 100 a 200 anos antes destes países no passado e estabelecido Macau, ainda tem uma pequena presença no mercado chinês por várias razões, tais como distância, falta de dimensão, falta de informação e ausência de produtos diferenciados. Ao mesmo tempo, não se está a preparar para os novos desafios dos exportadores chineses. Hoje existem 700 empresas portuguesas a exportar para a China, mas a grande maioria factura valores diminutos. Do lado das importações existem 5000 empresas, em que a grande maioria novamente trabalha com valores muito pequenos. Por sua vez, em termos de IDE português na China e já incluindo offshores, estima-se que o total investido seja de 2 000 milhões € em Macau e de 1 000 milhões € na China continental (AICEP, 2011b).

Portugal tem antes concentrado 75% do seu investimento exterior na UE-27 e 18% no Brasil. De certa forma isso não é surpresa, Portugal fechou-se na Europa após a independência das colónias e a entrada na UE, e só voltou ao mundo no final dos anos 90, ao entrar no Brasil e na Europa de Leste. No início do novo milénio diversificou-se para os PALOP e para o Norte de África. Com efeito, a aposta no Brasil e nos PALOP resulta das relações históricas, da menor distância e da existência de uma numerosa comunidade portuguesa, tudo factores naturais que acabaram por emergir.

Além disso, enquanto os grandes grupos suecos como a *Volvo* estão a operar em todo o mundo, com uma receita total de 27 000 milhões € e receitas domésticas de apenas 3 000 milhões € em 2006 (STC, 2008), empresas como a *Sonae* tiveram uma facturação total de 5 000 milhões €, dos quais 4 700 milhões € foram domésticos (SONAE, 2008). Portugal não tem suficiente tecnologia de ponta, não tem marcas mundialmente conhecidas e as suas multinacionais estão focadas em apenas 5 ou 6 países, tendo uma presença diminuta na China. Com uma imagem tão indiferenciada, existem distribuidores chineses a exigir uma taxa adicional para vender produtos portugueses. No entanto, Portugal tem condições para alavancar o seu passado em Macau e nos PALOP, via o chamado "Triângulo Portugal/África/China", devendo trabalhar essencialmente em nichos de mercado.

De qualquer modo, as empresas portuguesas deverão sempre começar a sua globalização por mercados mais fáceis e mais próximos, fazendo análises cuidadas dos mesmos (fig. 6.1). Realizar negócios na

China envolve muito mais desafios do que na Europa: riscos políticos, complexidade jurídica e fiscal, burocracia, flutuações cambiais, falta de informações precisas sobre os parceiros e mau funcionamento da justiça. Muitos empresários, inclusive multinacionais, têm tomado consciência de todos estes desafios resumidos no seguinte provérbio chinês: "Na China tudo é possível, mas nada é fácil". Mesmo assim, o facto de as exportações húngaras para este país serem três vezes maiores do que as portuguesas e as exportações checas serem duas vezes maiores, são convites promissores.

Figura 6.1. – Internacionalização de uma empresa (Hollensen, 2004)

No sentido inverso, Portugal também terá todo o interesse em captar o investimento chinês, mesmo que uma parte possa ser para promover as importações de produtos chineses. É óbvio que a maioria destes produtos irá competir com os produtores portugueses, o que é mau por um lado, mas por outro lado promove a concorrência e também gera algum valor, para as empresas portuguesas que participam no circuito até ao cliente final. Além disso, nem todas as importações são necessariamente concorrenciais dos produtores nacionais. Portugal não poderá exportar tudo e não importar nada, o mais importante é obter um equilíbrio nas trocas entre os dois países. Aliás, pela lógica das vantagens comparativas, o país poderá ter mais a ganhar ao se focar nas actividades mais vantajosas, mesmo que tenha perdas nos outros sectores.

6.2. O Potencial do Mercado Chinês

6.2.1. Características Gerais

i) Condições da Procura

O consumo das famílias na China não tem acompanhado o crescimento da economia, pois diminuiu de 49% do PIB em 1978, para 35% do PIB em 2009 (fig. 6.2), enquanto em Portugal é de 67% do PIB. Tal resulta sobretudo da pequena protecção social face à saúde e à velhice, e do aumento simultâneo dos custos associados, que obriga a população a ter uma forte poupança que atinge 40% do rendimento disponível, comparado com 10% do rendimento disponível em Portugal. Resulta também do baixo nível de salários, que não permite um gasto significativo em geral, para além das necessidades básicas. Com efeito, o salário médio mensal varia entre 120 € nas províncias do interior e 300 € na província de Pequim, razão pela qual dois terços do consumo total se situam nas zonas urbanas (tabela 6.2).

Deste modo, o rendimento disponível das famílias resultante dos salários, actividade por conta própria e rendimentos do património, é de apenas 59% do PIB, comparado com 74% do PIB em Portugal, o que conduz a um rendimento médio anual per capita de 1 950 € contra 11 500 €, respectivamente (NBSC, 2011; INE, 2011).

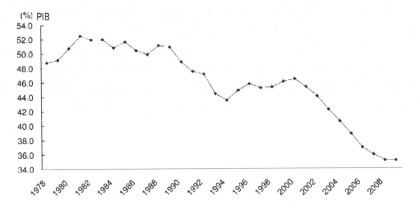

Figura 6.2. – Evolução da Taxa de Consumo das Famílias (NBSC, 2011)

OPORTUNIDADES DE NEGÓCIO

O valor total do consumo privado na China continental é próximo do valor total da Alemanha, mas já o valor médio por habitante é de 1195 € por ano, contra 8 500 € em Macau, 10 350 € em Portugal e 14 000 € em Hong-Kong. Este valor irá em princípio subir nos próximos anos, por via do crescimento da economia e por via das medidas de incentivo ao consumo do 12º Plano Quinquenal, conforme já referido.

Zonas Urbanas	€	%
Alimentos	468	29,4
Roupas	134	8,4
Habitação	279	17,5
Equipamentos e Abastecimentos Domésticos	82	5,2
Saúde e Artigos Pessoais	153	9,6
Transportes e Comunicações	178	11,2
Lazer, Educação e Cultura	156	9,8
Serviços Financeiros	34	2,2
Seguros	27	1,7
Diversos	79	5,0
TOTAL	1 591	100

Zonas Rurais	€	%
Alimentos	159	40,6
Roupas	22	5,8
Habitação	66	17,0
Equipamentos e Abastecimentos Domésticos	20	5,1
Saúde e Artigos Pessoais	32	8,1
Transportes e Comunicações	39	10,0
Lazer, Educação e Cultura	33	8,5
Serviços Financeiros	6	1,6
Seguros	4	1,0
Diversos	8	2,1
TOTAL	390	100

Tabela 6.2. – Consumo Anual Médio na China por habitante em 2009 (NBSC, 2011)

O tamanho da "Classe Média" é algo incerto, entre 50 a 100 milhões de pessoas, o que representa entre 8 e 16% da população urbana, conforme indicado por várias referências:

- Um estudo da *AT Kearney* em 2003 (Ilhéu, 2006), estimou a classe média em 91 milhões de pessoas com 12% do rendimento disponível, vivendo em cidades como Zuhai, Fuzhou, Ningbo, Wuhan, Wenzhou, Chengdu, Chongqing e Dalian. A classe alta seriam 26 milhões de pessoas com 8% do rendimento disponível, a viver em Pequim, Shanghai, Guangzhou e Shenzhen. Mantendo esta distribuição para 2010, obtém-se um rendimento anual per capita de 3400 € para o 1º grupo, e de 7 900 € para o 2º grupo.

- O governo apresentou uma análise em 2005, colocando a classe média como 5% da população e 65 milhões de pessoas, com um rendimento anual per capita entre 2 000 e 17 000 € (Dreyer, 2006).

- Um estudo da *BCG* (2007) estimava que 30 milhões de famílias teriam um rendimento anual entre os 3 000 e 6 000 € (classe média), 15 milhões entre os 6 000 e 9 000 € (classe média alta) e 10 milhões com mais de 9 000 € (classe alta).

- Uma estimativa do *China Reform Foundation's National Economic Institute* colocou o rendimento não declarado dos residentes urbanos em cerca de 440 000 milhões € em 2005 (China Daily, 2011). Assim, o rendimento anual disponível per capita da classe alta, perto de 50 milhões de pessoas, seria de 9 300 €. Este valor já era semelhante ao valor médio em Portugal de 9 700 € em 2005.

- Uma projecção da *BCG* (2010), aponta para que as classes média-baixa a média-alta representem 400 milhões de consumidores em 2020, em que 2/3 viverão em cidades pequenas e 60 milhões serão da classe média-alta. Considerou-se como classe média os cidadãos com rendimento familiar anual superior a 6 000 €. Surgirão também 800 perímetros urbanos com um rendimento disponível idêntico ao de Shanghai hoje, que é de 3 500 € per capita.

- Uma projecção da McKinsey (2006) aponta para que, em 2025, existam 19 milhões de famílias com um consumo anual de 10 900 € e 8 milhões com um consumo anual de 29 000 €.

Esta classe média vive em perímetros urbanos, onde já existem empresas de todo o mundo vendendo os seus produtos e serviços de uma forma agressiva. São já consumidores exigentes, que exigem mais do que a diferenciação de preço ou mesmo preço/qualidade, e que não são fiéis às marcas. Uma importante parcela tem menos de 30 anos, com boa formação, a trabalhar em empresas estrangeiras de serviços, bem pagos e confiantes no crescimento. São atraídos por roupas caras, sapatos, alimentos, bebidas, automóveis, jóias, móveis e electrónica de topo. Um vestido de noite, por exemplo, pode ser facilmente vendido por 1 500 € no *Lufthansa Centre* em Pequim.

OPORTUNIDADES DE NEGÓCIO

O marketing e os canais de distribuição são bastante importantes para atrair estes consumidores. Empresas como a *Samsung* começaram a entrar no mercado no início dos anos 90, através de novas fábricas de produtos de baixo custo que também produziam para exportação (Ilhéu, 2006). Agora mudaram para produtos da gama média/alta para o mercado interno, uma vez que outras empresas nacionais já produzem esses produtos de baixo custo. Da mesma forma, a *Zara* abriu recentemente uma loja de 2 000 m2 em Shanghai e convidou várias actrizes conhecidas, tendo já conseguido criar uma imagem de luxo nos seus produtos.

As famílias nas grandes cidades como Shanghai têm hoje elevadas prestações mensais a pagar, de empréstimos que contraíram para compra de habitação, fruto das elevadas subidas do imobiliário e das recentes subidas das taxas de juro. Como tal, o seu poder de compra para aquisição de outros bens pode ser inferior ao das famílias de cidades mais pequenas, ainda que estas possam ter vencimentos mais baixos. Estas últimas chegam a poupar entre 30 a 50% do seu rendimento, com a vantagem adicional de as autoridades estarem a subsidiar os habitantes de pequenas cidades, na compra de electrodomésticos e automóveis. Por isso, a *Nokia* tem já lojas móveis em 750 pequenas cidades e vilas, transportáveis por camião até zonas de difícil acesso, onde os clientes podem experimentar e comprar telemóveis já prontos a funcionar (BCG, 2010). Também a *Hydron*, uma firma de lentes de contacto, possui estações móveis que se deslocam ao longo do ano pelas escolas, proporcionando exames grátis à vista e ensaio das lentes comercializadas.

Os milionários[1] constituem um nicho interessante. Em 2007, os activos financeiros das famílias chinesas, não considerando Macau e Hong-Kong, representavam cerca de 2 500 000 milhões €, em que 63% eram depósitos, e estima-se que os mesmos venham a atinjir 6 200 000 milhões € em 2012. Perto de 70% desta riqueza era detida por 0.8% da população, em que 70 000 famílias tinham activos superiores a 4 milhões €, 330 000 famílias tinham activos entre 0.7 e 4 milhões €, e perto de 3 milhões de famílias tinham activos entre 70 000 e 0.7 milhões €. Mais de metade dos milionários advinham dos sectores do imobiliário e da indústria pesada (BCG, 2008). Entretanto, via o crescimento da eco-

---

[1] Pessoas com mais de 1 milhão de dólares em património, o que equivale a cerca de 700 000 €.

PORTUGAL E A CHINA – UMA RELAÇAO COM FUTURO

nomia e a revalorização do renmimbi, já existem 1.3 milhões de milionários chineses, o que coloca a China em 3º lugar, comparado com 5.2 milhões nos EUA, 1.5 milhões no Japão e 0.2 milhões na Índia. A nível dos supermilionários, isto é, das famílias com mais de 70 milhões € em activos financeiros, na China existiam 616 comparado com 2692 nos EUA, o que corresponde ao 5º lugar (BCG, 2011). A nível dos produtos de luxo, estima-se que a China possa absorver 20% do mercado mundial em 2015, num valor de 20 000 milhões € anuais (McKinsey, 2011).

Outro mercado importante serão as crianças, pois a grande percentagem de famílias de filho único leva a que os pais possam gastar mais. Existem actualmente 250 milhões de crianças, o que leva a um consumo médio anual de 450 € por família urbana em artigos correspondentes. Da mesma forma, o mercado da 3ª idade está a crescer, estimando-se que venham a existir 200 milhões de idosos em 2015, com um aumento da procura de produtos de saúde. Com a urbanização acelerada das zonas rurais, espera-se também que acedam entre 300 a 400 milhões de pessoas às cidades até 2050. Tal irá induzir uma grande pressão na construção, equipamentos para infra-estruturas e produtos para o lar.

Outra questão importante é que enquanto os cidadãos mais abastados poderão consumir produtos estrangeiros todo o ano, os menos abastados só irão comprar no Ano Novo chinês no início do mês de Fevereiro, o equivalente ao Natal ocidental, ou no Festival do Dia Nacional na 1ª semana de Outubro, altura em que se juntam vários dias feriados (Li & Fung, 2010).

O mercado chinês mais do que qualquer outro exige uma segmentação cuidada, dada a sua grande diferenciação e dispersão geográficas. O poder de compra actual e futuro, os gostos, os hábitos de consumo e as marcas conhecidas são muito diferentes ao longo do país. Assim, enquanto as zonas no litoral sul à volta de Guangzhou preferem marcas estrangeiras, as zonas no centro norte à volta de Xian preferem marcas locais. As zonas costeiras são os lugares de maior consumo, absorvendo a quase totalidade das importações (tabela 6.3), mas no futuro, um estudo da BCG (2007) aponta para que 50% da maior procura se possa situar fora das 40 maiores cidades. As grandes cidades como Pequim, Shanghai e Guangzhou, ou as primeiras cidades a abrirem-se ao IDE, como Shenzhen ou Zuhai, já se estão a tornar caras para investimentos

OPORTUNIDADES DE NEGÓCIO

	Capital Regional	Consumo Total (milhões €)	Consumo Famílias (milhões €)	Consumo Famílias Rurais (milhões €)	Consumo Famílias Urbanas (milhões €)	Consumo Famílias Rurais (€/hab)	Consumo Famílias Urbanas (€/hab)
Costa Leste							
Município de Beijing	Beijing	42 100	26 200	1 900	24 200	766	1 851
Município de Tianjin	Tianjin	17 600	11 200	1 300	9 900	477	1 255
Província de Hebei	Shijiazhuan	49 900	34 000	12 100	21 900	273	901
Província de Shandong	Jinan	95 200	65 200	17 900	47 300	354	1 119
Província de Jiangsu	Nanjing	90 100	62 400	18 000	44 300	492	1 153
Município de Shanghai	Shanghai	50 800	37 600	2 000	35 600	1 014	2 229
Província de Zhejiang	Hangzhou	74 400	55 100	15 300	39 800	630	1 588
Província de Fujian	Fuzhou	37 700	27 800	8 000	19 800	429	1 171
Província de Guangdong	Guangzhou	128 900	100 200	14 800	85 300	421	1 491
Província de Hainan	Haikou	5 500	3 900	1 400	2 500	279	769
Nordeste							
Província de Heilongjiang	Harbin	29 600	19 600	4 600	15 100	255	741
Província de Jilin	Changchun	21 400	15 500	3 800	11 700	297	817
Província de Liaoning	Shenyang	41 300	29 400	6 000	23 400	346	936
Região Central							
Província de Shanxi	Taiyuan	22 500	16 300	4 700	11 600	245	808
Província de Anhui	Hefei	33 800	27 200	9 500	17 600	245	794
Província de Jiangxi	Nanchang	23 700	18 000	8 900	9 100	281	795
Província de Henan	Zhengzhou	62 100	43 500	17 100	26 300	267	889
Província de Hubei	Wuhan	43 000	31 500	9 100	22 400	283	904
Província de Hunan	Changsha	46 100	34 800	12 100	22 700	307	948
Região Oeste							
Reg. Aut. Mongólia Interior	Hohhot	21 000	13 900	3 500	10 400	282	904
Província de Shaanxi	Xian	18 700	14 800	6 100	8 700	220	903
Município de Chongqing	Chongqing	20 500	15 200	3 500	11 600	234	903
Província de Guizhou	Guiyang	18 200	13 800	4 700	9 100	163	851
Reg. Aut. Guangxi Zhuang	Nanning	28 000	20 300	7 700	12 600	248	789
Reg. Aut. Ningxia Hui	Yinchuan	4 500	3 100	800	2 200	244	871
Província de Gansu	Lanzhou	13 900	9 900	3 400	6 500	188	819
Província de Sichuan	Chengdu	48 200	36 900	14 000	22 900	257	831
Província de Yunnan	Kunming	26 200	18 200	6 700	11 500	215	858
Província de Qinghai	Xining	4 200	2 300	700	1 600	213	748
Reg. Aut. Xinjiang Uygur	Urumqi	15 800	8 500	2 500	6 000	200	788
Reg. Autónoma Tibete	Lhasa	1 500	800	400	400	183	731
Total Regiões Costeiras	-	**684 500**	**488 100**	**107 100**	**380 800**	-	-
SUB-TOTAL	-	**1 136 400**	**817 100**	**222 700**	**594 300**	**302**	**1 030**
Reg. Adm. Macau	Macau	3 900	3 000	-	3 000	-	8 038
Reg. Adm. Hong Kong	Hong Kong	99 000	86 700	-	86 700	-	12 996
TOTAL		**1 239 500**	**906 800**	**222 700**	**684 100**	-	-

Nota: zonas da "costa leste" sombreadas

Tabela 6.3. – Consumo Anual por região na China em 2006 [NBSC (2007), MacauHub (2011), HK (2007)]

ou saturadas das ofertas estrangeiras, pelo que as cidades dos 2º ao 4º escalões poderão ser uma melhor opção (fig. 6.3).

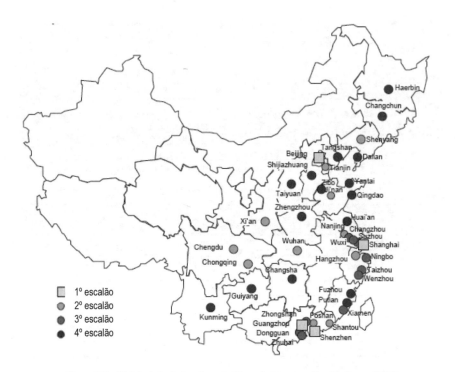

Figura 6.3. – Distribuição do Rendimento Disponível por escalões (McKinsey, 2006)

Recentemente foi feito um estudo muito interessante sobre 287 sedes de concelho (EIU, 2010), a partir do qual foram seleccionadas as 20 cidades com maior potencial de crescimento (tabela 6.4). A província de Henan tem 5 destas cidades, a província de Anhui tem 4, a província de Liaoning e a Região da Mongólia Interior têm 2 cidades cada, e as províncias de Jilin, Jiangsu, Fujian, Jiangxi, Hubei e Hunan têm 1 cidade cada, conjuntamente com o Município de Chongqing. Tratam-se assim de cidades do 2º ao 4º escalão, fora das províncias mais desenvolvidas, estando agora a ter um intenso crescimento das suas infra-estruturas e um aumento significativo das suas populações via migração rural.

OPORTUNIDADES DE NEGÓCIO

Em 2009, o rendimento médio por habitante nestas 20 cidades era 42% inferior ao das 20 cidades mais ricas do país, mas em 2020 estima--se que será apenas 15% inferior. Além disso, a sua população total será de 85 milhões de habitantes, comparado com um valor de 100 milhões de habitantes nas 20 cidades mais ricas. Neste mesmo estudo estima--se que 3 destas cidades com maior potencial, Chongqing, Zhengzhou e Changsha, farão parte do grupo de 9 megacidades em 2050, o que irá atrair os consumidores com maior poder de compra e proporcionar economias de escala a futuros investidores (tabela 6.5).

Posição	Cidade	Província	Ano para um rendimento disponível de 3 000 €/habitante
1	Hefei	Anhui	2015
2	Baotou	Região Aut. Mongólia Interior	2013
3	Shenyang	Liaoning	2015
4	Jiaozuo	Henan	2016
5	Changchun	Jilin	2016
6	Hohhot	Região Aut. Mongólia Interior	2013
7	Wuhu	Anhui	2016
8	Zhengzhou	Henan	2015
9	Xinxiang	Henan	2017
10	Chongqing	-	2016
11	Pingdinshang	Henan	2016
12	Nanchang	Jiangxi	2015
13	Luoyang	Henan	2016
14	Xiamen	Fujian	2012
15	Xuzhou	Jiangsu	2015
16	Maanshan	Anhui	2014
17	Wuhan	Hubei	2014
18	Anshan	Liaoning	2017
19	Changsha	Hunan	2014
20	Huainan	Anhui	2017

Nota: zonas costeiras sombreadas

Tabela 6.4. – As 20 cidades com maior potencial de crescimento na China (EIU, 2010)

Cidade	Província	População em 2000	População máx. até 2050
"Cidade" do Delta do Rio das Pérolas (Guangzhou, Shenzhen, Dongguan e Foshan)	Guangdong	16 600 000	31 200 000
Jingjin[a] (Beijing e Tianjin)	-	16 600 000	31 100 000
"Cidade" do Delta do Rio Yangtze (Shanghai e Suzhou)	Jiangsu	14 800 000	21 600 000
Chongqing	-	6 200 000	11 200 000
Chengdu	Sichuan	3 900 000	11 100 000
Zhengzhou	Henan	6 700 000	10 100 000
Xian (Xian e Xianyang)	Shaanxi	4 600 000	10 000 000
Changzhutan[a] (Changsha, Xiangtan e Zhuzhou)	Hunan	3 700 000	9 700 000
Nanjing	Jiangsu	3 500 000	7 200 000

[a] Nomes já em uso quotidiano — Notas: populações para áreas metropolitanas; zonas costeiras sombreadas.

Tabela 6.5. – As Megacidades na China em 2050 (EIU, 2010)

ii) Barreiras à Entrada

Portugal é visto na China como um "país pequeno e pobre", cujas empresas e autoridades não têm feito investimentos e esforços de marketing, em oposição a outros países como a França, que patrocina a Ópera de Shanghai, ou a Espanha, que tem investido fortemente desde a cultura e a educação, até à indústria e aos serviços. A espanhola *Ferrovial*, por exemplo, está a gerir vários portos na sequência de um concurso internacional com empresas dos EUA, França, Itália e Japão. A *CEIBS*, uma universidade de gestão de empresas muito conhecida em Shanghai, resultante de uma parceria entre universidades europeias e chinesas, tem metade do investimento proveniente do *IESE* de Barcelona. Mesmo as grandes empresas portuguesas comparadas com as grandes empresas de outros países pequenos, têm menor escala.

Macau é uma realidade mal conhecida, mesmo depois das relações históricas do passado, tendo uma área 40 vezes menor que a de Hong Kong e uma economia 20 vezes menor. Além disso, um grande número de portugueses nascidos em Macau veio para Portugal depois de 1999. A comunidade portuguesa em Pequim é pequena, cerca de 200 pessoas. As autoridades portuguesas estão a tentar melhorar esta situação, via a abertura de um consulado em Shanghai e o aumento dos esforços da

OPORTUNIDADES DE NEGÓCIO

AICEP, em que recentemente foram até promovidos estágios de jovens licenciados portugueses, mas os resultados têm sido pequenos.

A segunda questão é a maneira como os chineses se vêm a si próprios. Muitos consideram que a China recuperará a sua liderança do passado e estão cientes do seu vasto potencial como consumidores, pelo que se colocam numa "posição de leilão". Isto significa que as empresas chinesas irão exigir elevadas contrapartidas, em eventuais negócios de entrada das empresas estrangeiras. Isso leva-nos a uma terceira questão, o chamado triângulo Portugal/África /China, que não está a funcionar bem, uma vez que as empresas chinesas estão a fazer negócios directamente.

As empresas portuguesas não poderão exportar directamente para a China só por terem um agente ou uma filial, uma vez que os escritórios de representação não permitem uma actividade de importação/exportação. As autoridades exigem a criação de uma nova empresa. Tudo isso implica elevados custos fixos e um período de recuperação do investimento em geral superior a 3 anos, segundo um estudo da Associação Industrial Portuguesa. Isto é crucial, já que cerca de 90% das empresas portuguesas são pequenas empresas (menos de 50 empregados) ou médias empresas (menos de 250 empregados). A outra opção será exportar para um comerciante grossista chinês ou para uma cadeia de distribuição, mediante o pagamento de uma comissão.

Já existem centenas de concorrentes estrangeiros que chegaram nos anos 80 e 90, vindos de países como a Holanda, a Hungria ou o Chile, para além das principais potências comerciais como os EUA, o Reino Unido, a Alemanha ou França. Se as firmas portuguesas não tiverem produtos ou serviços suficientemente diferenciados, com uma relação qualidade/preço competitiva, não conseguirão entrar no mercado chinês.

As empresas portuguesas provavelmente terão de começar por cidades do 2º escalão na região costeira, como Tianjin com 6 milhões de habitantes ou Hangzhou com 4 milhões de habitantes, uma vez que Pequim, Shanghai e Guangzhou são mercados já algo saturados. Wenzhou com 2 milhões de habitantes na província de Zhejiang será outra boa opção, já que a maioria das importações chinesas em Portugal vêm dessa cidade (Trindade, 2006). Para investimentos em instalações de produção, as zonas mais interiores serão melhores, uma vez que proporcionam trabalho mais barato e custos de instalação mais baixos, assim como menores impostos, estando actualmente já servidas por boas infra-estruturas.

Cidades do 3º e 4º escalão poderão ser procuradas, como Zengzhou na província de Henan. Além disso, as empresas portuguesas terão de suportar outras questões difíceis:

- Dificuldade na obtenção de um agente ou um parceiro para parcerias
- Complexidade na fixação de uma boa rede de contactos (*"Guanxi"*)
- Pequeno apoio por parte dos serviços diplomáticos, dos bancos e de outras entidades
- Burocracia administrativa
- Diferenças culturais e de estilos de vida

iii) Factores Especiais

Vários aspectos como recursos naturais, capital humano, investimento e produtividade total dos factores foram já discutidos. De salientar apenas que a logística poderá ser problemática em certas zonas. Problemas como inventários excessivos, atrasos nas entregas e falta de coordenação na distribuição dos produtos, são vulgares, especialmente nas zonas do interior. O custo da distribuição pode atingir valores de 16% do valor do produto, comparado com 4% a 6% no Ocidente (Li&Tung, 2010).

O Sudeste da Ásia é uma área de ocorrência frequente de desastres naturais (terramotos, furacões e inundações), e a China é um dos países que mais sofre, com perdas anuais de 3% a 6% do PIB e milhares de mortes (Tang, 2003). As autoridades têm lançado programas de mitigação e de gestão de catástrofes, especialmente nas cidades. No entanto, a ocorrência dos fenómenos é impossível de evitar, só é possível minimizar as suas consequências.

De todas estas acções, as cidades modernas sofrem mais com os terramotos em geral, sendo as áreas de maior risco as províncias de Hebei, Shandong, Shanxi, Shaanxi, Fujian, Yunnan, Sichuan, Niingxia, Gansu, Qinghai, Xinjiang e Tibete.

iv) Tecido Empresarial

Os aspectos principais foram anteriormente referidos. Somente de realçar que as empresas com capital estrangeiro estão a aumentar o seu peso na economia. Ao longo dos anos, foram sendo implantadas perto da costa, em zonas especiais (SEZ) ou em parques industriais de cidades costeiras "abertas" aos investidores estrangeiros, surgindo assim perímetros onde estão próximos os fornecedores e as indústrias de apoio (clusters). Vários privilégios, como impostos mais baixos, foram concedidos a estas empresas.

Em termos do mercado interno há outros casos de sucesso, tais como cadeias de supermercados, mas a maioria das empresas estrangeiras tem achado este mercado altamente competitivo, com uma procura real inferior ao previsto e as margens comprimidas pelos custos de vendas, marketing e distribuição (McKinsey, 2006). Além disso, os produtores nacionais têm-se conseguido adaptar rapidamente às novidades estrangeiras, copiando e vendendo a preços mais baixos, e começaram agora a globalizar-se, ganhando um maior poder competitivo. Várias empresas estrangeiras estão assim a sair do mercado com perdas, enquanto outras estão a suportar as perdas numa perspectiva de longo prazo (ex. marcas de luxo).

O sector dos serviços está a ter uma procura crescente, enquanto algumas indústrias pesadas com equipamentos antigos estão a fechar, o que está a mudar toda a estrutura económica. No entanto, as empresas locais também se estão a desenvolver nesse sector, não o deixando apenas para as empresas estrangeiras.

É o caso da Internet, já com 460 milhões de utilizadores nacionais. O mercado de vendas on-line é um sucesso, ao permitir o contacto directo entre compradores e fornecedoras de bens e serviços, ajudando as empresas domésticas a exportar os seus produtos. Estima-se que este tenha atingido um volume de vendas de 26 000 milhões € e 2% do consumo total em 2009, com um gasto médio anual por utilizador de 240 €. O seu crescimento anual tem ultrapassado os 100%, tendo 80% dos seus utilizadores menos de 30 anos. Os portais de busca na Internet mais conhecidos são: www.alibaba.com, www.tabao.com, www.baidu.com e www.qq.com (Li & Fung, 2010).

PORTUGAL E A CHINA – UMA RELAÇAO COM FUTURO

A empresa chinesa *Alibaba* fundada em Hangzhou em 1999 e actualmente com 22 000 empregados, controla 69% deste mercado e obteve 1 300 milhões € numa oferta de venda na bolsa de Hong-Kong em 2007, a maior oferta de venda de acções na Internet desde a Google em 2004. Esta firma também controla a *Yahoo China*, após ter pago 800 milhões € à casa mãe americana em 2005 (Bloomberg, 2011). O seu portal de busca tem 65 milhões de utilizadores em 240 países e permite a utilização em 6 línguas (inglês, francês, espanhol, português, italiano e russo), para além do chinês.

O mercado de vendas a retalho está ainda bastante fragmentado. As 100 maiores cadeias de retalho representam apenas 11% do total das vendas. Têm estado a investir na eficiência procurando, por exemplo, estabelecer uma rede de produtores agrícolas para fornecimento directo de alimentos frescos, assim como criar marcas de produtos brancos. Este mercado apresenta uma rivalidade brutal, com os retalhistas a realizar práticas muitas vezes pouco escrupulosas, o que levou as autoridades a lançar uma nova lei regulamentar em 2006.

Assim, são proibidas comissões adicionais não contratadas e todos os produtos encomendados terão de ser pagos até 60 dias após a sua recepção. Todavia, isso não impede que possam ser exigidas aos fornecedores várias taxas pagas adiantadamente, como de entrada para um produto novo, ou taxas especiais para promoções e para melhor disposição dos produtos. Outra situação corrente é a de o retalhista exigir o subaluguer de pequenas zonas, para disposição e venda dos produtos individualizados.

O 12º Plano Quinquenal (2011-2015) irá procurar ajudar a desenvolver o mercado de forma sustentável, com a criação de 100 redes agrícolas de recepção, armazenamento (parte em câmaras frigoríficas) e distribuição de produtos (Li & Fung, 2010).

v) Autoridades

O Governo ainda tem um grande peso em todos os aspectos, o que aumenta a ineficiência e os custos globais. Os regulamentos, impostos, expropriações e outras formas de intervenção não são previsíveis, embora a situação possa ser melhor do que na Índia (tabela 6.6). Empresas estran-

OPORTUNIDADES DE NEGÓCIO

geiras cumpridoras de todas as normas mundiais de qualidade têm mesmo assim encontrado problemas na China. No caso do sector alimentar, isso em parte resulta dos recentes escândalos com empresas locais, como a adição de melamina ao leite para disfarçar a adição de água, o que produziu danos renais em 53 000 crianças, a adição de óleos reciclados ao óleo alimentar ou a adição de produtos cancerígenos aos champôs.

Ranking Mundial	China	Índia
Posição Global	93º	134º
Protecção ao Investidor	83º	33º
Facilidade na Obtenção de Crédito	101º	65º
Montagem de um Negócio	128º	88º
Registo de Propriedade	21º	110º
Contratação de Trabalhadores	78º	112º
Fecho de uma Empresa	75º	133º
Comércio Internacional	38º	139º
Obtenção de Licenças	153º	155º
Pagamento de Taxas	168º	158º
Cumprimento de Contratos	63º	173º
Indicadores		
Documentos necessários para Exportações	6	10
Prazo mínimo para Exportações	18	27
Custo das Exportações (€/contentor)	270	690
Documentos necessários para Importações	12	15
Prazo mínimo para Importações	22	41
Custo das Importações (€/contentor)	300	995

Tabela 6.6. – Comparação China/Índia em Burocracia (World Bank, 2006d)

As exportações para a China serão sempre dificultadas por parte das autoridades locais, pois estas preferem investimento estrangeiro vocacionado para o mercado externo. A parceria com um sócio local poderá ultrapassar todas estas dificuldades, o problema é encontrar o parceiro certo.

Há listas oficiais de actividades incentivadas e actividades interditas, que embora em teoria não impeçam as outras actividades não enunciadas, na prática fazem-no pelo atraso da necessária aprovação oficial. Para obter tecnologia avançada, as autoridades tentam obrigar as

PORTUGAL E A CHINA – UMA RELAÇAO COM FUTURO

empresas de alta tecnologia estrangeira a produzir os seus produtos no país. As indústrias leves de baixo ou médio valor acrescentado não são incentivadas hoje em dia, a menos que sejam implantadas em regiões do interior, sendo as indústrias de alta tecnologia ou de serviços os sectores fomentados.

O sistema legal é um problema e os tribunais locais favorecem os cidadãos locais, por isso as parcerias poderão ser uma forma de ultra-passar os problemas locais. Mesmo assim, desde a entrada na OMC em 2001, novas leis para tentar facilitar os investimentos estrangeiros foram aprovadas: "Lei para Parcerias com Investimento Chinês e Estrangeiro", "Lei para Cooperativas com Investimento Chinês e Estrangeiro", "Lei para Empresas Totalmente Estrangeiras", "Lei dos Direitos de Autor", "Lei das Marcas Registadas" e "Lei das Patentes" (Ma, 2005).

No entanto, ainda existem áreas não acordadas com a OMC, como é o caso da Contratação Pública. Assim, as empresas estrangeiras não podem ainda concorrer aos concursos lançados pelo Estado e, na última ronda de negociações, a China só propunha a abertura de um décimo do volume de contratação, não incluindo as grandes obras geridas pela *Nacional Development and Research Commission* (Plesner *et al.*, 2011).

6.2.2. Oportunidades para as Empresas Portuguesas

Sendo a China um país emergente gigante, quase todas as actividades poderão ser rentáveis para os estrangeiros, desde a agricultura até a alta tecnologia. É mais uma questão da forma de abordagem do mercado, da localização geográfica e da política das autoridades para cada activi-dade. Diversas oportunidades são assim a seguir indicadas, algumas só serão possíveis para os grandes grupos ou até mesmo alianças de gran-des grupos, outras poderão ser alargadas às pequenas e médias empre-sas (PME).

O volume de negócios com a China é ainda pequeno (tabela 6.7). No entanto, há que notar que os valores desta tabela não traduzem as trocas comerciais via outros países de interface, como é o caso de algumas exportações da *Autoeuropa*, vendidas primeiro à Alemanha e só depois daí revendidas para a Ásia, pelo que a *AICEP* estima um valor superior ao dobro para as exportações portuguesas.

	Total (milhões €)	Importações (milhões €)	Exportações (milhões €)	Taxa de Cobertura (%)	Variação Import. (%)	Variação Export. (%)
2007	1 244	1 063	181	17,0	-	-
2008	1 526	1 342	184	13,7	26,3	1,7
2009	1 337	1 115	222	19,9	-16,9	20,7
2010	1 811	1 576	235	14,9	41,3	5,9

Tabela 6.7 – Evolução do Comércio entre Portugal e a China (INE, 2011)

i) *Importação de Bens e Serviços*

Esta é a opção clássica e mais simples. Qualquer empresa e até mesmo particulares, poderão facilmente importar produtos chineses, com todo o apoio das autoridades locais. Em 2010, as importações atingiram 1576 milhões €, a China era o nosso 8º fornecedor com 2.8% do total e éramos o seu 59º cliente com 0.16% do total (AICEP, 2011a).

Existem incontáveis oportunidades, principalmente com base no preço, mas também na diversidade, como mobiliário e artigos de decoração. Portais de busca chineses como o www.alibaba.com poderão ser uma boa ferramenta. Há que no entanto ter sempre bastante cuidado nas transacções pela Internet, ainda recentemente uma auditoria a este portal detectou 2300 vendedores fraudulentos, entretanto já removidos (Bloomberg, 2011).

Embora na prática este portal esteja sobretudo concebido para publicitar os produtos exportados pela indústria chinesa, tudo se pode encontrar: desde martelos pneumáticos chineses entregues em 2 a 3 semanas no porto de Roterdão, sucata de materiais diversos e produtos já reciclados de empresas chinesas, ou fazendas no Brasil com 40 000 hectares (o dobro da maior herdade portuguesa, a Companhia das Lezírias), passando por serviços de desenvolvimento de software na Índia ou colocação de anúncios em cadeias de televisão na Indonésia, até antibióticos do Irão ou consultadoria fiscal e jurídica, em Itália e nos EUA. Este portal tem também a hipótese de apresentar os produtos não só por sector, mas também por país.

O resto será proporcionado via visitas a exposições e feiras chinesas, por parte dos eventuais interessados.

Países como os "4 Pequenos Dragões" já possuem preços mais baixos do que os japoneses, para computadores, televisores ou sistemas de ar condicionado, mas a China tem baixado estes ainda mais. Aliás, com a presente crise e situações de capacidade produtiva altamente excedentária, poderão até verificar-se situações de *dumping,* isto é, de venda abaixo do custo de produção.

O *outsourcing* de serviços, à semelhança do já realizado na Índia, será outra oportunidade, sobretudo a partir do momento em que a língua inglesa esteja mais divulgada, em sectores como a informática ou a gestão.

ii) Exportação de Bens

As exportações portuguesas para a China aumentaram para um volume total de 235 milhões € em 2010. Este país era o nosso 16º cliente com 0.7% do total e éramos o seu 78º fornecedor com 0.05% do total (AICEP, 2011a). Portugal está na última posição dos UE-15 e bem abaixo de outros membros como a Hungria ou a República Checa (MOFCOM, 2011a).

Se agora desagregarmos o comércio entre os dois países (tabela 6.8), podemos concluir que já importamos produtos com maior valor acrescentado do que o correspondente aos produtos que exportamos, uma situação recente. Ou seja, a China está claramente a aumentar a sua tecnologia e a desenvolver o nível das suas exportações. Ainda para mais, quando a fábrica da *Autoeuropa* bateu o recorde de produção dos últimos sete anos e aumentou as vendas no mercado chinês, que representam actualmente 6.8% do total e 109 milhões €, através da carrinha *Volkswagen Sharan* e do desportivo *Volkswagen Scirocco*. Não obstante, responsáveis da empresa referiram que o mercado chinês poderá subir para a 2ª posição este ano, logo após a Alemanha.

OPORTUNIDADES DE NEGÓCIO

Exportações	(milhões €)	(%)	Importações	(milhões €)	(%)
Máquinas e Aparelhos	53,2	22,6	Máquinas e Aparelhos	554,3	35,2
Minerais e Minérios	49,4	21,0	Metais Comuns	184,0	11,7
Madeira e Cortiça	25,3	10,8	Vestuário	122,2	7,8
Plásticos e Borracha	22,4	9,5	Matérias Têxteis	91,7	5,8
Metais Comuns	18,5	7,8	Produtos Químicos	91,6	5,8
Pastas Celulósicas e Papel	16,1	6,9	Produtos Agrícolas	77,0	4,9
Matérias Têxteis	14,0	5,9	Plásticos e Borracha	55,9	3,5
Veículos e outros Mat. Transporte	8,7	3,7	Veículos e outros Mat. Transporte	53,2	3,4
Produtos Alimentares	6,0	2,6	Calçado	52,3	3,3
Produtos Químicos	2,7	1,2	Instrumentos de Óptica e Precisão	44,8	2,8
Vestuário	2,6	1,1	Peles e Couros	43,7	2,8
Peles e Couros	2,1	0,9	Minerais e Minérios	36,2	2,3
Produtos Agrícolas	1,7	0,7	Madeira e Cortiça	13,4	0.9
Instrumentos de Óptica e Precisão	1,1	0,5	Pastas Celulósicas e Papel	10,7	0,7
Calçado	0,4	0,2	Produtos Alimentares	8,3	0,5
Combustíveis Minerais	0,1	0,0	Combustíveis Minerais	2,0	0,1
Outros Produtos	11,2	4,7	Outros Produtos	134,9	8,6
Total	**235,4**	**100**	**Total**	**1576,3**	**100**

Tabela 6.8. – Produtos mais comercializados entre Portugal e a China em 2010 (AICEP, 2011a)

As exportações de Portugal para Macau são diminutas, correspondendo a apenas 10% do valor para a China continental. Basta ver que na principal rua comercial do território, na loja mais elegante de vinhos e cristais em 2006, quase todos os vinhos de topo eram húngaros ou espanhóis e os cristais eram austríacos. Como é isto possível se Portugal tem alguns dos melhores vinhos e cristais do mundo? Talvez a resposta esteja nessa mesma rua, a partir da sede do principal banco português no território, o *Banco Nacional Ultramarino*, onde na mesma altura ninguém falava português ao balcão.

Já as exportações para Hong-Kong correspondem a 60% do valor para a China continental. De facto, este território é um grande interface, com regulamentações e hábitos similares aos ocidentais, o que está associado a um grande dinamismo por parte das empresas privadas e das autoridades.

A competição dos países vizinhos é agressiva, veja-se por exemplo os vinhos australianos, pelo que são necessárias alianças com empresas

PORTUGAL E A CHINA – UMA RELAÇAO COM FUTURO

locais ou aquisições das mesmas para ultrapassar as barreiras à entrada. Por outro lado, as empresas portuguesas terão de oferecer produtos e tecnologias diferenciadas para nichos de mercado, pois como vimos, o cidadão comum não tem ainda suficiente poder de compra.

Já um gestor chinês numa empresa ocidental, por exemplo, poderá ganhar cerca de 4000 € por mês, uma quantia fabulosa para os valores locais (Ilhéu, 2006). Deverá mostrar sinais de requinte para construir uma imagem moderna, pelo que terá de comprar produtos de luxo. As "lojas gourmet", que estão a abrir nas grandes cidades, são assim bons nichos de mercado para alimentos e bebidas especiais.

É o caso das *"Bolachas Vieira"*, que estão já a vender os seus produtos em centros comerciais na moda, como o *"Lufthansa Centre"* em Pequim. Estas bolachas poderão ser conjugadas com outros produtos como vinhos e queijos portugueses, apesar de a maioria dos chineses não estar ainda habituada a comer queijo. Para isso será fundamental a apresentação dos produtos em embalagens de grande requinte e singularidade.

Outro mercado importante são as águas minerais engarrafadas. Dada a forte contaminação dos aquíferos por fertilizantes e pesticidas, 90% da água bebida é água destilada engarrafada com adição de sais minerais. As águas engarrafadas estrangeiras são assim um produto *gourmet*, como é o caso da *"Água de Monchique"*, que teve especial sucesso dada a sua elevada alcalinidade com um pH de 9.3 e uma mineralização média de 290mg/l. Mais recentemente, foram lançadas garrafas desta água com um design apurado e a palavra "CHIC", assim como uma garrafa tipo perfume com vaporizador, para limpeza e diminuição da irritação da pele. A entrada começou por Macau, seguiu-se Hong-Kong via a rede de retalho *Wellcome* do gigantesco grupo *Jardine Matheson*, e depois a China continental e Taiwan.

Uma recente parceria das empresas de cutelaria *Herdermar* e *Ivo*, da empresa de louça cerâmica *Porcel*, da empresa de louça metálica *Silampos* e de uma firma chinesa, abriu duas lojas em Pequim e uma em Hangzhou, para o segmento médio alto chinês. A perspectiva é atrair clientes para o estilo europeu na mesa e na cozinha, muito embora a China seja já um dos países do mundo com mais requinte nestas áreas.

Outro exemplo é a empresa portuguesa *Parfois* de acessórios de moda, com uma facturação anual de 48.5 milhões €, que está a pensar abrir várias lojas na China, após já ter aberto 4 nas Filipinas e 1 no Cazaquistão.

OPORTUNIDADES DE NEGÓCIO

Possui um total de 200 lojas em 21 países, das quais 105 são franchisadas. Tal como a espanhola *Zara*, estas novas marcas não necessitam de ser marcas de topo na Europa, é mais uma questão de terem qualidade e de estarem na moda, algo obtido através do marketing e do design. De notar que os clientes mais jovens do segmento médio procuram os símbolos ocidentais, símbolos "cool", que estes produtos proporcionam.

Os navios chineses que chegam ao porto de Sines são cada vez em maior número, carregados de contentores com produtos para o mercado ibérico. Algumas PME portuguesas estão a aproveitar estes contentores para enviar de volta vários produtos, o que permite um custo de transporte muito baixo.

É o caso de várias pedreiras da Serra de Aires que estão a exportar blocos de pedra calcária, sobretudo na variedade "moca creme", dado ser uma pedra clara sem veios muito apreciada pelos chineses. Os preços tiveram nos últimos anos aumentos extraordinários, sendo um dos clientes a *Shanghai Taxing Stones*, uma das maiores firmas de transformação de pedra da China (Santos, 2011).

Analisando agora os 50 produtos portugueses mais exportados para a China em 2007, conclui-se que:

- Portugal está entre os dez maiores fornecedores em 12 produtos: cortiça, vestuário, calçado, placas de mármore, artigos em aço e ferro, e aparelhos de rádio.
- 13 dos produtos fornecidos possuem uma quota superior a 1%, nomeadamente a cortiça, o vestuário, o calçado, as placas de mármore, os artigos em aço e ferro, e os fios sintéticos.

No futuro, a população chinesa irá mudar os seus consumos de hábito, devendo as empresas portuguesas preparar-se para tal. De acordo com um estudo da McKinsey (2006), as despesas nas necessidades básicas irão diminuir dos actuais 55% para 26% até 2025. A Saúde, a Educação, a Habitação, os Transportes, a Comunicações e o Lazer terão os maiores crescimentos (tabela 6.9).

	Consumo 2005 (milhões €)	Consumo 2025 (milhões €)	Crescimento Anual (%)
Alimentos e Bebidas	127 500	371 700	5,5
Transportes e Comunicações	51 900	351 400	10,0
Educação e Lazer	54 200	343 400	9,7
Habitação	33 300	305 400	11,7
Cuidados de Saúde	27 700	268 100	12,0
Vestuário e Calçado	40 000	129 800	6,1
Artigos para o Lar	23 000	89 300	7,0
Artigos Pessoais	12 900	61 000	8,1

Tabela 6.9. – Crescimento do Consumo na China em 2005-2025 (McKinsey, 2006)

Em termos de distribuição do comércio externo na China (tabela 6.10), as províncias litorais absorvem 92.3% das exportações e 94.4% das importações. Isto resulta da concentração da indústria e dos serviços, assim como do investimento estrangeiro, aproveitando as suas melhores infra-estruturas, especialmente os portos. Pequim e Shanghai são as cidades que mais importam, enquanto Shenzhen é a cidade que mais exporta, sendo Pequim a única área com um défice de trocas significativo, por não possuir uma indústria exportadora expressiva.

As empresas com capital estrangeiro (FIE) controlam entre 0% das trocas externas nas províncias internas, e 80% das trocas externas no município de Tianjian e na província de Jiangsu. Por seu turno, as empresas públicas controlam entre 8% das trocas externas na província de Jiangsu e 30% das trocas externas nas províncias interiores.

É impressionante o poder de Taiwan no comércio externo mundial, com exportações de 195 000 milhões € e importações de 181 000 milhões €. No caso das exportações, tal representa 25% do montante da China continental e 5 vezes Portugal, o que resulta sobretudo de produtos de elevado valor acrescentado, embora possa existir alguma reexportação de bens da China continental. Trata-se de um país com apenas 23 milhões de pessoas e um terço do tamanho de Portugal, que não há muitos anos estava bastante atrás.

OPORTUNIDADES DE NEGÓCIO

	Capital Regional	Export. Totais (biliões €)	Export. das FIE (biliões €)	Export. das FIE (%)	Import. Totais (biliões €)	Import. das FIE (biliões €)	Import. das FIE (%)
Costa Leste							
Município de Beijing	Beijing	29,2	12,8	43,7%	92,4	17,2	18,6%
Município de Tianjin	Tianjin	25,8	20,6	80,0%	23,8	19,7	82,6%
Província de Hebei	Shijiazhuan	9,8	3,5	35,2%	4,4	1,8	42,1%
Província de Shandong	Jinan	45,1	23,7	52,6%	28,2	15,8	56,1%
Província de Jiangsu	Nanjing	123,4	95,1	77,1%	95,1	82,6	86,9%
Município de Shanghai	Shanghai	87,4	58,4	66,8%	87,6	59,6	68,0%
Província de Zhejiang	Hangzhou	77,5	29,2	37,7%	29,5	14,8	50,4%
Província de Fujian	Fuzhou	31,8	18,9	59,6%	16,5	11,8	72,0%
Província de Guangdong	Guangzhou	232,2	149,2	64,2%	173,3	116,4	67,2%
Província de Hainan	Haikou	1,1	0,4	35,7%	1,2	0,5	40,0%
Nordeste							
Província de Heilongjiang	Harbin	6,5	0,5	7,1%	3,4	0,3	9,1%
Província de Jilin	Changchun	2,3	0,8	36,7%	3,8	2,2	59,2%
Província de Liaoning	Shenyang	21,8	11,5	53,0%	15,5	9,4	60,7%
Região Central							
Província de Shanxi	Taiyuan	3,2	0,5	17,1%	1,9	0,4	20,0%
Província de Anhui	Hefei	5,2	1,6	30,9%	4,2	1,5	37,0%
Província de Jiangxi	Nanchang	2,8	0,6	21,6%	1,8	1,3	70,8%
Província de Henan	Zhengzhou	5,1	0,9	18,2%	2,5	0,5	21,9%
Província de Hubei	Wuhan	4,8	1,5	31,7%	4,2	2,0	47,3%
Província de Hunan	Changsha	3,9	0,7	17,6%	1,8	0,5	26,1%
Região Oeste							
Reg. Aut. Mongólia Interior	Hohhot	1,6	0,4	23,8%	2,9	0,2	7,9%
Província de Shaanxi	Xian	2,8	0,3	11,1%	1,3	0,4	29,4%
Município de Chongqing	Chongqing	2,6	0,4	14,7%	1,6	1,2	76,2%
Província de Guizhou	Guiyang	0,8	0,1	10,0%	0,5	0,1	16,7%
Reg. Aut. Guangxi Zhuang	Nanning	2,8	0,5	19,4%	2,4	1,1	45,2%
Reg. Aut. Ningxia Hui	Yinchuan	0,7	0,1	11,1%	0,4	0,2	40,0%
Província de Gansu	Lanzhou	1,2	0,2	13,3%	1,8	0,0	0,0%
Província de Sichuan	Chengdu	5,1	0,9	18,2%	3,4	1,3	38,6%
Província de Yunnan	Kunming	2,6	0,2	8,8%	2,2	0,2	7,1%
Província de Qinghai	Xining	0,4	0,0	2,0%	0,1	0,0	0,0%
Reg. Aut. Xinjiang Uygur	Urumqi	5,5	0,1	1,4%	1,5	0,1	5,0%
Reg. Autónoma Tibete	Lhasa	0,2	0,0	0,0%	0,1	0,0	0,0%
Total Regiões Costeiras	-	*693,8*	*424,5*	*61,2%*	*574,5*	*352,2*	*61,3%*
SUB-TOTAL	-	**745,3**	**433,6**	**58,2%**	**608,8**	**363,4**	**59,7%**
Reg. Adm. Macau	Macau	2,0	-	-	3,5	-	-
Reg. Adm. Hong Kong	Hong Kong	298,8	-	-	258,3	-	-
HK (parcela doméstica)	Hong Kong	69,5	-	-	55,3	-	-
TOTAL*		**816,8**	-	-	**667,6**	-	-
Taiwan	Taipé	194,7	-	-	181,2	-	-

* Para Hong-Kong só parcela doméstica   Nota: zonas da "costa leste" sombreadas

Tabela 6.10. – Comércio Internacional da China por região, em 2006 [NBSC (2007), MOFCOM (2011a), MacauHub (2011), HK (2007), WTO (2007)]

iii) Comércio no Triângulo Portugal/Mundo/China

Portugal não tem a posição da Holanda ou da Bélgica, que funcionam como placas de interface entre a Europa continental e a China, através dos seus portos. Não obstante, poderá aumentar a sua quota no triângulo Portugal/Espanha/China, principalmente através do porto de Sines. Também o triângulo Portugal/PALOP/China poderá ser uma oportunidade, o que será mais à frente detalhado. Por outro lado, a globalização das empresas domésticas está a ser promovida pelo governo chinês, sendo incentivadas alianças com empresas estrangeiras, no sentido de aumentar a sua experiência e massa crítica. Trata-se de algo que poderá ser aproveitado para fomento das trocas comerciais.

iv) Exportação de Serviços

A agricultura e a indústria chinesas possuem ainda uma quota importante no PIB, mas à medida que a economia continuar a crescer aceleradamente, os serviços irão tendo uma maior procura. A globalização das empresas chinesas irá obrigá-las a actualizar a sua imagem e a aumentar a qualidade dos produtos, necessitando assim de serviços de consultadoria em sectores como marketing, ambiente, gestão, imobiliário, turismo, saúde, banca, seguros e relações com os PALOP.

Infelizmente, Portugal não alavancou Macau o suficiente, até mesmo os voos directos entre Macau e Lisboa já não existem. A China foi apenas o nosso 39º cliente nos serviços em 2010, com uma quota de 0.08% do total das exportações (AICEP, 2011a). Por outro lado, a China está a desenvolver uma estrutura técnica gigantesca, de cerca de 1 milhão de engenheiros e técnicos por ano. Além disso, sendo os países do G7 o seu principal mercado, muito provavelmente serão preferidos consultores destes países. Mesmo assim, áreas como a criação de marcas, a globalização das PME ou a modernização da administração pública, poderão vir a ser boas possibilidades de mercado.

Os chineses estão a tornar-se ricos e querem conhecer dois tipos de Ocidente, o altamente tecnológico como os EUA ou o cultural como a Europa. A seguir à Grã-Bretanha, à França e à Alemanha, o quarto destino favorito dos chineses na Europa é a Áustria, via os seus monumentos e

OPORTUNIDADES DE NEGÓCIO

cultura. Isso mostra que pequenos países como Portugal poderão também captar o seu interesse, ainda para mais com um passado histórico comum. Um serviço natural será assim o turismo e as várias actividades associadas, como a cultura, a música, os desportos náuticos, o golfe e a caça, ou serviços agregados (ex. turismo + vinhos + história).

Em 2005, Portugal recebeu 34 700 turistas chineses, com uma média de estadia de 2 dias, dos quais 76% ficaram alojados em Lisboa (Portal do Governo, 2007). Pertenciam a um estrato de elevado rendimento, com formação superior, tendo gasto uma média de 760 €. Havia dois produtos turísticos específicos do seu interesse: "Visitas Curtas a Cidades", no qual uma cidade era visitada pelas suas atracções históricas e culturais, decorrendo a estadia em hotéis de 4/5 estrelas com encanto especial e serviços de elevada qualidade; "Gastronomia + Vinhos", direccionada para aqueles que pretendiam aumentar o seu estatuto social, recebendo informação sobre vinhos e outros assuntos relacionados.

Actualmente este número subiu para 50 000 turistas, mas ainda é pouco para um país que já está a originar 50 milhões de turistas por ano, mesmo que uma grande parte seja para países vizinhos, existindo assim um enorme potencial para ser trabalhado. Por outro lado, muitos empresários e profissionais de sucesso são ainda novos, compram marcas caras, modernas e bem conhecidas, de países como França e Itália. São pessoas que cresceram numa sociedade fechada e pobre, que baniu a maioria dos antigos símbolos de arte e de cultura considerados antiquados, podendo ainda não se encantar muito com os produtos históricos ocidentais. Contudo, estas pessoas irão amadurecer e começar a apreciar a sua cultura passada, assim como a do Ocidente, e tenderão a ficar em hotéis antigos, a visitar museus antigos e a comprar vinhos e peças de arte antigas, pelo que Portugal poderá atrair este segmento.

A construção e a gestão de infra-estruturas como auto-estradas, poderão também ser outras áreas interessantes. Empresas como a *Brisa* e empreiteiros como a *Mota-Engil*, a *Teixeira Duarte* ou a *Soares da Costa* têm já uma boa experiência internacional. A empresa de aeroportos *ANA* é accionista da empresa que gere o aeroporto de Macau e está já a concorrer a licitações para a gestão de alguns aeroportos chineses. Empreiteiros como a *Somague* pertencem a grupos espanhóis já estabelecidos na China, como a *Ferrovial*, que gere vários portos chineses. Juntando todas estas realidades, será possível fornecer serviços nestes sectores.

PORTUGAL E A CHINA – UMA RELAÇAO COM FUTURO

Finalmente, áreas como o lazer, o desporto, a educação, a saúde e os transportes poderão constituir outras oportunidades. No futebol, por exemplo, Figo e Ronaldo já são bem conhecidos na China, permitindo a publicidade de marcas portuguesas ou chinesas com as suas imagens. Basta ver que o *Manchester United* tem já 1 milhão de associados na China e envia as suas equipas com bastante frequência, por isso clubes que têm ganho provas internacionais como o *F.C. do Porto* poderão fazer o mesmo.

A nível jurídico, têm sido estabelecidos acordos entre gabinetes de advogados portugueses e chineses, para a prestação de serviços a cidadãos e empresas dos dois países. O ensino da língua portuguesa e as trocas de cursos universitários podem ser outra possibilidade. A língua portuguesa é actualmente ensinada em 4 universidades em Pequim, tendo no final todos os estudantes emprego garantido, em empresas que realizem trocas comerciais ou invistam no Brasil e nos PALOP.

A China está também a realizar feiras anuais nas principais cidades, para recrutamento de profissionais estrangeiros especializados, organizadas por instituições públicas como a SAFEA.

v) Offshoring

A deslocalização da produção parcial ou total de uma empresa para a China, com as eventuais consequências sociais já discutidas, é outra hipótese de negócio. Existem já várias empresas portuguesas a utilizar esta opção, para sectores como os têxteis e o calçado, exportando depois para outros países para além de Portugal. Os salários chineses variam em geral entre os 50 e 150 € por mês para os segmentos baixos, com horários de 50 horas por semana. Isto poderá ser uma boa opção para ambas as partes, e as empresas portuguesas poderão mesmo ter maiores margens do que os produtores chineses. No final, o ideal seria que estas empresas vendessem grande parte da produção no mercado local ou que outras empresas portuguesas também exportassem para a China, para contrabalançar as trocas entre os dois países.

vi) Investimento Directo

De acordo com as estatísticas oficiais, o investimento directo das empresas portuguesas na China continental é ainda irrisório, pois o seu valor acumulado era de 4.7 milhões € em 2010 (AICEP, 2011a). O valor real é difícil de quantificar, dado o montante que é aplicado via outros países, em especial através de Macau, Hong Kong e paraísos fiscais. Algumas estimativas apontam para um montante de 1000 milhões €, através de empresas como a *Cimpor, Hovione, Grupo Amorim* e *Ndrive* (AICEP, 2011b).

A *Cimpor* iniciou a sua globalização após a privatização no final dos anos 90. O mercado chinês foi um dos primeiros a ser analisado, pelo que o grupo adquiriu várias empresas na província de Shandong em 2006, que em termos do PIB é a 2ª província da China, e na província de Jiangsu, tudo zonas costeiras. O investimento total foi de 200 milhões € e englobou uma unidade de produção de clínquer na cidade de Zao Zhuang, unidades de moagem de clínquer para produção de cimento nas cidades de Huai'na e Suzhou, e uma nova unidade para produção de clínquer em Shanting. O acordo envolveu o fecho de fábricas poluentes mais antigas por parte da municipalidade. Em 2010, o volume de negócios representou 4.7% do total e os resultados brutos 1.4% do total, com uma margem bruta de 8.4% (Cimpor, 2011). Este país é já o maior mercado de cimento do mundo, com uma quota de 44%.

A China autoriza a grande maioria das actividades ao investimento estrangeiro. Contudo, devido à recente sobrecapacidade em certas áreas e ao desejo de estender o desenvolvimento para o interior, poderão surgir várias barreiras. O país é ainda pouco desenvolvido no sector dos serviços, por isso existem incentivos para o mesmo, tal como para as zonas interiores. Basta ver que os serviços correspondem a 40% do PIB, em comparação com 77% do PIB nos Estados Unidos. Os seguintes sectores serão promissores (Amaral, 2007; BCG, 2007):

- "Venda a Retalho" – as maiores empresas chinesas ainda têm uma pequena presença neste sector, que é desenvolvido principalmente na área litoral. Os grupos estrangeiros como o alemão *METRO*, a americana *Wal-Mart* e o japonês *JUSCO*, continuam a expansão, após novas unidades em Jinan, Yantai, Weifang, Zibo e Yantai.

PORTUGAL E A CHINA – UMA RELAÇÃO COM FUTURO

- "Logística" – irá expandir-se largamente com a abertura da nova rede de auto-estradas, o que irá permitir um transporte mais eficiente de bens do litoral para o interior. As plataformas logísticas, o transporte por estrada, a distribuição e outras actividades relacionadas terão uma larga expansão.

- "Alta Tecnologia" – o governo apoia as empresas de I&D e criou incentivos especiais, pois é algo fundamental para vir a ser a primeira superpotência.

- "Energia" – a eficiência é aqui um objectivo chave, por isso as novas tecnologias que permitam poupar energia são encorajadas, enquanto as indústrias altamente consumidoras receberam novas restrições. O país tinha uma potência de energia eólica de 42 000 MW em finais de 2010, estimando-se que o seu potencial eólico seja de 700 000 MW, apenas considerando a instalação de turbinas em terra.

- "Ambiente" – é uma área especialmente promovida pelas autoridades centrais. Existem já algumas empresas chinesas certificadas pela norma ISO 1400I, mas a grande maioria necessita de mudar. Este sector está também relacionado com as energias renováveis.

- "Saúde" – está a ser preparado um serviço de saúde para cobrir toda a população até 2020, assim como seguros de saúde à semelhança do Ocidente. Isto poderá trazer imensas oportunidades nas áreas da saúde, indústria farmacêutica, aparelhos médicos e seguros.

- "Cuidados para Idosos" – o país está a começar a ter uma população envelhecida, devido à antiga política de um filho por casal, por isso é uma actividade bastante promissora.

- "Construção" – as parcerias público-privadas estão a ser utilizadas nas infra-estruturas públicas, permitindo a entrada de privados. Auto-estradas, saneamento básico e abastecimento de água são áreas encorajadas pelo governo. O desenvolvimento e a privatização dos aeroportos e dos portos estão em curso. As expectativas

OPORTUNIDADES DE NEGÓCIO

são elevadas, entre 100 000 milhões € e 400 000 milhões € em contratos na próxima década.

- "Turismo" – a China é um país vasto e atrai um crescente número de visitantes estrangeiros, tendo ainda poucos hotéis e condomínios turísticos. O mercado doméstico tem também uma crescente importância, devido ao aumento do nível de vida da população.

- "Imobiliário" – o país ainda necessita de milhões de novas casas e escritórios, embora possam existir algumas zonas saturadas. É possível formar parcerias com investidores locais, com empresas de Macau ou com outras empresas estrangeiras. É perfeitamente viável para as PME, sendo o principal risco as aprovações das autoridades.

- "Sector Marítimo" – o turismo marítimo e indústrias como a farmacêutica ou a alimentar, baseadas em produtos do mar, irão crescer bastante. A dessalinização da água marítima será crucial para as cidades do litoral.

- "Desporto" – o governo irá incentivar este sector, para aumentar os hábitos de saúde e de consumo, assim como para criar uma economia do desporto com uma maior visibilidade mundial. Os Jogos Olímpicos mostraram a importância do país neste sector.

- "Tecnologia Agrícola" – esta é outra área estimulada pelo governo, para fomentar a produtividade agrícola e conseguir alimentar a população em crescimento.

As fusões e aquisições de empresas são uma actividade em crescimento na China, devido às privatizações e às futuras consolidações. Entre 2000 e 2005, envolveu 9000 empresas e uma verba de 150 000 milhões € (BCG, 2007).

Em 2006, conforme a tabela 6.11, as empresas estrangeiras investiram principalmente na indústria (63.6%), no imobiliário (13.1%), no leasing e serviços comerciais (6.7%), nos transportes (3.1%) e na gestão de serviços de abastecimento e saneamento (3.1%). Devido à sua escala, apenas pequenas e médias empresas poderão ser adquiridas pelas empresas portuguesas.

PORTUGAL E A CHINA – UMA RELAÇÃO COM FUTURO

Como referência pela sua dimensão de pequeno país, podemos analisar os investimentos da Suécia na China. Todos os grandes grupos estão presentes em empresas locais como a *Ericsson*, a *Electrolux*, a *Volvo*, a *Xian Silver Bus*, a *Shanghai Sunwin Bus*, a *Astra*, a *Suzhou Zixing Paper*, a *SFK*, a *Pharmacia & Upjohn* e a *Ikea*. Cerca de 400 outras empresas estão activas na área do vestuário, das infra-estruturas, da electrónica, das telecomunicações, dos acessórios e automóveis, do material de construção, da impressão, da indústria farmacêutica e do fabrico de papel. A indústria corresponde a 61% do total investido, as IT/telecomunicações a 26%, os serviços a 6% e os bens de consumo a 2%.

As principais zonas de investimento sueco são Pequim, Shanghai e as províncias de Jiangsu, Guangdong, Liaoning, Shandong, Guangxi, Fujian e Hainan na costa, assim como Guizhou e Sichuan no interior (STC, 2006). A maior parte destes investimentos foi realizada por grandes empresas com mais de 500 trabalhadores no estrangeiro, tendo as 30 maiores empresas entre 2 000 e 60 000 trabalhadores no estrangeiro. Algumas empresas subsidiárias começaram por ser pequenas mas são já hoje praticamente independentes, podendo ter os seus próprios departamentos de I&D.

Em termos de distribuição regional do IDE (tabela 6.12), as províncias litorais absorvem praticamente a sua totalidade, correspondendo a 82% do total. Deste modo, a influência estrangeira é também mais importante nestas regiões, representando 12.9% do seu investimento total, enquanto no resto do país apenas representa 4.3% do total.

O governo está agora a promover as regiões ocidental e central, criando condições especiais para atrair IDE, e ao mesmo tempo está a tornar mais difícil o investimento estrangeiro em sectores sobrelotados nas regiões litorais. Assim, as autoridades locais na região ocidental podem aprovar investimentos estrangeiros até 30 milhões de dólares (China Org, 2011). Xian na província de Shaanxi, Chengdu na província de Sichuan e Chongqing, têm sido denominadas "Zonas Económicas Municipais Principais" pelas autoridades centrais. Um dos principais projectos é o "Silicon Valley da China Ocidental", a desenvolver na província de Shaanxi, que irá compreender vários parques de ciência, indústrias de alta tecnologia (electrónica, aeronáutica e aeroespacial), bio-medicina, informática e novos materiais. Será implantada na secção da linha ferroviária Lianyungang-Lanzhou.

OPORTUNIDADES DE NEGÓCIO

De notar que a China já tem três bases de satélites na região central: Jiuquan na província de Gansu, Taiyuan na província de Shanxi e Xichang na província de Sichuan.

SECTOR	IDE Entrada (milhões €)	IDE Entrada (%)	IDE Saída (milhões €)	IDE Saída (%)
Agricultura, Pesca e Criação Animal	461	1,0	142	1,0
Minas	355	0,7	6 569	48,4
Indústria	30 828	63,6	698	5,1
Produção e Distribuição de Electricidade, Água e Gás	985	2,0	92	0,7
Construção	529	1,1	25	0,2
Transportes, Armazenagem e Distribuição Postal	1 527	3,1	1 058	7,8
Serviços de Informação, Computadores e Informática	823	1,7	37	0,3
Comércio e Distribuição	1 376	2,8	857	6,3
Hotéis e Serviços Turísticos	637	1,3	2	0,0
Intermediação Financeira	226	0,5	-	-
Imobiliário	6 331	13,1	295	2,2
Leasing e Serviços Comerciais	3 248	6,7	3 478	25,6
Pesquisa, Serviços Técnicos e Prospecção Geológica	388	0,8	217	1,6
Gestão Ambiental e Gestão de Serviços Públicos	1 501	3,1	6	0,0
Serviços Domésticos e Outros Serviços	388	0,8	86	0,6
Educação	22	0,0	2	0,0
Saúde, Segurança Social e Apoio à 3ª Idade	12	0,0	1	0,0
Cultura, Desporto e Lazer	185	0,4	1	0,0
Administração Pública e Organizações Sociais	5	0,0	-	-
TOTAL	48 478	100,0	13 564	100,0

Tabela 6.11. – Investimento Directo do/para o Estrangeiro na China por sector, em 2006 (NBSC, 2007)

vii) Investimento em Portfolios de Dívida

Envolve investimentos em obrigações e variados tipos de empréstimo às instituições e empresas chinesas. A sua quota ainda é pequena por razões estratégicas e políticas. A China tem trabalhado principalmente com poupanças domésticas e excedentes comerciais, mas começou a realizar empréstimos e emissões obrigacionistas.

Neste momento, os bancos e empresas portugueses estão numa situação difícil, por isso não poderão participar neste tipo de actividades. Mesmo se fosse possível, estavam a fornecer "armas ao inimigo", uma vez que o dinheiro seria investido em novas fábricas e serviços chineses, eventualmente concorrenciais das empresas portuguesas e que poderiam levar à sua falência, o que por sua vez iria aumentar os créditos malparados na banca portuguesa. No entanto, assumindo que seria possível atingir um equilíbrio nas trocas comerciais, estes movimentos iriam também gerar comissões e poderiam levar os clientes nacionais a mudarem para sectores de maior valor acrescentado, o que no futuro geraria maiores depósitos.

Para além disso, poderiam fornecer empréstimos às empresas portuguesas que investissem na China, não necessariamente em áreas directamente competitivas com as empresas domésticas, como o imobiliário ou a saúde.

viii) Investimento em Portfolios de Acções

Envolve a aquisição de acções de empresas chinesas, normalmente através de fundos de acções ou directamente nas suas bolsas de valores. Estes activos sofreram aumentos extraordinários de cotação que rondaram os 300% até 2007, com as empresas a atingirem valores de PER maiores do que 70. Alguns valores diminuíram em 50% após 2008, tendo mesmo assim valores mais elevados do que na Europa, o que torna a aquisição de acções complexa, excepto numa perspectiva de longo prazo. Além disso, muitas acções nas bolsas de valores chinesas, as "acções-B", não fornecem um controlo efectivo da empresa, apenas permitem lucrar com o seu crescimento.

OPORTUNIDADES DE NEGÓCIO

	Capital Regional	Investimento Total (milhões €)	[1] Entrada de IDE em geral (milhões €)	[2] Entrada de IDE de HK, Macau,Taiwan (milhões €)	[1]+[2] (%investim. total)	Saída IDE (milhões €)
Costa Leste						
Município de Beijing	Beijing	27 846	2 615	1 692	1,0%	585
Município de Tianjin	Tianjin	14 769	1 615	462	14,1%	338
Província de Hebei	Shijiazhuan	40 846	1 077	1 615	6,6%	469
Província de Shandong	Jinan	91 769	4 615	2 538	7,8%	10
Província de Jiangsu	Nanjing	80 538	7 923	4 538	15,5%	515
Município de Shanghai	Shanghai	34 615	4 615	1 308	17,1%	1 908
Província de Zhejiang	Hangzhou	64 308	3 385	2 462	9,1%	1 415
Província de Fujian	Fuzhou	22 846	2 077	2 615	20,5%	554
Província de Guangdong	Guangzhou	68 846	6 692	9 846	24,0%	869
Província de Hainan	Haikou	3 615	231	154	10,6%	15
Nordeste						
Província de Heilongjiang	Harbin	17 154	308	77	2,2%	285
Província de Jilin	Changchun	17 154	846	462	7,6%	131
Província de Liaoning	Shenyang	41 462	2 846	1 462	10,4%	300
Região Central						
Província de Shanxi	Taiyuan	18 000	77	308	2,1%	23
Província de Anhui	Hefei	24 923	615	923	6,2%	138
Província de Jiangxi	Nanchang	21 462	538	769	6,1%	62
Província de Henan	Zhengzhou	42 538	1 231	1 154	5,6%	377
Província de Hubei	Wuhan	26 385	1 154	923	7,9%	46
Província de Hunan	Changsha	25 923	462	615	4,2%	38
Região Oeste						
Reg. Aut. Mongólia Interior	Hohhot	26 077	231	308	2,1%	146
Província de Shaanxi	Xian	18 538	231	308	2,9%	8
Município de Chongqing	Chongqing	19 077	615	538	6,0%	15
Província de Guizhou	Guiyang	9 846	154	77	2,3%	23
Reg. Aut. Guangxi Zhuang	Nanning	16 385	615	692	8,0%	92
Reg. Aut. Ningxia Hui	Yinchuan	4 385	77	77	3,5%	8
Província de Gansu	Lanzhou	8 615	154	154	3,6%	208
Província de Sichuan	Chengdu	35 385	615	846	4,1%	215
Província de Yunnan	Kunming	17 538	154	308	2,6%	177
Província de Qinghai	Xining	3 231	77	0	2,4%	8
Reg. Aut. Xinjiang Uygur	Urumqi	13 231	77	77	1,2%	69
Reg. Autónoma Tibete	Lhasa	1 769	0	0	0	6
Não classificado por região	-	16 154	-	-	-	-
Total Regiões Costeiras	**-**	**525 769**	**38 846**	**29 231**	**12,9%**	**7 395**
SUB-TOTAL	**-**	**875 615**	**45 923**	**37 308**	**9,5%**	**9 055**
Macau	-	3 838	591	-	15,4%	14
Hong-Kong*	-	16 497	17 157	-	104,1%	17 383
TOTAL	**-**	**895 950**	**63 671**	**37 308**	**11,3%**	**26 452**

* 50% dos valores oficiais para evitar contabilização dupla   Nota: zonas da "costa leste" sombreadas

Tabela 6.12. – Investimento Directo do/para o Estrangeiro na China por região, em 2006 [NBSC (2007), MOFCOM (2011), UNCTAD (2007a)]

6.2.3. Pormenorização de Alguns Sectores

i) Exportação de Vinhos

O vinho é um sector com uma procura em queda no Ocidente, devido à competição das bebidas leves, e às regulamentações sobre condução e trabalho. Entre 2000 e 2004, a Europa diminuiu as suas vinhas de 3.8 milhões de hectares para 3.6 milhões de hectares, e a Califórnia diminuiu de 420 000 hectares para 390 000 hectares. Posteriormente e até 2010, a União Europeia subsidiou a diminuição em mais 400 000 hectares, 11% das vinhas existentes, com 2 400 milhões €.

Como produtor com uma área de cerca de 220 000 hectares, Portugal caiu para o 11º lugar. Mesmo assim, exportou um total de 649 milhões € em 2010, o que correspondeu a 256 milhões de litros a um preço médio de 2.5 €/litro, o que mostra bem o baixo valor acrescentado que ainda transmite ao vinho. Metade do valor exportado foi constituído por vinhos licorosos como vinhos do Porto e da Madeira (IVV, 2011).

Pelo contrário, os países emergentes na Ásia estão a aumentar a sua procura, que atingiu 6% do total mundial em 2010. Na China, o consumo e a produção de vinho têm vindo a crescer a uma taxa anual de 10%. A área vinícola aumentou para 485 000 hectares, e as três principais marcas (*Dynasty, Zhangyu* e *Great Wall*) correspondem a 40% do mercado. As melhores áreas para a produção de vinho estão localizadas numa faixa central, que cobre essencialmente quatro províncias: Xinjiang, Ningxia, Hebei e Shandong. As duas primeiras são províncias do interior, sendo assim sujeitas a apoios especiais por parte do governo. Em 2009, o país foi já o 8º produtor mundial de vinho (tabela 6.13).

O consumo anual per capita na China é de apenas 1.2 litros, mas a longo prazo estima-se que aumente para o dobro, o que significará uma procura total de quase 3000 milhões de litros, cerca de 10% do total mundial. Zonas com maior poder de compra como Macau consomem já 11.2 litros per capita e Hong-Kong consome 6.4 litros per capita. O mercado está dividido num segmento baixo que compra vinho doméstico, perto de 90% do total, e um segmento que compra vinho importado que corresponde aos restantes 10%, o que representou 171 milhões de litros em 2010.

OPORTUNIDADES DE NEGÓCIO

Produtores	Produção (milhares litros)	Área Produção* (hectares)	Mercados	Consumo (milhares litros)	Consumo per capita (litros)
1. França	4 700 000	795 951	1. França	2 913 000	45,2
2. Itália	4 650 000	693 117	2. EUA	2 752 000	9,0
3. Espanha	3 800 000	1 102 834	3. Itália	2 450 000	42,2
4. EUA	2 777 000	381 781	4. Alemanha	2 011 000	24,4
5. Argentina	1 210 000	226 721	5. China	1 537 000	1,2
6. Austrália	1 171 000	162 753	6. Reino Unido	1 266 000	20,7
7. Chile	987 000	181 781	7. Rússia	1 145 000	8,2
8. China	960 000	485 830	8. Espanha	1 127 000	27,8
9. Alemanha	928 000	100 000	9. Argentina	1 029 000	25,2
10. África do Sul	780 700	131 579	10. Roménia	509 000	22,9
11. Portugal	600 000	217 004	11. Austrália	493 000	23,2
12. Rússia	600 000	43 320	12. Portugal	455 000	42,5
13. Roménia	560 000	178 543	13. África do Sul	341 000	7,0
14. Moldávia	397 600	136 437	14. Canadá	333 000	10,0
15. Grécia	350 000	77 733	15. Brasil	320 000	1,6
16. Hungria	340 000	78 947	16. Holanda	298 000	17,8
17. Brasil	240 000	80 972	17. Suíça	290 000	38,1

*Área de uva de mesa e de vinho

Tabela 6.13. – Estatísticas do Vinho em 2009 (Wine Institute, 2011; CRI, 2010)

Os "Grandes Seis" do mercado foram a França com 46% do total, Austrália 16%, Itália 8%, Chile 7%, Espanha 6.5% e EUA 6.3%. De realçar que todos estes países aumentaram as vendas entre 40% a 100% face ao ano anterior. Portugal apenas forneceu cerca de 2% do vinho importado, o que ainda é pouco, embora tenha tido um crescimento de 93%. No entanto as estatísticas são bastantes incertas, dado o grande salto do mercado em 2008, com a descida da taxa alfandegária sobre o vinho de 65% para 14%.

As áreas litorais são os principais mercados, devido ao rendimento disponível mais elevado, sendo Shanghai de longe o maior mercado, seguido por Pequim e Guangzhou (China Daily, 2011). Os consumidores são principalmente indivíduos jovens ou de meia-idade com elevados rendimentos, que bebem em hotéis, bares e casinos de luxo, a maioria das vezes fora das refeições e em geral vinho tinto, que representa 80% das preferências.

Em 2004, a *Adega Cooperativa de Borba* foi uma das primeiras empresas portuguesas no sector vinícola a estabelecer contratos de distribuição com a China continental, tendo atingido exportações de 380 000 litros em

2010, 3% da sua produção total. A sua estratégia é entrar em nichos de mercado, que serão sobretudo as cidades secundárias onde a competição é ainda reduzida.

Em 2007, foi também assinado um contrato entre as *Caves Arcos dos Reis* e a *Yantai Kaisite Chateau*, no sentido de transferir tecnologia de produção e procedimentos de gestão. Outro contrato foi assinado entre o produtor de cortiça *Vinocor*, o produtor de vinhos *Changyu* e a *Guozheng Financial Investiments*, para a criação de uma nova fábrica de garrafas de vinho. Todos estes exemplos mostram que as PME portuguesas podem exportar e investir no mercado chinês, desde que possuam produtos de qualidade.

Em Hong-Kong ocorre anualmente a maior feira de vinhos da Ásia. Distribuidores locais já compram em Portugal, como a *ASC Fine Wines* ou a *Montrose*, o que poderá ser uma boa via para ganhar contactos. Outra possibilidade será a *AICEP* ou a *ViniPortugal*, uma associação de produtores de vinho.

Portugal está agora a tentar "vender história" anexando as imagens de quintas, palácios e herdades às marcas, para combater o "*château* francês". Isto poderá criar outros negócios, como as visitas turísticas a produtores de vinho em Portugal, algo já feito pela França, que chega a transportar os visitantes via helicóptero, dos aeroportos de Paris para a região de Bordéus, para beberem vinhos de 1000 € a garrafa. Curiosamente, quando os chineses falam sobre vinho, é fácil para eles associá-lo ao nosso país. Em mandarim, Portugal denomina-se "*Pu tao ya*" (葡 萄 牙), enquanto a palavra para vinho é "*pu tao jiu*" (葡 萄 酒) e a palavra para uvas é "*pu tao*" (葡 萄), pelo que poderão facilmente ser feitas campanhas de publicidade ligando as três palavras.

ii) Turismo

A China é um país com as dimensões da Europa, incluindo a parcela russa, pelo que tem facilmente um número gigantesco de atracções, entre elas as seguintes (Wei, 2006):

- Montanhas imponentes, lagos e glaciares no Tibete, visitáveis a altitudes superiores aos 4000 m, como em Mapang Yumco.

OPORTUNIDADES DE NEGÓCIO

- Lagos e encostas nevadas com florestas de abetos em Tianchi, na província de Xinjiang.
- Planícies alagadas de grande extensão que espelham as encostas dos montes escarpados, ao longo do rio Lijiang, na Região Autónoma de Guangxi.
- Serras a pique cobertas de vegetação, desfiladeiros e nascentes de rios em Zhangjiajie, na província de Hunan.
- Grutas e lagos verde esmeralda escavados pela natureza nas rochas calcárias em Huanglong, na província de Sichuan.
- Florestas tropicais com campos coloridos e bambús em Xishuangbanna, ou socalcos sinuosos com arrozais em Yuanyang, ambos na província de Yunnan.
- Zonas de deserto com núcleos de floresta na Mongólia Interior e estepes na província de Heilongjiang.
- Praias tropicais na ilha de Hainan, na província de Guangdong, ou de clima moderado em Qingdao, na província de Shandong.
- Palácios, muralhas e monumentos imperiais nas cidades de Xian, Pequim e Hangzhou.
- Templos e pagodes em Lhasa, Dali e no Monte Taishan.
- Zonas cosmopolitas em Macau, Hong-Kong, Guangzhou e Shanghai.
- Povos únicos como os Hakka, que vivem em edifícios comunitários circulares tipo praça de touros de 3 pisos, na província de Fujian, ou os Oroqen, que são nómadas e vivem em tendas gigantes na província de Heilongjiang.
- Estâncias de ski como Xiling na província de Sichuan, ou Yabuli na província de Heilongjiang.
- Culinária tão diversa como a de todos os países europeus conjugados, excepto ao nível dos doces e dos queijos que é reduzida.

Até a cidade de Harbin tem a maior comunidade judaica do Extremo Oriente, com várias sinagogas, em resultado da fuga dos judeus da vizinha cidade de Vladivostok após a revolução russa. A tudo isto junta-se a imagem de avanço tecnológico que os chineses querem dar do país, daí estarem a ponderar a realização de excursões à base de lançamentos de satélites de Wenchang na ilha de Hainan, à semelhança dos americanos na base de Cape Canaveral na Flórida (Baker, 2010). Por outro lado, os

PORTUGAL E A CHINA – UMA RELAÇAO COM FUTURO

habituais circuitos turísticos realizados em avião na China, do ponto de vista quilométrico equivalem a visitar Lisboa num dia, Bruxelas no dia seguinte, Helsínquia no outro dia, depois Moscovo e finalmente Atenas, ficando assim muito por visitar e para ver em novas viagens, tal é a extensão do país.

Este sector tem atraído pouco investimento estrangeiro face a outros sectores como a indústria, cenário que se está a alterar drasticamente, devido à procura do mercado e aos incentivos das autoridades. Durante o ano de 2009, a China continental foi já o 3º país mais visitado no mundo, apenas atrás da França e dos EUA, tendo recebido 51 milhões de visitantes internacionais, em que 22 milhões vieram do estrangeiro e 29 milhões vieram de Macau, Hong Kong e Taiwan.

As principais origens dos turistas foram estes 3 territórios (56.9%), seguindo-se a Ásia com 13.7 milhões de turistas (27.1%), a Europa com 4.6 milhões (9.0%) e a América do Norte com 2.3 milhões (4.5%). Destes visitantes, 46% vieram em lazer e para visitar locais turísticos, 24% em negócios e para participar em reuniões, 10.4% para trabalhar, 0.4% para visitar familiares e amigos, e os restantes 19.2% vieram por razões várias. De Portugal vieram 43 600 turistas, comparado com 62 600 da Suíça e 125 800 da Suécia (NBSC, 2011).

Os turistas estrangeiros gastaram 30 305 milhões € no total, principalmente na província de Guangdong com 7 163 milhões €, em Shanghai com 3 389 milhões € e em Pequim com 3 112 milhões € (tabela 6.14). Os transportes (29.6%) e as compras (23.1%) constituíram os gastos mais significativos, seguidos pelas despesas de alojamento (11.2%) e alimentação (9.1%) (tabela 6.15). Os turistas domésticos gastaram 101 800 milhões €, com um baixo valor per capita de 54 €. As receitas totais dos hotéis, considerando os turistas estrangeiros e os domésticos, foram de 22 600 milhões €, repartidas entre 10 400 milhões € para alojamento, 9 300 milhões € para refeições e 2 900 milhões € para outros fins, o que corresponde a um montante de 6 400 € por cama.

Em 2009, a China continental contava com 14 498 hotéis aprovados pelas autoridades, o que corresponde a 3 515 000 camas. Destes, 560 pertenciam a empresas com sede em Macau, Hong-Kong ou Taiwan, e 435 pertenciam a empresas com capital estrangeiro, em que cerca de metade eram parcerias (NBSC, 2011). As zonas costeiras são as zonas de maior densidade hoteleira, em resposta à maior procura (fig. 6.4).

OPORTUNIDADES DE NEGÓCIO

	Número Turistas Estrangeiros	Número Turistas Ultramarinos*	Receitas Turismo Estrangeiro (milhões €)	Receita p/ Turista Estrangeiro (€)	Número Hotéis	Receitas Hotéis (milhões €)	Receita Hotéis p/ Empregado (€)
Costa Leste							
Município de Beijing	4 125 000	3 429 000	3 112	754	1 253	2 600	15 638
Município de Tianjin	1 410 000	1 306 000	845	599	211	279	11 428
Província de Hebei	842 000	747 000	220	261	427	529	8 337
Província de Shandong	3 100 000	2 412 000	1 261	407	888	1 261	11 538
Província de Jiangsu	5 568 000	3 961 000	2 869	515	916	1 563	12 987
Município de Shanghai	5 334 000	4 391 000	3 389	635	565	1 581	18 149
Província de Zhejiang	5 706 000	3 776 000	2 303	404	1 123	2 077	13 302
Província de Fujian	3 120 000	978 000	1 856	595	467	783	10 687
Província de Guangdong	27 478 000	6 179 000	7 163	261	1 512	3 323	11 115
Província de Hainan	552 000	372 000	198	359	266	556	11 841
Nordeste							
Província de Heilongjiang	1 425 000	1 350 000	456	320	206	248	10 089
Província de Jilin	681 000	583 000	174	256	223	239	10 394
Província de Liaoning	2 932 000	2 507 000	1 326	452	475	725	13 047
Região Central							
Província de Shanxi	1 068 000	666 000	270	253	327	415	7 695
Província de Anhui	1 562 000	978 000	404	259	373	437	9 414
Província de Jiangxi	964 000	388 000	211	219	288	291	8 411
Província de Henan	1 259 000	828 000	309	245	900	858	9 235
Província de Hubei	1 335 000	1 018 000	364	273	476	478	8 089
Província de Hunan	1 309 000	641 000	481	367	614	863	10 295
Região Oeste							
Reg. Aut. Mongólia Interior	1 290 000	1 266 000	399	309	311	321	9 455
Província de Shaanxi	1 451 000	1 144 000	553	381	441	522	8 702
Município de Chongqing	1 048 000	848 000	384	366	256	387	10 578
Província de Guizhou	400 000	163 000	79	198	181	169	8 423
Reg. Aut. Guangxi Zhuang	2 099 000	1 174 000	459	219	349	388	8 655
Reg. Aut. Ningxia Hui	15 000	12 000	3	200	56	55	7 897
Província de Gansu	61 000	45 000	9	148	161	151	6 869
Província de Sichuan	850 000	615 000	206	242	555	766	10 761
Província de Yunnan	2 845 000	1 918 000	837	294	373	399	8 520
Província de Qinghai	36 000	25 000	11	306	58	54	7 501
Reg. Aut. Xinjiang Uygur	355 000	318 000	98	276	204	235	8 960
Reg. Autónoma Tibete	175 000	163 000	56	320	43	33	7 242
Total Regiões Costeiras	-	-	*25 172*	-	*8 532*	*13 164*	-
SUB-TOTAL	-	-	30 305	-	14 498	22 600	-
Macau	21 753 000	2 743 000	1 936	89	62	245	-
Hong-Kong	29 590 000	8 953 000	14 210	480	167	1 982	-
TOTAL	-	-	46 451	-	14 727	24 827	-

* Turistas Estrangeiros sem turistas de Macau, Hong-Kong e Taiwan   Nota: zonas da "costa leste" sombreadas

Tabela 6.14. – Turismo na China por região em 2009 [NBSC (2011), HK (2011), DSEC (2010)]

PORTUGAL E A CHINA – UMA RELAÇAO COM FUTURO

De acordo com o MOFCOM (2011b), em 2009 deram entrada um total de 71 novos projectos com investimento estrangeiro, menos 41 do que no ano anterior, envolvendo a vinda de 330 milhões € em IDE, para além de outros tipos de financiamento. Este capital proveio principalmente de Hong Kong (60%), seguindo-se as Ilhas Virgens Britânicas (12%), Barbados (7%), Taiwan (5%) e Singapura (4%).

A zona leste foi o principal destino deste investimento recebendo 80% do total, com destaque para as províncias de Zhejiang, Guangdong e Jiangsu. Seguiu-se a zona central com 12% do total, principalmente as províncias de Anhui, Jiangxi e Hubei. A zona ocidental recebeu os restantes 8%, sobretudo as províncias de Shaanxi, Yunnan e Guangxi.

As WFOE foram a principal forma destes novos investimentos, com 47 projectos e 100 milhões €, totalizando 66% de todos os projectos. Em 14 projectos, as empresas estrangeiras investiram menos de 30 milhões de dólares por hotel, um valor alcançável por várias empresas portuguesas. Guilin, Xian e Suzhou são algumas das cidades do 2º ao 4º escalão aonde estão a ser construídos hotéis estrangeiros.

As cadeias hoteleiras estrangeiras estão a ser bem-sucedidas. Em 2004, o grupo francês *Accor* lançou o seu primeiro hotel de baixo custo, o *Ibis Tianjin*, actualmente com taxas de ocupação de 80%; em 2008 já contava com 17 hotéis e está a construir mais 19. Por sua vez, a cadeia americana *Starwood*, dona de 9 marcas entre elas a *Sheraton* e a *Le Meridien*, já possui 70 hotéis em funcionamento e está a construir mais 90 unidades, muitas delas em cidades do 2º e 3º escalões; na Índia, outro mercado em forte crescimento, vai ter 100 hotéis até 2015 (Bloomberg, 2011). Outras cadeias conhecidas como a *Raffles*, a *Sofitel* ou a *Relais & Châteaux* estão a abrir dezenas de unidades.

A Organização Mundial do Turismo (WTO) prevê a vinda de 137 milhões de turistas para 2017, o que representa quase o triplo do número actual. Além disso, existe um mercado interno em expansão, que se estima poder chegar aos 300 mil milhões € em 2020, constituindo 8% do PIB. Existe assim uma margem confortável para o investimento por parte de cadeias hoteleiras portuguesas, como por exemplo o grupo *Pestana*, que poderão realizar empreendimentos de 5 estrelas de grande exotismo e requinte, por valores muito inferiores aos da Europa.

Basta ver que a nível da gastronomia, a culinária chinesa está acima da francesa para receitas de peixe ou de carne, com refeições de vários

	2008 (milhões €)	2008 (%)	2009 (milhões €)	2009 (%)
Transporte de Longa Distância	9 582	30,7	8 940	29,5
Aviação	6 930	22,2	6 546	21,6
Caminhos de Ferro	1 030	3,3	970	3,2
Estradas	812	2,6	727	2,4
Transporte Fluvial	812	2,6	697	2,3
Excursões	1 686	5,4	1 576	5,2
Alojamento	3 714	11,9	3 394	11,2
Alimentação e Bebidas	2 965	9,5	2 758	9,1
Compras	6 524	20,9	7 000	23,1
Entretenimentos	2 279	7,3	2 212	7,3
Comunicação e Serviços Postais	780	2,5	727	2,4
Transportes Locais	1 030	3,3	1 000	3,3
Outros Serviços	2 653	8,5	2 697	8,9
TOTAL	31 214	100,0	30 305	100,0

Tabela 6.15. – Receitas do Turismo Estrangeiro na China Continental (NBSC, 2011)

pratos principais de grande beleza e complexidade de execução. É o caso, por exemplo, de um peixe assado no forno em forma de ponte em arco com guardas torneadas de madeira, que atravessa o molho inferior em forma de lago sinuoso, sendo o jardim envolvente formado por vários legumes recortados em forma de arbustos ou de flores. Se tudo isto for servido num antigo palácio remodelado, ter-se-á a conversão de um turista num imperador por alguns dias, algo que este não irá esquecer.

A zona de Macau é um caso particular, dada a elevada importância do jogo que atrai bastantes visitantes da China continental, muitos dos quais não chegam a pernoitar no território. Hong-Kong funciona também como plataforma intermédia para outros destinos territoriais. Por outro lado, o turismo de montanha será um sector com forte crescimento nos próximos anos, dado o número ainda reduzido de estâncias de ski face às excelentes condições naturais.

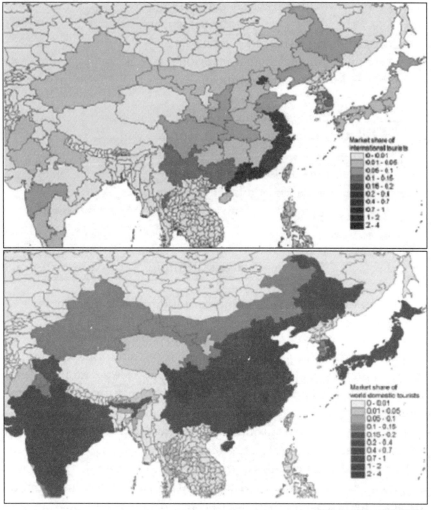

fonte: Fondazione Enrico Mattei

Figura 6.4. – Distribuição do Turismo no Extremo Oriente em 2006, estrangeiro (em cima) e doméstico (em baixo)

Por sua vez, em 2009, 48 milhões de turistas chineses deslocaram-se ao estrangeiro (AICEP, 2011a). Este número corresponde apenas a 4% da população, taxa idêntica à do Japão e à Coreia do Sul nos anos 90, países que agora já têm 15% da sua população a fazer férias no estrangeiro. O Instituto de Turismo Chinês (NTA) prevê a emissão de 100 milhões de turistas em 2015, o que constituirá já a 4ª origem de turistas para a

OPORTUNIDADES DE NEGÓCIO

prestação de serviços no estrangeiro. Cerca de 75% dos actuais turistas chineses ainda se dirigem a Macau ou Hong-Kong, dado o menor custo e a importância do jogo. Dos restantes, 15% fica pela Ásia e daí o crescimento da construção de hotéis e casinos em países como Vietname e a Malásia; apenas 10% se aventuram pela Europa ou EUA, o que constitui perto de 5 milhões de turistas, em que só 550 000 podem visitar este país, dada a actual política de vistos americana. Tratam-se de clientes de grande poder de compra, que nas viagens aos EUA já gastam 5000 € em média, ultrapassando as outras nacionalidades. Nas viagens ao Reino Unido, só em compras gastam 700 € em média. Também em França já ultrapassam os gastos médios dos turistas japoneses e russos, ao ponto dos principais centros comerciais já terem contratado funcionários com o domínio do mandarim. Como tal, empresas como a *Cartier* já organizam festas de recepção para grupos de turistas chineses (Baker, 2010).

iii) *Construção e Energia*

Numa economia em desenvolvimento, a construção civil é sempre um dos sectores de maior sucesso. Nos últimos 30 anos, a construção e os serviços têm sido os sectores que maior crescimento tiveram, superior mesmo ao da indústria (Ma *et al.*, 2010). O país está actualmente a construir grandes infra-estruturas, tais como auto-estradas, reservatórios de água, centrais de tratamento de esgotos e barragens, algumas delas em sistemas BOT/BOOT[2]. Os sistemas de transferência de água, por exemplo, irão incluir milhares de quilómetros de canais e canalizações, assim como centenas de túneis com 10 m de diâmetro ao longo de montanhas, numa altitude de 4000 m, e ainda barragens com 250 m de altura. O planeamento dos projectos aponta para a sua duração nos próximos 20 anos (OECD, 2007d). Por enquanto, os projectos estrangeiros constituem apenas cerca de 1% do sector. Portugal conta com uma extraordinária experiência neste sector, desde a fase da construção até às fases de funcionamento e gestão. Vários grupos portugueses estão já

---

[2] BOOT = "Build, Operate, Own and Transfer", modalidade de contratação para a construção de infra-estruturas.
BOT = "Build, Operate and Transfer", modalidade de contratação mais simples para o mesmo fim.

a globalizar a sua actividade, em zonas como a Europa de Leste, África, Médio Oriente, América Latina e EUA.

Outra situação seria a remodelação e a requalificação de edifícios, bairros, zonas industriais ou mesmo cidades. Na verdade, após uma 1ª fase de demolição de tudo o que era antigo sempre que existia um projecto novo, as autoridades estão agora a tomar uma atitude de conservação da arquitectura antiga, conjugando-a com a arquitectura moderna. Para isso, os europeus têm uma grande experiência, quer a nível da arquitectura, quer a nível da engenharia e da promoção imobiliária. Daí várias empresas portuguesas poderem entrar nesta área, com parcerias locais. Veja-se, por exemplo, a remodelação feita na zona do "Bund" de Shanghai, em virtude da Expo Shanghai 2010, projecto que envolveu uma verba de 1000 milhões €.

Em 2009, contabilizaram-se 152 novas empresas com recurso a investimento estrangeiro, menos 61 que no ano anterior (MOFCOM, 2011b). O montante de IDE envolvido foi de 400 milhões €, não contando com outros financiamentos. O capital proveio principalmente de Hong Kong (53%), Ilhas Virgens Britânicas (24%), Canadá (6%), Macau (4%) e EUA (3%). Em termos de distribuição, a zona leste recebeu 83% do total, com destaque para as províncias de Jiangsu, Guangdong e Tianjin. A zona central recebeu 5% do total, especialmente as províncias de Henan, Jiangxi e Hunan. Finalmente, a zona oeste recebeu 12% do total, sobretudo as províncias de Yunnan, Sichuan e Chongqinq. Um total de 100 empresas foram WFOE, sendo as restantes 52 parcerias. Em 7 projectos, as empresas estrangeiras investiram menos de 30 milhões de dólares por projecto. Estamos uma vez mais a falar de quantias acessíveis às empresas portuguesas.

O país padece igualmente de enormes carências a nível da produção energética, dado o seu crescimento acelerado, pelo que o governo publicou uma série de leis e regulamentos para promover a poupança energética e as energias renováveis. Estão já a ser fabricadas turbinas eólicas de 1.5 MW em Shenyang, com tecnologia doméstica e em conformidade com as tecnologias de ponta a nível mundial, pelo que a longo prazo também poderão ser exportadas. Os empreiteiros e industriais portugueses, assim como a *EDP*, poderiam entrar neste mercado através de parcerias com empresas domésticas. Aliás, ainda recentemente a *EDP* adquiriu o grupo *Horizon* nos EUA, o que envolveu uma quantia de

OPORTUNIDADES DE NEGÓCIO

2 000 milhões €. Veja-se também o caso de Espanha, que construiu na China várias unidades termoeléctricas a carvão com o financiamento de bancos espanhóis, no final dos anos 90, competindo com grandes potências como os EUA, a Rússia, a França ou a Alemanha. Actualmente, empresas espanholas como a *Gamesa* e a *Acciona*, estão a construir torres eólicas na China.

iv) Ambiente

A necessidade de uma economia sustentável é actualmente uma preocupação a nível mundial. A protecção ambiental é pois um mercado lucrativo, que gera oportunidades e permite às indústrias evitar multas devido às novas regulamentações. Para além disso, muitos países como os EUA, a UE e o Japão, introduziram "padrões ecológicos" que funcionam também como uma forma de proteccionismo. Entre 1995 e 2004, o investimento dos países desenvolvidos na área do ambiente cresceu em média 14.5% por ano, muitas vezes ao abrigo de parcerias público--privadas. O crescimento mais rápido teve lugar na Alemanha, onde os gastos das indústrias neste sector cresceram em média 25%, ao longo dos últimos 10 anos.

A China constitui um enorme desafio neste campo, pois a maioria das fábricas continua a ser altamente poluente, a reciclagem ainda só começou a dar os seus primeiros passos e é necessário aperfeiçoar drasticamente os sistemas de tratamento de esgotos. De 2001 a 2005, o governo chinês arrecadou 55 000 milhões € em impostos associados à protecção ambiental, cerca de 1.3% do PIB. Este dinheiro foi utilizado, fundamentalmente, na prevenção e controlo da poluição das águas, na eliminação de resíduos, na protecção ambiental, na utilização racional dos recursos e na prevenção/controlo da poluição do ar.

O 12º Plano Quinquenal definiu objectivos para a investigação e produção de dispositivos destinados à remoção de poeiras, para a prevenção e controlo da poluição das águas, para a prevenção e controlo da poluição do ar, para a prevenção e controlo da poluição sonora e para o tratamento de resíduos sólidos. O governo está igualmente a fazer pressão para se conseguir a dessulfuração dos gases de combustão (FGD), tendo sido assinados acordos com os seis maiores grupos de produção energética. O investimento estrangeiro em novas unidades de fabrico fez igualmente aumentar a procura pela produção com cuidados ecológicos, pelo que este sector perfaz 8% do investimento total no país (IMF, 2006).

As feiras relacionadas com a protecção ambiental conheceram uma grande expansão. A Exposição Internacional da Água/Tecnologias/ Equipamentos de Tratamento de Guangzhou já atrai muitas empresas estrangeiras. A indústria da protecção ambiental chinesa tem tido um forte crescimento, com uma taxa média de 16%, tendo alcançado uma facturação de 40 000 milhões € em 2008 (MOFCOM, 2011b). Para além disso, a China está a incentivar a introdução de novas tecnologias de protecção ambiental, o que aumenta a procura por serviços e produtos estrangeiros. Existem várias empresas portuguesas a fornecer produtos e serviços nestas áreas, mas devido à sua pequena dimensão, as mesmas teriam de constituir parcerias com as empresas chinesas. O investimento na protecção ambiental está igualmente a crescer noutros países asiáticos. Entre 1999 e 2004, as despesas totais da Tailândia, Malásia, Indonésia e Filipinas atingiram os 30 000 milhões €, com um crescimento médio de 15.5%. Os grupos portugueses poderiam assim também actuar nestes países limítrofes, potenciando a sua posição na Ásia.

6.3. Como investir e fazer negócios na China

6.3.1. Aspectos Gerais

Para um empresário português de uma pequena ou média empresa, a China poderá ser uma triste desilusão. Existem numerosas histórias com um percurso similar e o mesmo final de embuste. Os investidores são primeiro convencidos a visitar a China e a estabelecer reuniões com os "empresários locais", com a ajuda de "mediadores" chineses. Com esse propósito, são induzidos a convidar os futuros parceiros para refeições dispendiosas e a oferecer prendas caras, para estabelecer uma relação próxima.

Tudo leva tempo, por isso os investidores poderão ter de permanecer vários dias e até mesmo de voltar várias vezes, para tentar estabelecer um acordo final. Os mediadores exigem entretanto ser bem pagos. No final,

OPORTUNIDADES DE NEGÓCIO

os mediadores e os investidores chineses desaparecem, tudo é falso e os investidores gastaram muitos milhares de euros. Este enquadramento poderá ser ainda pior, com a intervenção de um banco local que aparentemente aumenta a confiança entre os parceiros, com a exigência de amostras dispendiosas dos produtos dos investidores, com falsos contratos e elevadas comissões iniciais. Por vezes até poderá existir apoio de algumas autoridades locais, que depois nada fazem e protegem os falsários. Só mais tarde é que a embaixada de Portugal em Pequim, ou os consulados em Shanghai ou em Macau são alertados, os quais naturalmente avisam que as empresas chinesas sem referências deverão ser evitadas.

Para evitar tudo isto, numa **primeira fase** os empresários deverão preparar um "Programa de Marketing Global", assim como um "Projecto de Investimento" no caso de uma situação de IDE, a desenvolver de forma interactiva durante as fases seguintes. As viagens deverão ser cuidadosamente organizadas com a ajuda, por exemplo, da AICEP. A Internet fornece também informação eficaz. Os empresários deverão obter informação precisa sobre os potenciais parceiros e mediadores, assim como sobre o mercado local, através de entidades como a *Câmara de Comércio Luso-Chinesa* ou consultoras privadas. A delegação da AICEP em Pequim poderá contactar o *Conselho Chinês para a Promoção de Trocas Internacionais* (CCPIT), para saber se uma dada empresa chinesa tem licenças de importação/exportação.

A concepção de um "Marketing-Mix" (planeamento do produto ou serviço, política de preços, estratégia de promoção e canais de distribuição) para o mercado chinês, a incluir no "Programa de Marketing Global", poderá ser algo difícil uma vez que não existe tanta informação traduzida como para um país desenvolvido. Um estudo de mercado detalhado poderá custar perto de 50 000 €, o que adicionado a outros custos é demasiado para uma PME (Ilhéu, 2006). Os canais de distribuição poderão também não estar bem desenvolvidos na zona pretendida, facto que deverá ser analisado aquando de viagens ao local.

As exposições internacionais são uma das melhores formas de uma empresa se familiarizar com as realidades locais e de mostrar os seus produtos. Macau tem anualmente uma grande exposição em Setembro, assim como Hong-Kong e Shanghai. Guangzhou tem a gigantesca "Feira Distrital" que se realiza em Abril e em Outubro. Cada edição recebe 15 000 expositores, dos quais 1 700 vêm de 220 países, 150 000 produtos, uma área de 625 000 m^2 e 220 000 visitantes, e envolve contratos de 30 000 milhões €. Existem três grandes condições para um estrangeiro poder aqui exibir os seus produtos: a empresa deverá estar estabelecida há pelo menos três anos, os produtos não poderão ter sido produzidos na China e deverão ser cumpridas as regras da feira. Depois de uma pré-aceitação, as empresas estrangeiras seleccionadas são autorizadas a expor os seus produtos.

Surge então a **segunda fase**, de contratar intérpretes e eventualmente um advogado para apoio jurídico. Macau poderá não ser a melhor porta de entrada, pois é um nome mal conhecido do lado continental, já com bastante competição entre as províncias para obter investimento estrangeiro. Outra alternativa será Hong-Kong ou as zonas económicas especiais (SEZ). Nesta fase poderá começar-se a equacionar a criação de uma empresa, para o que é fundamental um adequado apoio jurídico.

Os tribunais funcionam ainda pior do que em Portugal, conforme referido. Os tribunais de primeira instância podem ser dirigidos por juízes, ou por um juiz e um júri. Em 2002, apenas 10% destes juízes tinham uma licenciatura de 4 anos em direito (Dreyer, 2006), os restantes eram pessoas em geral do PCC que tinham apenas alguma experiência. Por seu lado, o júri é constituído por adultos com mais de 23 anos de idade, que em 2005 passaram a ser obrigados a ter 2 anos de educação universitária. Quando o caso chega à fase de julgamento, o acusado é assumido como culpado e o propósito do julgamento é o de decidir a pena. No caso da pena de morte, a China executa 90% das mesmas em todo o mundo, tendo executado 1770 pessoas em 2005.

A propriedade intelectual é algo que ainda não é totalmente respeitado, mas mesmo assim as empresas estrangeiras deverão registar as suas marcas, caso contrário as empresas locais poderão copiar os seus produtos no espaço de poucos meses e registá-los com a mesma marca estrangeira. Em caso de disputa, a arbitragem através de árbitros oficiais poderá ser uma boa alternativa aos tribunais, sendo utilizada em 90% dos casos. Existe uma instituição especial para os estrangeiros, denominada *Comissão de Arbitragem do Comércio Internacional da China* (CIETAC), de acordo com o CCPIT (2008).

A **terceira fase** consiste nas negociações com os parceiros chineses, o que é crucial. Se há alguns anos isto era difícil devido à diferença de culturas, mas mesmo assim era possível para o estrangeiro encontrar um

OPORTUNIDADES DE NEGÓCIO

perfil médio, hoje em dia existe um choque de gerações dentro da própria China. De facto, as gerações chinesas mais jovens tendem a tomar o Ocidente como referência. Já as gerações chinesas mais velhas tendem a ver a Europa como estando em declínio e em desintegração espiritual, os Estados Unidos como tendo também entrado em declínio e o Japão como tendo sucumbido ao materialismo (Lewis, 2006). Ao mesmo tempo, consideram os valores chineses superiores: modéstia, cortesia, respeito pelos mais velhos, tradição, auto-sacrifício, sabedoria, harmonia, orgulho, gratidão pelos favores e espírito de família. Estes valores vêm do Confucionismo e do Budismo, e foram destruídos na época de Mao, tendo sido ressuscitados e ainda respeitados pelos países vizinhos.

Para além disto, a estabilidade da sociedade é baseada numa hierarquia com 5 relações desiguais: governante-cidadão, pai-filho, irmão mais velho-irmão mais novo, marido-mulher, amigo mais velho-amigo mais novo (Trigo, 2006). O colectivismo é uma prática antiga que o comunismo manteve, pertencendo um indivíduo a 4 grupos básicos: a unidade de trabalho ("*danwei*"), a família, a escola e a comunidade. Um indivíduo não pode perder a face em nenhum destes grupos, nas suas duas vertentes ("*lian*" e "*mianzi*")[3]. As relações entre pessoas e salários devem seguir uma longa escala, o individualismo é mau, o confronto é evitado, são aconselhadas as orientações e objectivos a longo prazo, as decisões devem ser tomadas por indivíduos de um nível superior com sabedoria e paciência, obedecidas pelos indivíduos de nível inferior com disciplina.

Outro aspecto importante são as superstições como o "*feng shui*", literalmente "vento e água", antiga prática de tomar certas decisões com base em regras, números mágicos, geometrias mágicas e outros (ex. o sítio para construir um hotel ou a altura do ano em que um parceiro de negócio nasceu, podem cancelar um contrato de muitos milhões de euros; vários edifícios não têm nem o quarto nem o décimo quarto andar sinalizados, uma vez que 4 e 14 são números de azar; o número 8 é o número da sorte, por isso um carro com este número na matrícula pode ser mais caro). Finalmente, o "*guanxi*" consiste numa relação entre duas pessoas, envolvendo a troca de prendas e favores, normalmente utilizada com as autoridades, algo normal e bem aceite. Outras questões

---

[3] "*lian*" é a reputação moral, "*mianzi*" é a reputação profissional.

de pormenor são importantes (Harris *et al.*, 2000; Trigo, 2006; Ílheu, 2006), tais como:

- Uma relação comercial deverá ser sempre iniciada por um indivíduo intermediário respeitado por ambas as partes.
- Uma vez que as reuniões são sempre em grupo, um estrangeiro não deverá ir sozinho.
- Nunca rejeitar à partida uma ideia do outro parceiro, pois estar-se-ia a negar essa pessoa.
- Um chinês nunca diz não, por isso uma meia resposta ou um silêncio, na realidade significam não.
- Em discussões, os estrangeiros deverão evitar um discurso focado na primeira pessoa.
- Evitar falar demasiado, bater nas costas de outra pessoa ou até mesmo um aperto de mão mais vigoroso. Ser sempre prudente e demonstrar um grande respeito. Os chineses são pessoas muito fechadas.
- Os chineses são pontuais. Contudo, "na Ásia o tempo não é dinheiro", por isso um chinês não deverá ser pressionado a fechar um negócio, o assunto deverá fluir naturalmente.
- As pessoas tentam primeiro criar uma amizade, só depois surgem os negócios.
- Os contratos assinados não são acordos finais, "o que está escrito no papel não vale a tinta usada", por isso os chineses não hesitarão em sugerir modificações imediatamente após a sua assinatura. Os chineses concebem uma relação de longo prazo com base na confiança, e não em papéis.
- Poderão ser necessárias entre três a cinco visitas à China para finalizar as negociações. Os chineses dão muito mais valor ao contacto pessoal do que a faxes ou e-mails.
- Aqueles que pretendem vender produtos na China, terão de esperar muito mais do que aqueles que pretendem comprar, o que requer paciência.
- Em caso de desacordo, as duas partes deverão tomar refeições juntas, falar sobre tudo e no final falar sobre os problemas.
- Será de suspeitar uma empresa chinesa que não discuta todos os pormenores.

OPORTUNIDADES DE NEGÓCIO

- Um dos lados do cartão de apresentação deverá ser em mandarim e deverá ser sempre dado ao outro indivíduo com as duas mãos, voltado para ele.
- Um trabalhador nunca assume a sua ignorância em frente ao chefe, por isso poderá levar vários dias até um investidor estrangeiro descobrir que o trabalho parou.
- Um emigrante chinês pode não ser bem aceite, uma vez que uma pessoa deverá estar sempre com a família.

A **quarta fase** é o lançamento do negócio, que poderá ter diferentes níveis de risco e de dimensão do investimento:

1) *Exportação/Importação* – apenas envolvem o comércio entre empresas já existentes em ambos os países. Na maioria das vezes, os agentes locais tratam de todos os problemas mediante o pagamento de uma comissão.
2) *Escritório de Representação* – não está autorizado à assinatura de nenhum contrato na China, é só dirigido para a promoção de negócios.
3) *Licença* - sendo Portugal um país de tecnologia média, poucas possibilidades irão surgir.
4) *Franchising* - também aqui poucas marcas portuguesas poderão ter sucesso.
4) *Parcerias* (JV) – uma opção interessante para reduzir os muitos riscos num país tão diferente. Geralmente, os estrangeiros garantem o mercado externo e trazem o capital e equipamentos, enquanto o parceiro local fornece o terreno para a fábrica, os trabalhadores, a distribuição no mercado interno, os contactos locais e as relações ("guanxi").
5) *Alianças em Rede* – parcerias entre várias empresas, com diferentes tecnologias ou produtos. Devido à pequena dimensão e média tecnologia das empresas portuguesas, esta opção dificilmente irá surgir.
6) *Investimentos Directos (IDE)* – através da criação de uma nova empresa com capitais inteiramente estrangeiros (WFOE), envolvendo neste caso mais de 100 000 dólares, que é o valor mínimo para o estabelecimento de uma empresa na China, ou pela aquisição de capital social numa empresa já existente. Neste caso, as autoridades exigem uma aquisição mínima de 25% do

PORTUGAL E A CHINA – UMA RELAÇAO COM FUTURO

capital social em geral, mas poderá descer a 10% (OECD, 2007g). O investimento poderá incluir:

- *Participação no Capital Social* – abrange as participações em filiais, sub-filiais e associadas, assim como em outras participações de capital.
- *Lucros Reinvestidos* – corresponde à parcela dos lucros não distribuídos, que assim aumentam o investimento do investidor na empresa.
- *Outro Capital* – corresponde à concessão ou obtenção de fundos entre os investidores directos e filiais ou associadas.

7) *Parcerias Público-Privadas* – o governo tem vindo a promover várias infra-estruturas públicas nesta modalidade, assim como outros países vizinhos como o Vietname. É o caso dos contratos *BOT (Build, Operate and Transfer)* ou *BOOT (Build, Operate, Own and Transfer)*. Geralmente, aplicam-se a grandes projectos, como vias rápidas ou centrais de energia.

Apesar da entrada da China na OMC, é difícil para os investidores estrangeiros estabelecer uma empresa 100% de capital estrangeiro (WFOE), a produzir e a vender 100% dos seus produtos no mercado interno. As autoridades chinesas geralmente obrigam as empresas com capital estrangeiro a exportar dois terços da produção. Só as empresas de alta tecnologia ou as empresas que investem em regiões menos desenvolvidas serão isentas deste limite. Também impõem condições em questões como a parcela mínima de produtos locais ou matérias-primas, assim como o local de implantação, geralmente dentro de zonas especiais (SEZ). Além disso, podem indicar o conjunto de possíveis parceiros, ou podem limitar o tipo de actividade e até mesmo impedi-la, para além de muitas outras imposições. Em sectores como a Saúde e as Telecomunicações, os estrangeiros são obrigados a realizar parcerias perante uma maioria de capital chinês.

Mesmo assim, as WFOE são agora a opção favorita após a recente regulamentação, tendo representado 75% dos novos investimentos em 2009. As parcerias são a modalidade logo a seguir mais utilizada, embora não sejam fáceis de gerir. Têm contudo a vantagem de proporcionar melhores contactos, pois as dificuldades por parte das autoridades irão sempre existir, sendo assim essencial ter gestores ou funcionários

OPORTUNIDADES DE NEGÓCIO

elevados locais, realizar grandes compras aos fornecedores da zona e fazer doações a instituições públicas (Ilhéu, 2006).

Uma empresa WFOE poderá agora estabelecer-se num período de 3 meses, enquanto uma empresa normal deverá seguir vários contratos--tipo e levará entre 6 a 12 meses em aprovações. As JV e FIE poderão ter um período de vida imposto e os parceiros locais poderão ter o direito de aumentar periodicamente a sua quota nas parcerias. Regulamentos mais recentes têm atenuado alguns desses aspectos, mas o problema é que as novas regras tendem a criar novos problemas (STC, 2006).

Segundo o Banco Mundial, o tempo gasto em interacções entre uma empresa e as autoridades chinesas locais, varia entre 36 a 87 dias por ano. As empresas domésticas são sempre privilegiadas por parte das autoridades nas compras a fornecedores, sendo quase impossível uma empresa estrangeira ser seleccionada. Outra questão importante é que a terra pertence ao Estado nas cidades, ou às entidades locais nas zonas rurais. Por isso, os estrangeiros só podem alugar a terra por 30 a 50 anos, e só podem comprar apartamentos. Por tudo isto, a China é muito mais intervencionista do que a Índia (Amaral, 2007).

O país está também a tentar evitar a importação de alta tecnologia, promovendo a sua produção local e oferecendo em troca o seu enorme mercado ("Mercado por Tecnologia"). Dos estrangeiros é esperado que tragam capital e não que o peçam internamente, embora isso possa ocorrer na condição de serem pedidas mais licenças. O governo promoveu inicialmente o IDE na indústria transformadora, através de privatizações ou de investimentos de raiz. Continua agora a política de privatizações, tendo sido alargada aos serviços, como bancos e companhias de seguros, embora com um limite de 25% do capital social. Com este foco nos serviços, a China procura ultrapassar a Índia e não sobrecarregar a capacidade produtiva em diversas actividades industriais.

As autoridades tomaram algumas medidas ao longo dos últimos anos para facilitar o IDE, tais como o aumento para 30 milhões de dólares, do limite da aprovação de um investimento orientado para a obtenção de matérias-primas por parte das autoridades locais, ou para 3 milhões de dólares, no caso de investimentos em geral desde que não-financeiros (Sauvant, 2006). Recentemente, devido a problemas com a inflação e com o ambiente, estes regulamentos foram alterados e a burocracia voltou, o que é um risco que os investidores estrangeiros terão de enfrentar.

No decurso de 2007, o governo lançou vários regulamentos chave que afectam o IDE (USCBC, 2011):

- "Lei da Contribuição das Empresas" – uniformiza a taxa de imposto sobre o rendimento das FIE e das empresas nacionais em 25%. Anteriormente, as FIE pagavam apenas 11% e as empresas nacionais 33%. Embora algumas deduções tenham sido aumentadas, com relevo especial para a alta tecnologia, é uma carga fiscal adicional. Além disso, existem dezenas de outros impostos, como um imposto ambiental nas maiores cidades, que poderá chegar a 6.9% de acordo com o Banco Mundial (AICEP, 2007).
- "Lei do Contrato de Trabalho" – regulamenta a elaboração e aplicação dos contratos de trabalho. Os custos do trabalho aumentarão em consequência e surgiu a negociação colectiva. O governo de Shanghai já produziu regulamentação de pormenor nesta matéria.
- "Lei Anti-Monopólio" – é lançada após uma década e apresenta directrizes para a sua definição, critérios sobre domínio do mercado e revisões sobre segurança nacional. No futuro, algumas fusões e aquisições poderão ser impedidas em nome da segurança nacional, o que poderá aumentar o proteccionismo.
- "Guia para o Investimento Estrangeiro na Indústria" – define os sectores que são incentivados, restritos ou proibidos às FIE. Existem 4 tipos de actividades, com regulamentação específica. Existem também guias específicos para as regiões Central e Ocidental, com actividades incentivadas e os seus respectivos incentivos.

Um estudo sobre uma amostra de 52 empresas portuguesas que comercializam ou investem na China, de um universo de cerca de 111 empresas, mostrou que metade já se encontra no mercado há mais de 5 anos (Ilhéu, 2006). Cerca de 75% são PME, isto é, empresas com menos de 250 trabalhadores em Portugal e com vendas inferiores a 40 milhões € por ano. Para 72% destas empresas, o mercado chinês representava menos de 5% das vendas, o que significava uma ligação fraca. A principal razão para entrarem no mercado chinês foi a expansão das vendas através da diversificação do mercado. Cerca de 28% escolheram os seus parceiros

OPORTUNIDADES DE NEGÓCIO

locais através de uma rede de contactos com chineses emigrados, 21% foi com a ajuda das autoridades e 7% através da AICEP. Apenas 13 destas empresas tinham escritórios na China, em que 8 eram escritórios de representação e 5 eram escritórios+fábricas. Em termos de investimento, 2 empresas eram WFOE, 4 empresas eram JV, 3 empresas eram de tipos variados e existiam 4 escritórios de representação de bancos. Este estudo detectou, em alguns casos, os seguintes erros principais de entrada no mercado:

- Procura sobrevalorizada
- Competição subvalorizada
- Custos subvalorizados
- Escolha inadequada de Produtos para a China
- Escolha inadequada de Localização
- Escolha inadequada de Parceiros
- Escolha inadequada de Estruturas Legais

6.3.2. Macau

As exportações directas para Macau são insignificantes e baseadas sobretudo em produtos alimentares, representando apenas um décimo das exportações para a China continental, o que em parte resulta da pequena população local. Portugal é o 23º fornecedor do território, com vendas no valor de 12 milhões €, e o seu 50º cliente com compras de 0.4 milhões € (AICEP, 2010c). Estimativas sobre o investimento das empresas portuguesas apontam agora para um total de 2 000 milhões €, o que engloba empresas como a *EDP, PT, ANA, CGD, BES, BCP, Sonae* e *Hovione,* para além de outros investimentos de menor dimensão relativos a escritórios de profissões liberais (AICEP, 2011b).

As empresas de outros países como os EUA, fizeram enormes investimentos em hotéis e casinos depois de 1999, pelo que no período de 2000-2008, o PIB registou uma taxa média de crescimento anual de 14%, o maior valor a nível mundial. Hoje em dia quase ninguém fala português, mesmo na sede do *Banco Nacional Ultramarino*, o principal banco português no território. O inglês também é pouco falado. O território com 28 km^2 após a sua expansão é muito pequeno, apenas um terço da cidade de Lisboa, tendo cerca de 540 000 habitantes (fig. 6.5). O aeroporto só tem voos do sudeste asiático, por isso os europeus têm que voar para Hong-Kong e depois viajar de barco até Macau, o que penaliza o território. Este aspecto irá melhorar um pouco com a construção de uma ponte de 50 km de comprimento, que ligará Hong Kong – Zhuhai – Macau, com um custo estimado de 7 000 milhões € e que estará pronta em 2015. O ideal seria obviamente retomar os vôos directos para Portugal, mas o número de turistas portugueses caiu de 25 000 em 1999, para 13 000 em 2008.

Este território está essencialmente vocacionado para o turismo (jogo) e alguns serviços, que representam cerca de 80% do PIB. Poucas empresas portuguesas se estabeleceram aqui para entrar na China, mesmo tendo vantagens como aquelas que são proporcionadas em Hong-Kong. Na verdade, se forem WFOE ou JV com mais de 50% do capital estrangeiro, poderão entrar no continente sem discriminação. O "*Closer Economic Partnership Agreement*" (*CEPA*) com a China continental, permite a isenção de impostos para vários produtos, caso tenham pelo menos 30% do valor acrescentado em Macau, e para 18 sectores de serviços, como consultoria, telecomunicações, construção, imobiliário, saúde, contabilidade, serviços jurídicos, turismo, publicidade, seguros, logística e logística. O apoio consular é outra vantagem (Ilhéu, 2006).

Todos os anos é realizada uma feira de investimento e comércio internacional, para além de outras para sectores específicos. Conforme já referido, Portugal terá que apresentar produtos da gama alta/luxo para ter sucesso. Em 2006, foi planeado o estabelecimento de um centro de distribuição de bens e serviços portugueses, envolvendo um parceiro chinês em Zuhai, a cidade do outro lado do rio (AICEP, 2007). No entanto, Macau não tem um porto de águas profundas, o que é uma importante falha versus Hong-Kong pois não proporciona reexportações.

O turismo será um sector a explorar pelos grupos hoteleiros portugueses, podendo a partir daí captar-se também visitas a outras unidades em Portugal. O turismo de saúde, sobretudo na área dentária, está já a ser aproveitado. Durante o ano de 2009, Macau teve 21.7 milhões de visitantes, tendo 10.4 milhões pernoitado, mas apenas 14 000 foram portugueses o que revela um interesse ainda limitado.

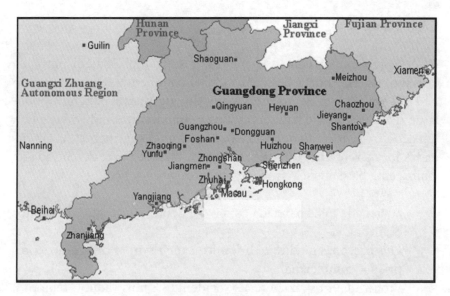

Figura 6.5. – Regiões de Macau e Hong-Kong

Existem 4 bancos portugueses: *BCP, Banco Nacional Ultramarino (grupo CGD), Banco Espírito Santo* e *BPI*. Estes bancos são essencialmente dirigidos para a banca de retalho, não tendo escritórios operacionais do lado continental. Estão também a trabalhar no triângulo Portugal/África/China e no financiamento de parcerias público-privadas. Recentemente, bancos espanhóis como o *BBVA* com agências em Portugal, adquiriram participações em bancos chineses na China continental, o que poderá ser outra opção.

Macau e Hong-Kong são parte integrante da região do "Delta do Rio das Pérolas", que tem mais de 80 milhões de habitantes e que abrange Guangzhou, Shenzhen, Donguan, Foshan, Zhongshan e Zhuhai. Esta região é a mais internacionalizada do país, pois foi por ela que começou a abertura ao exterior há trinta anos, com a criação das duas primeiras "Zonas Económicas Especiais" em Shenzhen e Zhuhai. Por aqui circula 46% da carga para o estrangeiro, o que demonstra a sua importância muito acima de Shanghai ou Pequim. Actualmente a região está a abrir-se às novas tecnologias.

6.3.3. Hong-Kong

As exportações portuguesas para Hong-Kong representam perto de dois terços das exportações para a China continental. O seu território de 1100 km^2 é cerca de 40 vezes maior do que Macau, para uma população de 7 milhões de habitantes. Possui importantes indústrias e tem um acordo idêntico ao de Macau (*CEPA*) com o continente. As autoridades locais referem Hong-Kong como a melhor porta de entrada na China, com base nos seguintes argumentos:

- Sociedade mais parecida com o Ocidente, em termos de hábitos e cultura.
- Leis baseadas no direito britânico, com rigorosa protecção à propriedade intelectual.
- Procedimentos comerciais ocidentais, pois aqui "tempo é dinheiro".
- Língua inglesa amplamente utilizada no dia-a-dia e mão-de-obra altamente qualificada.
- Rápido estabelecimento de uma empresa, o *HK Trade Development Council* trata de tudo.
- O Hong-Kong dólar (HK$) é facilmente convertível em dólares americanos, o que não se passa com o renmimbi.
- Burocracia mínima e impostos mais baixos, via taxas de 16.5% para tributação das empresas e taxas de 15% para empresários individuais.
- Acesso ao mercado continental quase igual ao de uma empresa aí instalada, existindo 100 000 empresas registadas, que possuem ou administram 60 000 fábricas no continente.
- Sistema bancário mais desenvolvido.
- Elevado I&D e sectores avançados (nanotecnologia, biotecnologia, materiais avançados).
- Cerca de 20% do comércio continental passa por Hong-Kong.
- Excelente localização a 4 horas de vôo das principais cidades chinesas e de todos os países do Extremo Oriente, e a 5h horas de vôo da Índia, com centenas de vôos diários para todo o mundo. Em comparação, Singapura está mais afastada do centro do Sudeste Asiático.

No entanto, existem alguns pontos fracos como por exemplo:

- Salários mais elevados.
- Elevado custo da habitação e dos serviços.
- Alguma discriminação por parte das autoridades continentais, podendo ser melhor aceite Singapura por falar mandarim, segundo algumas fontes.

No passado, Hong-Kong foi basicamente um interface portuário com o Ocidente, mas após o embargo comercial à China na sequência da Guerra da Coreia, o território teve de mudar para uma economia industrial (*Lewis, 2006*). Entrou nos têxteis, na electrónica, na construção naval e em várias indústrias ligeiras. Metade da população é nativa, e a outra metade é formada principalmente por emigrantes das províncias vizinhas de Guangdong e de Fujian. A língua dominante é por isso o cantonês.

O território é hoje uma plataforma de comércio internacional, em que a exportação de bens locais representa apenas 5% das suas exportações totais, sendo os restantes 95% a reexportação das importações de bens não consumidos, a maior parte deles provenientes da China continental. Na verdade, segundo o *Hong Kong Trade Development Council*, cerca de 21% do comércio externo da China continental é efectuado através de Hong-Kong. Uma parte destas trocas é destinada a Taiwan e à Coreia do Sul, não sendo feita directamente atendendo a questões diplomáticas resultantes dos diferendos políticos. Outros países da área como o Vietname também usam esta plataforma, por razões logísticas e também por razões de marketing, uma vez que uma etiqueta "made in Hong-Kong" está mais na moda do que "made in Vietnam".

No comércio doméstico da China, Hong-Kong tem apenas a 5ª posição, mas já em termos do comércio internacional, está muito acima de qualquer província chinesa. Conforme referido por um funcionário local, "tudo o que não seja expressamente proibido é permitido, enquanto na China continental só o que for explicitamente permitido não é proibido". Todo este ambiente poderá tornar mais fácil o comércio das empresas portuguesas com a China continental, razão pela qual várias têm aí delegações (ex. *Hovione, Pinto Basto, Somelos e Indepa*).

6.3.4. China Continental

Os investidores estrangeiros continuam a preferir as províncias costeiras pelas suas melhores infra-estruturas e pelo maior poder de compra dos seus habitantes. As Zonas Económicas Especiais (SEZ), localizadas no litoral entre Shanghai e Guangdong, estão especialmente dirigidas para a indústria, tendo as seguintes características:

- Grandes incentivos fiscais para investimentos estrangeiros.
- As empresas de capital totalmente estrangeiro (WFOE) são permitidas, para além das clássicas parcerias.
- As produções são principalmente orientados para a exportação.
- As actividades económicas são essencialmente regidas pelas leis de mercado, não estando sujeitas a controles de preços públicos.
- A assistência das autoridades está disponível para investidores estrangeiros (ex. parcelas de terreno, serviços de abastecimento básicos, disponibilização e transporte de trabalhadores).

O IVA tem uma taxa de 13% para os produtos básicos como os alimentos ou os jornais, e uma taxa de 17% para maioria dos serviços. Existem impostos especiais sobre o consumo de alguns produtos como combustíveis, produtos de beleza ou tabaco, com taxas entre 10% a 50%. A taxa sobre o lucro das empresas estrangeiras é de 25%, podendo descer a 15% em casos especiais; para empresas locais é também de 25%, podendo descer a 20% em zonas especiais. As taxas alfandegárias variam entre 1% e 122% em função do produto. As taxas sobre o rendimento individual são variáveis por escalão, entre 5% e 45%, sendo de 18% no caso particular de alugueres para habitação. A contribuição autárquica tem uma taxa de 1.2% sobre o valor da propriedade.

As instituições como o Ministério da Economia (MOFCOM) contêm informações específicas para cada província, com as suas principais características e incentivos aos investidores estrangeiros. Como exemplo, foi a seguir escolhida a província de Shandong que tem já uma forte presença estrangeira, com mais de 130 países, sendo os seis principais a Coreia do Sul, Hong-Kong, EUA, Japão, Taiwan e as Ilhas Virgens Britânicas. O investimento estrangeiro acumulado atingiu 40 000 milhões € em 2006, investido principalmente na agricultura e indústria agro-alimentar, indústria electrónica de comunicações e indústria têxtil (fig. 6.6).

Estão implantadas 116 empresas das 500 Maiores do Mundo, tais como a *General Motors, Hewlett Packard, Coca-Cola, Mitsubishi, Sumitomo, Panasonic, Hitachi, Suzuki, Shell, Unilever, Siemens, Carrefour* e *Nestlé*. Também existem empresas de transporte de grande dimensão, como a *Maersk, Itochu, Hanjin, Singamas* e a *Cosco*, beneficiando dos 18 portos, sendo os principais Weihai e Qingdao. Existem três aeroportos internacionais: Qingdao, Yantai e Weihai. A *CIMPOR* tem uma fábrica em Zao Zhuang e vai construir uma outra em Shanting. Os investidores estrangeiros são encorajados a investir em:

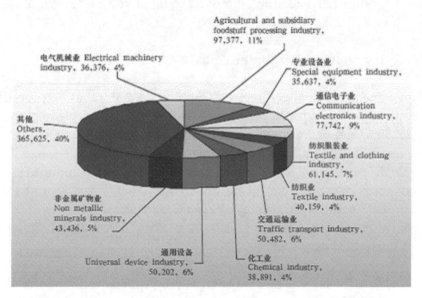

Figura 6.6. – Investimento Estrangeiro na província de Shandong, em 2006 (MOFCOM, 2011b)

1) *Indústrias de Alta Tecnologia* – nanotecnologia, bio-química, novos materiais.
2) *Indústria Electrónica de Informação e Electrodomésticos* – computadores, equipamentos automáticos industriais e sistemas de controlo, equipamentos para comunicações de fibra óptica, meios de comunicação móveis, electrodomésticos e produtos digitais domésticos.
3) *Instalações para Transportes* – acolhimento e manutenção de camiões, veículos especiais, iates de recreio e grandes navios como super-

PORTUGAL E A CHINA – UMA RELAÇÃO COM FUTURO

-petroleiros, porta-contentores, navios oceânicos, navios de pesca de grande porte e navios-fábrica.

4) *Indústria Química e Farmacêutica* – produtos petroquímicos, produtos de química fina, borrachas, medicamentos para tumores e doenças cardiovasculares, produtos vitamínicos, medicamentos genéricos.

5) *Indústria Têxtil e de Vestuário* – desenvolvimento de fatos de estilo ocidental, camisas, roupas de moda, roupa interior e roupas de desporto com elevado design.

6) *Indústria Alimentar* – aumento do nível de produção e do valor acrescentado de alimentos marítimos, transformação de cereais, produtos de avicultura, sumos de fruta, cerveja e vinho tinto.

6.3.5. Procedimentos Administrativos

Para estabelecer uma empresa na China existem dezenas de procedimentos a cumprir, que dependem da província e da actividade pretendida. Hoje em dia, cada zona tende a simplificar os procedimentos e a ter instituições com funções múltiplas, mas será sempre necessário o apoio de escritórios locais especializados e, se possível, o apoio dos serviços económicos dos consulados. A AICEP poderá fornecer uma lista de procedimentos habituais, e o *"China Council for the Promotion of International Trade"* tem um bom guia de negócios (CCPIT, 2008). Existem três etapas básicas:

- "Fase Inicial" – análise e aprovação prévia por parte das autoridades específicas, abertura de uma conta bancária, autorização policial, registo estatístico, inscrição no centro de emprego, registo na segurança social, licenciamento, aquisição de facturas e recibos, entre outros.
- "Licenças" – vários tipos por parte das autoridades municipais, ou das autoridades centrais no caso de projectos maiores; pedidos de ligação às infra-estruturas (podem levar meses) e outros procedimentos.

OPORTUNIDADES DE NEGÓCIO

- "Registos" – para os contratos das sociedades comerciais, para aquisição de bens imóveis e para vários documentos das empresas, entre outros tipos.

Todos estes passos poderão levar entre 6 a 12 meses. A prática de "*guanxy*" será uma ferramenta normal para superar toda esta burocracia, que as parcerias com parceiros locais poderão fornecer. Os sites da Internet como o MOFCOM (2011b) também poderão dar informações específicas sobre os procedimentos para cada província, bem como os endereços das autoridades mais importantes, estimativas para custos de aquisição de imobiliário ou arrendamento, custos dos serviços públicos, salários médios e outros. Estes indicadores poderão ser utilizados nas primeiras versões do "Programa Global de Marketing" e do "Plano de Investimento" já referidos. Como exemplo, para a municipalidade de Pequim[4], de acordo com a "*Industries List for Foreign Investments*", tem-se a seguinte regulamentação básica:

1) A criação e alteração de empresas de capital estrangeiro, os artigos relevantes dos contratos e as suas revisões posteriores (ex. a fusão com outras empresas estrangeiras), deverão ser aprovados pelos departamentos comerciais do distrito ou concelho respectivo, ou ainda pela "*Beijing Economic and Technological Development Area*" (BDA), pelo "Beijing *Tianzhu Export-Oriented Processing Zone*" ou pelo "*Zhongguancun Science Park Haidian Administrative Commission*".

2) As empresas incentivadas, as empresas admissíveis com investimentos de 30 a 100 milhões de dólares, bem como as empresas condicionadas com investimentos inferiores a 500 milhões de dólares, deverão ser aprovadas pelo "*Beijing Municipal Bureau of Commerce*". As empresas incentivadas, as empresas admissíveis com investimentos superiores a 100 milhões de dólares, bem como as empresas condicionadas com investimentos superiores a 500 milhões de dólares, deverão ser auditadas pelo "*Beijing Municipal Bureau of Commerce*", e as suas contas apresentadas ao "*Ministry of Commerce of the People's Republic of China*" para aprovação final.

[4] Possui uma área equivalente ao Baixo Alentejo.

PORTUGAL E A CHINA – UMA RELAÇAO COM FUTURO

3) Projectos incentivados e projectos admissíveis com investimentos inferiores a 30 milhões de dólares, deverão ser aprovados pelo *"Beijing Economic and Technological Development Area" (BDA)*, pelo *"Beijing Tianzhu Export-oriented Processing Zone"* e pelo *"Development and Reform Department"* de cada distrito ou concelho.

4) Projectos incentivados, projectos admissíveis com investimentos entre 30 e 100 milhões de dólares, bem como projectos condicionados com investimentos inferiores a 500 milhões de dólares, deverão ser aprovados pelo *"Development and Planning Committee of the People's Government of Beijing Municipality"* (MDPC).

5) Projectos incentivados, projectos admissíveis com investimentos superiores a 100 milhões de dólares, bem como projectos condicionados com investimentos superiores a 500 milhões de dólares, serão auditados pela *"Beijing Commission for Development and Reform of the People's Government of Beijing Municipality"* e submetidos ao *"National Development and Reform Commission of the People's Republic of China"* para aprovação final.

Finalmente, de referir que a AICEP tem delegações em Macau, Shanghai e Pequim, e está prevista a criação de centros empresariais de pequenas dimensões (salas de escritório e secretária), para utilização por empresas portuguesas como uma delegação de baixo custo.

6.4. O Potencial do Mercado Português

6.4.1. Algumas considerações

Quando um empresário chinês chega a Portugal, começa por ser bombardeado com várias vantagens que são apresentadas pelas autoridades, com o objectivo de promover o comércio e o investimento, algumas delas surpreendentes até para os portugueses e outras uma completa fantasia. Que vantagens poderá Portugal oferecer a um empresário estrangeiro face a outros países europeus? Estabilidade, Salários Baixos, Boas Infra-estruturas, Economia Moderna, Entrada na Europa e Costa Privilegiada, também outros países europeus têm. Quanto às aprovações e licenças, ter de esperar 5 a 10 anos, isso já muitos países europeus

OPORTUNIDADES DE NEGÓCIO

não têm. Portugal tem sido assim cada vez mais ofuscado pela Europa de Leste como alvo para o IDE. Além disso, a sua população tem actualmente sérios problemas financeiros, o que só se adequa à venda de produtos chineses da gama económica.

Portugal tem basicamente de diferente a "História" e o "Mar". História significa ligações especiais aos PALOP e significa empresas aí estabelecidas, nalguns casos líderes de mercado. Em breve, estes países irão atingir 83 milhões de habitantes no seu total, o que representa um mercado promissor para a China. Quanto ao mar, Portugal tem a 3ª maior zona económica exclusiva na Europa, dezoito vezes a área do país e com boas condições para as actividades marítimas mais diversas, como a aquacultura, a cultura de algas ou a biotecnologia. A ondulação no sul é reduzida e as águas são limpas, não apresentando tanta poluição como no Mediterrâneo. A aquacultura poderá ser assim um excelente investimento e continua a ser insignificante, ao passo que países como a Índia e a China são já os maiores produtores de peixe e marisco de cultura. As algas são hoje usadas nos cosméticos, nos produtos alimentares, nos medicamentos e na indústria das tintas, áreas em que os povos asiáticos são também líderes.

As praias e o clima associado são excelentes para investimentos no turismo. As primeiras regatas da 34ª edição da *America's Cup* irão decorrer na costa de Cascais em Agosto de 2011, o que permitirá a Portugal divulgar internacionalmente o seu turismo e todas as suas actividades e recursos marinhos. Também a edição da *Volvo Ocean Race 2011/12* irá desenrolar-se com paragens em 10 portos, em que um deles será Lisboa. A culinária é riquíssima em peixe e marisco, o que atrai turistas de países com menos tradição nestas áreas (ingleses, alemães) ou com igual tradição (espanhóis, franceses, asiáticos). Além disso, petróleo e gás natural poderão ser em breve encontrados através das prospecções em curso.

Os países bem relacionados têm acesso a mais consumidores. As cadeias de abastecimento expandidas e redes globais de produção, criam novas oportunidades e necessidades para movimentar mercadorias de forma previsível, atempada e barata. É o caso do Chile, um dos principais fornecedores de peixe fresco e fruta fresca para a Ásia, Europa e América do Norte, que no entanto está no hemisfério sul. Além disso, nos próximos 10 anos espera-se uma grande revolução no transporte marítimo, com a introdução dos navios *"super-cargo"*, que reduzirão o

PORTUGAL E A CHINA – UMA RELAÇAO COM FUTURO

tempo de viagem dos cargueiros tradicionais em 50%, o que representará um novo desafio para os vôos de carga em termos de qualidade/preço. O transporte marítimo é já hoje utilizado para 90% do comércio mundial e países como Portugal poderão lucrar com essa realidade. Na verdade, cerca de 75% do tráfego marítimo da Ásia para a Europa passa pela costa portuguesa, em direcção aos portos do norte (APS, 2007).

6.4.2. Oportunidades para as Empresas Chinesas

As oportunidades são a seguir indicadas. Algumas delas, como as exportações, poderão ter ainda uma importante parcela de valor acrescentado das empresas portuguesas, antes de chegarem ao consumidor final. Com efeito, o comércio internacional envolve interacções constantes, por isso este assunto não poderá apenas ser visto em termos dos interesses das empresas nacionais (do lado da oferta), mas terá também de ser visto no interesse do consumidor final (do lado da procura).

i) Comércio de Bens no Triângulo Portugal-Mundo-China

Várias empresas chinesas estão a exportar para Portugal, com uma intervenção variável dos retalhistas portugueses. A sua quota de mercado irá aumentar no futuro, com produtos de maior valor acrescentado, por isso as grandes empresas como a *Haier* já possuem escritórios em Lisboa. No sentido inverso, as importações de produtos e serviços portugueses ainda são pequenas, mas poderão crescer, inclusivamente para incentivar a exportação. Após um período de expansão, as empresas chinesas criadas em Portugal por imigrantes diminuiram, mas as existentes poderão vir a estabelecer sucursais nos PALOP e negociar no triângulo Portugal/Mundo/China.

ii) Exportação de Serviços

Actualmente, a China ainda não tem uma posição tão relevante como a Índia, a qual se concentrou na prestação de serviços e conta com o domínio da língua inglesa, para além das suas relações com a Commonwealth. Ainda assim, as autoridades e empresas chinesas estão empenhadas em alterar esta situação, pelo que já estão disponíveis serviços em áreas como as TI, informática e as comunicações. Outras áreas, como o lazer, a educação e a saúde, poderão constituir possibilidades de negócio.

Este cenário também poderá aplicar-se à música, ao cinema e a outras áreas culturais. Este país possui uma vasta cultura e está já a apresentar espectáculos por todo o mundo, como as actuações da Ópera de Shanghai. A aprendizagem de chinês está igualmente a tornar-se essencial junto das empresas ocidentais, que poderão vir a estar interessadas, por exemplo, em pagar cursos intensivos de cultura e língua chinesas aos seus executivos. A nível mais jovem, o *Instituto Politécnico de Leiria* já proporciona um curso de 4 anos de língua chinesa, em que 2 anos são no *Instituto Politécnico de Macau*.

Técnicas antigas como a acupunctura são um sucesso no Ocidente, assim como as medicinas ancestrais, ainda não estudadas pela medicina ocidental, que poderão também facultar soluções inovadoras. A *Escola de Medicina Chinesa* em Lisboa, resultante de uma parceria com a *Universidade de Chengdu* em 2006, lecciona um curso de 5 anos em medicina chinesa reconhecido por esta universidade da província de Sichuan. Tem agora uma pós-graduação em parceria com a *Universidade de Évora*. Por sua a vez, a *Escola Superior de Medicina Tradicional Chinesa* em Lisboa, resulta de uma parceria com a *Universidade de Medicina Chinesa de Nanjing*, e lecciona também um curso de medicina chinesa de 5 anos reconhecido por esta universidade.

O transporte e a prestação de serviços de apoio a empresas portuguesas que exportam para a China, constituem outras oportunidades. A captação de turistas portugueses poderá também ser outro sector interessante. Os únicos inconvenientes são a distância, que faz aumentar os preços e a duração das viagens, e a valorização do renmimbi. Em 2009, conforme referido, Portugal contribuiu com 43 600 turistas, mas estima-se que possa representar um mercado de 60 000 turistas após a ultrapassagem da crise, não considerando a parcela de turismo de negócios que irá certamente ter um crescimento exponencial. Por comparação, 312 000 portugueses visitaram o Brasil nesse mesmo ano.

iii) Investimento Directo

O investimento chinês em Portugal foi até agora insignificante, tendo constituindo apenas a 31ª fonte em 2010, com um valor de 1.7 milhões € excluindo as offshores. O seu valor acumulado é negativo, -7.7 milhões €, após um elevado desinvestimento em 2009 (AICEP, 2011a). Para atrair o IDE chinês, Portugal está a competir com os países da Europa de Leste, onde os salários são mais baixos e que contam com um melhor posicionamento geográfico dentro da UE, como é o caso da Polónia e da Hungria. Está também a competir com países mais desenvolvidos, desde a Espanha à Suécia, que possuem um maior poder de compra e também um melhor posicionamento geográfico. Ainda assim, existem várias possibilidades:

- Investimento em novas instalações, para entrar no mercado europeu;
- Aquisição de empresas portuguesas, para entrar com mais facilidade na UE e nos PALOP;
- Parcerias com empresas portuguesas, para entrar nos mercados da UE e dos PALOP;
- Entrada em nichos de mercado, como o turismo e a aquacultura.

O petróleo está a tornar-se demasiado caro, o que automaticamente encarece os transportes transcontinentais. Também a mão-de-obra chinesa está a sofrer grandes aumentos. Esta conjuntura, para além do problema das quotas ou impostos sobre as importações, poderá obrigar as empresas chinesas a investir na Europa. As indústrias chinesas poderão igualmente iniciar uma parte dos seus produtos na China e depois fazer a montagem final em Portugal.

Para se alcançar esse propósito, será indispensável o transporte marítimo. Ora, os chineses estão já interessados no porto de Sines por várias razões: a sua profundidade invulgar permite que o porto receba grandes navios internacionais; é o primeiro porto europeu nas rotas da Ásia, caso não se atravesse o canal do Suez que possui uma profundidade de 21 m; a partir de 2014, será também o primeiro porto europeu para grandes navios asiáticos vindos pelo canal do Panamá, após o alargamento deste, o que constitui uma rota mais segura; por último, possui um enorme

OPORTUNIDADES DE NEGÓCIO

espaço disponível na área em redor. A *China Shipping* já estabeleceu assim uma ligação semanal para o transporte de 2000 TEU[5] e utiliza o terminal XXI de contentores concessionado à *PSA-Port of Singapore Authority*. Outras empresas chinesas, como a *Cosco* e a *Yangming*, estão a estudar futuras ligações. Foram também assinados acordos entre o porto de Sines e o porto de Tianjin, a principal entrada para a zona de Pequim.

Sines é um dos poucos "portos profundos" da Europa, com uma profundidade de 28 m, valor superior aos 24 m de Roterdão e aos 15 m de todos os portos espanhóis (APS, 2007). Tal permitirá que funcione como "porto central", acolhendo os navios "post-panamax", com deslocamento superiores a 100 000 toneladas, calados de 18.3 m e capazes de transportar 6 000 TEU. Também poderá receber navios especiais para transporte de minério, com calados de 23 m e volumes de 9000 TEU, que em Roterdão só podem aportar durante um período de maré limitado. A carga, depois do transbordo para navios mais pequenos, seria então levada para outros portos europeus com a profundidade habitual de 15 m, que estão localizados em zonas de grande congestionamento a nível de transportes, onde é difícil manobrar estes enormes cargueiros.

O porto de Sines atingiu entretanto 27 milhões de toneladas de carga transitada por ano. Em conjunto com as suas zonas industriais e logísticas, abrange uma área de 2 000 hectares, existindo ainda enormes áreas disponíveis na envolvente. Também o estaleiro da *Setenave* em Setúbal está muito próximo, com capacidade para manutenção de grandes cargueiros e navios-tanque até 700 000 toneladas (AIP, 2002). A área logística para armazenagem e distribuição de produtos chineses surge assim em complemento, tendo sido recentemente anunciada a criação de uma "zona de cooperação comercial" na margem sul do Tejo.

Por comparação, o porto de Roterdão é o maior eixo industrial e logístico da Europa, sendo entrada para um mercado de 300 milhões de consumidores. Mais de 500 serviços regulares fazem a ligação a vários portos mundiais. O porto processa 370 milhões de toneladas/ano, em comparação com os 443 milhões de Shanghai e os 167 milhões de Antuérpia. Este porto e a sua zona industrial prolongam-se por uma extensão de 40 quilómetros, cobrindo 10 000 hectares (PRA, 2008).

---

[5] TEU = *Twenty-foot equivalent unit*, volume correspondente a um contentor com um comprimento de 20 pés, isto é, de 6.1m, com uma largura de 2.4 m e uma altura em geral de 2.6 m.

PORTUGAL E A CHINA – UMA RELAÇAO COM FUTURO

Os investidores chineses deverão ter presente que Portugal deverá centrar-se em nichos de mercado, tal como fizeram outros países pequenos como a Irlanda ou a Finlândia. Nos sectores das gamas alta/luxo, o país possui produtos e marcas muito antigas, algumas delas bem conhecidas em todo o mundo (ex. cortiça e vinho do Porto). Com um adequado marketing, poderão ser vendidos em mercados que exigem produtos únicos e com história. Essa é uma estratégia seguida por países como França e Itália, que continuam a vender vários produtos já antigos pela simples razão de serem únicos, muito caros e de terem um passado.

Este mercado está a crescer em Portugal, devido ao facto de um grande número de fábricas possuirem produtos e tecnologias já com várias décadas (ex. produtos de perfumaria *Ach. Brito*). Este mercado poderá também ser usado em parceria com o turismo, através de palácios, castelos, hotéis e quintas antigas. Os turistas asiáticos poderão assim vir a ser atraídos, motivando o interesse de investidores chineses.

Na alta tecnologia, a *Huawei* estabeleceu um acordo estratégico com a *PT*, que envolve a criação de um centro de operações em Portugal. Também a *Upsolar* de Hong-Kong abriu uma fábrica em Braga para produção de painéis solares fotovoltaicos, com uma capacidade de 30 MW/ano, o que equivale a 150 000 painéis e uma facturação anual de cerca de 75 milhões €. Outro nicho de mercado seria a aquacultura conforme referido, ainda para mais estando a pesca de alto mar em queda. Portugal é um dos países que mais consome peixe per capita e a China é o maior produtor de aquacultura a nível mundial, possuindo uma grande experiência.

De acordo com Bongardt *et al.* (2006), as empresas chinesas em Portugal são na sua maioria microempresas ou pequenas empresas familiares, que operam essencialmente na venda a retalho e por grosso, tendo sido estabelecidas por imigrantes chineses oriundos de 3 proveniências: China continental (80%), Macau/Hong-Kong/Taiwan (15%) e Moçambique (5%). No primeiro caso, cerca de 75% vieram da província de Zhejiang, principalmente da cidade portuária de Wenzhou e da zona rural de Qingtian, tendo contado com o auxílio das autoridades domésticas.

Alguns destes imigrantes passaram primeiro por países do norte da Europa, como a Holanda ou a França, mas desistiram em virtude das margens de lucro reduzidas e da saturação de mercado. Curiosamente, as 3 "sub-comunidades" parecem ter uma interacção reduzida entre si. No total representam 20 000 indivíduos: cerca de 26% há menos de

5 anos, 30% entre 5 a 9 anos, 16% entre 10 a 14 anos e 28% há mais de 15 anos. Enquanto os mais velhos foram "imigrantes por necessidade" nos anos 80, quando a China se abriu ao exterior, os mais recentes partiram depois da década de 90, são "imigrantes de oportunidade", pois já alcançaram a prosperidade e constituiem cerca de 75% do total.

Perto de 70% destas empresas estão sedeadas na zona da grande Lisboa, seguindo-se o Grande Porto, Braga e Faro. A venda a retalho perfaz cerca de 26% do total, a venda por grosso 24.5%, as actividades de importação/exportação 16% e os restantes 33.5% estão distribuídos por restaurantes e outros negócios. Tudo isto corresponde a aproximadamente 300 restaurantes, 500 armazéns e 4500 lojas. Funcionam como uma porta de entrada para as exportações chinesas, captam e canalizam fluxos de IDE para o seu país, facultam a este informações acerca das preferências do consumidor e das oportunidades de negócio no país de acolhimento, e desempenham um papel de "representantes" das suas zonas de origem. Uma parte dos seus produtos não é importada directamente da China, sendo antes comprada a grossistas chineses estabelecidos noutros países da UE.

Algumas destas empresas têm investido nos sectores têxtil e do vestuário, adquirindo pequenas firmas com problemas financeiros, numa estratégia idêntica à usada por outras empresas chinesas em Espanha e na Itália. De seguida, usam estas firmas para fazer acabamentos, etiquetagem e embalamento de produtos feitos na China, vendendo-os depois em Portugal e noutros países da UE, tirando proveito da rede de contactos que existe na Europa. As fortes ligações que se estabelecem entre estas empresas permitem a obtenção de um crédito entre si mais facilitado, assim como preços e condições de pagamento mais favoráveis.

Cerca de 20% das mesmas têm investimentos nas suas zonas de origem, mantendo boas relações com as autoridades locais que promoveram a sua emigração. As PME portuguesas poderiam assim utilizar estes contactos para entrarem com mais facilidade na China, reduzindo os custos de transacção e investimento, assim como o risco, para além de poderem usufruir dos investimentos desta comunidade em Portugal.

iv) Investimento em Portfolios de Dívida

Envolve empréstimos de bancos ou instituições chineses, a empresas portuguesas e ao próprio Estado, ou a compra de obrigações destas entidades que é geralmente a via mais usada, dada a possibilidade de venda posterior em mercado secundário.

Actualmente, alguns bancos chineses estão a ter problemas com o crédito mal parado conforme já referido, no entanto o Estado chinês possui capital suficiente para participar nos diversos empréstimos e emissões obrigacionistas mundiais. Ao mesmo tempo, Portugal necessita de financiamentos externos, que embora em grande parte estejam provisoriamente supridos pelo recente acordo com o FMI+UE, poderão vir a ter necessidade de reforços. Pequim já mostrou a sua abertura, tendo adquirido um valor estimado em 1 500 milhões € de obrigações de "dívida soberana" (dívida pública), no 1º semestre de 2011. Posteriormente, dos 3 000 milhões € de obrigações vendidos pelo Fundo Europeu de Estabilização Financeira (FEEF) para a 1ª tranche do resgate a Portugal, quase metade foi adquirida por investidores asiáticos.

v) Investimento em Portfolios de Acções

Implica a aquisição de acções de empresas, através de fundos ou directamente do mercado bolsista. Estas têm sofrido uma considerável correcção em Portugal, atingindo agora índices PER interessantes. Paralelamente, os maiores grupos nacionais estão a adquirir uma dimensão global, alguns deles em mercados como os PALOP que são também interessantes para a China, estando a lançar operações de venda em bolsa como foi o caso da *EDP Renováveis*. Os fundos e as empresas chinesas, como por exemplo a *China Investment Company*, poderão vir a iniciar ou aumentar as suas posições. Recentemente, o *Industrial and Commercial Bank of China* estabeleceu um acordo de cooperação com o *BCP*, após ter adquirido o *Seng Heng Bank* de Macau em 2007, pertencente a accionistas do *BCP*, prevendo-se a sua entrada no grupo.

Um acordo deste tipo foi também assinado entre o *Bank of China* e o *BPI*, podendo vir a entrar no capital social. Também a *China Power International* tem estabelecido contactos com a *EDP*, atendendo em

OPORTUNIDADES DE NEGÓCIO

parte à sua participação de 42% na *Companhia de Electricidade de Macau*. Por outro lado, dada a actual necessidade de equilibrar a dívida pública, o forte programa de privatizações previsto para os próximos 3 anos, poderá também atrair investidores chineses.

6.5. O Triângulo Portugal/África/China

6.5.1. Aspectos Gerais

O chamado "Triângulo Portugal-África-China" é um conceito que foi originalmente criado pelos chineses, tendo por base a influência portuguesa nas suas antigas colónias e as relações históricas com Portugal através de Macau, de forma a facilitar o diálogo com os PALOP. Com efeito, a China ajudou vários movimentos de guerrilha africanos a lutar contra Portugal no passado, competindo com a Rússia, Cuba e outros países ocidentais como os escandinavos. Ajudou também outros países africanos após terem conquistado a independência, principalmente através de apoio técnico e educação universitária.

Depois da independência dos PALOP, os movimentos de guerrilha que formaram os governos eram apoiados pela Rússia e, em casos como Angola, houve até uma guerra civil entre o partido apoiado pela Rússia e por Cuba (MPLA), e o partido apoiado pela China (UNITA). Depois da queda do Muro de Berlim, a maioria destes países voltou-se para as potências ocidentais, pelo que as relações com Pequim sofreram um retrocesso. No final da década de 90, Pequim iniciou uma nova relação com África, com base em 6 interesses estatégicos principais (Rebelo, 2006; Jin, 2007):

- "Carência de Matérias-Primas" – o país está a conhecer um enorme crescimento, pelo que mais do que nunca precisa de bens como o ferro, o petróleo e o gás. Para além disso, começou a entrar em sectores da tecnologia de ponta, como as comunicações, a indústria automóvel e a aviação, necessitando de metais como o crómio, o níquel e o cobre. A maioria destes recursos estão nas mãos de empresas ocidentais ou em zonas às quais o Ocidente tem acesso privilegiado, como a América Latina ou o Médio Oriente.

Além disso, é mais difícil pagar a estes países com "produtos de baixa qualidade". Pelo contrário, África continua a ser uma "zona politicamente independente", com imensos recursos naturais, com a maioria dos seus países extremamente endividados e com grande carência de "dinheiro vivo", sendo os seus mercados subdesenvolvidos especialmente adequados aos produtos de gama económica fabricados na China.

- "Expansão de Grandes Empresas Chinesas" – estas empresas constituem importantes ferramentas politicas e diplomáticas, para além da sua função económica. É o caso do *Industrial and Commercial Bank of China* que se está a expandir para África. Trata-se do maior banco do mundo em capitalização bolsista, com 360 000 trabalhadores. Adquiriu recentemente uma quota de 4 500 milhões € no *South African Standard Bank*, o que representa 20% do seu capital e o maior investimento neste país.

- "Parcerias Sino-Africanas" – são formas de enviar cidadãos chineses para África, onde os vastos territórios contam com uma população escassa, e de cumprir simultaneamente os outros objectivos estratégicos. Já foi ponderada a criação de uma "chinatown" em Luanda, tendo entretanto sido criados voos directos até esta capital.

- "Turismo" – o estatuto de "destino autorizado" foi atribuído a 29 países africanos, o que significa que os turistas chineses que visitam esses países não precisam de um visto de partida, quando recorrem a agências de viagem estatais. Moçambique é um desses países. Em 2020, estima-se que a China venha a ser a maior fonte mundial de turistas, com 115 milhões de pessoas por ano.

- "Controlo do Investimento Estrangeiro na China" – deu-se um crescimento demasiado rápido do investimento estrangeiro no país, o que está a gerar inflação, associado a excedentes comerciais. Canalizar parte deste capital para África é uma forma de controlar a massa monetária em circulação e, ao mesmo tempo, de cumprir os outros objectivos.

- "Apoio Político Africano" – Pequim precisa de criar "ilhas de amizade" pelo mundo, de modo a equilibrar o poder ocidental em entidades globais como a ONU, a OMC ou o FMI. A questão de Taiwan é especialmente importante, atendendo a que não existem rivalidades ou conflitos de interesses com os países africanos. De realçar que nos anos 60, o número de países africanos que apoiavam Taiwan chegou quase a ser o dobro dos que apoiavam a China e, ainda hoje, São Tomé e Príncipe só tem relações diplomáticas com Taiwan. Como tal, Pequim ao contrário do Ocidente, segue o "Princípio da Não-Interferência" na política africana, quedando-se por relações económicas pragmáticas.

Deste modo, Pequim começou por criar o *Fórum para a Cooperação China-África* em 2000. Desde então, têm sido realizadas conferências deste fórum, associadas a encontros empresariais. Ao mesmo tempo, a presença económica chinesa em África cresceu de forma fulgurante. As **Trocas Comerciais** aumentaram 43 vezes ao longo dos últimos 15 anos, com um crescimento médio anual de 40% entre 2000 e 2006, de 8 000 milhões € para 45 000 milhões €. A China é já o terceiro maior parceiro comercial de África, a seguir aos EUA e à França, e o segundo maior exportador para África a seguir à França (World Bank, 2008a).

Em 2007, o comércio cresceu para um total de 56 600 milhões €, com exportações no valor de 28 700 milhões € e importações no valor de 27 900 milhões €, estimando-se um total de 75 000 milhões € em 2010. Estes valores representam apenas 3% das exportações chinesas e 3.7% das importações chinesas, mas constituem 8.6% das exportações africanas e 9.6% das importações africanas (MOFCOM, 2011a). Ainda assim, os EUA e a UE-15 absorveram 37% e 27% das exportações africanas, respectivamente. Por outro lado, uma vez que quase dois terços do total das exportações chinesas são produzidas por empresas com capital estrangeiro, o Ocidente continua a dominar também as importações africanas (Wang, 2008).

O petróleo e o gás constituíram 60% das importações que a China recebeu de África, seguindo-se uma parcela de 13% em minerais e metais. África fornece actualmente um terço das importações de petróleo da China, que investiu em 27 projectos petrolíferos e de gás na Nigéria, Sudão, Angola e Congo, estando igualmente a aumentar o investimento na Guiné Equatorial, Gabão, Zâmbia, Algéria, África do Sul e Chade. Só no Sudão importa 40% do petróleo aí produzido, tendo uma firma chinesa construído um oleoduto com 1600 km até à costa em 12 meses. Na verdade, em 2020 a China terá de importar dois terços do petróleo de que necessita, daí estar a adquirir muitas vezes blocos mais difíceis de explorar ou menos rentáveis para as empresas ocidentais (Servant, 2005). Já as exportações chinesas para África consistiram essencialmente em produtos manufacturados, têxteis, maquinaria e equipamento de transporte (IMF, 2008).

África é o continente menos desenvolvido, pois tem as matérias--primas mas quase não tem indústria. Em 2006, o **Investimento Directo (IDE)** chinês foi de 400 milhões €, apenas 1.4% dos 28 000 milhões € recebidos pelo continente e 3% dos investimentos chineses no estrangeiro, nesse ano. Pequim centrou-se mais na Ásia com 53% do total e na América Latina com 37% (MOFCOM, 2011b). Quanto ao total acumulado de IDE em África, a parcela chinesa alcançou os 2 000 milhões €, o que representa apenas 0.9% num total global de 242 000 milhões € (UNCTAD, 2008), mas outras fontes referem 5 100 milhões €, comparados com os 1 550 milhões € da Índia, 1 450 milhões € da Malásia e 2 700 milhões € de Singapura. Estes valores são os "oficiais", pois existem investimentos não declarados e outros feitos através de outros países.

De qualquer modo, existe um longo caminho a percorrer para as potências emergentes atingirem a posição dos países ocidentais. Na verdade, do total acumulado de IDE em África, a Europa continua a contabilizar 61%, os EUA perfizeram 20% e a Ásia 8%. Em cada país africano, entre 70% e 90% do seu total acumulado de IDE continua a ser oriundo de países desenvolvidos, principalmente da Europa e dos EUA.

Em 2006, os fluxos de IDE para África constituíram 20% do investimento total no continente, o que claramente demonstra a sua importância, mas totalizaram apenas 3% dos fluxos de IDE a nível mundial. Este valor é consideravelmente menor que o valor máximo de 9.5% atingido em 1970, o que significa que os investidores ocidentais estão a investir menos em África, à excepção da Ásia que aumentou a sua posição. A explicação passa pela recente importância para o Ocidente atingida pela América Latina, Europa de Leste e Ásia. Em paralelo, os custos com a mão-de-obra deixaram de ser competitivos, a que se soma uma maior instabilidade social e política. Um

OPORTUNIDADES DE NEGÓCIO

trabalhador do sector têxtil na África do Sul, por exemplo, ganhava 1.1 € à hora em 2006, enquanto na China ganhava 0.7 €/hora.

As autoridades chinesas estão também a pensar criar 50 "Zonas Económicas Especiais" em África, com um regime local de benefícios fiscais, para além de outros aspectos específicos, como um regime especial de acesso dos produtos aí produzidos ao mercado chinês, já existindo 19 zonas. Países como a Nigéria e as Ilhas Maurícias receberam já 500 milhões € cada, para a criação destas zonas. O capital foi fornecido pelo *China-Africa Development Fund*, um fundo estatal de 4 000 milhões € (World Bank, 2010). Um dos sectores de tecnologia avançada investidos é a produção de painéis eléctricos foto-voltaicas. É o caso de empresas como a *Beijing Tianpu Xiangxing Enterprises*, que está a fazer uma fábrica no Quénia em parceria local, num investimento de 140 milhões €.

A China continua também a atribuir **Créditos Comerciais** a médio/ longo prazo, com contratos avultados. O *Export-Import Bank of China (Exim Bank of China)* e o *China Development Bank* estão especialmente activos, apesar de não existirem estatísticas públicas. Estas linhas de crédito acabam por estar associadas à exportação de produtos e serviços chineses, sendo reembolsadas a maioria das vezes via pagamento directo com matérias-primas africanas (*"bartering"*), o que constitui uma interessante opção para ambas as partes (Moss *et al.*, 2007). Em 2007, as autoridades chinesas disponibilizaram assim uma linha de crédito de 15 000 milhões € a África, a conceder em 3 anos, para o financiamento de infra-estruturas e de trocas comerciais. Como tal, a prestação de serviços na área da construção e engenharia para o mercado africano tornou-se essencial. De notar que o volume de negócios adjudicado à China nesse sector, fora já de 8 000 milhões € em 2006, o que constituiu 31% do valor total dos seus projectos no exterior (AICEP, 2008).

Por outro lado, os países africanos descobriram que negociar com Pequim implica menos complicações do que fazê-lo com o Ocidente ou com o FMI, casos em que os empréstimos são condicionados por exigências de boa governação e respeito pelos direitos humanos, para além de dependerem do pagamento de dívidas antigas. Assim sendo, o imenso dinheiro vivo chinês é um verdadeiro milagre, como foi no caso angolano. Com efeito, no início da segunda fase da guerra civil em 1993, foi recusado a Angola qualquer empréstimo do Ocidente e até mesmo da Rússia, com quem tinha acumulado uma dívida de 4 000 milhões €.

A única excepção foi uma linha de crédito francesa de 400 milhões € através do banco *Paribas*, que foi utilizada para obter mais armas russas (Melman, 2002).

Em 2002, após o final da guerra civil, foram de novo negados empréstimos a Angola por parte do FMI e de países ocidentais, tendo aparecido Pequim em 2004, com uma linha de crédito de 1 500 milhões € e "sem questões". O empréstimo foi utilizado para reconstruir infra-estruturas angolanas, ficando a *Sinopec* a explorar um bloco petrolífero, o que deu início a uma relação amigável. Em 2006, a China garantiu mais 1 500 milhões € e negociou posteriormente um reforço de 3 000 milhões €, em que a *Sinopec* formou uma parceria com a *Sonangol* para operar em concessões petrolíferas. Foi o caso de 23 zonas terrestres na bacia do Kwanza, e dos Blocos 15, 17 e 18, até aí operados pela *Exxon*, *Total* e *BP* mas entretanto abandonados (MacauHub, 2011). Em 2010, Angola possuía uma dívida externa total de 12 000 milhões € garantida pelo petróleo, sendo já o 2º fornecedor da China com 550 000 barris por dia e 16% do seu total importado, logo a seguir à Arábia Saudita e à frente do Irão. A China era o primeiro cliente do petróleo angolano (43.8%), seguindo-se os EUA (23.6%), a Índia (8.3%) e França (4.1%).

Finalmente, em termos de **Auxílio**, Pequim anulou 8 000 milhões € de dívida africana até ao ano 2000, como parte da sua estratégia de aumentar o volume de negócios com países africanos produtores de minérios (Servant, 2005). Perdoou depois mais 1 600 milhões € de dívida externa a 33 países africanos, entre os anos 2000 e 2006. O *Fórum para a Cooperação China-África* tem procurado ter uma filosofia de ganho mútuo, conforme declarou o presidente Hu Jintao. Promove assim programas de formação, apoio técnico, isenção de impostos sobre produtos africanos seleccionados, criação de delegações comerciais africanas na China e investimento financeiro em projectos de infra-estruturas essenciais. Anualmente concede 4 000 bolsas anuais para estudantes africanos em universidades e centros de treino chineses. Recentemente, o seu apoio aos países africanos representava 1/3 do apoio chinês a países estrangeiros (IMF, 2008).

Para além disto, mais de 800 empresas chinesas estão agora a funcionar em 49 países africanos, em que 100 são médias e grandes empresas estatais (Hairong, 2007). As empresas privadas chinesas estão igualmente a desempenhar um papel cada vez mais importante, em áreas

OPORTUNIDADES DE NEGÓCIO

como a indústria, a exploração mineira e a agricultura. Está também a aumentar o número de voluntários chineses a participar em programas de assistência.

Quer isto dizer que a China está a revelar-se uma "**Nova Potência Colonial**"? Com efeito, a expansão das suas actividades económicas em África suscitou esse tipo de acusação. O presidente sul-africano Thabo Mbeki advertiu já que "a China não pode limitar-se a vir cá à procura de matérias-primas, para depois partir e nos vender os bens já fabricados". Como tal, apelou a um maior investimento chinês para ampliar a capacidade produtiva africana. Na verdade, o défice comercial sul-africano em relação à China aumentou de 18 milhões € em 1992, para 300 milhões € em 2005. Além disso, Pequim tem trazido os seus próprios trabalhadores para o continente africano em muitos casos, em vez de recorrer a mão-de-obra local, tendo até recorrido aos seus reclusos para trabalhos de construção. Para isso argumenta com a maior capacidade de trabalho dos seus trabalhadores, que por uma questão de cultura "estão habituados a fazer o trabalho até acabar e depois descansam, em vez de trabalhar de acordo com horários e inúmeros feriados, o que atrasa e encarece as obras" (Cheru *et al.*, 2010).

Nas vezes em que contrata empregados locais, os salários destes têm também tido tendência a baixar, dados os menores salários dos empregados chineses. Outros aspectos, como a segurança no trabalho e a responsabilidade social, só agora se estão a aproximar dos correspondentes nas empresas locais de capital ocidental. Como se não bastasse, normalmente todos os materiais utilizados são chineses, até mesmo a areia em obras, apenas a água é local.

A cereja no bolo é a qualidade da construção que não tem sido a melhor, basta ver a derrocada do novo hospital de Luanda e a fissuração rápida de novas estradas construídas. Pelo contrário, os empreiteiros portugueses utilizam principalmente trabalhadores locais e apresentam um trabalho de boa qualidade, baseado em anos de experiência. Por isso, as relações entre a China e Angola arrefeceram recentemente e a nova refinaria de petróleo no Lobito, cuja construção se pensava ser atribuída a empreiteiros chineses por um valor de 3 000 milhões €, via negociações com a *PetroChina* e a *Sinopec*, foi cancelada (Pinto *et al.*, 2007). Em 2008, foi acordada a sua construção com a americana *KBR* por um valor de 6 000 milhões € (AOJ, 2008). De qualquer modo, Pequim está a pensar estender este modelo de "matérias-primas em troca de obras" a países como o Zaire, também extremamente ricos em recursos.

Apesar da independência de todas as colónias africanas, vários sectores das suas economias continuam a ser controlados pelas multinacionais ocidentais, que para isso recorrem ao seu poder monopolista, tecnologia avançada e valores de IDE acumulado. Por outro lado, os poderes políticos africanos estão muitas vezes concentrados em sistemas de partido único, em que existe forte corrupção e nepotismo, com o domínio da actividade económica por parte dos políticos de topo, num autêntico sistema feudal. As populações vivem nesses casos com enormes dificuldades, daí as frequentes revoltas e guerras civis. Nessas circunstâncias, não há grande possibilidade para esses países ascenderem ao clube dos países emergentes, sendo assim poucos os países africanos com crescimento sustentável.

O poder das multinacionais ocidentais é também uma realidade para a própria China. Veja-se a empresa americana *Wal-Mart*, o maior grupo de venda a retalho no mundo, que adquiriu 11 500 milhões € de produtos chineses em 2004. Actualmente, as suas aquisições representam um terço das importações de produtos chineses pelos EUA, o que lhe dá um poder negocial gigantesco.

De qualquer modo, uma segunda **"Corrida a África"** está iniciada, em termos de captação de matérias-primas, trocas comerciais e influência política. Ao contrário da que teve lugar no final do séc. XIX, os países europeus não serão os únicos concorrentes, perante o poder crescente dos países emergentes. De facto, o presidente Robert Mugabe do Zimbabwe disse recentemente "deixemos de olhar para o Ocidente onde o sol se põe, e olhemos para o Oriente onde o sol nasce". Ao mesmo tempo, os africanos estão conscientes do seu vasto potencial de recursos, permanecendo numa "posição de leilão" face aos estrangeiros como os chineses na China, exigindo diversas contrapartidas para além do preço dos recursos, como investimentos em novas fábricas e transferência de tecnologia.

Em termos de reservas de petróleo comprovadas e não considerando a nova tecnologia de extracção a partir de areias betuminosas, apenas 7% destas reservas estão em África, comparado com 66% no Médio Oriente, 9% na América Central e do Sul, 6% na América do Norte, 6% na antiga União Soviética, 4% na Ásia-Pacífico e 2% na Europa (tabelas

OPORTUNIDADES DE NEGÓCIO

6.16 e 6.17). Ao ritmo actual de produção, a Europa estará desprovida de petróleo em 2015, a Rússia e o Brasil em 2025, e África em 2030. Já em relação aos metais e minérios, a África está melhor posicionada: o Zaire e a Zâmbia possuem 50% das reservas mundiais de cobalto, o Zimbabwe e a África do Sul têm 98% das reservas mundiais de crómio e a África do Sul totaliza 90% das reservas mundiais de platina.

Os EUA já definiram como objectivo a redução em 75% da sua dependência em relação ao petróleo do Médio Oriente, sendo essa uma das razões pelas quais são o principal parceiro comercial do continente africano, bem como o maior investidor de IDE. Na verdade, embora só tenham 5% da população mundial, consomem 25% do petróleo mundial, sendo África já responsável por 20% das importações americanas, face aos 20% do Médio Oriente, 20% do Canadá e 35% da América Latina. Para além disso, os EUA estão a tentar construir bases estratégicas, em particular bases navais no Uganda, no Djibuti, no Senegal e em São Tomé e Príncipe, para não perderem a sua posição dominante. Nesse âmbito, o seu comando estratégico AFRICOM tem estado a promover treinos militares em vários países africanos.

Os países asiáticos como a Índia, a Coreia do Sul, a Malásia e Singapura, estão igualmente a intensificar a sua presença em África. É o caso da firma petrolífera malaia *Petronas,* que está a realizar novas prospecções de petróleo na bacia do Rovuma em Moçambique, após prospecções no delta do Zambeze. Por sua vez, em 2005, a Índia anunciou que deixaria de receber ajudas do Ocidente e passaria a ser um país doador para os países mais pobres, ao mesmo que tempo que iria aumentar as linhas de crédito aos países em desenvolvimento para as suas exportações, via o *Exim Bank of India*, banco indiano análogo ao correspondente chinês. Em 2009, este banco atingiu um crédito acumulado de 2 700 milhões € em África, prevendo duplicar esse valor nos próximos 5 anos (Cheru *et al.*, 2010).

PORTUGAL E A CHINA – UMA RELAÇAO COM FUTURO

Em 2008, o governo indiano lançou também o *Fórum Índia-África* para desenvolver a cooperação económica, sendo actualmente as trocas comerciais com África cerca de um terço das chinesas. O grupo industrial *Tata* é uma das multinacionais indianas que está a entrar em vários países africanos, nos mais variados sectores, entre eles o automóvel com o seu carro económico Nano. O mesmo se verifica com várias empresas farmacêuticas indianas, entre elas a *Ranbaxy* especializada em genéricos. Em sentido inverso, empresas como a *Airports Company of South Africa* estão a participar na modernização do aeroporto de Bombaim.

A existência de cerca de 2 milhões de indianos na costa oriental de África, muitos há já várias gerações, está a facilitar todo este clima de negócios. Além disso e ao contrário das empresas chinesas, a maioria das empresas indianas são privadas e contratam mais trabalhadores locais, o que é melhor aceite.

À semelhança da China, a Índia está a procurar incrementar a sua presença militar conforme já abordado. Está também a providenciar cursos de formação militar e civil a 4000 cidadãos africanos por ano. Em missões de paz, tem já 10 000 soldados em todo o continente. Uma das contrapartidas será contar com o apoio africano para a obtenção de um lugar permanente no Conselho de Segurança da ONU.

Cerca de 75% do petróleo africano é produzido na zona em torno do Golfo da Guiné, daí as empresas indianas estarem a rivalizar com as chinesas, para obter concessões em países como a Nigéria, o Gabão e Angola. É o caso da *Essar, OVL, ONGC, Bharat Petroleum Corporation* e *Mittal Energy*. Esta última empresa faz parte do grupo indiano *Mittal* que detém a *Arcelor Mittal*, uma das maiores multinacionais no sector do aço, daí estar também a concorrer à construção ou reparação de várias linhas de comboio africanas, refinarias e outras indústrias. O seu principal accionista é o 4º multimilionário mundial, com uma fortuna avaliada em 22 000 milhões €.

Em Angola, a *ONGC* fez uma proposta de 750 milhões € para desenvolver três blocos de petróleo offshore, em parceria com a angolana *Sonangol*. Curiosamente, na maioria dos concursos angolanos relativos ao petróleo, as empresas chinesas têm apresentado sempre propostas muito superiores às indianas, algo só possível dado serem empresas públicas. A *ONGC* também chegou a estar interessada em construir a refinaria de petróleo no porto de Lobito, depois de lhe ter sido oferecida

OPORTUNIDADES DE NEGÓCIO

		Reservas (biliões barris)	Reservas Mundiais (%)	Duração Reservas (anos)	Produção (milhões bpd)	Produção Mundial (%)
1.	Arábia Saudita	262,3	22,4	75	9,55	13,3
2.	Irão	136,3	11,7	83	4,14	5,7
3.	Iraque	115,0	9,8	168	1,88	2,6
4.	Kuwait	101,5	8,7	110	2,53	3,5
5.	Emiratos Árabes Unidos	97,8	8,4	106	2,54	3,5
6.	Venezuela	80,0	6,8	107	1,98	2,7
7.	Rússia	60,0	5,1	18	9,04	12,6
8.	Líbia	41,5	3,6	65	1,63	2,3
9.	Nigéria	36,2	3,1	37	2,63	3,6
10.	Cazaquistão	30,0	2,6	23	1,05	1,5
11.	Estados Unidos	21,8	1,9	11	5,18	7,2
12.	China	16,0	1,4	14	3,61	5,0
13.	Qatar	15,2	1,3	50	0,84	1,2
14.	México	12,4	1,1	12	3,33	4,6
15.	Argélia	12,3	1,1	18	1,80	2,5
16.	Brasil	11,8	1,0	18	1,63	2,3
17.	Angola	8,0	0,7	12	1,26	1,7
18.	Noruega	7,8	0,7	9	2,70	3,7
	MUNDO	1143,2	100,0	-	-	-

bpd = barris por dia

Tabela 6.16. – Maiores Produtores e Reservas Mundiais de Petróleo em 2005 (EIA, 2011)

Produtores	(milhões bpd)	Exportadores*	(milhões bpd)	Consumidores	(milhões bpd)	Importadores*	(milhões bpd)
1. Arábia Saudita	10,5	1. Arábia Saudita	6,35	1. EUA	19,15	1. EUA	9,01
2. Rússia	10,1	2. Rússia	5,43	2. China	8,37	2. Japão	3,88
3. EUA	9.65	3. Irão	2,24	3. Japão	4,42	3. China	3,44
4. Irão	4,25	4. Nigéria	2,09	4. Índia	3,22	4. Índia	2,62
5. China	3,84	5. Emiratos Árabes	1,96	5. Rússia	2,69	5. Coreia Sul	2,32
6. Canadá	3,46	6. Iraque	1,88	6. Arábia Saudita	2,68	6. Alemanha	1,97
7. México	2,98	7. Angola	1,82	7. Brasil	2,60	7. Itália	1,54
8. Emirat. Árabes	2,81	8. Noruega	1,77	8. Coreia Sul	2,25	8. França	1,44
9. Brasil	2,75	9. Canadá	1,49	9. Canadá	2,23	9. Espanha	1,06
10. Nigéria	2,46	10.Cazaquistão	1,41	10.México	2,14	10. Holanda	0,97
11. Kuwait	2,45	11.Kuwait	1,35	11.França	1,81	11. Reino Unido	0,96
12. Iraque	2,41	12.México	1,31	12.Reino Unido	1,63	12. Taiwan	0,95
13. Venezuela	2,37	13.Líbia	1,30	13.Itália	1,50	13. Singapura	0,86
14. Noruega	2,13	14.Venezuela	1,27	14.Espanha	1,44	14. Canadá	0,81
15. Argélia	2,08	15.Argélia	1,26	15.Holanda	1,03	15. Tailândia	0,79
Mundo	86,71	Mundo	41,30	Mundo	85,28	Mundo	42,23

*2009   bpd = barris por dia

Tabela 6.17. – Estatísticas do Petróleo em 2010 (EIA, 2011)

uma quota de 30% por parte de Angola. Entretanto, a Índia já prometeu abrir um centro de corte e polimento de diamantes em Luanda, como contrapartida para a sua entrada na extracção de diamantes. De notar que em 2030, este país irá ultrapassar a Rússia e o Japão, e passará a ser o 3º maior consumidor de energia no mundo, tendo de importar praticamente todo o petróleo que consome.

Por seu lado, o Brasil lançou o acordo IBSA em conjunto com a Índia e a África do Sul, estando à procura de oportunidades em todo o continente africano, principalmente em Angola (exploração mineira, petrolífera, construção e agricultura), na Nigéria (petróleo) e em Moçambique (exploração mineira).

A situação da Rússia é diferente, teve um papel político importantíssimo até à *perestroika*, ao fornecer ajuda militar e formação a vários a políticos africanos. Mais recentemente, aumentou as suas trocas comerciais e lançou parcerias público-privadas com a África do Sul e o Congo, estando a negociar as mesmas com Angola. Entre 2000 e 2006, as suas exportações para África aumentaram de 385 milhões € para 920 milhões €, e as importações de 770 milhões € para 2 700 milhões € (Ferreira, 2008a). Ainda são valores pequenos, apenas 2% do comércio externo russo, mas a tendência é para aumentar. Por alguma razão, este país perdoou dívidas de 10 800 milhões € aos países africanos, do período de 1998-2004.

Entretanto, Portugal recuperou alguma influência cultural e social nos PALOP. Afinal, a língua é a mesma, os hábitos são similares e existem vários laços familiares. A China aproveitou como tal, para estabelecer o *Fórum para a Cooperação Económica e Comercial entre a China e os Países de Língua Portuguesa* em 2003, sediado em Macau. Desde então, Portugal não demonstrou qualquer entusiasmo na ideia. Pelo contrário, em vez de fomentar as suas relações com a China através de Macau e de usar a sua pequena, mas ainda existente, influência em África, receou ser usado e posto de parte pelos chineses. Participou por isso de forma discreta nos *"1º Jogos da Lusofonia"* organizados pelos chineses em Macau, em 2006, e organizou os *"2º Jogos da Lusofonia"* em Lisboa, em 2009, sem especial relevo.

Deste modo, os chineses têm entrado sozinhos nos PALOP e têm estabelecido relações económicas impressionantes, principalmente com Angola, através de enormes linhas de crédito. Este país é já o pri-

OPORTUNIDADES DE NEGÓCIO

meiro parceiro comercial africano, à frente da África do Sul. Os empreiteiros chineses têm aqui construído e reparado uma lista impressionante de infra-estruturas em troca de petróleo: hospitais, escolas, estádios, estradas, auto-estradas, fornecimento de água e tratamento de resíduos. Retiraram assim perto de 70% do trabalho de construção aos empreiteiros portugueses, especialmente nas infra-estruturas, utilizando ainda para mais uma força de trabalho composta parcialmente por reclusos (Andrade, 2005). Cerca de 50 000 trabalhadores e perto de 100 empresas chinesas estão actualmente a trabalhar no país. Já existem vôos directos da Air China e da TAAG.

A China forneceu também uma ajuda financeira de 400 milhões € para a reconstrução da linha ferroviária de Benguela danificada pela guerra, com um comprimento de 1344 km e que liga o porto de Lobito ao interior angolano e ao Zaire. De notar que este último país tem imensos minérios, muitos deles fundamentais para as altas tecnologias. Esta infra-estrutura será igualmente ligada à linha ferroviária da Zâmbia, permitindo a este outro país também movimentar os seus produtos através dos portos angolanos. A 1ª fase dos trabalhos no valor de 1 300 milhões € será realizada pelo empreiteiro chinês *CR20*. Um trabalho que também se espera ser realizado por firmas chinesas é a reabilitação da linha ferroviária do sul de Moçâmedes, que possui 800 km e ligação à Namíbia, por um valor de 900 milhões €.

Em Moçambique, a China concedeu isenções a 420 produtos agrícolas locais e o comércio externo mais do que triplicou entre 2007 e 2010, tendo atingido 540 milhões €. A China é agora o 3º parceiro, a seguir à Holanda e à África do Sul. O *Exim Bank of China* concedeu um financiamento de 1700 milhões € para construção da barragem de Mpanda Nkuwa, com uma potência de 1300 MW, e estão a ser negociados 26 outros projectos num total de 1 600 milhões €. Empresas chinesas têm vindo a construir estradas, pontes, instalações militares e vários edifícios públicos, tendo também realizado a modernização do aeroporto do Maputo no valor de 85 milhões €. O principal investimento chinês no país será da *Wuhan Iron and Steel* na produção de carvão, no valor de 750 milhões €, e foi anunciado um novo projecto da congénere *Kingho* no valor de 3 800 milhões €. A modernização do porto da Beira, irá também facilitar o escoamento da produção de instalações chinesas em países vizinhos, como a Zâmbia ou o Zimbabwe. Por sua vez, o início em breve de vôos directos entre Maputo e Pequim, deverá trazer bastantes turistas chineses atendendo ao baixo nível de preços (MacauHub, 2011).

Finalmente, Macau está a tentar posicionar-se simultaneamente como um centro mundial de turismo e lazer, e como uma plataforma para a cooperação entre a China e os PALOP, razão pela qual foi requerida a sua entrada na CPLP. Para esse efeito, é fundamental o seu conhecimento local da cultura portuguesa, bem como o facto de 120 000 cidadãos nascidos no território terem recebido o passaporte português antes do acordo de reversão, embora muitos não falem português.

Ainda assim, não nos devemos esquecer que nos anos 90, Portugal tentou ser uma plataforma entre a UE e os PALOP, o "Triângulo Portugal/África/UE", e falhou redondamente. Os países europeus estabeleceram relações políticas e económicas directamente, reforçando também as suas relações culturais ao oferecer, por exemplo, bolsas para cursos nas suas universidades (Bethencourt *et al.*, 2000).

6.5.2. Oportunidades de Negócio no Triângulo

Os PALOP são bastante diferentes entre si do ponto de vista económico. Moçambique, por exemplo, é um país de 20 milhões de habitantes, ainda dependente da agricultura e da ajuda estrangeira, com um PIB per capita de 330 €, um décimo de Angola. As recentes descobertas de carvão, petróleo e gás natural poderão vir a alterar esta situação, mas só daqui a vários anos (AICEP, 2010b). A China está agora a fazer prospecções destas duas últimas matérias-primas, estando também interessada nos biocombustíveis, pelo que começou a fornecer importantes linhas de crédito.

Pelo contrário, Angola[6] é um dos países mais ricos do mundo em termos de recursos naturais, tendo ao mesmo tempo cerca de 20 milhões de habitantes, o que face à sua grande área conduz a uma baixa densidade populacional. Basta ver que a China, embora seja 8 vezes maior em área, tem 65 vezes mais população. Isso explica porque a subida do

---

[6] Angola foi sempre considerada a "Jóia da Coroa" após a independência do Brasil. Aquando da bancarrota de Portugal em 1892, foi a única colónia que o país pensou poupar, caso viesse a saldar a sua dívida externa com a venda das colónias. De notar que já em 1851 tinham sido vendidas as ilhas das Flores e de Solor, na Indonésia, à Holanda (Monteiro, 2010).

OPORTUNIDADES DE NEGÓCIO

preço do petróleo, juntamente com algumas infra-estruturas portugue-sas ainda em funcionamento, foram o suficiente para um país destruído pela guerra civil ultrapassar rapidamente o PIB per capita da China, que começou a sua modernização há 30 anos atrás. Assim, Angola tinha já um PIB per capita em valor nominal de 2274 € contra 1600 € da China em 2006. Para 2012, estima-se um crescimento de 10.5% para a economia angolana, superior ao da própria economia chinesa. Além disso, Angola tem algumas características importantes (Santos, 2006):

- Apesar de destruída pela guerra, tem já profissionais com excelentes formações, tendo alguns estudado nas melhores universidades europeias e americanas.
- Estando actualmente numa posição de topo, tenderá a preterir as empresas ou bancos que não aceitem as suas políticas estratégicas. Daí exigir uma quota de 49% no capital social e na administração de grandes investimentos estrangeiros.
- O governo ambiciona a que as empresas estatais e privadas invistam, e sejam cotadas nos mercados mundiais. Para isso, nada melhor do que começar por adquirir acções de empresas portuguesas (ex. a *Sonagol* possui já quotas na *Galp, EDP, BCP e BPI*).
- Necessita de ter estrangeiros que conheça desde há bastante tempo e em quem possa confiar, o que acontece com vários profissionais e políticos portugueses.
- O preço do petróleo tem levado as autoridades a uma "posição de leilão", em que contam com os EUA, França, Índia, Brasil, Portugal e outros países para contrabalançar a influência chinesa. Economistas do MPLA como Andrade (2005) são bastante claros, ao argumentar que a China ainda está 100 anos atrás dos EUA, e que o seu recente crescimento económico foi ganho à custa de sacrifícios na saúde e na educação, não devendo Angola negligenciar o Ocidente.

Nos PALOP, todas as actividades têm um grande potencial, dado o pequeno nível de desenvolvimento. Com efeito, em 2009, as exportações portuguesas para Angola atingiram 18% do total e as importações 1% do total; as exportações para Moçambique foram de 3.5% do total e as importações 1.6% do total; o investimento português em Angola atingiu 580 milhões € e 5.2% do investimento estrangeiro, ao passo que em Moçambique foi de 143 milhões € e 22.2% do investimento estrangeiro (AICEP, 2010a;b). Portugal tem tido até aqui uma forte influência, especialmente nas seguintes áreas:

- Reconstrução e Expansão de Infra-estruturas
- Reactivação da Agricultura e Limpeza de Minas Terrestres
- Reconstrução e Expansão do Imobiliário
- Investimento em Indústrias Ligeiras
- Investimento em Serviços
- Programas de Saúde
- Modernização do Sistema Jurídico
- Reforma da Administração

Os ambientes económicos africanos são bastante complexos e Portugal é apenas um pequeno país no século XXI, já não é uma "potência europeia", sendo África um dos poucos mercados restantes para muitos dos seus produtos. As empresas portuguesas têm uma dimensão pequena ou pretendem diversificar o seu risco em mega-projectos (ex. refinarias de petróleo, prospecção de gás em offshores, indústria mineira), por isso necessitarão de parceiros, que podem ser empresas locais e também outras empresas estrangeiras como as chinesas. O problema clássico será conseguir os parceiros ideais.

Entretanto e tal como disse um diplomata português, "pelas vastas savanas, o vento do Oriente está a soprar mais forte do que o do Ocidente". O que pode Portugal fazer? De certa forma, irá competir com gigantes como o Brasil ou a África do Sul, mas uma vez que o mercado é tão vasto, existe lugar para todos. O que pode então vender? À partida "História". Isso corresponde às relações culturais e familiares com as populações dos PALOP, ao conhecimento de tradições variadas, à confiança e à linguagem comum desde há séculos. Tudo isto pode ser tomado em conta para formar um triângulo económico, quando um "estrangeiro" como a China surge, através das seguintes oportunidades de negócio:

- Aquisição de acções ou parcerias com empresas portuguesas já instaladas, com uma boa quota de mercado ou até mesmo líderes de mercado, aproveitando os actuais movimentos de consolidação; estas empresas têm a vantagem adicional de conhecer bem as características do mercado local.

- Obtenção de marcas com tradição e bem aceites pelo público via estas empresas com capital português, como as cervejas *Nocal, Cristal, Pampa* e *Cuca*.
- Obtenção de uma entrada na Europa via as empresas dos PALOP, tirando partido do estatuto especial de tarifas GSP garantidas pela UE a estes países.
- Apoio da consultadoria portuguesa, atendendo a que as leis e o sistema fiscal são baseados nos seus homólogos portugueses; a maioria das infra-estruturas (água, esgotos, electricidade, telefones) e das estruturas (edifícios, pontes, fábricas), foi construída por empresas portuguesas que ainda possuem os seus projectos, têm informação diversa nos seus arquivos e sabem as regulamentações utilizadas; por sua vez, vários profissionais e autoridades locais estudaram em Portugal, o que proporciona uma ampla rede de contactos.
- Obtenção de profissionais com fluência em português/chinês, via a anterior comunidade portuguesa de Macau.
- Obtenção de técnicos com experiência ao nível dos hábitos locais dos PALOP e com conhecimento de anteriores desempenhos de fábricas, infra-estruturas, clima e território; a saúde e a engenharia são assim sectores primordiais.

É claro que sendo o "estrangeiro" um país grande como a China, com grande empresas públicas, será sempre mais difícil a Portugal ter um papel de parceiro, do que face a pequenos países como a Suécia ou a Hungria, baseados em empresas privadas. Estes irão querer dividir o risco e ter parceiros com experiência no mercado. Contudo, as empresas privadas chinesas de menor dimensão estão a chegar, o que poderá facilitar o triângulo.

As empresas chinesas, assim como as empresas dos PALOP, poderão também aproveitar o facto de instituições portuguesas como o *INE- -Instituto Nacional de Estatística*, o *Banco de Portugal*, o *Ministério da Saúde* e o *Ministério da Economia*, terem estatísticas de períodos superiores a 50 anos, que poderão dar um excelente contributo não só para pesquisa histórica e económica, como também para aplicações futuras no desenvolvimento, como por exemplo:

- Estudos climáticos e suas aplicações à agricultura, pecuária, seguros e engenharia (hidráulica, infra-estruturas de saneamento e abastecimento de água, estruturas, térmica, produção e distribuição de energia)
- Estimativas de produção agrícola para todo o território e estudos de espécies vegetais e animais diversas (agricultura, pesca, pecuária)
- Estudo de doenças e epidemias, com a sua distribuição em função da idade, sexo, etnia e região (dimensionamento de sistemas de saúde e de segurança social, em termos de recursos humanos, engenharia e gestão financeira)
- Estudos de prospecção mineira de todo o território (minérios, pedreiras, petróleo e gás natural)
- Estatísticas de portos e caminhos-de-ferro (logística, transportes, engenharias diversas)

Algumas destas estatísticas estão já a ser digitalizadas e cedidas em programas conjuntos para utilização futura. Moçambique, por exemplo, tem já um instituto de estatística bastante desenvolvido, com informação on-line, algo que não existe em Angola. Veja-se o caso de futuras barragens. A África do Sul está agora a ter falhas de energia, devido à falta de investimentos em novas centrais eléctricas nos últimos anos. Deste modo, está dependente do fornecimento de energia de países vizinhos como Moçambique, que apenas necessita de 300 MW do total de 2075 MW fornecidos pela estação de Cahora Bassa (Ferreira, 2008b). Por outro lado, a China está a financiar a construção de novas barragens em Moçambique, pelo que Portugal poderá ser um importante parceiro pelo seu conhecimento das condições climatéricas ao longo dos anos, que são fundamentais para a construção de uma barragem.

De salientar contudo, que Portugal tem muito pouco tempo para expandir as suas relações e fomentar triângulos com outros países, talvez apenas 10 anos. As gerações locais mais antigas estão a falecer, e países como Moçambique poderão até um dia abraçar a cultura anglo--saxónica. Pelo contrário, Angola está agora a tentar estudar o seu passado antes da chegada portuguesa, para escrever uma história global do país. Isso irá aumentar a sua auto-estima e ajudar a cimentar a sua posição no mundo actual (Kamaxilu, 2007). O Estado português terá assim de investir mais na sua relação com os PALOP, ou arriscar-se-á a estar condenado ao "papel timorense", isto é, envia professores e polícias para Timor, mas depois o petróleo e a indústria mineira são exploradas pela Austrália e pela Indonésia.

Em 2007, por exemplo, Angola atribuiu 342 vistos de trabalho a Portugal, enquanto à China atribuiu 22 043. Ainda não existe um acordo de tributação de impostos entre Portugal e Angola, mas com Moçambique já existe desde 1995. Isto resulta do ambiente gerado pela guerra civil e pelos atritos relacionados com a dívida acumulada de Angola a Portugal até 2002. Com efeito, as negociações desta foram difíceis e tiveram um desfecho problemático, sobretudo atendendo à necessidade de o governo português ter de diminuir o défice orçamental desse ano: na dívida ao Estado de 750 milhões €, foi pago 27% do total e o restante será pago durante 25 anos a uma taxa de juro de 1.75%; nas dívidas aos bancos privados no valor de 400 milhões € e nas dívidas às empresas privadas no valor de 600 milhões €, foram pagos 35% do total e os restantes 65% tiveram de ser perdoados. Posteriormente, as autoridades portuguesas garantiram uma linha de crédito de 700 milhões € em 2006, e estava em negociação uma nova linha de 400 milhões €.

Em termos da sua posição nos PALOP, entre 2004 e 2008, Portugal investiu um total de 1200 milhões € em Angola e recebeu deste país 100 milhões €, a nível directo, o que não inclui investimentos feitos através de offshores. Estima-se que o valor acumulado do investimento estrangeiro neste país tenha sido de 35 000 milhões € durante este período, enquanto o valor acumulado do investimento angolano no exterior terá sido de 4 000 milhões € (AICEP, 2010a). Até há pouco tempo, o grupo *Espírito Santo*, através da *Escom*, era o maior investidor português, tendo investido 750 milhões € na banca, nos minérios, na imobiliária, no retalho, na agricultura e na pesca. Outros investidores principais eram a *Galp, PT, Teixeira Duarte, Mota-Engil, Soares da Costa, Visabeira, Nutrinveste, Secil, Efacec e Salvador Caetano*. Os bancos portugueses detêm uma quota de mercado de perto de 40% do total, via essencialmente quatro bancos:

- *BFA-Banco de Fomento de Angola*, neste momento o 2º maior banco, uma parceria em que o *BPI* tem 51% e o operador angolano de telecomunicações *Unitel* tem 49%, com uma quota de mercado de 18%.
- *BESA-Banco Espírito Santo Angola* em que o *BES* tem 51% e os restantes 49% pertencem a diversos investidores angolanos, com uma quota de mercado de 11%.
- *Millenium Angola*, uma parceria em que o *BCP* tem 51% e a *Sonangol* e o *Banco Privado Atlântico* têm 49%, com uma quota de mercado de 7%.
- *BCGTA-Banco Caixa Geral Totta de Angola*, uma parceria em que a *CGD* e o *Santander Totta* têm 51% em partes iguais, a *Sonangol* tem 25% e os restantes 24% pertencem a investidores angolanos, com uma quota de mercado de 2%.

Por seu lado, Angola deseja globalizar a aplicação dos fundos fornecidos pela indústria de petróleo, à semelhança da Noruega e dos países do Médio Oriente (Carlos, 2007). É o caso da empresa petrolífera do Estado, *Sonangol*, que tem agora uma quota de 45% da *Amorim Energia*, a qual detém 33.3% da *Galp Energia*, tendo lançado uma parceria com a *Galp* para adquirir a empresa petrolífera *Enarcol* de São Tomé, aquando da sua privatização. Possui também uma quota de 12.4% do *BCP*, e já entrou na PT e na EDP. Na China, adquiriu 51% da *Star Fortune International Investment* em 2009, empresa que opera na extracção e distribuição de carvão. Também o banco angolano *BIC* tem uma parceria com o *Grupo Amorim* em Portugal, o banco *BIC Portugal*.

Em Moçambique, Portugal investiu um total de 400 milhões € entre 2005 e 2009. A nível de investimento estrangeiro acumulado, este país recebeu 2 400 milhões € entre 2000 e 2009 (AICEP, 2010b). Países como os EUA, o Reino Unido e o Brasil, têm estado recentemente a fazer enormes investimentos que irão atingir um total de 7 000 milhões €, ultrapassando bastante os investimentos portugueses. Um problema ainda complexo é o facto de a terra pertencer ao Estado, o que significa que as empresas privadas são forçadas a alugá-lo por um certo período de anos. Os grupos portugueses focaram-se no sector da banca, turismo (*Pestana, Visabeira*), cimentos (*Cimpor*), combustível (*Galp*) e serviços (*Entreposto, Visabeira*). Os bancos portugueses possuem uma quota de mercado de cerca de 70%, via essencialmente dois bancos:

OPORTUNIDADES DE NEGÓCIO

- *BIM-Banco Internacional de Moçambique*, maior banco moçambicano, uma parceria em que o *BCP* tem 67% e accionistas locais têm 33%, com uma quota de mercado de 41%.
- *BCI-Banco Comercial e de Investimento*, 2º maior banco, em que o *BPI* tem 30%, a *CGD* tem 51% e o grupo *Insitec* ligado à construção local tem 18%, com uma quota de mercado de 30%.

De realçar que no total, Angola e Moçambique possuem 7 dos 100 Maiores Bancos de África, nas seguintes posições: o *BAI-Banco Africano de Investimento* (33º), o *BFA* (34º), o *BIC-Banco Internacional de Crédito* (62º), o *BPC-Banco de Poupança e Crédito* (63º) e o *BESA* (65º), todos de Angola, e o *BIM* (70º) e o *BCI* (95º) de Moçambique. Os cinco maiores bancos de África são sul-africanos (África Today, 2011).

O Brasil é um rival importante nos PALOP, especialmente em sectores que necessitam da mesma língua, como a saúde, a justiça e a educação, que são nichos de mercado para Portugal. Foi anunciado há pouco tempo, por exemplo, o lançamento de uma universidade para estudantes dos PALOP no norte do Brasil. Neste momento, está a fornecer um forte programa de ajuda a Angola, pois também conta com o seu apoio para se tornar um membro permanente da ONU. Um dos argumentos que este país utiliza para abrir portas com os PALOP, é o facto de também ter sido uma colónia portuguesa, com muitas ligações familiares ao povo africano. Assim, foi comemorado o 185º aniversário da sua independência em Angola durante uma semana, com vários eventos da embaixada e de empresas privadas (Kamaka, 2007). Outros argumentos são a sua experiência em bio-combustíveis, em particular o etanol da cana-de-açúcar, com toda a tecnologia envolvente que também tenta vender.

Em 2007, foram assinados novos contratos, fomentando as trocas entre os dois países em 2 000 milhões € (Prado, 2007). Para além disso, o Brasil assinou uma linha de crédito de 1000 milhões €, focada principalmente em projectos de construção brasileiros em Angola, e está agora a planear uma nova linha de crédito de 700 milhões €.

Em Moçambique, a empresa brasileira *Companhia Vale do Rio Doce* está a investir 1200 milhões € numa mina gigantesca de carvão em Moatize, onde foi descoberta uma das maiores reservas de carvão do mundo, que irá exportar a sua produção através da linha férrea até ao porto da Beira.

Esta linha foi dada em concessão à empresa indiana *Rites and Ircon*, que irá investir 150 milhões € na sua reparação (Revercho, 2006).

Entretanto, as trocas comerciais entre a China e a CPLP-Comunidade dos Países de Língua Portuguesa aumentaram 66% em 2008, para um total de 55 000 milhões €. O Brasil foi o primeiro parceiro, com exportações de 21 300 milhões € e importações de 13 400 milhões €, seguindo-se Angola com exportações de 18 000 milhões € e importações de 2 000 milhões €, só depois surgindo Portugal com exportações de 275 milhões € e importações de 1 600 milhões € (MOFCOM, 2011a). É assim nítida a posição da China ao nível da importação directa de matérias-primas destes países.

Já em relação às trocas comerciais entre Portugal e os PALOP (tabelas 6.18 e 6.19), Portugal foi o 1º fornecedor de Angola e o seu 12º cliente em 2008, e foi o 5º fornecedor de Moçambique e o seu 8º cliente em 2009, tendo assim uma posição predominante apenas na exportação de produtos industriais para Angola.

A grande maioria de todas estas trocas comerciais envolveram relações apenas bilaterais, mas já existem triangulações Portugal/África/China. Assim, por exemplo, a *Sonangol* tem sido a principal empresa angolana nas parcerias com empresas chinesas, como a *China Sonangol Internacional Holdings* com sede em Hong-Kong, em que 70% do capital pertence à chinesa *New Bright*, e que detém um total de 48 empresas. Algumas destas têm negócios conjuntos com o grupo *Escom*, até há pouco tempo pertença maioritária do grupo *BES*. Este mesmo grupo possui uma posição de 2.5% no bloco petrolífero 18, aonde estão a *Sonangol* e a *Sinopec* (Filipe, 2009).

Por outro lado, dada a actual crise financeira mundial, muitas empresas e grupos irão reestruturar os seus negócios, cedendo, por exemplo, posições em empresas noutros países, como foi o caso da *Portugal Telecom* no Brasil ao vender a sua posição de 30% na *Vivo*, ou do grupo *BES* ao vender a sua posição de 67% na *Escom* à *Sonangol*. Também os bancos portugueses poderão realizar futuros aumentos de capital, para atingir as novas exigências do Banco de Portugal. Outra alternativa serão as privatizações já anunciadas pelo governo português em que, por exemplo, a *State Grid Corporation of China* já manifestou interesse na *REN* e na *EDP*, no âmbito do aprofundamento de parcerias para projectos de investimento em África e na América do Sul. Tudo isto trará oportunidades às

OPORTUNIDADES DE NEGÓCIO

empresas chinesas e às empresas dos PALOP, podendo facilmente surgir triangulações de negócios.

Clientes	Valor (milhões €)	Quota (%)	Variação (%)
1 China	17 404	35,4	22,6
2 EUA	15 192	30,9	6,6
3 França	3 147	6,4	20,7
4 África do Sul	2 114	4,3	17,6
5 Canadá	2 016	4,1	66,1
6 Brasil	1 770	3,6	71,3
12 Portugal	467	1,0	-16,2
TOTAL	49 165	100	-

Fornecedores	Valor (milhões €)	Quota (%)	Variação (%)
1 Portugal	2 970	18,4	51,1
2 China	2 599	16,1	147,3
3 EUA	1 872	11,6	71,3
4 Brasil	1 759	10,9	69,1
5 África do Sul	791	4,9	19,5
6 França	662	4,1	4,9
TOTAL	15 737	100	-

Tabela 6.18. – Distribuição das Trocas Comerciais de Angola em 2008 (AICEP, 2010a)

Clientes	Valor (milhões €)	Quota (%)	Variação (%)
1 Holanda	679	47,6	-40,1
2 África do Sul	165	11,6	-11,9
3 China	54	3,8	65,9
4 Índia	41	2,9	153,3
5 Malawi	33	2,3	14,8
6 EUA	30	2,1	193,4
7 Espanha	27	1,9	2,1
8 Portugal	23	1,6	39,7
TOTAL	1 425	100	-

Fornecedores	Valor (milhões €)	Quota (%)	Variação (%)
1 África do Sul	836	33,5	2,5
2 Holanda	210	8,4	-57,0
3 Índia	147	5,9	45,9
4 China	105	4,2	-4,1
5 Portugal	87	3,5	7,5
6 EUA	82	3,3	-26,5
7 Japão	82	3,3	-8,2
8 França	17	0,7	3,9
TOTAL	2 495	100	-

Tabela 6.19. – Distribuição das Trocas Comerciais de Moçambique em 2009 (Banco de Portugal, 2009)

No sentido inverso, também poderão surgir oportunidades de expansão para as empresas portuguesas nos PALOP, via parcerias ou via movimentos de consolidação dos diversos sectores, após os fortes crescimentos iniciais. O empresário chinês Stanley Ho de Macau, por exemplo, lançou o *Moza Banco* em Moçambique em 2008, uma aliança com 250 investidores locais. Serão lançados bancos idênticos em todos os PALOP que tenham relações com a China, abrindo portas a negócios conjuntos com Portugal. Deste modo, em 2011, o grupo *BES* adquiriu já uma posição de 25% neste banco.

Capítulo 7
Conclusões

Considerando todas as fontes consultadas e as análises que foram sendo feitas ao longo da evolução do livro, foi possível chegar às seguintes conclusões principais:

– A China era um gigante adormecido que acordou como um dragão vigoroso, e está disposta a recuperar a sua posição de superpotência nº 1 antes da Revolução Industrial. Possui a área, uma população de 1300 milhões de pessoas e a vontade. Pequim prepara-se já para substituir Nova Iorque e ser a "Capital do Mundo", como foi no passado. Os Jogos Olímpicos foram só um passo nessa estratégia. Os chineses falam agora do "Renascimento da China" e não da "Ascensão da China", o que a médio/longo prazo irá alterar a *pax americana* a todos os níveis, incluindo o militar. O país irá assim deixar de ter um papel passivo, apenas centrado no crescimento das exportações de baixa a média tecnologia.

– Dentro de 30 a 50 anos, as economias emergentes poderão ultrapassar as economias dos países actualmente mais desenvolvidos, o que conjuntamente com o aumento da população em mais 2000 milhões de habitantes, irá criar uma forte pressão nos recursos naturais como os combustíveis fósseis, os alimentos, a água, a terra arável e os minérios. Os grandes exportadores de matérias-primas, como a Rússia ou o Brasil, estarão especialmente bem enquanto controlarem as mesmas. Já os grandes importadores de matérias-primas como a China estarão bastante dependentes. Também os recursos financeiros serão disputados mundialmente, o que será agravado pelos desequilíbrios nas trocas comerciais e levará ao fim de toda uma época de juros baixos e de crédito fácil. Os habituais mecanismos da oferta e da procura no comércio internacional, bem como a aposta nas vantagens comparativas, não serão provavelmente suficientes para produzir um reequilíbrio das relações entre os povos, o que produzirá o regresso de algum proteccionismo e o recuo da globalização.

– Só novos avanços tecnológicos, que permitam extrair mais benefícios dos recursos disponíveis, permitirão esse reequilíbrio. Não existindo estes avanços, a convergência entre as economias mundiais não será feita pelo topo, o que implicará uma diminuição do rendimento e dos hábitos de consumo nos cidadãos dos países mais desenvolvidos. Tal promoverá novos conflitos, económicos ou bélicos, regionais ou globais. O Médio Oriente, África e até zonas mais distantes como a Antártida, serão alvo de novas disputas para além das já iniciadas. Isso desencadeará uma nova corrida aos armamentos, que Pequim e Nova Deli também já começaram, assim como o reforço dos actuais blocos regionais. Aí a China estará sozinha, dado o seu gigantismo e a diferença de cultura. Muitos analistas já antevêem a realização de cimeiras G-2, entre os EUA e a China, como no passado com a Rússia.

– Entretanto, os economistas estimam que a China poderá atingir o PIB dos EUA em valor nominal dentro de 30 anos, ainda que o valor correspondente por habitante seja apenas de um quarto. Isto representa um desafio completamente fora de escala para o mundo inteiro. Do Ocidente, existem claros sinais de declínio e divisão interna da Europa, sem sinais de cura no horizonte. Só os EUA e o Japão estão a conseguir manter um ritmo estável. Os outros países BRIC também estão com uma boa dinâmica, especialmente o Brasil, já com um PIB em valor nominal superior aos da Rússia e da Índia, mas só a Índia terá uma população de igual dimensão à da China, ainda que para um território muito inferior.

CONCLUSÕES

Mais do que nunca, o capital humano será o factor determinante na competição entre os países.

– Está a aumentar a rivalidade Índia-China, ainda que de forma discreta e mesmo que Pequim, por enquanto, considere que pertence a um campeonato aonde só se encontram os EUA. A Índia poderá ser mais atractiva em alguns sectores e possui uma cultura mais próxima dos padrões ocidentais. Contudo, não é uma nação homogénea e apresenta muitas outras desvantagens, mesmo com um Estado menos intervencionista. O seu PIB é apenas um quarto do chinês, exporta um sétimo dos bens e recebeu um investimento estrangeiro acumulado de apenas um terço.

– A China está agora a investir fortemente na tecnologia e a apostar na inovação doméstica, depois de um longo período de intensa importação tecnológica, num processo evolutivo semelhante ao do Japão no passado. A sua aposta numa "Corrida ao Espaço" é já visível, assim como o reforço das suas forças armadas, pois não nos podemos esquecer que há pouco mais de 60 anos, o país ainda estava invadido pelo Japão. Começou também a expandir os seus investimentos a nível global, num esforço para garantir acesso às fontes de matérias-primas, obter alguma tecnologia elevada dos países desenvolvidos, garantir fácil acesso aos mercados e diversificar os riscos estratégicos. Assim, Pequim iniciou uma nova "corrida em África e na Europa, com um pé na América Latina."

– A China é actualmente o 1º exportador mundial e o 2º importador mundial de bens, ao passo que em serviços é o 4º exportador e o 3º importador. No total das trocas comerciais em 2010, atingiu quotas de 9.3% nas exportações mundiais e de 8.4% nas importações mundiais. Em termos das trocas inter-regionais no mundo, a China já abrange mais de 18.3% das exportações e 15.4% das importações. Face à União Europeia é já o seu 2º parceiro, muito próximo dos EUA em valor total de transacções, tendo pelo contrário um saldo comercial altamente desequilibrado a seu favor. Está também a preparar-se para ser o principal parceiro comercial de África, ainda para mais perante a actual fraqueza financeira do

Ocidente. Tal permitir-lhe-á obter muitas das matérias-primas de que precisa e, ao mesmo tempo, escoar exportações que os países desenvolvidos já não absorvem.

– Os países emergentes produziram uma reorganização global da produção. A China é actualmente a "Fábrica do Mundo", com quotas mundiais de 20 a 30% em sectores como os têxteis, o vestuário e os utensílios pessoais. Surpreendentemente, estima-se que cerca de 60% das suas exportações sejam produzidas por empresas com capital estrangeiro (FIE), das quais metade terá capital totalmente estrangeiro (WFOE), o mesmo se verificando com as importações. Em média, só 50% do valor acrescentado das suas exportações é chinês, pelo que após se retirarem os resultados recebidos pelos accionistas estrangeiros das FIE, calcula-se que apenas perto de 40% do valor total ficará no país. Trata-se de um rácio ainda inferior aos habituais valores em torno dos 60% a 70% no Ocidente.

– Este país é agora um dos maiores receptores de investimento estrangeiro (IDE), recebendo anualmente perto de 9% do total mundial, não se considerando Hong-Kong, o que equivale à quantidade conjunta recebida pela América do Sul e pela África Subsariana. Este valor contribuiu por sua vez para cerca de 5% do investimento total no país. Ao mesmo tempo, começou a investir por todo o mundo um valor de perto de metade das verbas recebidas, o que é alavancado pela presente crise financeira. Existem actualmente 46 empresas chinesas nas 500 Maiores Empresas do Mundo, 30 delas com sede em Pequim, mais 11 do que em Nova Iorque, pelo que a China está a tornar-se um novo "Jogador Global".

– Não obstante, o país terá que enfrentar grandes desafios nas próximas décadas. O seu sucesso actual é em grande parte baseado no trabalho de baixo custo e na reduzida segurança social, o que produz instabilidade política e social. A sua hierarquia política e a administração pública são complexas, e a justiça necessita de reformas profundas. O sistema económico é opaco, com bastante

CONCLUSÕES

crédito mal-parado e vários investimentos ineficientes. Existe um forte abismo entre a riqueza produzida nas áreas costeiras e nas regiões do interior, e por ano terão que ser criados 20 milhões de postos de trabalho. O ambiente encontra-se altamente poluído, em especial os aquíferos junto das áreas urbanas.

– O aumento do custo dos transportes e dos salários na China poderá produzir um novo fenómeno, o *"backshoring"*, que poderá suavizar os efeitos da anterior deslocalização de fábricas e escritórios, o *"offshoring"*, ao trazer de volta alguns investidores europeus e ao captar novos investidores chineses para a União Europeia. Afinal, ainda existem poucas marcas chinesas conhecidas mundialmente, donde emerge uma grande motivação para os investidores chineses comprarem empresas europeias, com marcas já bem estabelecidas.

– Portugal enfrenta um "Desafio Quádruplo": Elevado Endividamento + Perda de Competitividade + Crise Energética + Crise das Matérias-Primas. O país é cada vez mais um "jardim à beira mar plantado", não porque tenha grandes plantações, mas sim pela atrofia da sua indústria e da sua economia em geral. A maioria das empresas portuguesas não está a preparar-se para os desafios que os produtos chineses representam, maiores dos que os já sofridos pelo sector dos têxteis. Contudo, para além das necessárias medidas reactivas, poderão também estabelecer-se parcerias com firmas chinesas para o aumento das exportações portuguesas, e para captação de turistas e investidores chineses.

– A maioria das firmas portuguesas não está igualmente a considerar o mercado chinês. No entanto, já existem mais de 50 milhões de chineses com um rendimento disponível idêntico ao português, população que irá duplicar até 2020. Estima-se também que a China irá ultrapassar a Alemanha e se tornará o 3º mercado mundial em 2015, e que a sua compra de produtos de luxo atingirá 30% do mercado internacional por volta de 2025. Actualmente, o grupo de "elevado valor de compra" está concentrado em Beijing, Shanghai, Guangzhou e Shenzen, enquanto que o grupo de "médio valor de compra" está concentrado em cidades como Tianjin, Zuhai, Fuzhou, Ningbo, Wuhan e Wenzhou. Mesmo assim, o mercado está disperso, pois 50% dos principais consumidores vive fora das 40 maiores cidades. São normalmente clientes exigentes, procurando qualidade mais do que preço, não sendo leais às marcas. Técnicas de marketing e bons canais de distribuição são assim essenciais.

- Existem boas oportunidades para as empresas portuguesas, seja para investimentos ou para exportações, em especial nos serviços, dado estes ainda só representarem 40% do PIB. Sectores como o Turismo, o Ambiente e a Construção/Energia, possuem crescimentos anuais de 10%. Outros sectores potenciais são a Logística, a Venda a Retalho, os Transportes, as Comunicações, o Lazer e a Saúde. A importação de produtos/serviços chineses ainda não divulgados será também outra possibilidade, dados os menores custos associados. Em qualquer caso, os imigrantes chineses em Portugal poderão ser uma boa solução para estabelecer contactos.

- A China poderá ser um mercado difícil como país emergente, com muita burocracia e um forte controle das autoridades, que se coloca numa "posição de leilão" perante os estrangeiros. Requer uma perspectiva de longo prazo e um parceiro local, para melhor ultrapassagem destas barreiras. Existem 280 000 empresas estrangeiras no país, 30% delas sediadas em Hong-Kong, o que produz uma elevada competição nas principais cidades. Cidades periféricas como Xian, Chengdu, Suzhou ou Wenzhou poderão ser mais vantajosas dado o seu levado potencial de crescimento. Alem disso, a maioria dos imigrantes chineses em Portugal provem de Wenzhou. As regiões oeste e central do país estão agora a ser promovidas e boas ligações estão a ser finalizadas.

- Em alguns sectores, Portugal não tem suficiente tecnologia para apresentar à China, nem muitas marcas internacionalmente conhecidas, nem uma imagem específica. Em 2010, este país era o nosso 8º fornecedor e era apenas o nosso 16º cliente. As exportações para Macau eram pequenas, somente 10% das exportações

CONCLUSÕES

para a China continental, mas para Hong-Kong essa parcela era de 60%. Como tal, as empresas portuguesas terão que exportar produtos da máxima qualidade em nichos de mercado como moldes, produtos alimentares, produtos de beleza ou mobiliário de design moderno.

– Para exportar ou investir na China deverão ser seguidos vários passos difíceis, pelo que as empresas portuguesas deverão sempre começar a sua globalização por mercados mais fáceis e menos distantes. A maior parte das empresas estrangeiras abre subsidiárias em Hong-Kong e mesmo algumas empresas portuguesas têm preferido este território em alternativa a Macau, dado o seu maior dinamismo e escala. Novas empresas com capital totalmente estrangeiro (WFOE) estão a ser predominantes, mas na maioria dos casos será melhor estabelecer parcerias com investidores locais. As PME portuguesas irão provavelmente concentrar-se nas trocas comerciais, existindo já vários exemplos de sucesso.

– Ao mesmo tempo, Portugal oferece boas oportunidades para as empresas chinesas que queiram exportar ou investir na Europa. Mais uma vez, os imigrantes chineses a viver no país poderão ser parceiros cruciais para este esforço, tendo alguns já adquirido empresas locais. O porto de Sines está também a demonstrar a sua importância, e a aposta na aquacultura e no turismo poderão ser outras oportunidades.

– À excepção das exportações para Angola, as empresas portuguesas têm ainda pequenas trocas comerciais com os PALOP. No campo do investimento a situação é melhor, pois existem companhias portuguesas com boas quotas de mercado e até líderes locais, o que poderá promover pontes interessantes para os produtos e os investimentos chineses. Para isso, Portugal deverá tirar proveito do "Triângulo Portugal-África-China" e da sua influência passada em Macau. Actividades como os *Jogos da Lusofonia*, cuja 3ª edição será realizada em Goa em 2013, poderão ser úteis ao ter atletas da CPLP, Macau, Guiné Equatorial, Índia e Sri Lanka. Também a comemoração em 2013, do 500º aniversário da chegada do primeiro europeu à China por via marítima, Jorge Álvares, será um momento alto nesta dinâmica.

Em resumo, as autoridades e as empresas portuguesas deverão aproximar-se da China, de outro modo ficarão simplesmente "fora de cena". Esta aproximação não é fácil, mas também não é impossível. Outros países pequenos como a Irlanda ou a Hungria, conseguiram estabelecer parcerias excelentes e duradouras, sabendo maximizar as suas principais vantagens. Será pois do interesse de Portugal alcançar um relacionamento sólido e no mínimo de igual amplitude.

BIBLIOGRAFIA

ACLA (2011) – "Law Committees", All Lawyers Association of China, http://www.acla.org.cn

AFRICA TODAY (2011) – informação on-line, http://www.africatoday.co.ao/pt

AICEP (2007) – "As Oportunidades da China e da Índia", Agência para o Investimento e Comércio Externo de Portugal.

AICEP (2008) – "Angola: Uma aposta de Futuro", *idem*.

AICEP (2010a) – "Angola: Ficha de Mercado", *idem*.

AICEP (2010b) – "Moçambique: Ficha de Mercado", *idem*.

AICEP (2010c) – "Macau: Ficha de Mercado", *idem*.

AICEP (2011a) – "China: Ficha de Mercado", *idem*.

AICEP (2011b) – "As Várias Chinas da China", *idem*.

AIP (2002) – *Engenharias em Portugal no séc. XX: Metalomecânica*, Associação Industrial Portuguesa, Lisboa.

AKYUZ, Yilmaz (2010) – "China, East Asia need New Growth Strategy", *South Bulletin No. 48*, South Centre, Geneva.

ALESINA, Alberto (2006) – *The Future of Europe: Reform or Decline,* Massachusetts Institute of Technology, Cambridge.

AMARAL, Mira (2007) – "As Realidades da Economia Chinesa: ameaças e oportunidades para Portugal", Universidade Nova de Lisboa.

AMARAL, Mira (2008) – "Cahora-Bassa: o último acto", *Jornal Expresso*, 5 de Janeiro, Lisboa.

AMARO, Ana Maria (1998) – *O Mundo Chinês: um longo diálogo de culturas*, Instituto Superior de Ciências Sociais e Políticas, Lisboa.

ANDERSEN, Gerald (1998) – *Biographical Dictionary of Christian Missions*, MacMillan, New York.

ANDRADE, Vicente (2005) – "Angola na rota da Ásia", *Courrier International*, n.º 43, Lisboa.

ANIP (2008) – informação on-line, Agência Nacional para o Investimento Privado, Luanda, http://investinangola.com

AOJ (2008) – "Angola", *African Oil Journal*, http://www.africanoiljournal.com

APS (2007) – "Visão Estratégica do Porto de Sines", Administração do Porto de Sines.

ARNOLD, David (2005) – "Vietnam: Market Entry Decisions", Harvard Business School Publishing, Boston.

AZEVEDO, Vírgilio (2006) – "Cenários do Nuclear", *Jornal Expresso*, 18 de Março, Lisboa.

BAKER, Katie (2010) – "Chinese Tourism", *Newsweek*, 24th March, The Newsweek Daily Company, New York.

BANCO DE PORTUGAL (2007a) – *Relatório do Conselho de Administração 2006*, Lisboa.

BANCO DE PORTUGAL (2009) – *Evolução das Economias dos PALOP e de Timor-Leste*, Lisboa.

BARRACLOUGH, Geoffrey *et al.* (1986) - *The Times Atlas of World History*, Times Books Limited, London.

BCG (2007) – "Uma Introdução à China", Boston Consulting Group, www.bcg.com

BCG (2008) – "Financial Institutions in China", *idem.*

BCG (2010) – "Consumer Confidence and Spending", *idem.*

BCG (2011) – "11th Global Wealth Survey", *idem.*

BEA (2011) – "US Economic Accounts", US Bureau of Economic Analysis, http://www.bea.gov

BERGSTEN, Fred *et al.* (2008) – *China´s Rise: Challenges and Opportunities*, Center for Strategic and International Studies, Washington.

BETHENCOURT, Francisco *et al.* (2000) – *História da Expansão Portuguesa*, vol. 4 e 5, Temas e Debates, Lisboa.

BLOOMBERG (2011) – "Worldwide News", http://www.bloomberg.com

BONGARDT, Annette *et al.* (2006) – *The Role of Overseas Chinese in Europe in Making China Global*, INA, Lisboa.

BOXER, Charles (2001) – *O Império Marítimo Português 1415-1825*, Edições 70, Lisboa.

BREGOLAT, Eugenio (2007) – "Changes within China: a European perspective", 6th Euro-China Forum, Universidade Católica, Lisboa.

BROWN, Charlie (2010) – *Ascensão e Queda do Comunismo*, Publicações D. Quixote, Lisboa.

CAHEN, Michael (2005) – "Concepções da Frelimo são iguais às de Portugal", *Diário de Notícias*, 30 de Dezembro, Lisboa.

CAEIRO, António (2011) – "A Americanização do Quotidiano", *Jornal Expresso*, 15 de Janeiro, Lisboa.

CARDOSO, Fernando (2005) – "E Moçambique interessa?", *Jornal Expresso*, 25 de Março, Lisboa.

CARLOS, João (2007) – "Internacionalização da Sonangol passa por Portugal", *Africa 21*, n.º 3, Movipress, Luanda.

CASTC (2011) – informação on-line, China Aerospace Science and Technology Corporation, http://www.spacechina.com

CBR (2011) – "International Investment Position of Russia", Central Bank of Russia, http://www.cbr.ru

CCIA (2007) – informação on-line, Câmara de Comércio e Indústria de Angola, http://www.ccia.ebonet.net

CCPIT (2008) – "China Business Guide 2006", http://www.ccpit.org.cn

CHEN, Jie *et al.* (2008) – "Guide to Establishing a Subsidiary in China", Fenwick & West, San Francisco.

CHERU, Fantu *et al.* (2010) – *The Rise of China & India in Africa*, Nordiska Afrikainstitutet, Zed Books, London.

CHINA DAILY (2011) – "Daily News", http://www.chinadaily.com

CHINA OIL WEB (2011) – "China´s Crude Oil Import Data", http://www.chinaoilweb.com

CHINA ORG (2011) – "China News", State Council Information Centre, http://www.china.org.cn

CIMPOR (2011) – "Anúncio dos Resultados Consolidados 2010", http://www.cimpor.com

CLINE (2005) – *United States as a Debtor Nation*, Institute for International Economics, Washington.

CM (2008) – "China Motorway", http://www.chinamotorway.com

COUTINHO, Alexandre (2009) – "A Grande Invasão", *Jornal Expresso*, 14 de Novembro, Lisboa.

CRI (2010) – "Research Report on Chinese Wine Industry", Chinese Research and Intelligence, Shanghai.

BIBLIOGRAFIA

DENG Ping (2004) – "Outward Investment by Chinese MNC", *Business Horizons*, Vol. 47, No. 3, Indiana University, USA.

DREYER, June (2006) – *China's Political System: Modernization and Tradition*, Pearson Longman, London.

DSEC (2010) – "Informação Estatística", Direcção de Serviços de Estatutos e Censos, Governo RAE Macau, http://www.desc.gov.mo

DUCHÂTEL, Mathieu *et al.* (2011) – "China´s Sea Power, reaching out to the Blue Waters", European Council on Foreign Relations, http://www.ecfr.eu

EIA (2011) – "International Energy Statistics", Energy Information Administration of the US Government, http://www.eia.gov

EIU (2010) – "China´s Fastest Growing Cities", The Economist Intelligence Unit, http://www.eiu.com/champs

ELLIOT, Michael *et al.* (2006) – "Reflects", *Time Magazine,* 30th January, Time Warner Publishing B.V., Amsterdam.

ESTEVES, Dilma (2008) – *Relações de Cooperação China-África: O Caso de Angola,* Edições Almedina, Coimbra.

EUROSTAT (2011) – "Database Tables", http://epp.eurostat.ec.europa.eu

FAO (2006) – *State of World Aquaculture 2006,* Food and Agriculture Organization of the United Nations, Fisheries Department, Rome.

FAO (2009) – *State of the World´s Forests 2009, idem.*

FERREIRA, Manuel Ennes (2008a) – "A Rússia em África", *Jornal Expresso,* 19 de Janeiro, Lisboa.

FERREIRA, Manuel Ennes (2008b) – "Apagão Austral", *Jornal Expresso,* 16 de Fevereiro, Lisboa.

FERREIRA, André Faria (2008c) – *Obras Públicas em Moçambique: Inventário da Produção Arquitectónica executada entre 1933 e 1961,* Edições Universitárias Lusófonas, Lisboa.

FILIPE, Celso (2009) – "China conquista Angola com a ajuda da Sonangol", *Jornal de Negócios,* 31 de Agosto, Lisboa.

FORTUNE (2007a) – "The China 100", *Fortune Magazine,* 3rd September, Time Warner Publishing B.V., Amsterdam.

FORTUNE (2007b) – "2007 Global 500: The World's Largest Corporations", *Fortune Magazine,* 23rd July, *idem.*

FORTUNE (2010) – "2010 Global 500: The World's Largest Corporations", *Fortune Magazine,* 10th July, *idem.*

FRITZE, Ronald (2002) – *New Worlds: The Great Voyages of Discovery 1400-1600,* Sutton Publishing, Stroud, UK.

FT (2010) – "Financial Times Global 500 - 1st quarter report", Financial Times, www.ft.com

GAMBLE, William (2002) – *Investing in China,* Quorum Books, London.

GAO (2003) – "Mexico´s Maquiladora Decline affects US-Mexico Border Communities", July, US General Accounting Office, http://www.gao.gov

GARELLI, Stéphane – "Competitiveness of Nations: the fundamentals", International Institute for Management Development, Lausanne.

GBCC (2011) – "Improving Professionalism among China's Judges", Great Britain China Centre, http://www.gbcc.org.uk

GI (2008) – "Economic Survey", Ministry of Finance, Government of India, http://indiabudget.nic.in

GOSSET, David (2007) – "China Today", 6th Euro-China Forum, Universidade Católica, Lisboa.

GRAÇA, Borges (2007) – " A Espanha em África", Instituto Superior de Ciências Sociais e Políticas, Lisboa.

GRESII, Alain *et al.* (2003) – *Atlas da Globalização,* Le Monde Diplomatique, Campo da Comunicação, Lisboa.

GUADALUPI, Gianni (2004) – *China through the eyes of the West,* White Star Publishers, Vercelli, Italy.

GUERRA, Franklin (2010) – *História da Engenharia Portuguesa*, 2ª ed., Publindústria, Porto.

GWEC (2010) – "Global Wind 2009 Report", Global Wind Energy Council, http://www.gwec.net

HAIRONG Yan *et al.* (2007) – "Friends and Interests: China's Distinctive Links with Africa", *African Studies Review*, December, University of Massachusetts, Boston.

HARRIS, Philip *et al.* (2000) – *Managing Cultural Differences*, Elsevier Science, Burlington, Amsterdam.

HAW, Stephen (2008) – *História da China*, Edições Tinta da China, Lisboa.

HENDERS, Susan (2004) – "Macau and Hong-Kong: Anglo-Portuguese Relations on the South China Coast", York University, Canada.

HILLARY, Mark (2004) – *Outsourcing to India: The offshore advantage*, Springer-Verlag, Heidelberg.

HK (2007) – *Yearbook 2007*, Census and Statistics Department, Hong-Kong Government, http://www.censtatd.gov.hk

HK (2010) – "Statistical Tables", *idem*.

HOLLENSEN, Svend (2004) – *Global Marketing*, Prentice-Hall, Harlow, UK..

IAGEFS (2011) – "Principal Global Indicators", Inter-Agency Group on Economic & Financial Statistics, http://www.principalglobalindicators.org

IER (2010) – "China surpasses the U.S. as Largest Energy Consumer", Institute for Energy Research, http://www.institute-forenergyresearch.org/

ILHÉU, Fernanda (2006) –*A Internacionalização das Empresas Portuguesas e a China*, Edições Almedina, Coimbra.

IMF (2006) – "What's Driving Investment in China?", International Monetary Fund, http://www.imf.org

IMF (2007a) – "Official Reserve Assets and Other Foreign Currency Assets", *idem*.

IMF (2007b) – "India: Asset Prices and the Macroeconomy", *idem*.

IMF (2008) – "Africa's Burgeoning Ties with China", *Finance and Development*, March, vol. 45, Washington.

IMF (2011a) – "Data and Statistics", *idem*.

IMF (2011b) - *World Economic Outlook 2011*, *idem*.

INE (2011) – "Informação Estatística", Instituto Nacional de Estatística, http://www.ine.pt

IVV (2011) – "Estatísticas do Vinho", Instituto da Vinha e do Vinho, http://www.ivv.min-agricultura.pt

JACQUES, Roland (2002) – *Portuguese Pioneers of Vietnamese Language*, Orchid Press, Hong-Kong.

JAMES, Lawrence (2005) – *The Rise and Fall of the British Empire*, Abacus, London.

JARDINES (2008) – informação on-line, Jardine Matheson, http://www.jardines.com

JESUS, José (2007) – *Faces da China*, Colecção Jorge Álvares, Editorial Inquérito, Mem Martins.

JIN, Yongjian (2007) – "China's Economic Development", http://za.china-embassy.org

JOHNSON, Donald *et al.* (2008) – *História das Viagens Marítimas*, Setemares, Estoril.

KAMAKA, Pedro (2007) – "Relações entre Angola e Brasil não param de crescer", *Africa 21*, n.º 3, Movipress, Luanda.

KAMAXILU, Ruben (2007) – "Os Angolanos querem conhecer a sua história de verdade", *Africa 21*, n.º 11, *idem*.

KAMEN, Henry (2003) – *Empire: how Spain became a World Power 1492-1763*, Perennial, New York.

KPMG (2011a) – "China's 12th Five-Year Plan: Consumer Markets", Beijing, http://www.kpmg.com

KPMG (2011b) – "World Class Aspirations: the perceptions and the reality of China outbound investment", Beijing, http://www.kpmg.com

KRIETE, Linda *et al.* (2006) – "World Hazard Areas", *National Geographic*, April, New York.

KROESE, C. E. (1973) – "Dutch Trade with the People's Republic of China", *Journal of Law and Contemporary Problems*, Vol. 38, No. 2, pp. 230-239, Duke University, Durham, USA.

KRUGMAN, Paul (1994) – "The Myth of Asia's Miracle", *Foreign Affairs*, Vol. 73, nº 6, Council on Foreign Relations, New York.

KUMAR, Anil (2007) – "Does Foreign Direct Investment help Emerging Economies?", *Insights from the Federal Reserve Bank of Dallas*, Vol. 2, No. 1, January, http://www.dallasfed.org

LA CAIXA (2006) – "The Spanish Economy Monthly Report", November, Research Department, Madrid.

LAMPTON, David (2008) – *The Three Faces of Chinese Power*, University of California Press, Berkeley.

LANDES, David (1999) – *A Riqueza e a Pobreza das Nações*, Gradiva, Lisboa.

LEWIS, Richard (2006) – *When Cultures Collide-Leading Across Cultures*, Nicholas Brealey International, Boston.

LI, Jingwen (2003) – *The Chinese Economy into the 21st century*, Foreign Languages Press, Beijing.

LI, Yang (2006) – "High Savings, Investment and Growth Rate in China", Finance Institute of Chinese Academy of Social Sciences, Beijing.

LI & FUNG (2010) – "Consumption in China in 2010", No. 79, Li & Fung Research Center, Hong-Kong.

LIN, Justin (2005) – *China's Economic Management*, Peking University, Beijing.

LIN, Justin *et al.* (2003) – *The China Miracle: Development Strategy and Economic Reform*, The Hong-Kong Centre for Economic Research, Chinese University of Hong-Kong.

MA, Ke *et al.* (2005) – *China Business Guide*, China Intercontinental Press, Beijing.

MA, Guonan *et al.* (2010) –"China's High Saving Rate: Myth and Reality", Bank for International Settlements, Basel.

MACAU HUB (2011) – informação on-line, Governo de Macau, http://www.macauhub.com.mo

MADDISON, Angus (2006a) – *The World Economy: a Millennium Perspective*, OECD Development Centre Studies, Paris.

MADDISON, Angus (2006b) – *Chinese Economy: Performance in the Long Run, idem.*

MARTEAU, Jean-Luc (2005) – *Le Secteur Bancaire et les Marchés Financiers en Chine*, Lavoisier, Paris.

MARTINS, Dora (2006) – "A Nova Diplomacia Económica da China", ISCSP, Lisboa.

MATEUS, Abel (1995) – "O Sucesso dos Tigres Asiáticos, que Lições para Portugal?", Universidade Nova de Lisboa.

MATEUS, Abel (2006) – *Economia Portuguesa*, 3ª ed., Editorial Verbo, Lisboa.

MATOS, Rocha de (2007) – "A Competitividade das Nossas Exportações", AIP-Associação Industrial Portuguesa, Lisboa.

MCKINSEY (2004) – "China Today", *The McKinsey Quarterly 2004: Special Edition*, Shanghai.

MCKINSEY (2006) – *From "Made in China" to "Sold in China"*, McKinsey Global Institute, Chicago.

MCKINSEY (2008) – "Time to Rethink Offshoring?", *The Mckinsey Quartely*, No. 4, Chicago.

MCKINSEY (2011) – "Tapping China's Luxury-Goods Market" *The Mckinsey Quartely*, No. 2, Chicago.

MCKINSEY (2011a) – "Unleashing Innovation in China", *The McKinsey Quartely*, No. 1, Chicago.

MEI (2006) – "República Popular da China: Investimento e Comércio Internacional", Gabinete de Estudos Estratégicos, Ministério da Economia e Inovação, Lisboa.

MELMAN, Yossi (2002) – "The Influence Peddlers", The Centre for Public Integrity, Washington, http://www.publicintegrity.org

MESQUITELA, Gonçalo (1996) – *História de Macau*, vol. 1, tomo 1, Instituto Cultural de Macau, Macau.

MOFCOM (2007) – *2006 Statistical Bulletin of China's Outward FDI*, http://preview.hzs2.mofcom.gov.cn

MOFCOM (2011a) – "Statistics", Chinese Ministry of Commerce, http://english.mofcom.gov.cn

MOFCOM (2011b) – "Invest in China", Foreign Investment Administration, Chinese Ministry of Commerce, http://fdi.gov.cn

MOKIR, Joel (2003) – *Oxford Encyclopaedia of Economic History*, Oxford University Press.

MONTEIRO, Luís (2010) – *Os Últimos 200 anos da Nossa Economia e os Próximos Trinta*, Bnomics, Lisboa.

MORGAN STANLEY (2007) – "Financial Innovation and European Housing and Mortgage Markets", *Morgan Stanley Research Europe*, July, London.

MOSS, Todd *et al.* (2007) – "China's Export-Import Bank and Africa", Centre for Global Development, Mercy Corps, 2nd February, Portland, USA, http://www.globalenvision.org

NBSC (2006) – *China Statistical Yearbook 2006*, National Bureau of Statistics of China, Beijing.

NBSC (2007) – *China Statistical Yearbook 2007, idem.*

NBSC (2011) – *China Statistical Yearbook 2010, idem.*

NEVES, João César das (2007) – "China and Portugal, comparative economic evolutions", 6th Euro-China Forum, Universidade Católica, Lisboa.

NG (2005) – *History of the World*, National Geographic, Washington.

NTDA (2009) – "Economic Impact & Media Report: Volvo Ocean Race 2008-09", National Tourism Development Authority, Dublin.

OE (2003) – *100 Obras da Engenharia Portuguesa no Mundo no século XX*, Ordem dos Engenheiros, Lisboa.

OECD (2007a) – *OECD Factbook 2007*, Organization for Economic Co-Operation and Development, Paris.

OECD (2007b) – *India*, vol. 2007/14, *idem.*

OECD (2007c) – *Economic Outlook*, No. 81, May, *idem.*

OECD (2007d) – *Environmental Performance Reviews: China, idem.*

OECD (2008) – *Investment Policy Review of China, idem.*

OECD (2009) - *OECD Factbook 2009, idem.*

OECD (2010) – *China, idem.*

OII (2008) – "FDI in the United States", Organization for International Investment, New York, http://www.oii.org

ONU (2006) – *Relatório do Desenvolvimento Humano 2005*, Programa das Nações Unidas para o Desenvolvimento, Ana Paula Faria Editora, Lisboa.

ONU (2007) – *Human Development Report 2006*, United Nations Development Programme, New York.

PALEPU, Krishna *et al.* (2005) – "Haier: Taking a Chinese Company Global", Harvard Business School Publishing, Boston.

PAN Zhihong (2005) – *Investing in China: Questions and Answers*, Foreign Languages Press, Beijing.

PASTOR, Alfredo (2007) – "China's Integration into the World Economy: the small prosperity", 6th Euro-China Forum, Universidade Católica, Lisboa.

PBC (2006) – "China Monetary Policy Report: Quarter Four 2005", People's Bank of China, http://www.pbc.gov.cn

PEREIRA, José (2009) – *Grandes Batalhas Navais Portuguesas*, Esfera dos Livros, Lisboa.

PINTO, Jaime Nogueira *et al.* (2007) – "De Angola a Cabo Verde: Realidades e Problemas", *Diário Económico*, Dezembro.

PISSARRA, José (2002) – *Chaul e Diu 1508 e 1509: O Domínio do Índico*, Edições Tribuna da História, Lisboa.

PLESNER, Jonas *et al.* (2011) – "The Scramble for Europe", European Council on Foreign Relations, http://www.ecfr.eu

PORTAL DO GOVERNO (2007) – "Missão China 2007", http://www.missaochina.gov.pt

BIBLIOGRAFIA

POWER, Bill (2008a) – "China's At-Risk Factories", *Time Magazine*, 17th April, http://www.time.com

POWER, Carla (2008b) – "Manufacturing: The Burden of Good Intentions", *Time Magazine*, 23rd June, *idem*.

PRA (2008) – Port of Rotterdam Authority, http://www.portofrotterdam.com

PRADO, Alfredo (2007) – "Brasil à Conquista de África", *Africa 21*, n.º 11, Movipress, Luanda.

PRITCHARD, E. H. (1934) – "The Struggle for Control of the China Trade during the 18th century", *The Pacific Historical Review*, Vol. 3, No. 3, pp. 280-295, University of California Press.

PURVIS, Andrew (2008) – "What Worries Germany", *Time Magazine*, 11th February, http://www.time.com

PWC (2008) – "The World in 2050 – Beyond the BRIC: a broader look at emerging markets", PricewaterhouseCoopers, http://www.pwc.com

PWC (2011) – "The World in 2050", *idem*.

QIU, Zeqi (2006) – "The Social Consequences of Fast Economic Growth in China: A View of Social Problems", Peking University, Beijing.

RAMOS, João de Deus (2007) – "The relationship between China and Portugal: from the beginning to the 20th century", 6th Euro-China Forum, Universidade Católica, Lisboa.

RAMZY, Austin (2007) – "Bidding for Pride", *Time Magazine*, 8th October, http://www.time.com

RBI (2007) – *Handbook of Statistics on Indian Economy*, Reserve Bank of India, Mumbai.

REBELO, Glória (2006) – "África: o novo destino chinês", *Jornal de Negócios*, 21 de Novembro, Lisboa.

REVERCHO, Antoine (2006) – "Países Emergentes à conquista de Moçambique", *Courrier International*, n.º 67, Lisboa.

RITA (2008) – "National Transportation Statistics", Bureau of Transportation Statistics, U.S. Department of Transportation, http://www.bts.gov

RODRIGUES, Jorge (2011) – "Ouro do século XXI vem da China", *Jornal Expresso*, 25 de Junho, Lisboa.

ROUBINI, Nouriel (2011) – "China's Bad Growth Bet",14th April, http://www.project-syndicate.org

RUSSEL-WOOD, A. (1998) – *The Portuguese Empire 1415-1808*, The Johns Hopkins University Press, Baltimore.

SAFE (2011) – "China's International Investment Position", State Administration of Foreign Exchange, http://www.safe.gov.cn

SALTER, Christopher *et al.* (2003) – *Essentials of World Regional Geography*, Thomson Learning, New York.

SANTOS, Nicolau (2006) – "Angola inscrita no futuro do BCP e do BPI", *Jornal Expresso*, 15 de Abril, Lisboa.

SANTOS, Pedro (2011) – "Calcário Bipolar", *Revista Visão n.º 955*, 23 de Junho, Lisboa.

SAUVANT, Karl (2006) – "New Sources of FDI: Outward FDI from Brazil, Russia, India and China", *The Journal of Investment and Trade*, Vol. 6, No. 5, pp. 639-708, Werner Publishing Company, Geneva

SBSRTI (2011) – "Japan Statistics", Statistics Bureau & Statistical Research and Training Institute, http://www.stat.go.jp/English/data

SELVAGEM, Carlos (2006) – *Portugal Militar: compêndio de história militar e naval de Portugal*, Imprensa Nacional Casa da Moeda, Lisboa.

SERVANT, Jean (2005) – "China's Trade Safari in Africa", *Le Monde Diplomatique*, May, http://mondediplo.com

SHUI, Florian (2006) – "The creation of the Prussian Asiatic Trade Company in 1750", *The Historical Journal*, Vol. 49, No. 1, pp. 143-160, Cambridge University Press.

SI (2007) – *Encompassing the Globe: Portugal and the Globe in the 16th and 17th centuries*, Smithsonian Institute, Washington.

SILVESTRE, João (2008) – "Paraísos do Investimento", *Jornal Expresso*, 12 de Janeiro, Lisboa.

SINN, Hans-Werner (2010) – "Europe's Instability Mechanism", 12th December, http://www.project-syndicate.org

SN (2011) – "Foreign Direct Investment", Statistics Norway, http://www.ssb.no

SNB (2011) – "Switzerland's International Investment Position", Swiss National Bank, http://www.snb.ch

SONAE (2008) – *Relatório de Contas 2007*, http://www.sonae.pt

STC (2008) – "China Business Climate Report 2006", Swedish Trade Council, http://www.swedishtrade.se

STRAVIANOS, L. S. (2004) – *A Global History: From Prehistory to the 21st Century*, Peking University Press, Beijing.

SUAREZ, Thomas (1999) – *Early Mapping of Southeast Asia*, Periplus Editions, Hong Kong.

TANG Xiaxin (2003) – "Earthquake Disaster Management in China", *Map Asia Conference 2003*, Kuala Lumpur.

TATA (2006) – *Statistical Outline of India 2005-06*, Department of Economics and Statistics, TATA Services, Mumbai.

THORBECKE, Willem (2011) – "What Rebalancing?", http://www.project-syndicate.org

THE ECONOMIST (2003) – "China: Cosy Neighbours", 8th November, The Economist Newspaper, London.

THE ECONOMIST (2010) – "A Righteous Fight", 18th December, *idem*.

THE ECONOMIST (2010a) – "Friend or Foe?", 4th December, *idem*.

THE ECONOMIST (2011) – "Comparing Chinese provinces with countries", www.economist.com

TIBET SUN (2011) – "Two views of a 60th Anniversary", www.tibetsun.com

TRIGO, Virgínia (2003) – *Entre o Estado e o Mercado: Empreendorismo e a Condição do Empresário na China*, Colecção Escola de Gestão, ISCTE, Lisboa.

TRIGO, Virgínia (2006) – *Cultura Económica Chinesa: Como Negociar na China?*, Edições Pedago, Mangualde.

TRIGO, Virgínia (2007) – "Devemos Comprar a Wal-Mart?", *Jornal de Negócios*, 27 de Novembro, Lisboa.

TRINDADE, Maria *et al.* (2006) – *A Comunidade de Negócios Chinesa em Portugal*, INA, Lisboa.

UNCTAD (2006) – *World Investment Report 2006: FDI from Developing and Transition Economies*, United Nations Conference on Trade and Development, New York.

UNCTAD (2007a) – *Handbook of Statistics 2006/07*, *idem*.

UNCTAD (2007b) – *World Investment Report 2007*, *idem*.

UNCTAD (2008) – *World Investment Report 2008*, *idem*.

UNCTAD (2009) – *World Investment Report 2009*, *idem*.

UNCTAD (2010) – *Handbook of Statistics 2010*, *idem*.

UNICEF (2008) – "Health in China", United Nations Children's Fund, http://www.unicef.org/china

USCBC (2007) – "Seven Myths about US-China Trade and Investment", The US-China Business Council, http://www.uschina.org

USCBC (2011) – "Foreign Investment in China", *idem*.

USDT (2011) – "Major Foreign Holders of Treasury Securities", US Department of the Treasury, http://www.treasury.gov

USCB (2011a) – "Foreign Trade Statistics", US Census Bureau, http://www.census.gov/foreign-trade

USCB (2011b) – "Population Profile of the US", US Census Bureau, http://www.census.gov/population

VASCONCELOS, Tiago (2009) – *A Ascensão da China: Acomodação pacífica ou Grande Guerra?*, Edições Almedina, Coimbra.

VAUVELLE, Jocelyne *et al.* (2003) – "Un Chantier à Pekin", *Les Cahiers de Science et Vie*, No. 73, Excelsior, Paris.

BIBLIOGRAFIA

Xue Hanqin – "35th Anniversary of Diplomatic Relations China - the Netherlands", http://www.fmprc.gov.cn

Yuen, Ang (2010) – "Made in China Remade", 4th June, http://www.project-syndicate.org

Walter, Carl et al. (2011) – *Red Capitalism: the fragile financial foundation of China's extraordinary rise*, John Wiley & Sons (Asia), Singapore.

Wang Yang *et al.* (2008) – "China's Growing Economic Activity in Africa", working paper W14024, National Bureau of Economic Research, New York.

WEF (2007a) – *The Travel and Tourism Competitiveness Report 2007*, World Economic Forum, Genebra, http://www.weforum.org

WEF (2007b) – *The Global Competitiveness Report 2007-2008, idem.*

WEF (2009) – "The Future of the Global Financial System", *idem.*

Wei, Dan (2001) – *A China e a Organização Mundial do Comércio*, Edições Almedina, Coimbra.

Wei, Che (2006) – *100 Wonders of China*, Rebo International, Lisse, Holanda.

Wijnolst, Niko (2007) – "Ports of the Future: Impacts of Economy of Scale in Shipping", Marseille Maritime Congress.

WINE INSTITUTE (2011) – "Wine Statistics", http://www.wineinstitute.org/resources/statistics

Winters, Alan *et al.* (2007) – *Dancing with Giants: China, India and the Global Economy*, Institute of Policy Studies, Singapore.

WNA (2010) – "Emerging Nuclear Energy Countries", World Nuclear Association, www.world-nuclear.org

WORLD BANK (2006a) – *Where is the Wealth of Nations: Measuring Capital for the 21st Century*, The World Bank, Washington, http://web.worldbank.org

WORLD BANK (2006d) – *Doing Business Indicators: 2006, idem.*

WORLD BANK (2006e) – "Country Partnership Strategy for the PRC for the period 2066-2011", *idem.*

WORLD BANK (2007a) – "Trade Logistics in the World Economy", *idem.*

WORLD BANK (2007b) – "SDDS/QEDS Cross-Country Tables", *idem.*

WORLD BANK (2008a) – "China Quarterly Update: June 2008", *idem.*

WORLD BANK (2010) – "China's Investment in African Special Zones: Prospects, Challenges and Opportunities", *idem.*

WORLD BANK (2011) – "China Quarterly Update: April 2011", *idem.*

WTO (2007) – *International Trade Statistics*: 2007, World Trade Organization, Geneva.

WTO (2010) – *World Trade Report 2009, idem.*

WTO (2011) – "World Trade 2010", April, *idem.*

WUC (2011) – informação on-line, World Uyghur Congress, http://www.uyghur-congress.org/en/

Wu, Qi (2008) – "China's Surging Foreign Trade", Embassy of China in UK, http://www.fmprc.gov.cn

Zajec, Olivier (2009) – "L'armée indienne oublie Gandhi et rêve de puissance", *Le Monde Diplomatique*, Setembre, Paris.

Zhang, Ying (2003) – *The History and Civilisation of China*, Central Documents, Beijing.